# 과학철학의 형성

The Rise of Scientific Philosophy

한스 라이헨바하 저
전두하 역

 선학사

미망인(未亡人)이 역자에게 부쳐온 저자, 한스 라이헨바하의 사진

## | 한국어 번역판에 부치는 아내의 서문 |

이 책이 표시하는 철학적인 사고의 기원은 이미 오래된 것이다. 그것의 주요한 원리들은, 나의 남편이 독일의 여러 대학에서 교수(敎授)하고, 1926년에서 1933년 사이에 공동연구로 과학철학의 신봉자들을 결합하려 했던 일군(一群)의 철학자들의 강령(綱領)을 제정했을 때 전개되었다. 이들이 연구한 결과는 '경험철학협회'의 강의와 정기간행물인 「인식」에서 통보되었다.

이 집단과 이것에 유사한 집단들과의 그 가운데서도 M. 슈렉과 R. 카르납이 영도(領導)한 빈 학단(學團)과의 공동연구는, 철학적인 운동의 발전을 이끌어 왔고, 이 운동의 여러 나라에 전파되었다. 미국에 있어서는 이 운동이 실제주의자들 사이에 반향(反響)을 일으켰다. 오늘날 이것은 국제적인 것이 되어 있다. 과학철학의 여러 문제는 국제적인 철학회의에서 흔히들 토의되어 왔다.

그러나, 저서와 논설로서 계속적으로 간행되어 온 전문적인 요소는, 문외한(門外漢)에게 쉽게 이해될 수는 없다. 이 책은, 이 분야에 있어서의 어떠한 전문적인 훈련도 전제함이 없이, 일반적으로 교육받은 독자에게 과학철학을 숙지(熟知)시키기 위하여 쓰여졌다.

이 책은, 개별적인 철학자들의 각종 연구의 개괄(概括)이 아니라, 나

의 남편의 눈에 어린 과학철학의 설명이다. 말할 나위 없이 이 책은 과학
철학에 대한 남편 자신의 많은 공헌(貢獻)을 포함하고 있다.


로스앤젤스에서 1960년 2월

Maria Reichenbach

## | 저자 서문 |

　많은 사람들은 철학이란 사변(思辨)과 뗄 수 없는 것이라 여기고 있다. 그들은 다음과 같이 믿고 있다. 즉, 철학자란 사실에 관한 지식이든 또는 논리적인 관계에 관한 지식이든, 지식을 확립시키는 방법을 사용할 수 없다고 믿고 있다. 그리고 철학자란 실증(實證)과는 거리가 먼 말을 해야 된다고 믿고 있다. 짧게 말하면 철학은 과학이 아니라고 믿고 있다. 이 책은 반대의 주장을 확립하려 하고 있다. 이 책은 철학적인 사변이란, 지나가려는 단계에 있다고, 그리고 철학적인 여러 문제가 그것들을 해결하는 논리적인 여러 방법이 없는 시대에 제기되는 때에 생기는 것이라고 주장한다. 이 책은 철학에 대한 과학적인 태도가 현재(現在)에 있고, 항시(恒時) 과거에도 있어 왔다고 주장한다. 그리고 이 책은 이 지반(地盤)에서부터, 현대의 과학에서 이전에는 억측(臆測)의 대상이었던 여러 문제를 해결하는 도구들을 발견한, 과학철학이 발생했다는 것을 알리고 싶어한다. 짧게 말하면, 이 책은 철학이 사변에서 과학으로 전진했다는 것을 알리고 싶은 마음에서 씌어진 것이라 하겠다. 이러한 종류의 저술(著述)을 위해서는, 철학의 이전의 여러 양상의 분석에서 필연적으로 비판적이 아닐 수 없게 된다. 그러므로 제1부에서 이 책은 전통적인 철학의 여러 결점의 검토에 관여하고 있다. 이 부분에서, 이 연구는 사변적

(思辨的)인 철학이 그것에서부터 성장한 심리적인 여러 근원을 대상으로 하고 있다. 그러므로 그것은 베이컨(Francis Bacon)이 '극장의 우상(偶像)'이라 했던 것에 관한 비판의 형식을 가지게 된다. 이 우상의 힘은, 다시 말하면 과거의 여러 철학체계의 힘은 베이컨이 죽은 후 3세기가 지난 오늘에도 아직 비판을 요구할 만큼 강하다. 이 책의 제2부는 현대 과학철학의 해설로서 교체된다. 그것은 현대과학의 분석과 기호논리학(記號論理學)의 사용에 의하여 발전한 철학의 여러 성과를 한데 모아 보려는 의도에서이다.

철학의 여러 체계와 과학적인 사상을 취급하고 있기는 하지만, 이 책은 독자가 그 문제에 관하여 전문적인 지식을 가지고 있다는 가정에서 씌어진 것은 아니다. 언급된 철학의 여러 개념과 여러 학설은, 항시 그것들이 받아야 할 비판과 아울러 설명되어 있다. 그리고 이 책은 현대의 수학과 물리학의 논리적인 분석을 다루고 있기는 하지만, 독자가 수학자나 물리학자임을 전제한 것은 아니다. 독자가 상식이 그에게 가르치는 것 이상을 배우기를 원할 만큼 상식이 있다면, 독자는 이 책의 이론에 따르게 잘 준비되어 있다 하겠다. 그러므로 이 책은 철학입문서로서, 특히 과학철학의 입문서로서 사용되어도 무방할 것이다. 그러나 전통적인 철학을 이른바 '객관적'으로 저술할 의도는 없다. 그리고 모든 철학에서 약간의 진리를 발견하기를 원하고, 독자들에게 모든 철학의 학설을 이해시키려는 해석자의 입장에서 철학의 여러 체계를 설명하려는 의도는 없다. 이러한 방법으로 철학을 가르치려는 것은 전혀 성공할 수 없다. 객관적이기를 의도하는 저술에서부터 즐겨 철학을 연구하려 했던 많은 사람들은 철학적인 학설이란 그들에게는 이해하기 어렵다는 사실을 발견했다. 다른 사람들은 철학의 여러 체계를 최선을 다하여 이해하려 했고, 철학의 성과를 과학의 성과와 결합하려 했으나, 철학과 과학의 통일이 불가능하다는 것을 발견했다. 철학이 편견 없는 사고(思考)로서는 이해할 수 없거나, 현대과학과 양립할 수 없는 것이라면, 그 책임은 틀림없이 철학자에게 있다. 철학자는 해답하려는 욕망에서 너무 자주 진리를 희생했고, 그림처럼 말하려는 유혹 때문에 명석함을 희생했다. 그리고 그의 말에는 오류(誤謬)의 암초들을 피함에 과학자의 나침반이 되는 정밀(精密)함이 없었다. 철학의 표현이 객관적인 것이어야 한다면, 그것은 그러므로 철학적인 상대주의에서보다는 도리어 그 비판의 기준에서 객관적이어야 한다. 이 책의 연구는 이 의미에서 객관적이려 한다. 이 저술은 철학과 과학에 관한 책들을 읽었으나 만족하지 못한 사람들을 위하여, 의미를 발견하려 했으나 말의 탄막(彈幕) 안에 꼼짝 못하게 끼어 버린 사람들을 위하여, 그러면서도 후일 철학이 과학처럼 이해할 수 있고, 강력한 것이 되리라는 희망을 버리지 않았던 사람들을 위하여 씌어졌다.

이러한 과학철학이 벌써 존재하고 있다는 것은 아직도 충분히 알려져 있지 않다. 사변철학의 유물인 몽롱(朦朧)한 안개가 아직도 논리적인 분석의 방법에 익숙하지 못한 사람들의 눈으로부터, 철학적인 지식을 가로막고 있다. 이 안개는 명백한 의미의 청신한 공기 안에서 흩어져 버릴 것이라는 희망에서, 이 연구가 계획되었다. 이 책에 의미가 있다면, 철학적인 오류의 여러 근원을 연구하고, 철학이 오류에서부터 진리까지로 향상되어 왔다는 증거를 제공하는 데에 있다 하겠다.

로스엔젤스 캘리포니아대학에서
한스 라이헨바하

## | 감사의 말 |

원고(原告)의 말을 최종적으로 고름에 있어서 내용과 표현에 관하여 다음 제씨(諸氏)로부터 귀중한 조언을 받았다. 즉, 로스앤젤레스의 외즐리 랍슨 박사, 버클리의 윌리엄 홀더 박사, 미네어파리스의 허버트 파이글 교수, 로스앤젤스의 존커크 씨, 그리고 캘리포니아주 파이드만트의 스틸맨 드래이크 씨 등이다.

이 책을 쓸 때 나에게 가장 많은 은혜를 입혔던 이는 나의 아내 마리아 라이헨바하이다. 그녀의 피로(疲勞)를 모르는 흥미(興味), 그녀의 기다리고 있는 듯한 충고(忠告), 그리고 그녀의 타협없는 비판은, 내가 우리 두 사람보다도 더 넓은 공중(公衆)에게 제공될 만한 것이기를 바랐던 나의 여러 생각을 명백하게 함에 있어서 크게 공헌(貢獻)했다.

R.H.

## | 역자 서문 |

　이 책은 4·19 한 해 전 문교부(현 교육부) 위촉으로 ICA자금을 빌어 은사 박종홍 교수의 지도 아래 충실히 축자역으로 번역한 책인데, 과학철학의 번역으로는 우리 나라 최초의 것이라는 데 의의가 있어서 다시금 세상에 내놓고자 하는 바이다.

2001년 3월 11일
역자 씀

# | 차 례 |

제 2 부  과학철학의 여러 성과

# 사변철학의 여러 근원

# 제1장
## 문 제

　여기에 한 유명한 철학자의 저술에서 발췌한 것이 있다. 즉, "이성은 실체요, 동시에 무한한 힘이요, 모든 자연적인 생활과 정신적인 생활의 근저에 놓여 있는 그것 자신의 무한한 질료(質料)이다; 그리고 질료를 운동시키는 무한한 형식이기도 하다. 이성은 모든 사물이 그것에서 그것들의 존재를 끌어 내는 실체이다."

　많은 독자는 이런 종류의 언어적인 산물을 참을 수 없을 것이다. 그것들에게서 어떠한 의미도 발견할 수 없기 때문에 독자는 이 책을 불 속으로 던지고 싶을는지도 모른다. 이러한 감정적인 반응에서 논리적인 비판으로 전진하기 위해서는, 이 독자는 마치 박물학자가 희귀한 딱정벌레의 종류를 연구하는 것처럼, 중립적인 관찰자의 태도를 가지고 이른바 철학적인 언어를 연구할 필요가 있다. 오류분석은 언어분석에 의하여 시작된다.

　철학도는 대개 애매한 형식화에 의하여 초조하게 되지는 않는다. 반대로, 그는 앞에서 인용한 한 구절을 읽고 그가 그것을 이해하지 못한다면, 그것은 틀림없이 그의 잘못이라고 생각할 것이다. 그러므로 그는 자꾸만 그것을 읽고 또 읽어 마침내 이해했다고 생각하는 상태에 도달할 것이다.

이 점에서, 그에게는 이성은 모든 자연적인 생활과 정신적인 생활의 근저에 있는 무한한 질료로써 성립하고 있고, 그러므로 모든 사물의 실체를 아주 명백한 것이라 여길 것이다. 그는 이른바 '교육을 조금만 받은' 사람이 할 모든 비판을 잊을 만큼 이러한 말투에 익숙해졌다.

그러면 모든 의미 있는 문장의 방식으로 익숙하게 말을 사용하는 과학자를 생각하자. 그의 진술은 항상 그가 그것들이 진리임을 증명할 수 있을 정도로 표시되어 있다. 그는 그 증명에 사색의 긴 사슬이 포함되어 있느냐 없느냐에 개의하지 않는다; 그리고 그는 추상적인 추리를 두려워하지 않는다. 그러나 그는 어떻게 해서라도 그 추상적인 사색이 그의 눈이 보고, 그의 귀가 듣고, 그의 손가락이 느끼는 것에 관계되는 것이기를 요구한다. 이러한 사람이 앞에서 인용한 한 구절을 읽으면 무엇이라고 할까?

'질료'라든가 '실체'라는 말은 그에게는 낯선 말이 아니다. 그는 많은 실험의 기술에서 이러한 말들을 사용해 왔다: 그는 질료 또는 실체의 무게와 경도측정을 배워 왔다. 그는 한 질료가 그 질료와는 몹시 다르게 보이는 몇 가지 실체로써 구성되어 있음을 알고 있다. 그러므로 이러한 말은 그 말 자신이 난해한 것이 아니다.

그러나 생활의 근저에 있는 것은 어떠한 질료인가? 어떤 사람은 그것은 우리의 신체를 구성하고 있는 실체라고 가정하기를 원할 것이다. 그러면 어떻게 해서 그것이 이성과 동일할 수 있을 것인가? 이성은 인간행동에서 또는 신중히 말하면 인간행동의 여러 부분에서 표시되는 인간의 추상적인 능력이다. 앞에서 인용한 철학자는 우리의 신체가 그들 자신의 추상적인 능력으로 만들어져 있다고 말하려 할 것인가?

철학자일지라도 이러한 불합리함을 의미할 수는 없다. 그러면 그는 무엇을 의미하고 있는가? 아마도 우주의 모든 사물이 하나의 이성적인 목적에 봉사하기 위하여 그렇게 정돈되어 있음을 말하고 싶은 데에 의미가 있다 하겠다. 이것은 의심할 수 있는 가정이기는 하지만 적어도 이해할 수는 있다. 그러나 그것이 앞에서 말한 철학자가 말하려는 모든 것이라면, 왜 그는 이러한 신비스런 방법으로 말해야 하는가?

이것이 내가 철학이 무엇인가, 그리고 무엇이어야 할 것인가를 말함에 앞서 해명하려는 의문이다.

# 제 2 장

# 일반성의 탐구와 허위적인 설명

지식을 탐구함은, 인간의 역사와 같은 정도로 오랜 일이다. 사회적인 집단이 이루어지기 시작하고, 일상적인 요구를 더욱 풍부하게 만족시키려는 여러 도구가 사용되기 시작됨에 따라, '알려는 욕망'이 일어났다. 이것은 지식이 우리의 환경을 에워싼 여러 대상을 우리에게 봉사하는 것으로 만들기 위하여 그 대상을 제어함에 불가결한 것이기 때문이라 하겠다.

지식의 본질은 '일반화'에 있다. 어떤 방법으로 나무를 비벼서 불을 만들 수 있다는 것은, 개인적인 여러 경험을 일반화함에서 도출된 지식이다. 이 진술은 이 방법으로 나무를 비비면 '항상' 불을 만들 수 있음을 의미한다. 발견의 기술(記述)이란, 그러므로 올바른 일반화의 기술이다. 사용된 나무조각의 모양 또는 크기와 같은 무관한 것은 일반화에서 당연히 제거되어야 한다. 관계 있는 것, 이를테면 나무가 말라 있어야 함은 당연히 일반화에 포함시켜야 한다. 이리하여 '관계 있는'이라는 말은 다음과 같이 정의할 수 있다. 옳은 일반화를 위하여 진술해야 되는 것이 관계 있는 것이라 함이 이것이다. 관계 있는 요소를 무관계한 요소와 가르는 것이 지식의 시작이다. 일반화는 그러므로 과학의 기원이다. 고대인의 과학은 그들이 가졌던 많은 문명의 기술(技術)에 나타나 있다. 집짓기, 옷

짓기, 대장질하여 무기 만들기, 돛단배 항해시키기, 경작하기 등이 이것이다. 고대인의 과학은 그들의 물리학, 천문학과 수학에서 한층 더 현저한 모양으로 구체화되어 있다. 우리가 고대과학이라 할 수 있음은 고대인이 매우 함축되어 있는 종류의 일반화를 얼마만큼 확립하는 데에 성공했다는 사실이 있기 때문이다. 풀어 말하면, 그들은 예외 없이 공간의 모든 부분에 타당한 기하학의 여러 법칙을 알고 있었고, 시간을 다스리는 천문학의 여러 법칙을 알고 있었으며, 지레에 관한 여러 법칙과 열을 용해와 관계 있는 여러 법칙과 같은 물리학적·화학적인 법칙을 많이 알고 있었다. 이 모든 법칙들은 일반화이다; 이 법칙들은 어떤 연관이 특수한 종류의 모든 사물에 적용됨을 말하고 있다. 다시 말해, 이 법칙들은 "만약에 무엇 무엇이면—그 때에는 항상 무엇 무엇이다(if-then always)"라는 진술이다. "만약에 금속에 충분히 열을 가하면 그 때에는 항상 녹는다"라는 실례가 이런 종류의 진술이다.

　나아가 일반화는 다름 아닌 설명의 성격이다. 관찰된 사실을 설명하는 것은, 그 사실을 일반적인 법칙에 집어 넣음을 의미한다. 우리는 날이 감에 따라 바람이 바다에서 육지로 불기 시작함을 관찰한다; 우리는 이 사실을 가열된 물체는 팽창하고, 그러므로 같은 부피를 비교하면 가벼워진다는 일반적인 법칙에 집어 넣음으로써 설명한다. 우리는 다음에 이 법칙이 앞에서 말한 실례에 어떻게 적용되는가를 본다. 즉, 해는 물보다 땅을 더욱 강하게 가열하기 때문에 땅 위의 공기는 따뜻해져 상승하고, 이리하여 바다에서 오는 공기의 흐름에 그 장소를 넘겨 준다. 우리는 산 유기체가 존재하기 위해서는 식물(食物)이 필요함을 관찰한다; 우리는 이 사실을 에너지의 불멸이라는 일반적인 법칙에 집어 넣음으로써 설명한다. 유기체가 그것들의 활동에서 소비한 에너지는 식물의 칼로리에 의하여 대치되어야 한다. 우리는 여러 물체가 고추어지지 않을 때에는 떨어짐을 관찰한다; 우리는 이 사실을 질량은 서로 당긴다는 일반적인 법칙에 집어 넣음으로써 설명한다. 즉, 지구라는 큰 질량은 작은 질량을 그 표면으로 당긴다.

우리가 마지막 실례에서 사용한 '당긴다' 또는 '끌어당긴다'라는 말들은 위험한 말들이다. 이 말들은 어떤 심리적인 경험과 유사한 것처럼 여겨진다. 음식 또는 최신형 자동차 같은, 우리가 원하는 대상들은 우리를 끌어당긴다; 그리하여 우리는 지구에 의한 여러 물체의 인력을 일종의 욕망의 만족이라고, 적어도 지구에 있는 욕망의 만족이라고 즐겨 상상한다. 그러나 이러한 설명은 논리학자가 '인간화'라는 것, 다시 말해 물리적인 대상에 인간의 여러 성질을 부여하는 사실일 것이다. 그러나 자연의 사건과 인간의 관심에 평행성이 있다고 함으로써는 명백히 아무런 설명도 할 수 없다. 뉴턴의 인력의 법칙이 여러 물체의 낙하를 설명한다고 할 때에, 우리는 지구로 향한 여러 물체의 운동을, 그것에 의하여 모든 물체가 서로서로의 방향으로 운동하는 하나의 일반적인 법칙에 집어 넣는 것을 의미한다. 뉴턴이 사용한 '인력'이란, 이러한 서로 서로의 방향으로 운동하는 여러 물체의 운동 이상의 것을 의미하지 않는다. 뉴턴 법칙의 설명적인 힘은 그 일반성에서 오는 것이고, 그 심리적인 여러 경험의 천박한 유추에서 오는 것이 아니다. 설명이란 일반화이다.

때로는 설명이 관찰되지 않는, 또는 관찰될 수 없는 어떤 사실을 가정함으로써 달성된다. 이를테면 개가 짖고 있음은 낯선 이가 집으로 접근하고 있다고 가정함으로써 설명될는지도 모른다; 그리고 산에 해양성의 화석이 있음은 그것이 한 때 낮은 데에 있었고, 바다로 덮여 있었다고 가정함으로써 설명된다. 그러나 관찰되지 않는 사실도 그것이 관찰된 사실을 일반적인 법칙의 표현으로써 표시하기 때문에 설명력이 있다; 풀어 말하면, 개들은 낯선 이가 가까이 오면 짖는다라든가, 바다의 짐승들은 땅 위에 살지 않는다라든가 하는, 일반적인 법칙이 이것이다. 일반적인 법칙은 이리하여 새로운 여러 사실을 밝혀 내는 추리에 사용될 수 있고, 설명은 직접적인 경험세계를 추리된 여러 대상과 여러 사건으로써 보충하는 도구가 된다.

많은 자연현상을 설명하는 데에 성공한 것이 인간의 마음에 끊임없이 커 가는 일반성에의 충동을 발달시켰음은 이상한 일이 아니다; 그렇게도 관찰된 많은 사실도 알려는 욕망을 만족시킬 수는 없었다; 지식탐구는 관찰을 넘어 일반성을 요구했다. 그러나 인간이 옳은 해답을 발견할 방법이 없을 때에도 인간은 자꾸만 해답하려 든다는 사실은 불행한 일이다. 과학적인 설명은 풍부한 관찰과 비판적인 사고를 요구한다; 일반성이 높아지기를 열망할수록, 그만큼 관찰적인 재료는 많아져야 하겠고, 그만큼 사고는 비판적인 것이 되어야 한다. 그 시대의 지식이 옳은 일반성을 만들기에 불충분한 것이라서 과학적인 설명이 실패했던 경우에는 상상이 그것을 대신하고, 소박한 유추로 일반성의 충동에 호소하여 그것을 만족시키는 일종의 설명을 제공했다. 천박한 유추가, 특히 인간경험의 유추가, 일반화와 혼동되고 설명이라 여겨졌다. 일반성의 탐구가 '허위적인 설명'에 의하여 만족되었다. 이러한 지반에서 철학이 발생했다.

이러한 기원은 좋은 기록이 못 된다. 그러나 나는 철학의 추천장을 쓰고 있는 것은 아니다. 나는 철학의 존재와 철학의 성격을 설명하려 한다. 그리고 철학의 단점과 장점이 모두 철학이 대단히 의심스러운 기초 위에 있다는 것으로써 설명될 수 있다.

내가 말하는 허위적인 설명이 무엇을 의미하는가를 밝히기로 한다. 물리적인 세계를 이해하려는 욕망은 어느 시대이고 그 세계가 어떻게 해서 시작되었는가라는 의문을 제기해 왔다. 모든 국민의 신화에는 우주의 기원에 관한 원시적인 이야기가 들어 있다. 헤브라이인의 풍부한 상상력의 산물인, 가장 잘 알려진 창조의 이야기는, B.C. 9세기에 시작된다. 그것은 세계를 하느님이 창조한 것이라고 설명한다. 그 설명은 인간이 집과 도구와 뜰을 만드는 것처럼 하느님이 이 세계를 만들었다는 인간화적인

유추로 시작하는, 말하자면 원시적인 마음 또는 어린이다운 마음을 만족
시키는 소박한 타입의 것이다. 가장 일반적·기초적인 문제의 하나가, 다
시 말해 물리적인 세계의 발생이라는 문제가 일상적인 환경의 경험에서
유추됨으로써 해답되어 있다. 이런 종류의 상상들이 설명이 될 수 없다는
것은, 그리고 만약에 그것들이 옳은 것이라면, 그것들은 설명이라는 문제
를 다만 더욱 어렵게 해결시킬 따름임은 가끔 옳게 논의되어 왔다. 창조
의 이야기는 허위적인 설명이다.

  그러나 창조의 이야기에는 얼마나 암시적인 힘이 들어 있는가! 당시에
아직도 원시적인 단계에 있었던 유태인들은 오늘에 이르기까지 모든 독
자를 매료시킬 만큼 생생한 이야기를 이 세계에 주었다. 우리의 상상은
그 정신이 물 위를 움직이고, 몇 마디의 명령으로 모든 세계를 창조하는
하느님의 두려운 환영에 묶이어 버린다. 강력한 아버지를 가지는 뿌리 깊
은 욕망은, 이 빛나는 옛 이야기로 채워진다. 그러나 심리적인 욕망의 만
족은 설명이 아니다. 철학은 항상 논리와 시(詩)의 혼동에, 합리적인 설
명과 심상의 혼동에, 일반성과 유추의 혼동에 의하여 상처를 입어 왔다.
많은 철학체계가 성서 같고, 시의 걸작 같고, 우리의 상상력을 자극하는
그림에 가득 차 있으나, 과학적인 설명에서 나오는 그런 명석한 힘이 결
핍되어 있다. 약간의 그리스의 우주창조론에는 세계의 기원에 관한 유태
인의 이야기와는 달리 창조가 아니고 진화를 가정한 것이 있다. 이 점에
서 그것들은 좀더 과학적이다. 그러나 그것들도 현대적인 의미에서의 과
학적인 설명은 하지 못하고 있다. 왜냐하면, 그것들 역시 일상적인 경험
의 원시적인 일반화에 의하여 구성되어 있기 때문이다. B.C. 600년경에
살았던 아낙시만드로스는 세계란 그가 '아페이론(apeiron)'이라고 했던
무한한 물질에서부터 발전한 것이라고 믿었다. 처음에 더운 것이 찬 것에
서 분리하여 그것이 땅이 되었고, 더운 불은 찬 땅을 둘러싸서 수레바퀴
모양의 공기관 안에 들어박혀 있었다. 그것은 아직도 그러하다; 불은 그

관에 있는 구멍을 통해 보이고, 그것을 우리는 해, 달, 별들이라 여긴다. 생물은 땅을 둘러싼 습기에서부터 진화했고, 낮은 형태로부터 시작했다; 인간이라 할지라도 물고기에서 출발했다. 세계의 기원에 관한 이 공상적인 그림을 우리에게 주었던 철학자는 유추를 설명이라 여겼다. 그러나 그의 허위적인 설명은 적어도 옳은 방향으로의 일종의 전진이었기 때문에 전혀 무익한 것은 아니다. 그것들은 원시적인 과학이론이고, 만약에 더욱 진보한 관찰과 분석이 지시에 사용된다면 마침내 더욱 좋은 설명을 이끌어 냈을는지도 모른다. 이를테면, 아낙시만드로스의 수레바퀴 모양의 관은 별의 원형궤도를 설명하려는 기도이다.

그릇된 일반화에는 두 가지 종류가 있고 그것은 오류의 무해한 형태와 유해한 형태로 구분될 수 있다. 경험적으로 생각하는 철학자들 사이에 흔히 있는 오류의 무해한 형태는 더욱 진보한 경험의 빛 안에서 그것들을 매우 쉽게 수정 · 개선할 수 있다. 유추와 허위적인 설명 안에 있는 오류의 유해한 형태는 공허한 말장난과 위험한 독단으로 이끌어 간다. 이런 종류의 일반화가 사변적인 철학자의 저술에 가득 차 있는 것처럼 여겨진다. 보편적인 법칙을 구성하려는 경향을 가진 천박한 유추를 사용하는 유해한 일반화의 실례로서 처음에 인용한 철학의 한 구절을 생각하기로 한다. 이 진술이 관찰한 것은, 이성은 인간의 행동을 대부분 제어하고, 적어도 부분적으로 사회발전을 결정함은 사실이라 하겠다. 이것을 설명하려 하기 때문에 그 철학자는 이성을 실체로 구성된 여러 대상의 여러 성질들을 결정하는 하나의 실체와 유사한 것이라 여긴다. 이를테면, 쇠〔鐵〕라는 실체는 그 실체로 구성된 다리〔橋〕의 여러 성질을 결정한다. 명백히 이 유추는 매우 나쁘다. 쇠는 다리와 똑같은 종류의 물건이다; 그러나 이성은 인간의 신체와 같은 물건은 아니고, 인간행동의 물질적인 담지자(擔持者)일 수는 없다. B.C. 600년경에 '밀레투스(Miletus)의 현인'으로서 유명한 탈레스가 물이 모든 사물의 실체라는 학설을 내세웠을 때에,

그의 일반화는 잘못되었다; 물이 흙 또는 산 유기체 같은 많은 물질에 포함되어 있다는 관찰이, 물이 모든 대상에 포함되어 있다는 가정에까지 잘못 확장되었다. 그러나 탈레스의 이론은 그것이 한 물리적인 실체를 다른 모든 물리적인 실체를 구성하는 요소라고 생각하는 한에서 의미가 있다; 그것은 적어도 그릇된 것이나마 하나의 일반화이지 유추가 아니다. 앞에서 인용한 구절의 말에 비교하면 탈레스의 말은 얼마나 훌륭한가!

   애매한 말이 거북한 점은 그것이 그릇된 생각을 갖게 하는 것이라 하겠는데, 이성을 실체에 비교하는 것이 이 사실을 잘 설명하고 있다. 이 한 구절을 쓴 철학자는 그의 진술을 단순한 유추라고 해석함에 강력히 반대할 것이다. 그는 그가 모든 사물의 참된 실체를 발견했다고 주장하고, 물리적인 실체만의 고집을 비웃을 것이다. 그는 실체에는 '보다 깊은' 의미가 있고 물리적인 실체는 한 특수한 실례에 지나지 않는다고 주장할 것이다. 쉽게 말해, 이것은 우주에 일어나는 여러 사물과 이성의 관계는, 다리와 다리를 만든 쇠의 관계와 똑같음을 의미할 것이다. 그러나 이 비교는 명백히 지지할 수 없는 것이고, 쉽게 고쳐 한 말은 유추를 성실하게 해석하면 논리적인 오류가 됨을 나타내고 있다. 이성을 실체라고 하면 듣는 이의 마음에 어떤 영상을 일으키게 할는지도 모른다; 그러나 이러한 말의 결합을 더 응용하면, 그것은 철학자를 논리가 보증할 수 없는 여러 결론으로 비약할 정도로까지 오도(誤導)해 버린다. 그릇된 유추에 의한 유해한 오류는 모든 시대에 철학자의 병이 되어 왔다. 이 유추에서 범하는 오류는 '추상개념의 실체화'라는 오류의 한 실례이다. '이성'과 같은 한 추상명사가 마치 어떤 사물 비슷한 실체를 지시하는 것처럼 다루어져 있다. 아리스토텔레스(B.C.384~B.C.322)의 철학에도, 그가 형식과 질료를 취급한 곳에 이런 종류의 오류의 고전적인 실례가 있다.

   기하학적인 여러 대상은 그것들을 이루고 있는 질료와는 다른 것으로서 형식이라는 측면이 있다. 형식은 변화할 수 있지만 질료는 언제나 같

다. 이 단순한 일상적인 경험은 막연함과 동시에 영향력이 있는, 그리고
유추의 오용에서만 만들어질 수 있는, 철학의 한 장의 근원이 되어 왔다.
아리스토텔레스는 장래에 있을 조상(彫像)의 형식은 그것이 조각되기에
앞서 틀림없이 나뭇조각에 들어 있다고, 그렇지 않으면 그 형태는 나중에
있을 수 없을 것이라고 논의한다. 마찬가지로 모든 생성은 형식을 가지려
는 질료의 과정에 있다. 그러므로 형식은 어떤 것이 아닐 수 없다. 이러
한 추리는, 다만 말을 막연히 사용하는 것으로 만들 수 있는 것에 지나지
않음은 명백하다. 조상의 형식이 조각가가 그것을 만들기에 앞서 나무에
있다고 하는 것은, 나뭇조각 안에 나중의 조상의 표면과 똑같은 표면을
명확히 한정하거나, 그것을 목편 안으로 '보아 넣는' 것이 우리에게 가능
함을 의미한다. 아리스토텔레스를 읽을 때에 누구나, 때때로 그는 다만
기껏해야 이러한 보잘 것 없는 사실을 의미하고 있다는 기분을 가지게
된다. 그의 저술에는 명료하고 합리적인 구절들 다음에 애매한 말이 따른
다; 그는 사람은 청동(靑銅)과 구형(球形)으로부터 이 형식을 이 질료
안으로 집어 넣음으로써 청동의 공을 만든다는 것과 같은 말을 하고 있
으면서도 형식을 영원히 변함 없이 존재하는 실체라고 여기는 결론에까
지 도달하고 있다.

　이리하여 말의 장식이 '존재론'이라는, 그리고 존재의 궁극적인 여러
근거를 다룬다고 여기는, 철학의 한 분과의 근원이 되었다. '존재의 궁극
적인 근거'라는 말 역시 하나의 장식적인 말이다. 내가 더 설명하지 않고
형이상학적인 말을 사용한다 할지라도, 다만 그것에 아리스토텔레스는
형식과 질료를 존재의 이러한 궁극적인 근거라고 여겼다는 말을 첨가하
여 둔다면 독자는 나를 용서할 것이다. 형식이 참다운 실재이고, 질료는
가능적인 실재이다. 왜냐하면, 질료는 많은 다른 형식을 가질 수 있기 때
문이다. 뿐만 아니라 형식과 질료는 많은 다른 관계의 배후에도 숨어 있
다고 여겨진다. 우리조직에서, 상층권과 하층권 그리고 상급원소와 하급

원소, 영혼과 신체, 남성과 여성은, 서로 형식과 질료와 똑같은 관계에 있다. 아리스토텔레스는 명백히 이들 다른 여러 관계는, 형식과 질료의 기초적인 관계가 강제로 비교됨으로써 설명될 수 있다고 믿고 있다. 유추라는 문자 그대로의 해석은, 이리하여 한 심상의 무비판적인 사용에 의하여 많은 다른 현상에 모두 동일한 레테르를 붙여 버리는 허위적인 설명을 제공한다.

　나는 아리스토텔레스의 역사적인 의의가, 현대의 과학적인 사고의 산물인 비판척도에 의하여 판단되어서는 안 됨을 허용하려 한다. 그러나 그 시대의 과학적인 표준에 의하여, 또는 생물학과 논리학 분야에서 그 자신의 업적이 이루었던 과학적인 표준에 의하여 측정되더라도 그의 형이상학이란 지식도 아니요, 설명도 아니요, '유추주의', 다시 말해 회화적인 언어에의 도피이다. 일반성을 발견하려는 충동은 철학자에게 그가 지구의 좀더 한정된 분야에서 성공적으로 적용한, 바로 그 원리들을 잊게 하고, 지식이 아직도 사용될 수 없는 영역에서 말장난으로만 표류하게 하여 버린다. 여기에 관찰과 형이상학의 이상한 혼합물의 심리적인 근원이 있고, 이 혼합물이 이 경험적인 재료의 뛰어난 수집가를 독단적인 이론가로 만들고 있다. 독단적인 이론가란 말을 주조하고 증명할 수 있는 경험으로 변형시킬 수 없는 원리를 설정함으로써 설명욕을 만족시키는 사람이다. 우주의 구조에 관하여, 또는 남성과 여성의 생물학적인 기능에 관하여, 아리스토텔레스가 알았던 것은 일반화를 허용할 만큼 충분한 것이 아니었다. 그의 천문학은 지구가 우주중심이라는 지구중심적인 체계였다; 그리고 생식메커니즘에 관한 그의 지식은 현대생물학의 기초적인 사실마저 포함하지 않고 있다; 그는 남성의 정충과 여성의 난세포가 결합해서 새로운 개체를 산출한다는 것을 모르고 있다. 망원경과 현미경 없이는 발견될 수 없는 여러 결과를 그가 몰랐다고 해서 그를 비난하는 이는 없을 것이다. 그러나 지식이 결핍되어 있을 때에 빈약한 유추를 설명이라 잘못 알고 있었음은 그의 단점이었다. 이를테면, 생식을 말할 때 그는 남성의 개체는 여성의 생물학적인 실체에 다만 한 형식을 준다고 했다. 장식적인 말로써도 잘못 이끌기 때문에 이러한 막연한 주장은 사고의 건전한 여러 방향으로의 길을 내딛는 첫걸음이라 여길 수는 없다. 철학체계가 과학철학에의 접근을 서서히 준비하지 않고, 실제적으로 그 발전을 막아 왔음은 이러한 유추주의의 비극적인 결과였다. 아리스토텔레스의 형이상학은 2000년 동안의 사상에 영향을 주었고, 현대의 많은 철학자가 아직도 칭찬하고 있다. 현대의 철학사가들이 아리스토텔레스를 평범하게 존경하는 테두리 안에서, 가끔 감히 비판하고 있는 것은 사실이다. 그리고 그의 철학적인 통찰과 그들이 그의 시대의 후진성의 산물이라 여기는 그의 체계의 여러 부문을 구별하는 것도 사실이다. 그러나 철학적인 통찰이라는 이름으로 우리에게 주어지는 것은 너무나 자주 저자도 결코 생각하지 못한 의미에 가득 찬 말장난이다. 형식과 질료의 관계는 설명을 제공하지 않고 유추하기에 전력을 다한다. 변호적인 해석은 철학자의 뿌리 깊은 오류를 극복하는 방법이 못된다. 위대한 사람들의 과오에 후세의 사람들이 증명할 방법을 가졌던 것에 관한 예언적인 추측이 될 만한 왜곡된 의미가 주어진다면, 그러한 태도는 철학탐구를 촉진할 수는 없을 것이다. 철학의 진보가 철학사를 연구대상으로 한 사람이 그렇게도 빈번히 지연시키지 않았다면 철학사는 훨씬 빨리 진보했을 것이다.

나는 내가 허위적인 설명이라고 했던 설명으로서 형식과 질료에 관한 아리스토텔레스 학설을 사용했다. 고대철학은 이러한 불행한 추리형식의 또 하나의 실례를, 즉 플라톤의 철학을 우리에게 제공한다. 아리스토텔레스는 일찍이 플라톤의 제자였기 때문에, 그는 그의 사고방식에서 기꺼이 즐겨 회화적인 말과 유추주의로 된 스승의 말을 사용했다고 믿는 사람이 있을는지도 모른다. 그러나 나는 도리어 가끔 분석되어 온 아리스토텔레스에의 영향을 생각하지 않고, 플라톤 철학을 검토하려 한다. 플라톤 철학의 영향은 몹시 다양한 철학체계에서 그 흔적을 더듬어 볼 수 있고, 그 논리적인 기원을 더욱 자세하게 연구할 충분한 이유가 될 수도 있다.

플라톤(B.C. 427~B.C. 347)의 철학은 가장 이상한, 그러나 가장 영향력 있는 철학설의 하나, 즉 그의 이데아설에 의거하고 있다. 그처럼 칭찬받고, 그처럼 본질적으로 비논리적인 이데아설은, 수학적인 지식과 도덕적인 행동가능성을 설명하려는 시도에서 일어났다. 나는 이 학설의 후자의 근원을 제4장에서 논의하고, 현재 내 비평을 전자의 근원에 국한 시키기로 한다.

수학적인 증명은 항상 진리의 최고표준을 만족시키는 지식의 방법이라 여겨져 왔다. 그리고 플라톤은 확실히 수학이 다른 모든 지식의 형태보다 우월함을 강조했다. 그러나 수학연구는 철학자의 비판적인 태도로 하면 어떤 논리적인 곤란함을 이끌어 온다. 이것은 특히 기하학에, 즉 그리스 수학자의 연구에서 가장 앞장선 학과에 적용된다. 나는 이 논리적 형식 안에 있는 여러 곤란함과 우리가 오늘날 사용하는 술어를 설명하고 다음 에 플라톤이 제의한 결론을 논의하려 한다.

논리학으로 조금 탈선하는 것은 문제를 밝히는 데에 도움이 될 것이 다. 논리학자는 '보편적'인 진술과 '개별적'인 진술을 구별한다. 보편적인 진술은 포괄적인 진술이다; 보편적인 진술은 "어떤 종류의 모든 사물은 어떤 성질을 가지고 있다"라는 형식으로 되어 있다. 보편적인 진술은 '일 반적인 함립관계(含立關係)'라고도 한다. 왜냐하면, 보편적인 진술은 어 떤 조건에서는 어떤 성질이 일어남을 말하고 있기 때문이다. 한 예로서 "가열된 모든 금속은 팽창한다"라는 진술을 생각해 보자. 이것은 "금속이 가열되면 팽창한다"라고 풀어 말할 수 있다. 이러한 함립관계를 특수한 대상에 적용하려 할 때에 우리는 그 대상이 진술된 조건을 충족시키고 있는가를 확인해야 한다; 그 후에 우리는 그것이 진술된 성질을 가지고 있음을 추측할 수 있다. 이를테면, 우리는 어떤 금속이 가열되어 있음을 관찰한다; 그 후에 우리는 이어서 그것이 팽창한다고 할 수 있다. "이 가열된 금속은 팽창한다"라는 진술은 특수한 진술이다. 기하학의 정리는 보편적인 진술 또는 일반적인 함립관계라는 형식을 가지고 있다. 한 실례로서 "모든 삼각형의 내각의 합은 180°이다"라는 정리 또는 "모든 직각삼각형의 빗변의 제곱은 다른 두 변의 제곱의 합과 같다"라는 피타고라스의 정리를 생각하자. 우리가 이러한 정리를 응용하려면, 우리는 진술된 조건이 충족되어 있는가를 확인해야 한다. 이를테면, 우리가 땅에 삼각형을 그렸을 때에, 우리는 빳빳한 끈의 힘을 빌려 그 세 변이 바른가 어떤가를 검사해야 한다. 우리는 그 후에 그 각들이 합해 180°가 된다고 주장할 수 있다.

이런 종류의 일반적인 함립관계는 대단히 유용하다. 그것에 의하여 우리는 예언을 할 수 있다. 이를테면, 가열된 물체에 관한 이 함립관계가 레일은 태양 밑에서 팽창하리라는 예언을 할 수 있게 한다. 삼각형에 관한 이 함립관계는 우리가 세 개의 탑으로 된 한 삼각형의 각을 측정하려 할 때에 어떠한 결과를 발견할 것인가를 미리 알려 주고 있다. 이러한 진술을 '종합적'이라고 한다. '통보적'이라고 고쳐 말할 수 있는 표현이다.

일반적인 함립관계에는 다른 종류가 있다. "모든 총각은 결혼하지 않았다"라는 진술을 생각해 보자. 이 진술은 대단히 유용하다고 할 수는 없다. 우리가 어떤 사내가 총각인가 아닌가를 알려 한다면, 우리는 처음에 그가 결혼했느냐 안 했느냐를 알아야 한다; 그리고 한 번 우리가 그것을 알아 버리면 이 진술은 그 이외에 다른 아무 것도 우리에게 알려 주지 못한다. 이 관계는 그것에 의하여 진술된 조건에 아무 것도 덧붙이지 못한다. 이러한 종류의 진술은 공허하다; 그것은 '분석적'이라고 하고, '자기 설명적'이라고 고쳐 할 수 있는 표현이다.

우리는 지금 한 일반적인 함립관계가 진실한 것인가 아닌가를 어떻게 알아 낼 수 있을 것인가라는 문제를 논의해야 한다. 분석적인 함립관계에 대해서는 이 문제는 쉽게 답이 나온다; "모든 총각은 결혼하지 않았다"라는 함립관계는 '총각'이라는 말의 의미에서 나온다. 종합적인 함립관계에서는 사정이 이것과는 다르다. '금속'이라든가 '가열된'이라든가 하는 말의 의미는 '팽창하는 것'이라는 말과 아무런 관계도 없다. 그러므로 이 함립관계는 다만 관찰을 통해서만 실증될 수 있다. 우리는 모든 과거의 경험에서 가열된 금속은 팽창함을 발견해 왔다; 그러므로 우리는 이 일반적인 함립관계를 수립할 자격이 있다고 생각한다.

그러나 이 설명은 기하학적인 함립관계에 대해서는 성립할 수 없는 것처럼 여겨진다. 우리는 과거의 경험에서 삼각형의 내각의 합은 180°임을 알았을까? 기하학적인 방법을 조금 반성한다면 긍정적인 대답에 반대할 것이다. 우리는 수학자가 이 내각의 합에 관한 정리를 증명할 수 있음을 알고 있다. 이것을 증명하기 위하여 그는 종이 위에 선을 긋고 우리에게 이 도형에 관한 어떤 관계를 설명한다. 그러나 각들을 재지는 않는다. 그는 '공리'라는 어떤 일반적인 진리에 호소한다. 그리고 이 공리에서부터 그는 논리적으로 정리를 도출한다. 이를테면, 그는 한 직선과 그 바깥에 한 점이 주어졌을 때에, 이 점을 통하여 그 직선에 평행되는 선은 단 하나밖에 없다는 가정에 언급할 것이다. 이 공리는 도형으로 설명된다. 그러나 그는 측정에 의해 그것을 증명하지 않는다; 그는 그 직선들이 평행선임을 표시하기 위하여 그 직선 사이의 거리를 측정하지 않는다.

사실상 그는 그의 도형이 빈약하게 그려지고 그러므로 삼각형과 평행선의 좋은 실례를 제공하지 못하고 있음을 허용하기조차 할는지도 모른다; 그러나 그의 증명이 그럼에도 불구하고 엄밀한 것이라고 주장할 것이다. 기하학적인 지식이란 머리에서 파생된 것이고, 관찰에서 파생된 것은 아니라고, 그는 논의할 것이다. 종이 위에 그린 삼각형은 우리가 무엇을 이야기하고 있는가를 명백히 하는 데에 도움이 될 수는 있다; 그러나 그것은 증명을 제공하지는 못한다. 증명은 추리가 관여하는 문제이고, 관찰이 관여하는 문제는 아니다. 이러한 추리를 하기 위해서 우리는 기하학적인 여러 관계를 구체화하고, 말의 좀더 '높은' 의미에서 이 기하학적인 결론이 불가피하고, 그러므로 엄격히 말해 진실함을 '본다.' 기하학적인 진리는 이성의 산물이다. 그것이 기하학적인 진리를 무수한 실례의 일반화에 의하여 발견되는 경험적인 진리보다 훌륭한 것으로 하고 있다.

이 분석결과는 이성이 물리적인 여러 대상의 일반적인 성질들을 발견하는 힘이 있는 것처럼 여겨지게 한다. 이것은 사실 놀랄 만한 결과이다. 만약에 이성의 진리가 분석적인 진리에 국한되어 있다면 문제는 없을 것이다. 총각이 결혼하지 않고 있음은 이성만으로도 알 수 있을 것이다. 그러나 이 진술은 공허하기 때문에 그것은 아무런 철학적인 문제도 제공하지 못한다. 종합적인 진술에서는 사정이 다르다. 어떻게 해서 이성이 종합적인 진리를 발견할 수 있을까?

이러한 형식으로, 이 의문은 플라톤시대로부터 2000년 이상 후에 칸트가 해답을 했다. 플라톤은 이 의문을 그렇게 명백히 말하지는 않았다. 그러나 그도 이러한 방향으로 틀림없이 이 문제를 보았을 것이다. 우리는 플라톤이 이 의문에 대해 한 해답에서, 다시 말해 그가 기하학적인 지식 기원에 관하여 말한 방법에서 결론적으로 이렇게 해석할 수 있다. 플라톤은 물리적인 사물과는 달리, 우리가 이데아라는 다른 종류의 사물이 존재한다고 말한다. 종이 위에 그려진 그것과 일치하는 모양과는 달리, 삼각형, 평행선 또는 원의 이데아라는 것이 존재한다. 이 이데아는 물리적인 대상보다 우월하다; 그것은 이 물리적인 대상들의 성질을 완전한 방법으로 표시한다. 그러므로 우리는 물리적인 대상에 관해, 이 물리적인 대상들 자체를 보는 것에 의해서라기보다 그것들의 이데아를 보는 것에 의해, 더욱 많은 것을 배울 수 있다. 플라톤이 의미하는 것은 다시 기하학적인 도형에 관계시켜 설명된다; 우리가 그리는 직선은 특히 어떻고, 그래서 기하학자가 폭이 없다는 의미의 직선은 아니다; 흙 위에 그려진 삼각형

의 꼭지점은 사실은 넓이가 좁고, 그러므로 이상적인 점이 아니다. 기하
학적인 개념의 의미와 물리학적인 대상을 통한 이 개념의 현실화 사이의
차이는 플라톤에게 이상적인 대상 또는 이 의미의 이상적인 대표물이 틀
림없이 있다고 믿게 했다. 이리하여 플라톤은 우리의 물리적인 사물세계
보다 높은 실재성의 세계에 도달했다; 후자는 그것이 이상적인 사물의
성질을 불완전하게 나타내는 방식으로 이상적인 사물을 '분유(分有)한다'
고 그는 말하고 있다. 그러나 수학적인 대상만이 이상적인 형식으로 존재
하는 사물은 아니다. 플라톤은 고양이의 이데아, 인간의 이데아, 또는 집
의 이데아 같은 온갖 종류의 이데아가 있다고 했다. 짧게 말하면, 모든
유개념—같은 종류의 여러 대상을 말하는 하나의 이름—또는 '전칭적(全
稱的)'인 이름은 그것과 일치하는 이데아의 존재를 지지한다. 수학적인
여러 이데아와 마찬가지로, 다른 여러 대상의 이데아들도, 현실적인 세계
에서 그것들의 불완전한 모사물과 비교하면 완전한 것이다. 이리하여 이
상적인 고양이는 완전한 형식으로 '고양이 일반'의 모든 성질을 나타내고
있다. 그리고 이상적인 운동가는 모든 실제적인 운동가보다 모든 점에서
우월하다; 이를테면, 이 이데아는 이상적인 체격을 표시하고 있다. 부수
적인 말이지만, 우리가 지금 사용하고 있는 '이상적'이라는 말은 플라톤의
학설에서 나온 것이다. 이데아의 학설은 현대인의 지성으로 보면 이상한
것이라 여겨질는지도 모르나, 플라톤 시대에 통하는 지식의 테두리 안에
서는, 그것은 수학적인 진리의 (얼핏 보아 틀림없는) 종합적인 성질을 설
명하려는 하나의 시도라고 여겨졌을 것이다. 우리는 이상적인 사물의 성
질을 통찰에 의하여 보고, 그리하여 실재적인 사물에 관한 지식을 획득한
다. 이데아의 통찰은 현실적인 대상의 관찰에 비교할 수 있는 지식의 한
근원이라고 여겨진다. 그러나 이데아의 통찰은 그 대상의 '필연적인' 성질
을 현시(顯示)한다는 점에서 관찰보다 우월하다. 감각적인 관찰은 절대
적으로 확실한 진리를 우리에게 알릴 수 없으나, 통찰은 그것을 알릴 수

있다. 우리는 '지성의 눈'으로 주어진 한 점을 통해서는 다만 하나의 평행 선만이 주어진 일직선에 대해 그을 수 있음을 통찰한다. 이 정리가 우리 에게는 절대적으로 확실한 진리인 것처럼 여겨지기 때문에 그것은 경험 적인 관찰에서 도출된 것일 수는 없다. 정리는 우리 육체의 눈이 닫혀 있 는 동안에도 우리가 할 수 있는 통찰에 의하여 우리를 가르친다. 이러한 형식으로 우리는 기하학적인 지식에 관한 플라톤의 개념을 표현할 수 있 다. 사람이 그것을 어떻게 생각하건, 사람은 그것이 기하학의 논리적인 문제에 관한 깊은 통찰을 나타내고 있음을 허용해야 된다. 그것은 조금 개량된 설명으로 칸트가 제창했다; 그리고 사실상 19세기의 발전이 수학 영역에서의 새로운 발견을, 다시 말해 기하학에 관한 플라톤과 칸트의 해 석을 모두 거부하는 발견을 초래하기 전에는, 그것은 늘 신비스런 개념에 머물러 있었다. 플라톤에게 통찰이란 다만 이상적인 사물이 존재하기 때 문에 지식을 제공할 수 있음을 잘 알아두어야 된다. 존재개념의 확장은 그에게는 불가피한 것이다. 물리적인 사물이 존재하기 때문에 우리는 그 것들을 볼 수 있다; 이데아가 존재하기 때문에 우리는 지성의 눈으로 그 것들을 볼 수 있다. 플라톤은 이러한 논의를 명백하게 계통적으로 말하고 있지는 않지만, 그는 이런 종류의 논의에 의해 틀림없이 그의 개념에 도 달했을 것이다. 수학적인 통찰은 플라톤에 의하면 감각적인 이해와 비슷 한 것이라고 해석된다. 그러므로 여기에 그의 시대에 맞추어진 비판척도 에 의해 판단되더라도 그의 학설논리에 불건전한 점이 있다. 설명이 계획 되어야 할 곳을 하나의 유추가 도맡아 하고 있다. 그리고 유추는 명백히 너무나 좋은 것은 아니다. 그것은 수학적인 지식과 경험적인 지식 사이에 있는 본질적인 구별을 말살하고 있다. 그것은 필연적인 관계를 '보는 것' 이 경험적인 대상을 보는 것과 다르다는 사실을 무시하고 있다. 설명이 있어야 할 장소에 하나의 그림이 들어간다. 그리고 이 철학자는 분석에 의해서보다 도리어 유추에 의해 자꾸만 말하고 있기 때문에 독립적이고

'보다 고차적인' 실재라는 하나의 말이 발명되어 있다. 앞에서 말한 다른 철학의 설명에서 언급한 것처럼 분석이라는 문자 그대로의 해석은 철학적 오류의 근원이 된다. 존재개념의 일반화를 가진 이데아설은 허위적 설명을 제공한다.

플라톤주의자는 다음과 같은 종류의 논의에 의하여 그 자신을 변명하려 할는지도 모른다. 이데아의 존재는 잘못 해석되어서는 안 된다고 그는 논의할 것이다. 그것들의 존재는 명백히 경험적인 대상의 존재와 똑같은 종류의 것일 필요는 없다. 이러한 말이 필요하다면 철학자란 좀더 넓은 의미에서의 일상적인 말 가운데 어떤 말을 사용해서는 안 될 것인가?

나는 이러한 논의가 플라톤주의를 잘 변호한다고 생각하지는 않는다. 물론 일상적인 언어 가운데에 있는 말들이 과학자가 필요로 하는 어떤 새로운 개념과 비슷하기 때문에 과학의 말이 될 수 있음은 있을 수 있는 사실이다. 이를테면 '에너지'라는 말은 물리학에서 추상적인 의미로 사용된다. 그러면서도 그 말은 일상생활에서의 그 의미와 조금 비슷한 데가 있다. 그러나 이러한 말의 전용(轉用)은 새로운 의미가 엄밀하게 정의되어 그것이 엄격하게 그 새로운 의미로 사용되고, 낡은 의미와 비슷하게 사용되지 않을 때에 한해 허용된다. 태양의 복사(輻射) 에너지에 관하여 말하는 물리학자는 태양이 정력적인 사람처럼 정력적이라고 말하는 것을 허용하지는 않을 것이다. 이러한 말은 이전의 의미로 되돌아섬을 의미할 것이다. 플라톤이 '존재'라는 말을 사용한 것은 과학적인 유형의 사용은 아니다. 만약에 과학적인 말을 사용했더라면 이상적인 대상이 존재한다는 진술은 이러한 의심스러운 말을 포함하지 않는 다른 말로 정의되었을 것이고, 물리적인 존재의 의미와 비교할 수 있는 의미를 가진 것으로서 독립적으로 사용되지는 않았을 것이다. 우리는 이상적인 삼각형의 존재를, 우리가 삼각형에 관하여 함립관계라는 형식으로 말할 수 있는 의미라고 정의할 수 있을는지도 모른다. 또는 설명을 위하여 대수학(代數學)을 사용한다면, 우리는 미지수에 관한 모든 대수방정식에는 그것이 어떤 조건을 충족시키고 있는 한, 해답이 존재한다고 할 수 있다; 이 경우에 '존재한다'는 말은, 어떻게 하면 해답을 발견할 것인가를 우리가 안다는 것을 의미한다. '존재'라는 말을 이렇게 사용하는 것은 무해한 방식의 말이고, 사실상 수학자가 가끔 사용하고 있다. 그러나 플라톤이 이데아의 존재에 관하여 말할 경우에는 그 말은 확립된 의미로 고쳐 말할 수 있는 표현 이상의 것을 의미한다.

플라톤이 원하는 바는 수하적인 진리의 인식가능성을 설명하려는 데에 있다. 그의 이데아설은 이러한 지식의 설명으로 구성되었다; 즉, 그는 이데아의 존재가 수학적인 대상에 관한 우리의 지식을 설명할 수 있다고 믿었다. 왜냐하면, 그것은 나무의 존재가 나무의 지각을 가능하게 하는 것과 똑같은 의미로, 수학적인 진리의 일종의 지각을 가능하게 하고 있기 때문이다. 이상적인 존재를 말의 한 방법이라고 해석함은, 그를 돕는 길이 못됨은 명백하다. 왜냐하면, 그러한 해석은 수학적인 대상의 일종의 감각적인 지각을 설명할 수는 없기 때문이다. 그렇지 않고 그는 물리적인 존재와 수학적인 지식을 모두 포함하는 이상적인 존재의 개념에, 다시 말해 그 후 철학적인 말에 언제나 붙어 다녔던 양립할 수 없는 두 요소의 이상한 결합에 도달했다.

위에서 나는 지식욕이 허위적인 설명에 의하여, 유추, 일반화와 혼동에 의하여, 잘 정의된 개념 대신에 회화적인 말의 사용에 의하여 완화되는 때에는 과학의 종말임을 말했다. 그의 시대의 우주론과 마찬가지로 플라톤의 이데아설은 과학이 아니고 시이다. 그것은 상상의 산물이고 논리적인 분석의 산물이 아니다. 그의 학설전개에서 플라톤은 논리적이라기보다는 도리어 신화적인 그의 사색의 사슬을 활짝 펴놓는 데에 주저하지 않는다; 그는 그의 이데아설을 영혼의 이주라는 개념과 연관시킨다. 이 전환은 플라톤의 『대화편』 메논에 등장한다. 소크라테스는 기하학적인

지식의 성질을 설명하려 하고, 수학을 전혀 모르는 젊은 노예를 가지고
실험함으로써 그것을 설명하려 한다. 이 노예에서부터 그는 기하학적인
증명을 끌어내려는 듯하다. 그는 해답에 사용되는 기하학적인 여러 관계
를 그 소년에게 설명하지 않는다; 그는 질문의 대답을 통하여 그에게 그
것들을 '알게' 한다. 그리고 이 매력 있는 장면은, 플라톤에 의하여 기하
학적인 진리에의 이성통찰로서, 다시 말해 경험에서부터 도출되지 않는
본유적(本有的)인 지식의 설명으로써 사용되고 있다. 이러한 해석은 현
대적인 개념으로서는 허용할 수 없는 것이나 플라톤의 시대에는 이데아
의 통찰을 지지하기에 충분히 강력한 논의였을 것이다. 그러나 플라톤은
이러한 결과에 만족하지 않고 있다; 그는 계속하여 설명하기를 원하고
본유적인 지식의 가능성 설명을 원한다. 앞에서 말한 책의 이 부분에서
소크라테스는 본유적인 지식은 회상이라고, 사람들이 전세에 그들의 영
혼의 생활에서 보았던 이데아의 회상이라고 주장하고 있다. 이 전세의 생
활 사이에는 그 동안 이데아가 지각된 '여러 하늘들 저편에 있는 그 하늘'
에서의 한 생활이 있었다. 플라톤은 이리하여 이데아에 관한 지식을 '설
명'하기 위하여 신화에 호소한다. 그리고 우리의 현재생활에서 이데아를
보는 것이 불가능하다면 왜 전세의 생활에서는 가능했을 것인가를—또는
이데아를 보는 것이 우리의 현재생활이라면 왜 회상의 학설이 필요한 것
인가를 앎은 곤란한 일이다. 시적인 비유는 논리에 의하여 방해받지 않는
다. 그리스신화에는 왜 땅이 무한한 공간으로 떨어지지 않는가라는 의문
이 제기되어 있다. 그리고 그 해답은 아틀라스(Atlas)라는 한 거인이 지
구를 그의 어깨 위에 받들고 있다는 것이었다. 플라톤의 회상설은 이 이
야기와 설명성이 거의 같다. 그 점에서는 그것이 다만 이데아의 지식의
기원을 한 생활에서 다른 생활로 옮기고 있을 따름이다. 그리고 '티마이
오스'에 표시된 플라톤의 우주론은 추상적인 말의 사용에 의해서만 이러
한 단순한 허구와 구별된다. 이를테면 그는 우리에게 우주의 존재에 앞서

서도 '존재'는 존속하고 있었다고 한다. 언어의 애매성만이 철학자에게 이러한 말들에서 깊은 지혜를 보게 설득한다. 그리고 냉정하게 검토하면 이것은 그 고양이가 사라져도 볼 수 있다는 체셔—영국의 주 이름, 역자— 산 고양이의 웃음을 상기시킨다.

그러나 나는 플라톤을 조소하려는 것이 아니다. 그의 회화적인 말은 상상에 호소하는 설득력 있는 언어이다. 그러므로 그것을 설명이라 여겨서는 안 된다. 플라톤이 창조한 것은 시이다. 그리고 그의 『대화편』은 세계문학의 걸작이다. 질문하는 방법으로 청년을 가르쳤던 소크라테스의 이야기는 교훈적인 시의 아름다운 실례이다. 그리고 그것은 호메로스의 『일리아드(Iliad)』나 예언자들의 교훈과도 어깨를 나란히 할 수 있는 것이다. 우리는 소크라테스가 말한 것을 지나치게 중대하게 생각해서는 안 된다; 중요한 것은 그가 어떻게 그것을 말하고 있는가, 그리고 어떻게 그의 제자들을 자극하여 토론하게 하고 있는가 하는 것이다. 플라톤의 철학은 시인으로 전향한 철학자의 작품이다. 대답할 수 없는 의문에 직면했을 때에, 설명 대신에 회화적인 면을 제공하는 것은 철학자에게는 억제할 수 없는 유혹인 것 같다. 만약에 플라톤이 과학자의 태도로 기하학적인 지식의 기원문제를 연구했다면 그의 해답은 "나는 모른다"라는 정직한 승인에 있었을 것이다. 플라톤보다 한 세대 뒤떨어져 기하학의 공리적 체계를 세운 수학자 유클리드는 기하학의 공리에 관한 우리의 지식에 대해서는 아무런 설명도 하려 하지 않았다. 이와 대조적으로 철학자란 알려는 그의 욕망을 억제할 수 없는 것처럼 보인다. 철학사를 통해 우리는 철학정신이 시인의 상상과 융합되어 있음을 발견한다. 철학자가 묻는 것에 시인이 대답했다. 그러므로 철학자의 표현을 읽음에 우리는 주어진 해답에서보다, 오히려 질문된 의문에 주의를 집중해야만 할 것이다. 근본적인 의문발견이 그 자신 진보에 대한 지성의 본질적인 공헌이다. 그리고 철학의 역사가 문제의 역사로 이해될 때에, 그것은 그것이 체계의 역사라고 생각될 때보다도 훨씬 풍부한 분야를 제공한다. 역사를 멀리 거슬러 올라가 다다를 수 있는 이 문제들의 약간은 현대에 이르러 겨우 과학적인 해답을 발견했다. 이것들 가운데 하나는 수학적인 지식의 기원에 관한 문제이다. 동일한 역사를 가진 다른 여러 문제는 다음 장에서 취급하려 한다. 이 한 장(章)에서 밝힌 분석은, 이 책의 그것으로 시작된 바로 그 구절의 검토에서 일어난, 철학적인 언어에 관한 심리적인 의문에 대한 최초의 해답이 되었다. 철학자는 과학적인 해답방법이 아직도 없을 때에 해답하려고 기도하기 때문에 비과학적인 언어를 사용하게 된다. 그러나 이러한 역사적인 설명은 한정된 타당성만 있다. 과학적인 해결방법이 버젓이 존재하는 때에도 계속하여 회화적인 언어를 사용하는 철학자들이 있다. 이 역사적인 설명은 플라톤에게는 적용되지만 이성이 모든 사물의 실체라고 한 철학자에게는 적용될 수 없다. 그는 플라톤시대를 이은 2000년의 과학탐구를 이용할 수 있었을 것임에도 그것을 이용하지 않고 말았다.

# 제 3 장

# 확실성의 탐구와 지식의 합리적인 개념

앞장에서 표시된 것은 철학체계의 애매한 개념이란 사색과정에 개재하는 어떤 '초논리적인 동기'에 기인한다는 것이다. 일반성에 의한 설명의 정당한 탐구에 회화적인 언어에 의한 허위적인 만족이 제공된다. 이렇게 지식 안으로 시가 침입함은 회화적인 말로 이루어지는 상상적인 세계를 건설하려는 충동에 의하여 방조(幇助)된다. 그리고 이 충동은 진리탐구보다 더욱 강해질 수 있다. 회화적인 사고에의 충동은 그것이 논리적인 분석형태를 표시하지 않고 논리영역 밖에 있는 정신적인 요구에 기인하기 때문에 초논리적인 동기라고 할 수 있다.

분석과정에 가끔 간섭하는 두 번째의 초논리적인 동기가 있다. 감각적인 관찰에 의하여 얻어진 지식은 일상생활에서는 대개 성공적이지만, 그것은 일찍이 지나치게 신뢰할 수는 없는 것이라고 알려져 있다. 불은 뜨겁다든가, 인간은 죽는다든가, 또는 고추어지지 않는 물체는 밑으로 떨어진다든가, 하는 법칙처럼 예외 없이 성립하는 것처럼 여겨지는 단순한 물리적인 법칙이 약간 있다; 그러나 땅에 심은 씨는 자라날 것이다라든가, 기후에 관한 법칙이라든가, 또는 인류 질병의 치료를 위한 법칙이라든가, 이 같은 법칙처럼 아무래도 예외가 있는 다른 법칙들이 너무나 많다. 그리고 더욱 널리 관찰하면 엄밀한 법칙에도 예외가 드러난다. 이를테면 반 딧불은 덥지 않다. 적어도 '덥다'는 말의 보통의미로는 덥지 않다; 그리고 빗방울은 하늘로 오를 수 있다. 이 예외는 법칙에 관하여 더욱 정확한 말 이 사용됨으로써, 다시 말해 그 타당성의 조건과 그 말의 의미가 더욱 주 의 깊게 진술됨으로써 처리될 수 있으나, 한편 대개는 이 새로운 형식화 에는 예외가 있느냐 없느냐라는, 즉 우리가 나중에 이 개선된 형식화의 한계가 드러남을 발견할 수 없다고 보증할 수 있느냐 없느냐라는 의문이 남게 된다. 항상 낡은 이론을 배제하고, 새로운 이론으로 그것에 대치시 키는 과학의 발달을 볼 때에 우리는 이러한 의문에 충분한 이유가 있음 을 알 수 있다. 의문의 또 하나의 근원이 있다; 우리의 개인적인 경험이 실제세계와 꿈의 세계로 갈라져 있음은 사실이다. 이렇게 구별해야 하는 것은 역사적으로 말하면, 인간진화의 상당히 늦은 시기의 발견이다; 현 대에도 원시적인 사람들은 이 두 세계를 명료하게 구별하지 못한다. 다른 사람이 그를 공격한다고 꿈꾸었던 한 미개인은 그 꿈을 정말로 알고, 달 려가서 그 사람을 죽일는지도 모른다; 또는 그의 아내가 다른 사내와 함 께 그를 속인다고 꿈꾸었을 때에는, 그는 동일한 복수행동 또는 재판행동 으로 나갈는지도 모른다. 복수니 재판이니 하는 말은 견해에 의거한 용어 이다. 정신분석학자는 이러한 꿈이 이유 없이는 일어나지 않을 것이라고 지적함으로써 즐겨 어느 정도 이 사내를 용서하려 들는지도 모른다. 그리 고 보복은 몰라도 적어도 의심은 정당화할는지도 모른다. 그러나 원시적 인 사람은 정신분석학적인 고려에 의거하여 그렇게 행동하는 것이 아니 고, 꿈과 실제를 명료하게 구별할 수 없기 때문에 그렇게 행동하는 것이 다. 현대의 상식인은 대개 이러한 혼동을 면하고 있다고 생각하지만, 조 금 분석하면 그의 신념이 확실성을 요구할 수 없음이 드러난다. 왜냐하 면, 꿈꾸고 있는 동안은 우리는 꿈꾸고 있음을 알지 못하기 때문이다; 우 리가 꿈을 꿈으로 아는 것은 다만 나중에 깬 후에 있는 일이다. 그러면 우리는 어떻게 해서 우리의 현재경험이 꿈의 경험보다도 더욱 신뢰할 수 있는 유형의 것이라고 주장할 수 있을까? 현재의 경험이 현실적인 감정과 결합하고 있다는 사실이 그 경험을 더욱 신뢰하게 하지는 못한다. 왜냐하면 우리는 꿈에서도 같은 감정을 가지기 때문이다. 우리는 후일의 경험이 우리가 지금도 꿈꾸고 있음을 증명할 가능성을 완전히 배제할 수는 없다. 이 논의는 상식인에게 그의 경험에의 신뢰를 단념시키기 위하여 생겨난 것은 아니다; 그러나 이 논의는 우리가 이러한 신뢰에게도 절대적인 확실성을 요구할 수는 없음을 알리고 있다.

철학자는 항상 감각적인 지각을 신뢰할 수 없음을 고민하여 왔다. 그리고 그것을 그는 앞에서 말한 것과 같은 고려에 의하여 설명했다; 뿐만 아니라 그는 작대기를 일부분만 물속에 넣으면 굽어 보인다는 것, 또는 사막의 신기루 같은, 깬 상태에서의 감각적인 착각도 언급했다. 그러므로 그는 적어도 이러한 기만이 전혀 없는 것같이 보이는 지식의 한 영역이 있음을 발견하고 기뻐했다; 그것이 수학적인 지식이었다. 앞에서 말한 것처럼 플라톤은 수학을 모든 지식의 최고형식이라고 생각했다. 그의 영향은 지식이 수학적인 형식의 것이 아니면 그것은 전혀 지식이 아니라는 생각을 널리 확대시키는 데에 크게 공헌했다. 현대과학자는 탐구의 강력한 도구로서 수학을 사용함에도 불구하고 이 금언을 무조건 받아들이지는 않을 것이다. 그는 관찰이 경험적인 과학에서 생략될 수 없다고 주장하고, 다만 경험적인 탐구의 여러 결과 사이에 있는 연관을 확립하는 기능만을 수학에게 맡길 것이다. 그는 몹시도 즐겨서 이 수학적인 연관을 새로운 관찰적인 발견의 안내자로서 사용한다; 그러나 그는 다만 그가 관찰적인 재료를 가지고 출발하기 때문에 이 수학적인 연관이 그를 도울 수 있음을 알고 있다. 그리고 그는 만약에 수학적인 결론이 나중의 관찰에 의하여 확증되지 않으면 언제나 그것을 버릴 마음의 준비가 되어 있다. 현대적인 의미에서의 경험과학은 수학적인 방법과 관찰적인 방법의 성공적인 결합이다. 그것의 결과는 절대적으로 확실하다고 생각되지는 않고, 모든 실제적인 목적을 위하여 일어날 확률이 많고 충분히 신뢰할 수 있는 것이라 생각된다.

그러나 플라톤에게는 경험적인 지식이라는 개념은 어리석은 것이라 여겨졌을 것이다. 지식을 수학적인 지식과 동일시했을 때에 그는 관찰이란 지식에서 아무런 역할도 하지 않아야 한다고 말하고 싶었던 것이다. "확률성에 의한 논의는 가짜이다"라고 우리는 『대화편』 파이돈에서, 소크라테스의 제자 중 한 사람으로부터 배운다. 플라톤은 확실성을 원했으나, 현대물리학이 그것이 달성할 수 있는 유일한 목표라 생각하는 귀납적인 신뢰성을 원하지는 않았다.

그리스인에게 현대의 물리학과 비교할 수 있는 물리학이 없었다는 것과 플라톤이 수학적인 방법과 경험의 결합에 의하여 얼마만큼 많은 일이 달성될 수 있는가를 몰랐음은 물론 사실이다. 그럼에도 불구하고 플라톤 시대에도 이러한 결합으로 크게 성공한 자연과학이 하나 있었다. 그것이 다름 아닌 천문학이다. 행성과 유성의 공전에 관한 수학적인 법칙은 기술적인 관찰과 기하학적인 추리에 의하여 완벽에 가까울 만큼 발견되어 왔었다. 그러나 플라톤은 천문학에 대한 관찰의 공헌을 즐겨 허용하려 들지 않았다. 그는 천문학은 다만 항성의 운동이 "이성과 지성에 의하여 이해되는" 한에서만 지식이라고 주장했다. 그에 의하면 별들의 관찰은 그것들의 공전을 다스리는 법칙에 관하여 그렇게 많이 우리에게 통보할 수는 없다. 왜냐하면, 그것들의 실제적인 운동은 법칙에 의하여 불완전하게, 그리고 엄밀하지 못하게 다스려지기 때문이다. 별의 현실적인 운동이 "영원하고 치우치기 쉬운 일이 없는" 것이라고 가정함은 어리석은 일일 것이라고 플라톤은 말한다. 그는 관찰적인 천문학자에 관해 생각하는 바를 다음과 같이 명료하게 밝히고 있다: "사람이 어떤 특수한 감각을 얻으려고 하늘을 응시하든, 눈을 껌벅거리면서 땅을 보든, 나는 그가 어떤 감각을 얻을 수 있음을 부인할 것이다. 왜냐하면, 이러한 종류의 것은 아무것도 과학이 다루는 일이 아니기 때문이다; 그의 지식의 길이 물에 의한 것이 든 땅에 의한 것이든, 또는 그가 떠 있든 반듯이 있든, 그의 영혼은 밑을 보고 있는 것이고 위를 보고 있지는 않다." 별을 관찰하지 않고, 우리는 사색에 의하여 그 공전에 관한 법칙을 발견하려고 애써야 한다. 천문학자 는 "여러 하늘을 버려 두고", "이성의 자연적인 선물"을 사용해 그 과제에 다가서야 한다―『공화국』 제7부, pp. 529~530―이 말 이상으로 더욱 강력하게 경험과학을 배격하는 말이라고는 없을 것이다. 이 말은 자연지 식이란 관찰을 요구하지 않고 이성에만 의하여 도달된다는 확신을 표현 하고 있다.

　이러한 반경험적인 태도는 심리학적으로 어떻게 설명될 수 있을 것인 가? 철학자에게 지식에 대한 관찰의 공헌을 무시하게 하는 것은 확실성 의 탐구이다. 철학자는 절대적으로 확실한 지식을 의욕하기 때문에 관찰 결과를 허용할 수 없다; 확률성에 의거한 논의가 철학자에게는 가짜이기 때문에 그는 오직 허용할 수 있는 진리의 근원으로서 수학으로 향한다. 지식을 완전히 수학화하려는, 그리고 기하학 또는 산술과 똑같은 유형인 물리학을 완전히 수학화하려는 이상은, 자연법칙에 대해 절대적인 확실 성을 발견하려는 욕망에서부터 나온다. 이것에서부터 물리학자가 그의 관찰을 잊는다는, 그리고 천문학자가 자연에서부터 눈을 돌려 버린다는 어리석은 요구가 나오게 된다.

　이성을 물리적인 세계지식의 근원이라고 생각하는 철학은 '합리주의'라 고 했다. 이 말과 그 형용사인 '합리주의적'이라는 말은, '합리적'이라는 말과 주의 깊게 구별되어야 한다. 과학적인 지식은 합리적인 방법을 사용 함으로써 달성된다. 왜냐하면, 그것은 관찰적인 재료에 이성의 적용을 요 구하기 때문이다. 그러나 과학은 합리주의적이 아니다. 이 술어는 과학적 인 방법에는 적용될 수 없고, 이성을 세계에 관한 종합적인 지식의 근원이라 생각하고, 이러한 지식의 증명에 관찰을 요구하지 않는 철학적인 방법에 적용될 수 있을 것이다.

철학적인 문헌에서는 '합리주의'라는 이름은 가끔 현대의 어떤 합리주의적인 체계에 국한되어 있다. 그리고 플라톤적인 유형의 체계는 '이상주의'로서 그것과 구별되어 있다. 이 책에서는 '합리주의'라는 이름은, 이상주의를 포함하도록 항상 보다 넓은 의미로 사용될 것이다. 이 표시는 이 두 가지의 철학이 모두 이성을 물리적인 세계의 지식에 관한 독립적인 근원이라 생각하는 점에서 유사하기 때문에 정당한 것같이 보인다. 보다 넓은 의미에서의 모든 합리주의의 심리적인 근원은 하나의 초논리적인 동기, 다시 말해 논리라는 말에서는 정당화할 수 없는 하나의 동기이다; 그것이 다름 아닌 확실성의 탐구이다. 플라톤이 최초합리주의자는 아니었다. 그의 가장 중요한 선행자는 수학자·철학자였던 피타고라스(B.C. 약 540년)였고, 그의 학설은 플라톤에게 크게 영향을 주었다. 수학자가 다른 사람들보다도 훨씬 비슷하게 합리주의자가 됨은 이해할 수 있는 일처럼 여겨진다. 관찰과 관계할 필요가 없는 과제에서 논리적인 연역이 성공함을 알았기 때문에 수학자는 이 방법이 다른 과제에까지 확장될 수 있다고 믿는 경향이 있을지도 모른다. 그 결과는 통찰이 감각적인 지각에 대신하는 하나의 인식론이 된다. 그리고 이 인식론에서는 이성이 그것에 의하여 물리적인 세계의 일반적인 법칙을 발견하는 독자적인 힘을 가진다고 믿는다.

한 번 진리의 근원으로서 경험적인 관찰이 포기되면, 그것은 얼마 가지 않아 신비주의에 빠지게 된다. 이성이 진리를 창조할 수 있다면 인간 정신의 다른 창조도 지식과 마찬가지로 신뢰할 수 있는 것이라 여겨질는지도 모른다. 이 개념에서부터 신비주의와 수학의 이상한 혼합물이 나오고, 그 혼합물은 피타고라스의 철학에서 기원된 이래로 여태껏 결코 소멸하지는 않았다. 수와 논리에 대한 그의 신앙적인 숭배는 그에게 모든 사물은 수(數)라고 말하게 했다. 그리고 이것은 거의 의미 있는 말로 고쳐 말할 수 없는 하나의 학설이다. 플라톤의 이데아설을 말할 때에 이미 논의된, 영혼의 이주라는 이론은 피타고라스의 학설 가운데 가장 중요한 것의 하나였다. 그리고 피타고라스는 그 이론을 동양의 종교에서 얻었다고 생각되고 있다. 우리는 플라톤이 피타고라스주의자와의 교제를 통하여 이 이론을 숙지하고 있었음을 알고 있다. 논리적인 통찰이 물리적인 세계의 여러 성질을 드러낼 수 있다는 생각도 피타고라스주의자에 그 기원이 있다. 피타고라스의 추종자들은 일종의 종교적인 예배를 했고, 그 신비스런 성격은 그 시조에 의하여 그들에게 부과되어 왔다는 일종의 금기에서도 볼 수 있다. 이를테면, 그들은 침대 위에 신체의 흔적을 남김은 위험한 일이라고 배웠고, 그러므로 아침에 일어났을 때에 침대의 커버를 바르게 하도록 요구되었다. 수학과 융합되지 않았던 신비주의의 다른 형식들이 있다. 신비주의자에게는 대개 반합리적·반논리적인 편견이 있고, 이성의 힘에 대해 경멸을 표시한다. 그에게는 일종의 초자연적인 경험이 있다고, 그리고 그것이 그에게 환상적인 행동을 통하여 틀림없는 지식을 제공한다고 주장한다. 이런 종류의 신비주의는 종교적인 신비주의자로부터 알려진다. 종교영역 밖에서는 반합리적인 신비주의는 중요한 역할을 하지 못했다. 그러므로 나는 이 책에서는 그것에 관한 논의를 생략해도 무방하다. 이 책은 과학적인 사색과 관계되고 철학과 과학 사이에 있는 커다란 논쟁에 공헌했던 철학의 여러 형식의 분석론을 문제삼고 있다. 수학적인 경향이 있는 신비주의만이 분석의 범위에 든다. 이러한 수학적인 신비주의를 비수학적인 형식과 결합시키는 것은 초감각적인 통찰이라는 행동에 언급하는 것이다. 그리고 수학적인 신비주의를 다른 형식들과 구별하는 것은 지성적인 진리확립을 위하여 통찰을 사용하는 것이라 하겠다.

물론 합리주의는 언제나 신비적인 것은 아니다. 논리적인 분석 자체가 절대적으로 확실하면서도 일상생활의 지식 또는 과학적인 지식과 결부되

어 있다고 생각되는 일종의 지식확립을 위하여 사용될 수도 있다. 현대는
이 비신비적·과학적인 유형의 각종의 합리주의적 체계를 내놓았다.

  이러한 체계 가운데서 나는 프랑스의 철학자 데카르트(1596~1650)
의 합리주의를 논의하고자 한다. 여러 가지 저술에서 그는 지각적인 지식
의 불확실함에 관한 논의를, 다시 말해 앞에서 이미 언급된 종류의 논의
를 했다. 그는 모든 지식의 불확실성으로 무척 고민했던 것처럼 생각된
다. 그는 성처녀 마리아에게, 만약에 그녀가 그의 정신을 조명하고 그가
절대적인 확실성을 발견하는 것을 돕는다면, 로레토(Loretto)는 순례를
약속했다. 그는 이 조명이 그가 장교로서 참가한 어느 겨울의 전쟁 동안
화롯가에서 생활하고 있었을 때에, 그에게로 왔다고 보고하고 있다; 그
리고 그는 서약을 이행함으로써 성처녀 마리아에게 감사의 마음을 표시
했다.

  절대적인 확실성을 위한 데카르트의 증명은 하나의 논리적인 계책으로
구성되어 있다. 나는 내가 의심하고 있다는 사실 하나를 제외하고 모든
것을 의심할 수 있다고 그는 논의한다. 그러나 내가 의심하고 있을 때에
는 나는 생각하고 있다; 그리고 내가 생각하고 있을 때 나는 존재해야 한
다. 그는 이렇게 해서 논리적인 추리에 의하여 자아의 존재를 증명했다고
주장한다; 나는 생각한다, 그러므로 나는 존재한다. 이렇게 그의 마술적
인 형식은 잘 되어 나간다. 내가 이 말을 논리적인 계책이라고 할 때에
나는 데카르트가 그의 독자를 속이려 하고 있다고 하는 것이 아니다; 나
는 도리어 그 자신이 의심할 수 없는 추리의 의식에 의하여 속았다고 말
하려는 것이다. 그러나 논리적으로 말한다면, 데카르트가 언급한 의심에
서부터 확실성에의 이행은 하나의 요술과 비슷하다ー즉, 그는 의심하는
것에서부터 출발하여 의심을 '자아'의 한 행동이라고 생각하는 데까지 이
른다. 이리하여 그는 의심할 수 없는 어떤 사실을 발견했다고 믿는다.

  후세의 분석은 데카르트의 논의에 오류가 있음을 밝혔다. 자아의 개념

은 데카르트가 믿었던 것처럼 단순한 것이 아니다. 우리는 우리를 에워싼 집들과 사람들을 보는 방식으로 우리 자신을 보지는 않는다. 우리는 아마도 사색 또는 회의라는 행동을 관찰했다고 할 것이다; 그러나 이러한 행동은 자아의 산물로써 지각되지는 않고 별개의 대상, 다시 말해 감정이 수반한 영상으로써 지각된다. "나는 생각한다"라는 것은 그것이 '나'라는 말을 사용하고 있는 점에서, 직접적인 경험을 넘고 있다. "나는 생각한다"라는 진술은, 관찰적인 소여(所與)를 표시하지는 않고 다른 사람들의 자아와 구별된 것으로서 자아의 존재를 들추어내는 사색의 긴 사슬의 결과를 표시한다. 데카르트는 "사고가 있다"라고 해야만 했을 것이다. 이리하여 내용분리된 사색의 생기를 지시하고, 의지의 행동 또는 자아를 포함하는 다른 태도와는 독립해서 그 사고가 출현함을 지시해야만 했을 것이다. 그러나 그렇게 되면 데카르트의 추리는 벌써 이루어질 수 없을 것이다. 만약에 자아의 존재가 직접적인 의식에 의하여 보증되어 있지 않다면 자아의 존재는 관찰적인 소여에 그럴 듯하게 첨가함으로써 도출되는 다른 대상의 존재보다도 더욱 높은 확실성을 가지고 주장될 수는 없는 것이다.

데카르트의 추리를 이 이상 더 자세하게 논박함은 거의 불필요하다. 설혹 그 추리가 주장할 수 있는 것이라 할지라도, 그것은 그렇게 많이는 증명할 수 없고, 자아와는 다른 사물에 관한 우리 지식의 확실성을 확립할 수는 없을 것이다. 데카르트가 그의 논의를 계속하는 방법에 의하여 이것은 더욱 명료하게 된다. 그는 처음에 자아가 있기 때문에 신은 없어야 된다고 추리한다; 그렇지 않으면 자아는 무한한 존재의 관념을 가질 수는 없을 것이다. 그는 다음에 우리를 에워싼 사물들 역시 존재해야 한다. 그렇지 않으면 신이 사기꾼일 것이기 때문이라고 추리를 계속한다. 그것은 하나의 신학적인 논의이다. 그리고 이 신학적인 논의는 데카르트 같은 유명한 수학자가 제출할 때는 정말 이상하게 여겨진다. 여기에 흥미있는 의문이 하나 있다: 확실성이 달성될 수 있느냐 없느냐라는 논리적인 문제가 계책과 신학으로 구별된 논의, 다시 말해 과학적으로 훈련된 현대의 독자라면 성실하게 받아들일 수는 없는 논의, 이러한 논의의 미로에 의하여 취급되는 것이 어떻게 가능한가라는 의문이 이것이다.

철학자의 심리학은 보통 철학사에서 주의를 받는 것 이상의 주의를 받을 만한 문제이다. 그 연구는 아마도 이 체계들의 논리적인 분석을 위한 모든 기도보다도, 철학체계의 의미를 더욱 잘 밝힐 것이다. 데카르트의 추리에는 빈약한 논리가 있다. 그러나 그것에서부터는 수많은 심리적인 지식이 모일 수 있다.

이 훌륭한 수학자를 그렇게 혼란된 논리에 빠지게 한 것은 확실성의 탐구였다. 확실성의 탐구는 논리의 여러 요청에 대해 사람을 맹목적이게 할 수 있고, 지식을 이성에만 의지하게 하려는 기도는 그에게 설득력 있는 이성의 여러 원칙을 포기하게 할 수 있는 것처럼 여겨진다. 심리학자는 확실성의 탐구를 유아(幼兒)시대로 되돌아가려는 욕망이라고 설명한다. 유아시대에는 의심 때문에 고민하지 않고, 양친의 지혜를 신뢰하고, 그것에 따르면 그만이다. 이 욕망은 아이들에게 의심을 죄악이라고, 신뢰를 종교적인 명령이라고 생각하게 하는 교육에 의하여 보다 강렬해지는 것이 보통이다. 데카르트의 전기를 쓰려는 사람은 이 일반적인 설명을 데카르트의 의심의 종교적인 색채에, 다시 말해 조명과 순례를 위한 그의 기도에 결합시키려고 시도해도 무방할 것이다. 그리고 이 종교적인 색채는 데카르트가 깊이 뿌리 박힌 불확실성의 콤플렉스를 극복하기 위하여 그의 철학체계를 필요로 했음을 알리고 있다. 데카르트의 경우를 특별하게 연구하지 않더라도 우리는 그 연구에서부터 다음과 같은 중요한 결론을 이끌어 낼 수 있다: 논리의 탐구결과가 예상된 목적에 의하여 결정된다면, 우리가 어떤 다른 이유로 확립하고 싶어하는 결과의 증명도구로서 논리가 사용된다면 그러한 논의의 논리는 틀리기 쉽다.

논리는 완전한 자유분위기 안에서만 번영할 수 있고, 공포와 편견의 잔여물로 논리를 괴롭히는 결과를 이끌어 내지 않는 지반 위에서만 번영할 수 있다. 지식의 성격을 탐구하는 사람은 눈을 뜨고 옳은 이성이 밝히는 것이라면 어떠한 결과라도 즐겨 받아들여야만 할 것이다; 그 결과가 지식이 어떠한 것이라야만 하느냐에 관하여 그가 지녔던 개념과 일치하는 것인가, 않는 것인가는 문제가 되지 않는다. 철학자는 그 자신을 욕망의 노예로 삼아서는 안 된다.

이 준칙은 보잘 것 없는 것이라 여겨질는지도 모른다. 그러나 그것은 우리가 이 금언에 따르는 것이 얼마나 어려운가를 알지 못하기 때문이라 하겠다. 확실성의 탐구는 그것이 더욱 고차적인 지식의 요구와 관련되어 있기 때문에, 오류의 가장 위험한 근원의 하나이다. 논리적인 증명의 확실성은 이리하여 지식의 이상이라 생각된다; 그러므로 모든 지식은 논리와 같은 정도로 신뢰할 수 있는 방법에 의하여 확립되어야 한다는 요구가 도출된다. 이러한 생각의 결과를 알기 위하여 논리적인 증명의 성격을 더욱 면밀하게 연구하기로 한다.

논리적인 증명은 '연역'이라고 한다; 논의의 전제라는 다른 진술에서부터 연역함으로써 결론이 얻어진다. 이 논의는 전제가 참이면 결론도 참이 아닐 수 없다는 방식으로 구성되어 있다. 이를테면, "모든 사람은 죽는다"라는 진술과 "소크라테스는 사람이다"라는 진술에서부터, 우리는 "소크라테스는 죽는다"라는 결론을 이끌어 낼 수 있다. 이 실례는 연역이란 공허함을 밝히고 있다: 결론은 전제에서 언급된 것 이상을 말할 수는 없다. 그것은 전제에 암시적으로 포함된 어떤 결과를 명료하게 할 따름이다. 말하자면, 전제에 싸여 있는 결론을 펴서 내놓는 것이다.

연역의 가치는 그 공허성에 의거하고 있다. 연역이 전제에 어떠한 것도 덧붙일 수 없다는 바로 그 이유로, 그것은 오류를 이끄는 위험 없이 항상 적용될 수 있다. 보다 정확하게 말하면, 결론이 전제보다 적게 신뢰되는 일은 없다. 진리를 주어진 진술에서 다른 진술로 고쳐 말하는 것이 연역의 논리적인 기능이다—그러나 그것이 연역이 할 수 있는 모든 것이다. 연역은 다른 종합적인 진리가 이미 알려져 있지 않는 한 종합적인 진리를 확립할 수는 없다.

"모든 사람은 죽는다", "소크라테스는 사람이다"라고 앞에서 말한 실례에서 든 두 전제는 모두 경험적인 진리이다. 다시 말하면 관찰에서부터 도출된 진리이다. 그러므로 "소크라테스는 죽는다"라는 결론은 결과적으로 경험적인 진리이다. 그리고 그것은 전제들에는 이상의 확실성이 없다. 철학자들은 항상 어떠한 비판의 대상도 될 수 없는 보다 좋은 종류의 전제를 발견하려고 기도해 왔다. 데카르트는 "나는 의심한다"라는 그의 전제에서 의심할 수 없는 진리를 발견했다고 믿었다. 이 전제에 있는 '나'라는 말은 문제될 수 있고, 이 추리는 절대적인 확실성을 제공할 수 없다는 것은, 앞에서 이미 설명되었다. 그러나 합리주의자는 포기하지 않고 의심할 수 없는 전제를 계속 찾아 낼 것이다.

그런데 이런 종류의 전제도 있기는 하다; 그것은 논리학의 원리로 주어진다. 이를테면, 모든 실체는 그 자신과 동일할 수 있음은, 그리고 모든 문장은 참이 아니면 허위라는 것은—말하자면 논리학자의 "이렇게 할까 저렇게 할까"—는 의심할 수 없는 전제들이다. 이러한 전제들의 난점은 그 전제들이 역시 공허하다는 데에 있다. 그것들은 물리적인 세계에 관해 아무 말도 말하지 못한다. 그것들은 물리적인 세계를 기술하기 위한 규칙이기는 하지만 그 기술내용에 공헌하지는 못한다. 그것들은 다만 기술의 형식, 다시 말해 기술의 언어만을 결정한다. 그러므로 논리학의 원칙은 '분석적'이다—이 말은 앞에서 '자기설명적이고 공허한'이라는 의미로 소개되었다—이와 대조적으로 우리가 눈으로 관찰하는 것처럼 어떤 사실에 관하여 우리에게 통보하는 진술은 '종합적'이다. 다시 말해, 그것들은 우리의 지식에 어떤 것을 덧붙인다. 그러나 경험이 우리에게 제공하는 모든 종합적인 진술은 의심의 대상이 될 수 있고, 절대적으로 확실한 지식을 우리에게 제공할 수는 없다. 분석적인 전제에 입각해서 요구된 확실성을 확립하려는 기도는 신의 존재에 관한 유명한 '존재론적' 증명에서 이루어졌고, 그것은 11세기에 캔터버리(Canterbury)의 앤셀름 (Anselm)이 건설하였다. 그 증명은 신을 무한하게 완전한 존재자라고 정의하는 것으로 시작한다; 이러한 존재는 모든 본질적인 성질을 가지고 있어야 하기 때문에, 존재의 성질을 가져야 한다. 그러므로 신은 존재한다는 결론이 나오게 된다. 이 정의는 사실분석적이다. 왜냐하면, 모든 정의란 분석적이기 때문이다. 신이 존재한다는 진술은 종합적이기 때문에 이 추리는 그것에 의하여 종합적인 결론이 분석적인 전제에서부터 도출되는 계책임을 알리고 있다.

이 추리의 허위적인 성격은 그 어리석은 결과에서부터 쉽게 발견된다. 정의에서부터 존재를 도출하는 것이 허용된다면 우리는 세 개의 꼬리를 가지고 존재하는 고양이 비슷한 동물을 정의함으로써 세 개의 꼬리를 가지는 고양이의 존재를 증명할 수도 있다. 논리적으로 말하면, 이 오류는 보편개념과 특수개념을 혼합하는 데에 있다. 정의에서부터 우리는 다만 어떤 것이 세 개의 꼬리를 가지는 고양이라면 그것은 존재한다라는 보편적인 진술만을 추리할 수 있다. 그리고 그것은 옳은 진술이다. 그러나 세 개의 꼬리를 가지는 고양이가 존재한다는 개별적인 진술은 도출될 수 없다. 마찬가지로 우리는 앤셀름의 정의에서부터 다만 어떤 것이 무한히 완전한 존재라면 그것은 존재한다라는 진술만을 추리할 수 있고, 이러한 존재가 있다고 추리할 수는 없다─앤셀름이 보편개념과 특수개념을 혼동한 것은, 우연하게도 삼단논법에 관한 아리스토텔레스의 이론에 있는 혼동과 동종적인 것이다.

종합적인 성질의 확실성은 분석적인 전제에서부터 이끌어 낼 수는 없고 의심할 수 없는 진리의 종합적인 전제를 요구함을 안 이는 이마누엘 칸트(1724~1801)였다. 이러한 진술들이 존재한다고 믿으면서 그는 그

것들을 '선천적 · 종합적'이라고 했다. '선천적'이라는 말은 "경험에서부터
이끌어 낼 수 없는" 또는 "이성에서부터 이끌어 내고 필연적으로 참인"이
라는 의미나, 칸트의 철학은 선천적 · 종합적인 진리가 있다고 증명하려
는 위대한 기도를 나타내고 있다; 그리고 역사적으로 말해 그것은 합리
주의철학 최후의 위대한 건설을 나타내고 있다. 칸트는 플라톤과 데카르
트의 과오를 피하려는 점에서, 이들은 그의 선행자보다 우월하다. 그는
플라톤적인 이데아가 존재한다고 언질을 주지 않는다; 또한 그는 데카르
트가 한 것처럼 계책에 의한 허위적인 전제를 밀수입하지도 않는다. 그는
수학과 수학적인 물리학의 원리에서 선천적인 종합판단을 발견했다고 주
장한다. 플라톤처럼 그는 수학적인 진리를 가지고 출발한다; 그러나 그
는 이러한 지식을 더욱 높은 실재성을 가진 대상의 존재에 의하여 설명
하지 않고, 지금 논의되어야 할 경험적인 지식의 교묘한 해석에 의하여
설명한다.

철학사에서의 진보가 의의 있는 문제발견에 있다면, 칸트는 선천적 ·
종합적인 지식의 존재에 관한 그의 문제제기 때문에 높은 위치를 차지함
이 당연하다 하겠다. 그러나 다른 철학자와 마찬가지로 그는 문제에 대해
서가 아니라 그 문제에의 해답에 대해 그의 공로를 주장한다. 그는 이 문
제를 조금 다른 방식으로 형식화까지 하고 있다. 그는 선천적 · 종합적인
지식의 존재를 너무나 확신하고 있기 때문에, 그것이 존재하느냐의 여부
를 묻는 것을 거의 불필요한 일이라 생각한다: 그러므로 그는 다음과 같
은 형식으로 문제를 설정한다. 어떻게 해서 선천적 · 종합적인 판단이 가
능한가라는 것이 이것이다. 그 존재의 증명은 수학과 수학적인 물리학에
의하여 제공된다고 그는 이어 말하고 있다.

칸트의 입장을 옹호하기 위하여 해야 할 말이 몹시도 많다. 그가 기하
학의 공리를 선천적 · 종합적이라고 생각한 것은 기하학의 특수한 문제를
깊이 통찰하고 있다는 증거를 표시한다. 칸트는 유클리드의 기하학이 경

험적인 대상에 성립하는 필연적인 여러 관계를, 다시 말해 분석적이라고 생각될 수 없는 여러 관계를 밝히는 점에서 독자적인 위치를 차지하고 있음을 알고 있었다. 그는 이 점에 관해 플라톤보다 훨씬 명료하다. 칸트는 수학적인 증명의 엄밀성이 기하학적인 정리의 경험적인 진리를 설명할 수 없음을 알고 있었다. 삼각형 내각의 합에 관한 정리 또는 피타고라스의 정리와 같은 기하학적인 여러 명제들은 공리에서부터의 엄밀한 논리적 연역에 의하여 도출될 수 있다. 그러나 이 공리 자체들은 그렇게 해서 도출될 수 없다ー종합적인 결론의 모든 도출은 종합적인 전제로부터 출발하지 않으면 안 되기 때문에 그것들은 도출될 수 없는 것이다. 그러므로 공리의 진리성은 논리 이외의 다른 방법에 의하여 확립되어야 한다; 그것들은 선천적ㆍ종합적이어야 한다. 한 번 공리들이 물리적인 대상에 대해 참된 것임이 알려지면 정리들이 이들 대상에 타당함은 논리에 의하여 보증된다. 왜냐하면, 공리의 진리성은 논리적인 연역에 의하여 정리로 고쳐 말하기 때문이다. 반대로 사람이 기하학적인 정리가 물리적인 실재에 적용된다고 확신하면, 사람은 공리의 진리성을, 그러므로 선천적 종합적인 지식을 믿게 된다. 공공연히 선천적ㆍ종합적인 지식에 전심하려 하지 않는 사람들까지도 행동에 의하여 그들이 그것을 믿고 있음을 표시하고 있다: 그들도 기하학의 여러 결과를 실제적인 측정에 응용하기를 주저하지 않는다. 이러한 논의가 선천적ㆍ종합적인 판단의 존재를 증명하고 있다고 칸트는 주장한다.

같은 논의는 수학적인 물리학에서부터 구성될 수도 있다고 칸트는 주장한다. 연기의 무게는 얼마나 되느냐고 물리학자에게 물어라고 그는 설명한다; 물리학자는 연소하기에 앞서 그 물질의 무게를 달아 보고, 다음에 그것에서 재[灰]의 무게를 뺌으로써 연기의 무게를 확인할 것이다. 이렇게 연기의 무게를 결정할 때, 질량은 불변한다는 가정이 표현되어 있다. 질량불변의 원칙은 이렇게 해서 선천적ㆍ종합적인 진리임을 표시하고 있다고 칸트는 논의한다. 그리고 이 선천적·종합적인 진리를 물리학자는 그의 실험방법을 통해 인식한다. 우리는 오늘날 칸트가 기술한 계산이 좋지 않은 결과를 나타내고 있음을 알고 있다. 왜냐하면, 그것은 연소하는 물체와 화학적으로 결합하는 산소의 중량을 계산에 넣고 있지 않기 때문이다. 그러나 칸트가 후세의 이 발견을 알았더라면, 그는 이 발견이 계산방법을 변경시킨다 할지라도 이것은 질량불변의 원칙과 모순되지는 않는다고 논의했을 것이다: 이 원칙은 산소의 중량이 고려된다면 다시 한번 그 계산방법을 보충했을 것이다.

칸트에 의하면, 물리학자가 가지는 또 하나의 선천적·종합적인 지식은 인과법칙이다. 우리는 가끔 어떤 관찰된 사건의 원인을 발견할 수 없지만, 그렇다고 우리는 그것이 원인 없이 일어났다고 생각하지는 않는다; 우리가 계속해서 그것을 찾기만 한다면, 우리는 그 원인을 발견할 것이라고 확신하고 있다. 이 확신이 과학적인 탐구방법을 결정하고 모든 과학적인 실험의 추진력이 된다; 만약 우리가 인과를 믿지 않으면 과학은 있을 수 없을 것이다. 칸트가 구성한 다른 논의에서처럼 여기에서도 선천적·종합적인 지식의 존재는 과학적인 절차와 관련되어 증명되어 있다: 과학은 선천적·종합적인 판단을 전제하고 있다—이 주장이 칸트 철학체계의 토대이다.

칸트의 입장을 그렇게도 강력하게 하고 있는 것은, 그 과학적인 배경이다. 그 확실성의 탐구는 이데아 세계의 통찰에 호소하는 신비적인 유형도 아니고, 마술사가 빈 모자에서 토끼를 끄집어 내는 것처럼, 공허한 전제에서 확실성을 끄집어 내는 논리적인 계책에 의뢰하는 유형도 아니다. 확실성이란 달성될 수 있는 것임을 증명하기 위하여 칸트는 그 시대의 과학을 동원하고 있다; 그리고 그는 확실성을 원하는 철학자의 꿈은 과학의 여러 성과에 의하여 지지되어 있다고 주장한다. 과학자의 권위에 호소함으로써 칸트는 그의 입장을 강력하게 한다.

그러나 칸트가 그것에 의거하여 그의 철학을 건설한 지반은 그가 그런 것이라고 믿었던 만큼 견고한 것은 아니었다. 그는 뉴턴의 물리학을 자연에 관한 지식의 궁극적인 단계라고 생각했고, 그것을 철학체계로 이상화했다. 순수이성에서 뉴턴 물리학의 여러 원리를 도출함에 그는 그가 거의 완전한 합리주의화를 달성했다고, 그리고 그의 선행자가 도달할 수 없었던 목표에까지 이르렀다고 믿었다. 그의 주저(主著) 『순수이성비판』의 표제는 이것을 선천적·종합적인 지식의 근원으로 하고 이리하여 철학적인 지반 위에서 그 시대의 수학과 물리학을 필연적인 지식으로 확립하려는 계획을 말하고 있다.

외부에서 과학적인 탐구를 유심히 보고 칭찬하는 사람들이 과학의 진보에 협력하고 있는 사람들보다도 과학의 여러 성과에 많은 신뢰를 가지고 있는 것은 이상한 사실이다. 과학자인 그가 그의 이론들을 확립하기에 앞서 극복해야만 했던 여러 곤란함을 잘 알고 있다. 과학자는 주어진 관찰에 적용되고, 후일의 관찰을 그의 이론에 적용시키는 학설을 발견함에 그를 도왔던, 행운이라는 것을 잘 의식하고 있다. 그는 이론과 관찰의 상이와 새로운 곤란함이 언제 일어날는지도 모른다는 것을 알고 있다. 그래서 그는 결국 궁극적인 진리를 발견했다고 주장하지는 않는다. 예언자보다도 더욱 열광적인 그의 제자들처럼 과학철학자는 과학의 여러 성과를 관찰과 일반화에 의거하여 허용되어 있는 것 이상의 신뢰를 부여할 위험이 있다.

과학의 여러 성과가 가지는 신뢰성의 과대평가는 철학자에 국한되어 있는 것은 아니다; 그것은 현대의, 다시 말해 현대과학이 만들어진 갈릴레오에서부터 오늘날에 이르는 시대의 일반적인 특징이 되어 왔다. 과학이 모든 의문에 해답한다는 신념은—어떤 사람이 기술적인 통지를 받을 필요가 있거나, 병들어 있거나, 어떤 심리적인 문제로 고민하고 있으면 그는 해답을 얻기 위하여 다만 과학자에게 의뢰해야 된다는 신념은—너무 확대되어 있기 때문에 과학은 기원적으로 종교에 의해 해결되었던 사회적인 기능까지도 인수해 왔다; 그 사회적인 기능이란 궁극적인 안전을 제공하는 기능이다. 과학에의 신앙은 대부분 신에의 신앙으로 대치되었다. 신앙이 과학과 양립하는 것이라고 생각되는 경우에도, 그것은 과학적인 진리를 믿는 사람의 기분에 의하여 변경되었다. 칸트가 필생의 노작을 한 계몽시대는 아직도 신앙을 버리지 않고 있었다; 그러나 그 시대는 신앙을 이성의 신조로 변형하고 있었다. 그 시대에는 신이 이성의 여러 법칙을 완전히 통찰할 수 있는 존재라고 해서 모든 것을 알고 있는 수학적인 과학자처럼 생각되었다. 수학적인 과학자가 일종의 조그만 신처럼 여겨지고 그의 가르침이 의심할 여지가 없는 것으로서 허용되었음은 이상한 일이 아니다. 신학의 모든 위험은 그것의 독단과 확실성의 보증에 의한 사고의 제어는 과학을 틀림없는 것이라고 생각하는 철학에서도 마찬가지로 나타나 있다.

　만약에 칸트가 오늘날의 물리학과 수학을 볼 수 있을 만큼 오래 살았다면 그는 틀림없이 선천적·종합적인 판단의 철학을 포기했을 것이다. 그래서 우리는 그의 저술을 그들의 시대기록이라고, 뉴턴 물리학을 믿음으로써 확실성에의 욕망을 완화하려는 기도라고 생각하는 것이 좋을 줄 안다. 사실 칸트의 철학체계는 절대공간, 절대시간 그리고 자연의 절대적인 결정론에 의거한 물리학의 토대 위에 건설된 이데올로기적인 상부구조라고 생각해야 한다. 이러한 기원은 이 체계의 성공과 실패를 설명하고 있다. 그리고 이 기원은 왜 칸트가 그렇게도 많은 사람들이 모든 시대를 통해 가장 위대한 철학자라고 받들어 왔는가를, 왜 그의 철학이 아인슈타인(Einstein)이나 보어(Bohr)의 물리학을 알고 있는 우리들에게는 아무 것도 말할 수 없는가를 설명하고 있다.

　이 기원은 또한 칸트가 그것에 의하여 선천적 종합적인 판단을 합리화하려는 논리적인 구조 안에 있는 약점을 간파하지 못했던 심리적인 사실도 설명하고 있다. 미리 생각된 목적은 철학자를 그가 도입한 무언의 가정에 대해 맹목적이게 한다. 내 비판을 명료하게 하기 위하여 나는 지금 선천적 · 종합적인 판단에 관한 칸트의 이론의 다음 부분을 논의하려 한다. 거기에서 그는 "어떻게 해서 선천적 · 종합적인 판단이 가능한가"라는 물음에 해답하려 하고 있다.

칸트는 경험의 필연적인 조건이 될 선천적인 원리를 밝히는 이론으로 선천적 · 종합적인 지식이 있을 수 있음을 설명할 수 있다고 주장했다. 그는 단순한 관찰은 경험을 제공할 수 없다고, 관찰은 지식이 되기 전에 질서가 있고 조직되어야 한다고 논의하고 있다. 그에 의하면 지식구조는 기하학의 공리, 인과의 원칙, 질량불변의 원칙과 같은 어떤 원칙에 의거하고 있다. 이 원칙은 사람의 마음 안에 본래 있고, 우리가 과학의 구조 안에 있는 규제적인 원칙으로서 사용하는 것이다. 이러한 원칙들은 그것들 없이는 과학이 성립할 수 없기 때문에 필연적으로 타당한 것이라고 그는 결론한다. 그는 이 증명을 선천적 · 종합적인 판단의 선험적인 연역이라고 한다.

선천적 · 종합적인 판단에 관한 칸트의 해석은 이 문제에 관한 플라톤의 분석보다도 훨씬 우수함은 인정되지 않으면 안 된다. 어떻게 해서 이성이 자연의 지식을 가질 수 있는가를 설명하기 위하여 플라톤은 이성이 지각하는, 그리고 어떻게 해서라도 현실적인 대상을 제어하는 이상적인 사물의 세계가 있다고 가정한다. 이러한 신비주의는 칸트에게서는 발견되지 않는다. 이성은 우리가 물리적인 세계를 구성하는 형식을 가지고 있기 때문에 물리적인 세계에 관한 지식을 얻을 수 있다; 이것이 칸트의 논의이다. 선천적 · 종합적인 판단은 주관적인 기원을 가지고 있다; 그것은 인간의 정신이 인간의 지식 위에 첨가하는 일종의 조건이다.

단순한 실례로 칸트의 설명을 명료하게 하자. 파란 안경을 쓴 사람은 모든 것이 파랗다고 관찰할 것이다. 그러나 그가 그 안경을 쓰고 태어났다면 그는 푸른 것이 모든 사물의 속성이라고 생각할 것이다. 그리고 세계에 푸른 것을 도입하는 것이 그 자신 또는 도리어 그의 안경임을 발견하기까지는 얼마만큼 시간이 걸릴 것이다. 물리학과 수학의 선천적·종합적인 여러 원리는 그것을 통해 우리가 세계를 보는 푸른 안경이다. 그 원리들 없이는 우리가 경험을 획득할 수 없기 때문에 모든 경험이 그 원리들을 확증한다고 해서 우리는 놀랄 것은 없다.

　　푸른 안경을 쓰고 태어난 사람은 푸른빛 밖에는 모를 것이기 때문에 푸른빛을 빛깔로 지각할 수 없다는 반대론이 일어나는지도 모른다. 이러한 결론을 피하기 위하여 우리는 그 사람이 푸른빛 육안의 렌즈를 가지고 태어났으나 그의 망막과 그의 신경계통은 정상적이라고 가정하자. 그의 광학적인 감각이 내적인 자극에 의하여 일어나는 한, 그것은 정상적일 것이다. 그러므로 그 사람은 그의 꿈에서는 푸른빛 이외의 다른 빛깔도 볼 수 있을 것이고, 물리적인 세계는 그의 공상세계에는 적용될 수 없는 제한을 받고 있다는 결론에 도달할 것이다. 그는 마침내 이 제한은 자기 눈의 렌즈조직에서 오는 것임을 발견할 수도 있을 것이다.

　이 실례는 칸트에서부터 유래하지는 않는다; 사실 그것은 복잡한 언어에 의한 추상적인 개념에 가득한 번거로운 책의 저자에게는 전혀 이방적인 것처럼 여겨진다. 그리고 그러한 책은 독자에게 구체적인 실례를 갈망하게 한다. 만약에 칸트가 과학자의 쉽고 단순한 언어로 그의 생각을 설명하는 데에 익숙했다면 그는 아마도 그의 선험적인 연역이 의심할 여지가 있는 것임을 발견했을 것이다.

　그는 그의 논의가 만약에 더욱 연장된다면 다음과 같은 분석을 이끌어 낸다는 것도 알았을 것이다.

　어떠한 경험도 선천적인 원리를 부인할 수 없음을 옳다고 가정하자.

이것은 어떠한 관찰을 하건 이 선천적인 원리들이 만족되는 방식으로 그 관찰들을 해석하고 질서매기는 것이 항상 가능함을 의미한다. 이를테면, 만약에 삼각형의 내각을 측정해서 그것이 내각의 합의 정리에 모순되면 우리는 그 편차를 관찰적인 과오라고 주장하고, 그 기하학의 정리가 만족되는 방식으로 측정치에 대해 '수정'을 가할 것이다. 그러나 만약 철학자가 이러한 절차는 모든 선천적인 원리에 대해서도 가능함을 증명할 수 있다면 이 원리들은 공허하고, 그러므로 분석적인 것임이 드러날 것이다: 그것들은 가능한 경험을 제한할 수 없고, 그러므로 우리에게 물리적인 세계의 성격에 관하여 통보하지 못할 것이다. 칸트의 이론을 이러한 방향으로 확장하는 것은 사실 '인습주의'라는 이름 아래 푸엥카레(Poincare)가 기도(企圖)하였다. 그는 유클리드(Euclid)의 기하학을 하나의 인습이라고, 다시 말해 경험을 질서짓는 체계 위에 우리가 억지로 갖다 붙이는 제멋대로의 규칙이라고 생각한다. 이러한 생각의 한계는 제8장에서 연구될 것이다. 기하학 이외 분야에서의 인습주의의 의미를 설명하기 위하여, 99보다 큰 모든 숫자는 적어도 세 자리셈으로 써야 한다는 진술을 생각하자. 이 진술은, 십진법에서만 진리이고, 바빌로니아인의 십이진법과 같은 다른 수기법에서는 성립할 수 없게 된다. 바빌로니아인은 그들의 수체계의 기초로서 12라는 수를 사용했다. 십진법은 수를 기재함에 우리가 사용하는 하나의 인습이다. 그리고 우리는 모든 수가 이 수기법에 의하여 쓰일 수 있음도 증명할 수 있다. 99보다 큰 모든 숫자는 적어도 세 자리셈(三桁)으로 쓰여야 한다는 것은 이 십진법에 관계될 때만 분석적이다. 칸트의 철학을 인습주의라고 해석하기 위하여 우리는 칸트의 원리가 모든 가능한 경험의 경우에도 타당할 수 있음을 증명해야만 할 것이다.

그러나 이러한 증명은 불가능하다. 사실 칸트가 믿었던 것처럼 선천적인 원리가 종합적인 것이라면 이러한 증명은 불가능하다. '종합적'이라는 말은 우리가 선천적인 원리에 모순되는 경험을 상상할 수 있음을 의미한다; 그리고 그러한 경우를 상상할 수 있다면, 우리는 언젠가는 그것을 경험할는지도 모른다는 가능성을 배제할 수는 없다. 칸트는 선천적인 원리들은 경험의 필연적인 조건이기 때문에, 또는 바꾸어 말하면 이 원리들이 타당하지 않을 경우에는 질서가 확립된 관찰체계로서의 경험은 불가능하기 때문에 앞에서 말한 경우는 일어날 수 없다고 논의할는지도 모른다. 그러나 어떻게 해서 칸트는 그 경험이 항상 가능함을 알았을 것인가? 칸트는 그의 선천적인 원리의 틀 안에서 질서를 확립할 수 없었던, 그리고 경험, 적어도 칸트의 의미에서의 경험을 불가능하게 하는 관찰의 총체에 우리가 결코 도달할 수 없다는 증명을 가지고 있지 않다. 앞에서 말한 실례에서, 만약에 물리적인 세계가 푸른빛과 일치하는 파장의 광선이 없으면 이러한 경우가 일어날 것이다; 그러면 푸른 안경을 쓴 사람은 아무 것도 볼 수 없을 것이다. 만약 이것과 일치하는 경우가 과학에서 일어난다면, 만약 칸트 의미의 경험이 불가능하게 된다면, 칸트의 원리는 물리적인 세계에 타당하지 않음이 드러날 것이다. 그리하여 이러한 반증의 가능성 때문에 이 원리들은 선천적이라고 할 수 없게 된다. 경험이 선천적인 원리의 틀 안에서 항상 가능해야 된다는 요구는 칸트체계의 허용할 수 없는 가정이며, 그의 체계가 의거하는 이해할 수 없는 전제이다. 그가 그의 전제를 명료하게 밝히지 않는 것은 확실성의 탐구가 그에게 그의 논의의 한계를 간과시켰음을 말하고 있다. 나는 계몽시대의 이 철학자에게 불손하게 대하고 싶지는 않다. 우리는 물리학이 칸트 지식의 틀을 파괴할 만큼 발전한 단계에 들어섰음을 보았기 때문에, 이러한 비판을 할 수 있다. 유클리드 기하학의 공리는, 인과와 질량불변의 원칙은 오늘날의 물리학에서는 이미 인정되지 않는다. 우리는 수학이 분석적이라는 것, 그리고 물리적인 기하학도 포함해서 물리적인 실재에 수학을 응용하는 것이 모두 경험적인 타당성만을 가지고 있고 앞으로의 경험에 의하여 수정될 수 있다는 것 등을 알고 있다; 바꾸어 말하면 선천적·종합적인 지식은 없음을 알고 있다. 그러나 이러한 지식이 우리의 것임은 뉴턴의 물리학과 유클리드의 기하학이 무용지물이 된 오늘날에 와서이다. 어떤 과학적인 체계의 전성기에 그 쇠퇴의 가능성을 생각하는 것은 곤란한 일이다; 쇠퇴가 현실화한 후에 그러한 쇠퇴를 언급하기란 쉬운 일이다.

이러한 경험은 어떤 체계의 쇠퇴를 예감하기에 충분할 만큼 우리를 현명하게 했다. 그러나 그것은 우리의 용기를 꺾지는 않았다. 새로운 물리학은 우리가 칸트 원리의 틀 밖에서 지식을 얻을 수 있다는 것, 인류의 정신은 그 안에 모든 것을 집어 넣는 카테고리의 굳은 체계는 아니라는 것, 그러나 지식의 원리는 그 내용과 함께 변화하고, 뉴턴 역학의 세계보다 훨씬 더 복잡한 세계에 적용될 수 있다는 것 등을 밝히고 있다. 우리는 어떠한 미래의 정황에서도 우리의 정신이 주어진 관찰적 재료를 감쌀 수 있는 논리적인 조직화를 공급할 만큼 충분히 유연하기를 원한다. 그것은 희망이며, 철학적인 증명을 가지는 척하는 신념은 아니다. 우리는 확실성이 없이도 행동할 수 있다. 그러나 지식에 관하여 이러한, 더욱 자유스런 태도를 얻기까지는 먼 도정(道程)이 필요했다. 우리가 영원한 진리에의 모든 요구를 버리는 지식관을 가질 수 있기에 앞서 확실성의 탐구는 과거의 철학체계 안에서 그 자신을 태워 버려야 했다.

# 제 4 장

# 도덕률의 탐구와 윤리—인식의 평행론

소크라테스 : 그러면 덕이 무엇인가를 함께 연구하기로 할까?

메      논 : 예, 좋습니다.

소크라테스 : 덕이 무엇인가 또는 어떤 성질의 것인가를 우리는 아직도 모르기 때문에 다음과 같이 가설적으로 말함으로써, 그것이 가르칠 수 있는 문제인가 어떤가를 생각하기로 하자: 덕이 과학 또는 지식이면 그것은 배울 수 있을 것이요, 덕이 과학 또는 지식과 다른 것이면 그것은 배울 수 없을 것이라고 가정하자는 말이다. 왜냐하면, 사람에게는 과학 또는 지식만이 배울 수 있음은, 적어도 명료한 것이 아닌가라고 생각되기 때문이다.

메      논 : 저도 그렇게 생각합니다.

소크라테스 : 그러면 덕이 일종의 과학 또는 지식이면, 그것은 배울 수 있을 것인가?

메      논 : 물론이지요.

소크라테스 : 그러면 우리는 벌써 이 가설적인 연구를 끝낸 것이나 다름 없다; 만약에 덕이 그러한 성질을 가지고 있으면 그것은 배울 수 있고, 만약에 그렇지 않으면 그것은 배울 수 없다.

여기에 생략된 형식으로 표시된, 플라톤 『대화편』 메논의 한 구절에서,
소크라테스는 덕이 지식이냐 아니냐라는 문제를 논의하고 있다. 같은 문
제가 논의된 플라톤의 초기 『대화편』 프로타고라스(Protagoras)에서처
럼, 소크라테스는 명료한 "그렇다" 또는 "아니다"라는 말로 대답하지는 않
았다. 그는 '지식' 또는 '가르침'이라는 말을 애매하게 사용하고 있기 때문
에 결정적인 답변을 할 수 없다. 소크라테스는 자주 결코 가르치는 것이
아니라 다만 사람이 그의 눈으로 진리를 보는 것을 돕고 있을 따름이라
고 주장하고 있다. 그가 사용하는 방법은 자꾸만 묻는 것이다. 그 물음이
제자의 주의를 어떤 점으로 집중시키기 때문에 제자는 배울 수 있다; 이
리하여 옳은 대답은 적절한 요인에 집중해서 결론을 이끌어 내는 방법에
의하여 알려지게 된다. 기하학도 이러한 방법으로 배운다; 어떤 증명에
필요한 기하학적인 관계에 관한 진리도, 그것을 아는 것은 항상 학생쪽에
맡겨져 있다. 그리고 선생은 학생이 통찰이라는 행동을 하게 이끌 수 있
을 따름이다. 그러나 만약에 학생이 이른바 변증법의 결과를 가지고 배운
다면, 그에게 배우게 하는 사람은 "가르친다"고 해도 무방할 것이다. 사실
만약 소크라테스가 그의 기묘한 용어를 기하학영역에까지 확장해서 기하
학을 배울 수 있음을 부정한다면—그는 가끔 부정하고 있다—기하학은
지식이 아니라는 결론이 나올 것이다—그는 이러한 결론을 도출하지 않
고 있다—그러므로 소크라테스의 견해를, 기하학이 지식의 한 형태라고
할 수 있는 것과 같은 의미로, 덕도 지식의 한 형태라는 말이라고 해석하
는 것이 옳지 않은가 생각된다.

　이러한 해석은 이 문제에 관한 소크라테스 자신의 해설에 의하여 정당
화된다. 그는 어떠한 방법에 의하여 윤리적인 문제가 해결될 수 있는가를
메논에게 알리기를 원하고, 이러한 목적으로 기하학적인 지식을 얻기까
지의 과정을 문제삼고 있다. 소크라테스가 노예에게 기하학적인 정리를
알게 하는, 앞에서 말한 장면에 의하여 그 『대화편』이 생동하는 것은 바

로 이 점에 있다. 그는 덕이 무엇인가, 선이 무엇인가를 알기 위하여 사람은 기하학적인 증명의 이해에서 요구되는 것과 동일한 종류의 통찰이라는 행동을 해야 한다라는 그의 생각을 구체적으로 설명하기를 원한다. 이리하여 윤리적인 판단은 기하학의 여러 관계의 구체화에 비교할 수 있는 하나의 특수한 통찰형식을 통해 발견되는 것이라 하겠다. 이렇게 논의함으로써 윤리적인 통찰은 기하학적인 통찰과 평행적인 것으로써 표시된다. 기하학적인 지식 같은 것이 존재한다면, 또한 윤리적인 지식도 존재해야 된다. 이 결론은 한 번 소크라테스·플라톤적인 학설이 그것이 형성되어 있는 궤변적인 용어에서부터 해방된다면, 불가피한 것이라 여겨진다. 이러한 의미로는 이 학설이 덕은 지식이라는 주장이라고 표현되어도 무방할 것이다.

이 주장을 가지고 플라톤과 소크라테스는 '윤리-인식의 평행론'을, 다시 말하면 윤리적인 통찰이 인식의, 즉 아는 것의 한 형식이라는 이론을 확립했다. 어떤 사람이 비도덕적인 행동을 한다면, 그는 기하학에서 오류를 범하는 사람이 무지한 것과 같은 의미로 무지한 것이다; 그는 그에게 선을 알리는 통찰이라는 행동을, 다시 말해 그에게 기하학적인 진리를 알리는 것과 동일한 종류의 통찰을 할 수 없는 것이다.

이러한 생각을 성서에서 윤리적인 원리가 표시되는 형식과 비교한다면, 우리는 현저한 차이를 발견할 것이다. 성서는 윤리적인 규칙을 신의, 다시 말해 시나이산에서 모세에게 십계명을 주는 헤브라이인 신의 말로써 표현하고 있다. "그대는 죽이지 말지어다!", "그대는 훔치지 말지어다!" 이 규칙의 명령적인 형식은, 그것이 명령을 의미하고 사실에 관한 진술을 의미하지는 않음을 밝히고 있다. 윤리적인 규칙을 지식형식으로 변형시키는 것은 후세의 발명인 듯하다. 십계명을 자연의 법칙 또는 수학의 법칙과 동등시하는 것은 신의 말을 경시하는 것이라고 헤브라이인은 생각했을 것이다. 모세 오서가 씌어진 시대에는 지식은 아직도 조직화된

체계의 형식을 갖추지 못하고 있었다; 이집트인의 기하학도 토지를 측정하고 사원을 짓는 데에 필요한 일련의 실제적인 규칙 이상의 것이 아니었다. 기하학의 논리적인 증명형식으로 확립될 수 있다는 것은 그리스인의 발견이었다. 그러므로 지식으로서 덕의 개념은 본질적으로 그리스적인 사고방식이다. 지식은 그것이 윤리적인 규칙의 기초를 제공하는 것이라고 생각되기에 앞서 무엇보다도 논리적인 체계로서의 수학건설에 의하여 그리스정신이 그것에 주었던 완전성과 위엄성을 획득해야 했다. 자연과 수학의 법칙은 그것이 윤리적인 법칙의 평행선이라고 생각되기에 앞서 무엇보다도 법칙으로서, 다시 말해 우리에게 인식을 강요하고 어떠한 예외도 허용하지 않는 법칙으로서 인정되어야 했다. 도덕적인 명령으로서의, 그리고 자연 또는 이성의 규칙으로서의 '법'이라는 말의 이중의미는 이 평행성을 구성할 수 있다는 증거를 표시하고 있다.

이 평행론의 동기는 윤리학을 신앙보다도 더욱 좋은 지반 위에 확립하려는 욕망인 것처럼 여겨진다. 신의 명령을 신뢰하는 것은 아버지의 우월성을 의심해서 고민하는 일이 없는 소박한 마음을 만족시킬 수는 있다. 수학의 논리적인 형식을 건설한 사람들은 명령의 새로운 형식을, 다시 말해 이성의 명령을 발견했다. 이 명령의 비개인적인 형식은 그것을 더욱 고차적인 명령인 것처럼 여기게 한다; 그것은 우리가 여러 신을 믿든 믿지 않든 동의를 요구한다. 그것은 여러 신의 명령이 선이냐 아니냐라는 의문을 배제한다. 그것은 선을 하는 것은 우월한 의지에 복종하는 것이라는 의인화적인 생각에서부터 우리를 해방한다. 윤리적인 규칙을 모든 사람의 의무로써 확립하는 최선의 방법은 윤리-인식의 평행론에서, 다시 말해 덕이 지식이라는 주장에서 주어지는 것처럼 생각되는 것은 이상한 일이 아니다.

윤리-인식의 평행론을 그 극단한 형식으로 표현하고 있는 철학체계는 스피노자(1632~1677)의 윤리학이다. 이 체계에서 스피노자는 유클리드 기하학의 공리적인 체계를 모방하기까지에 이르렀다. 이리하여 기하학과 마찬가지로 견고한 지반 위에 윤리학의 확립을 희망했다. 유클리드처럼 그는 공리를 가지고 시작하고, 다음에 정리를 차례로 도출한다; 그의 '윤리학'은 정말 기하학의 교과서처럼 읽힌다. 이 책의 첫부분은, 현대의 의미에서는 윤리적이 아니다; 그것은 지식의 일반적인 이론을 전개시킨다. 다음에 그것은 여러 감정을 취급하고 있다. 스피노자는 정욕을 부적합한 영혼의 관념에서부터 도출하는 이론을 전개하고 있다. 그것은 부도덕은 무지라는 소크라테스의 이론과 일치한다. 그리고 '인간의 속박 또는 정욕의 강도'라고 표제가 붙은 한 장에서 정욕은 슬픔을 일으키기 때문에 나쁨을 표시하려 하고 있다. 정욕의 힘을 극복할 때에 우리는 행복에 도달한다; 그가 이해의 힘 또는 인간의 자유에 관하여라는 한 장에서 설명하고 있는 것처럼, 이러한 해방을 위한 힘은 이성 안에 포함되어 있다. 그의 윤리학은 금욕적이며, 선은 다만 아는 것의 지적인 쾌락에 지나지 않는다; 감정적인 만족과 생활의 즐거움에서 도출되는 행복은, 그에 의하면 부도덕적인 것이라 생각되지는 않더라도 도덕성과는 무관한 것이라고 여겨지는 것 같고, 그러한 행복은 육체의 성질 안에 있는 모든 것을 육체가 발휘할 수 있게 하는 데에 필요한 일종의 육체의 먹이로써 알맞게 먹도록 추천되어 있을 따름이다.

철학자 사이에서 스피노자의 명성은 자못 높다; 나는 이 명성을 그의 철학의 공로라기보다는 그의 인격의 공로라고 생각한다. 그는 이론을 위하여 헌신하고, 그의 윤리학을 그 자신의 생활에서 실천했던 겸손하고 용감한 사람이었다. 그는 안경의 렌즈를 닦는 것으로 그의 생계를 꾸렸고, 아카데믹한 직책맡기를 거부했다. 왜냐하면, 그러한 직책은 그의 사고의 자유를 제한할 것이었기 때문이다. 여러 분야에서 그는 무신론자라고 공격을 받았다. 그리고 이단자라는 이유로 암스테르담(Amsterdam)의 유태인사회로부터 축출되었다. 그는 모든 비판에 대하여 무관심했고, 모든 사람에 대하여 친절했고, 결코 어떠한 증오도 표시하지 않았다.

우리가 그의 윤리학을 그 논리적인 형식과 분리할 때에 그것은 감정에 의하여 망동(妄動)하지 않는 인격의 신조를 표시한다. 그리고 이러한 인격에게는 극기와 지적인 활동이 최고선으로서 나타난다. 윤리학을 논리학에 투영함으로써 그는 논리학에 대한 그의 찬양이 그것에서의 그의 능력보다도 큼을 드러내고 있다; 사실 그의 연역의 논리는 빈약하고, 무언의 첨가와 심리적인 해석을 많이 하지 않으면 이해될 수 없다. 그의 체계는 적어도 내적으로는 타당한 것이라고, 다시 말해 그의 공리로부터 정확하게 도출된 것이라고 생각할 수는 결코 없다. 그의 결론은 그의 전제내용을 훨씬 넘고 있다. 이를테면, 그는 신의 존재에 관한 존재론적인 증명을 허용하고 있다. 그러나 타당하지 않는 논리적인 구조 역시 주관적인 신념의 강화라는 심리적인 기능을 가질 수는 있다. 그리고 그릇된 추리도 신조의 불가피한 도구가 될 수 있다. 스피노자는 감정의 억제에서 정욕의 쾌락에 대한 놀라운 무관심에서 그를 지탱하는 척추로서 논리적인 형식이 필요했다. 윤리학의 소크라테스적인 지성화는 이리하여, 스피노자에 의하여, 많은 선행자에 의해서 그러했던 것처럼 감정을 경멸하는 윤리학적인 건설을 위하여 사용되었다.

그것은 아마도 윤리-인식평행론의 가장 불합리한 귀결일 것이다. 스토아학파의 시대에서부터 철학자를 정욕이 없는 사람이라 여기는 생각은 중론(衆論)을 지배해 왔고, 다른 사람들에게 그들이 그러한 지혜를 얻을 수 없다는 것을 알게 될 때에 철학자보다 열등하다고 생각하게 했다. 나는 왜 철학자가 이러한 무감각적인 인간형을 찬양하는 생활을 해야 했는지 모른다. 나는 무감각에서부터 쾌락을 얻고 있는 사람들을 설득해서 그들의 쾌락을 버리도록 하려는 것은 아니다; 그러나 나는 왜 다양한 인간의 쾌락을 누리는 잔여 사람들을 열등하다고 생각해야만 하는지 모른다. 인생을 살 만한 가치가 있게 하는 것은 정열이다; 이 원칙은 철학자에게도 적용된다. 그리고 논리에 대한 스피노자의 불행한 정열은 다른 사람에게서 표시되는 보다 많은 감각적인 정열과 그렇게 다른 것은 아닌 것처럼 여긴다.

윤리적인 규칙을 연역적으로 증명할 수 있다는 것을 알리려는 스피노자의 연역적인 윤리학의 건설은 덕이 지식이라는 소크라테스의 생각을 더욱 정교하게 설명한 것이다. 그리고 그것은 이 생각을 더욱 견고한 기초 위에 확립하고 있다. 왜냐하면, 윤리적인 지식이란 다만 합리적인 통찰의 산물일 뿐만 아니라, 합리적인 사고의 가장 강력한 기술에, 다시 말해 논리적인 연역에 접근할 수 있음을 알리고 있기 때문이다. 기하학에서처럼 윤리학의 여러 공리는 다만 연역적인 구성의 출발점에 지나지 않는다. 그리고 이 출발점이 추리의 사슬을 통하여 자꾸만 많은 결과를 이끌어온다. 윤리학은 다만 그 최초의 여러 원리가 '참된' 것인 것처럼 보이기 때문만이 아니라, 그것이 논리적인 추리의 여러 원칙의 대상이 되고, 도덕률 사이에 있는 여러 관계의 확립을 위한 논리적인 증명의 기술(技術)을 허용하기 때문에 지식이다─이것이 소크라테스나 플라톤의 생각을 표시하는 것처럼 스피노자의 생각을 표시하는 하나의 논의이다.

연역의 실례를 인식과 윤리의 양쪽 분야에서 선정한다면 그것은 이 평행론을 명료하게 할 것이다. 지식을 획득하는 과정처럼 무엇이 선인가를 발견하는 과정은 점진적인 성질을 가지고 있다. 그리고 차츰 나아지는 통찰만이 그 과정 전체를 이해할 수 있다; 진리를 가르치는 것 또는 덕을 가르치는 것은 사람에게 이 단계로 올라가는 것을 돕게 하는 데에 있다. 이를테면, 우리는 삼각형 안에 원을 그려서 삼각형의 세 변이 그 원에 접하게 할 수 있느냐 없느냐를 묻는다. 우리는 이러한 관계를 가지는 원과 삼각형의 그림을 상상한다. 그러나 모든 삼각형의 경우에 그렇게 할 수 있느냐 없느냐를, 또는 한 가지 방법 이외에 다른 방법으로 그렇게 할 수 있느냐 없느냐를 우리는 아직도 모른다. 마지막에 그것은 모두 삼각형에 대해 할 수 있고, 그리고 모든 삼각형에서 다만 한 가지 방법밖에 없다는 기하학적인 증명이 발견된다. 그 증명이 우리가 발견하였든 또는 선생이 우리를 가르쳐줬든, 이 발견은 여러 단계에서 달성된다. 마찬가지로 우리는 다른 사람에게 거짓말을 하는 것이 좋은가 나쁜가를 묻는다. 우리는 그것은 때로는 좋고 때로는 나쁘다고 대답할는지도 모른다; 그러나 한 걸음 나아가 분석하면, 거짓말하는 것이 때로는 우리의 개인적인 이익이 될 수도 있지만, 우리 쪽에 있는 이러한 행동은 다른 사람에게 같은 행동을 유발시키고, 인간 상호간의 관계에서부터 상호신뢰를 제거하는 결과가 될는지도 모르기 때문에 선이 아님을 우리는 알게 된다. 이러한 생각의 단계 과정은 수학적인 반성과 유사한 것처럼 여겨지고, 윤리적인 규칙을 가르칠 수 있는 이유를 설명하고 있다.

그러나 이 도출적인 과정연구는, 그러므로 윤리의 인식적인 개념을 새로이 밝힌다. 논리적인 연역은 궁극적인 진리를 밝히는 방법이 아니고, 다만 다른 진리들을 연결하는 도구에 지나지 않는다. 수학적인 연역은 앞에서 언급한 실례에서는 어떤 공리가 가정되면 삼각형의 내접원에 관한 결론이 따름을 증명하는 데에 있다; 앞에서 논의된 윤리적인 연역은 만약에 우리가 어떤 목적을 원하면 우리는 거짓말을 해서는 안 된다는 도덕률에 따라야 된다는 증명을 표시한다.

이 두 가지 실례에서 증명될 수 있는 것은 "만약에 무엇무엇이면, 그 때에는 무엇무엇이다"라는 관계이다. 그리고 그것은 두 가지 실례가 서로 일치하는 이 관계의 연역이다. 덕을 가르칠 수 있음은 수학적인 연역과 마찬가지로 윤리적인 고찰이 논리적인 단계에 의한 분석에 가까운 일종의 논리적인 요소를 포함하고 있음에서 결과한다. 그리고 이 논리적인 단계는 수학적인 증명의 논리적인 단계와 일치하는 것이다.

논리적인 연역이 독립적인 결과를 만들 수 없음은 아무리 강조해도 지나치다고 할 수는 없다. 논리적인 연역은 다만 연결도구에 지나지 않는다; 그것은 주어진 공리에서부터 결론을 도출한다. 그러나 공리가 진리라는 것에 관해서는 우리에게 통보할 수 없다. 그러므로 수학의 공리는 달리 취급되어야 한다. 그리고 이미 설명된 것처럼 수학의 공리가 진리인가 아닌가라는 문제는 그것이 선천적·종합적인 지식인가 아닌가라는 문제를 이끌어 온다. 윤리적인 연역의 분석도 같은 결과에 도달한다. 수학에서처럼 윤리학의 공리는 연역적인 윤리학의 정리와 구별되어야 한다; 그리고 이 양자 사이에 있는 관계만이, 다시 말해 "만약에 당신이 공리를 허용하면 당신은 정리를 허용해야 한다"라는, "만약에 무엇무엇이면 그때에는 무엇무엇이다"라는 진술만이 논리적인 증명을 할 수 있다. 그러므로 이 분석은 윤리학의 타당성은 윤리학 공리의 타당성에 환원됨을 밝히고 있다; 수학에서처럼 연역방법은 신뢰성의 문제를 정리에서부터 공리로 옮길 수 있을 뿐이고 문제에 대한 해답을 제공할 수는 없다.

　덕이 지식임을, 그리고 윤리적인 판단이 인식적인 성격을 가지고 있음을 증명하기 위하여 우리는 윤리학의 공리에 인식적인 성격이 있음을 증명해야 될 것이다. 윤리적인 문제에 논리적인 연역이 응용됨은 이 점에서 아무 것도 증명하지 못한다. 윤리학의 성격문제는 이리하여 윤리학 공리의 성격문제로 환원된다. 다시 한번 우리는 윤리학문제를 윤리학 공리의 문제라고 보았던 공적을 이마누엘 칸트에 돌려야 한다. 칸트는 수학에서처럼 연역의 분석적인 성격은 윤리적인 규칙의 타당성을 연역에만 의거시킴을 불가능하게 함을 알고 있었다. 칸트는 윤리학의 공리문제를 푼 후에 비로소 윤리학의 성격이 이해될 수 있다고 주장한다. 그러나 다시 한번 칸트는 그 문제에 대해서가 아니라 그 문제의 해답에 대한 공적을 주장한다. 수학과 물리학의 공리문제에 대한 칸트의 해답과 마찬가지로 합리주의가 건설한 최후의 위대한 입장을 대표하는 이 해답을 연구함은 그만큼 가치 있는 일이다.

　칸트의 해답은 윤리학의 공리가 수학과 물리학의 공리와 마찬가지로 선천적 · 종합적이라는 주장에 있다. 그의 『실천이성비판』에서, 그는 그가 『순수이성비판』에서 수학과 물리학의 공리를 이끌어 낸 것과 동일한 방법으로 윤리학의 공리를 이끌어 내려고 하고 있다. 이 책에서 그는 윤리학의 여러 공리는 하나의 공리에 환원될 수 있다고 설명하고 있다. 이 하나의 공리를, 그는 절대적인 명령이라고 하고 다음과 같이 형식화하고 있다: "당신 행동의 표준이 일반적인 입법화의 원리가 될 수 있는 방식으로 행동하라"라는 것이 이것이다. 그는 이 공리의 사용을 거짓말하는 것에 관한 우리의 고찰을 실례로 들어 설명하고 있다: 거짓말하는 것은 어떤 개인에게는 이로울지도 모른다. 그러나 일반적인 입법화의 원리가 될 수는 없다. 왜냐하면, 그렇게 되면 어떠한 사람도 다른 사람을 신용할 수 없다는 어리석은 결과가 나올 것이기 때문이다. 이 절대적인 명령은 이성의 통찰을 따르려 하기만 한다면 모든 인간에 의하여 허용된다고 칸트는 주장하고 있다. 그리고 이 절대적인 명령은 우리에게 수학과 물리학의 공리를 필연적인 진리로서 드러내는 통찰과 비슷한 통찰에 의하여 타당한 것으로 알려져 있다고 칸트는 주장하고 있다. 칸트의 체계에서 윤리−인식의 평행론은 인식적인 공리와 윤리적인 공리를 모두 포함하고 있고, 이성의 성격 안에 그 궁극적인 근원이 있는 선천적 · 종합적인 지식에 입각한 그 터전으로 인해 그것의 최절정에 도달하고 있다. "내 머리 위에 있는 별빛 그윽한 하늘과 내 마음 안에 있는 도덕률"−이 유명한 구절에서 칸트는 모든 인간의 마음에게 승인을 요구하는 인식적인 법칙과 도덕적인 법칙의 이중성을 상징화하고 있다.

바로 이 평행론이 마침내는 그의 윤리학 파괴를 초래하리라는 것을 칸트는 예견할 수 없었다. 선천적 · 종합적인 인식은 있을 수 없다는 것, 수학은 분석적이라는 것, 그리고 물리적인 원리의 모든 수학적인 형식화는 경험적인 성질이 있다는 것 등은 앞의 여러 장에서 이미 설명되었다. 내 마음 안에 있는 도덕률이 별빛 그윽한 하늘이 내게 드러내는 법칙과 동일한 유형의 것이라면, 그것은 인간행동에 관한 경험적인 진술이 아니면 수학적인 정리와도 같이 윤리적인 공리와 결론 사이에 있는 관계를 진술 하려는 공허한 말이다; 그러나 이 도덕률은 무조건적인 명령은 아니다. 또는 칸트에 의하여 사용된 전통적인 논리의 말을 빌리면 절대적인 명령 은 아니다. 그러므로 칸트의 윤리학의 실패는 그의 인식론의 실패와 근원 이 동일하다: 그 실패는 이성이 종합적인 진술을 확립할 수 있다는 그릇 된 생각에 귀인(歸因)한다.

이것은 소극적인 해답이다: 이것은 윤리적인 여러 공리가 선천적·종 합적인 진술이 아니라고 말하고 있다. 적극적인 해답을 발견하는 과제가 남아 있다; 즉, 윤리적인 공리의 성격을 설명하는 것이 이것이다. 나는 내 탐구의 역사적인 부분에서는 이 문제를 논의하지 않고, 제17장에서 이것을 분석하려 한다. 그러나 나는 칸트 생각의 심리학적인 기원에 관하 여 말을 좀더 첨가하고자 한다.

우리가 칸트의 심리를 더욱 정밀하게 연구할 때에 도덕적인 선천적· 종합적 판단의 확립이 인식적인 선천적·종합적 판단의 확립보다도 감정 적으로 오히려 더 깊게 칸트를 만족시키고 있음을 발견한다. 그 표현의 건조하고 아카데믹한 문체는 윤리적인 규칙과 개념에의 시적인 감탄과 찬양에 가득한 그의 도덕적인 저술에서는 파괴되어 있다.

의무여! 그대 위대하고 장엄한 이름이여, 그대는 그대 자신 속에 사랑스 러운 또는 마음에 드는 성질을 포함하지 않으면서도 복종을 요구하는구나; 그러면서도 그대는 자연적인 반감을 두려워하거나 자아내는지도 모를 어떠 한 것으로도 우리를 위협하지 않는구나—어떠한 기원이 그대의 이름에 어울 릴 것이며, 그대의 고귀한 혈통의 기원을 어디에서 찾아야 할 것인가? 그대 는 애호에의 모든 관계를 거부한다. 그리고 그대의 근원에서 출발하는 것이 사람에 의하여 주어지는 지상(至上)가치의 필수적인 조건이다.

칸트의 윤리학 열쇠를 제공하는 것은 의무개념이다. 우리의 행동이 애호에 의거하고 있는 한, 그것은 선도 아니고 악도 아니다. 설혹 그 애호가 필요한 때에 사람을 돕는 가치 있는 목적으로 향하고 있을지라도 그러하다; 우리가 도덕적으로 행동하는 것은 우리에게 그렇게 하게 하는 의무의 충동이 있기 때문에 그러하다. 이러한 생각은 다른 사람들을 도우려는 자연적인 충동이 얼마나 심하게 왜곡되어 있는 것인가! 이 윤리적인 결의의 지성화에는 도덕이 얼마나 왜곡되어 나타나 있는 것인가! 칸트는 가난한 생계를 유지하고 있었던 중류계급 가정의 후예였고, 그의 아버지는 목공, 그의 어머니는 경건파의 열렬한 추종자였다. 이러한 사회적인 환경에서는 자기의뢰와 자연적인 애호에의 자유스런 반응은 가끔 죄악이라 생각되었다; 그리하여 이 유명한 아들은 그가 유년시대에 고취된 바로 그 도덕을 학술적인 책에서부터 도출하는 것을 행복하고 자랑스럽게 생각하였던 것처럼 여겨진다.

그의 철학이 그의 모국에서 성공을 획득하고 그를 프로테스탄트주의와 프러시아주의의 철학자로 만드는 데 성공한 것은 그가 그의 철학체계에서 법전화한 것이 실상은 프러시아국민의 어떤 중류계급의 윤리학이라는 사실을 한층 더 뚜렷하게 증명하고 있다.

의무를 영광이라고 생각하는 것은 내핍조건에서 살고 있고, 살기 위하여 조금도 여가가 없는 모진 노동에 의존하고 있는, 한 사회적인 계급윤리를 표시한다; 또는 그러한 생각은 상관의 명령에 복종하기를 요구하는 군인계급의 윤리이다. 칸트가 살고 있었던 프러시아에서는 이 두 가지 조건이 모두 충족되어 있었다. 칸트가 어떠한 집단 또는 공공단체의 권위도 허용을 거부한 것은, 그가 독립적인 성격의 소유자임을 밝히고 있다. 그리고 사실 그러한 성격은 그를 프러시아 정부와 대립하게 했다. 만약에 그가 그의 절대적인 명령이 표현하는 사회적인 협동의 준칙만을 풀었다면 우리는 그를 민주사회의 제창자라고 생각하고 로크(Locke)나 미국

혁명의 지도자들과 동등시할 것이다. 그러나 그가 의무를 찬양하는 것은 복종에서 오는 즐거움과 노예적인 봉사에서 오는 만족을 너무 지나치게 표현하고 있다. 그리고 그러한 즐거움과 만족은 강력한 지배계급의 권위 밑에 너무나 오랫동안 살아 왔던 부르주아 중산계급의 특징이다. 칸트가 이성의 궁극적인 구조로서 제출한 것이 그가 처해 있었던 사회적인 환경과 놀랍게도 비슷함은 선천적·종합적인 판단의 철학자의 비극이 아닐 수 없다. 그 선천적인 인식은 그의 시대의 물리학과 일치하고, 그의 선천적인 도덕은 그가 속하는 사회계급과 일치한다. 이 일치를 궁극적인 진리를 발견했다고 주장하는 모든 사람에게 경고가 되게 하라. 목적이 수단보다 우월하다는 의미로 칸트는 그 윤리학의 기초를 그의 인식론보다 우월한 업적이라고 생각했던 것 같다. 이러한 생각은 윤리—인식평행론의 모든 신봉자에게서 볼 수 있는 특징이라고 생각된다. 도덕률의 탐구가 그들 연구의 동기이고, 인식적인 확실성은 주로 그것이 도덕적인 확실성을 발견하는 수단을 제공하기 때문에 열망되는 것이라고 여겨진다. 인식분야에서부터 도덕분야에로 이렇게 관심이 옮아 가는 것은 불행한 효과를 초래한다: 그 결과로 빚어진 인식론은 왜곡된 방식으로 알려지고, 윤리적인 절대주의를 지지하게 하려는 목적을 위하여 구성되고, 그러므로 지식의 편견 없는 설명을 나타내지는 못한다. 이리하여 도덕률의 탐구는 지식의 논리적인 분석을 방해하는 초논리적인 동기가 되고 만다. 그리고 지금 그 산물인 윤리—인식의 평행론이 어느 정도로 인식철학에 영향을 끼쳤던가를, 어느 정도로 그릇된 인식론의 주요한 근원이 되었던가를 밝혀야 한다.

실제적인 사람은 대개 도덕적으로 행동하지 않기 때문에 윤리학이 실제적인 사람의 행동을 다루고 있지 않다는 것은 너무나 명료한 것이라 생각된다. 사람은 어떻게 행동해야만 하느냐와 사람은 어떻게 행동하고 있느냐의 차이는 충분히 명료하다. 그러므로 윤리학은 이상적인 인간행동에 관계되는 것이라 여겨진다. 이 구별을 설명하기 위하여 윤리학자는 기하학적인 여러 법칙과 실제적인 물리적 대상을 성립시키고 있는 여러 관계 사이의 차이를 지적해 낸다; 그는 이상적인 삼각형과 실제적인 삼각형을 구별하고 도덕철학자가 인류행동의 규범적인 법칙을 확립하는 것과 동일한 의미로, 수학자는 기하학적인 대상의 규범적인 법칙을 발견한다고 논의한다. 이리하여 수학의 정리는 윤리학의 정리가 그렇게 구성되어 있는 것과 동일한 의미로 어떻게 '있느냐'와 구별되는, 어떻게 '있어야 하느냐'에 관한 진술로서 구성되어 있다.

수학을 편견 없이 연구하면, 곧 이 유추란 허용될 수 없음이 드러난다. 이상적인 기하학적 형태란 물리적인 실재(實在)에서는 발견되지 않음은 사실이다. 그러나 기하학의 법칙은 적어도 우리에게 근사적(近似的)으로 현실적인 대상에 적용되는 여러 관계를 알리고 있다. 수학은 그것이 실재에 관한 근사적인 지식을 제공한다는 의미로 물리적인 실재를 기술할 수 있다. 그것은 실재가 어떻게 있어야 하느냐를 우리에게 알리지 못하고, 실재가 어떻게 있느냐를 우리에게 알린다. 나무의 둘레가 완전한 원이어야 한다고 요구하는 것은, 어떠한 의미가 있을까? 실제적으로는 불완전한 원이 완전한 원과 마찬가지로 기하학적인 법칙을 만족시킨다. 그리고 완전한 원에 관한 법칙은 우리에게 유용하다. 왜냐하면, 그것은 나무의 둘레와 같은 불완전한 원에 적용되는 여러 관계에 관하여 근사적으로 우리에게 통보(通報)하고 있기 때문이다.

이 유추를 유지하기 위하여 우리는 윤리학을 동일한 성질을 가진 것이라고 인류의 근사적인 행동에 관하여 우리에게 통보하는 것이라고 해석하려 할는지도 모른다. 기술적인 윤리학은, 다시 말해 현존하는 윤리적 법칙의 사회학적인 설명은 대개 이러한 방법으로 다루지 않고, 실제적인 인간행동에 의하여 다룸은 사실이다. 그러나 우리는 적어도 이론적으로는 마치 기하학자가 이상적인 삼각형을 다루고 있는 것처럼 이상적인 인

간을 다룸으로써 기술적(記述的)인 윤리학을 건설할 수 있을 것이다. 어
떤 근사도(近似度) 안에서 이상적인 윤리적 법칙이 실현되기 때문에 앞
에서 말한 것이 가능하다. 이를테면 사실이지만 많은 사람은 훔치거나 죽
이지 않는다. 윤리적인 이상은 근사적으로 실현된다. 왜냐하면, 그렇지
않으면 사회적인 집단으로서의 인간이 존재할 수 없기 때문이다. 이리하
여 우리는 인간의 이상적인 행동을 기술함으로써 인간의 근사적인 윤리
적 행동에 관하여 우리에게 통보하는 기술적인 윤리학에 도달할 것이다.
그리고 그것은 마치 기하학이 이상적인 공간형태를 다룸으로써 물리적인
공간의 여러 측정 사이에 있는 근사적인 관계에 관하여 우리에게 통보하
는 것과 비슷하다.

　그러나 그것은 윤리학자가 원하는 것은 아니다. 그가 원하는 것은 우
리가 어떻게 행동해야 하느냐를 우리에게 알리는 도덕적인 지령 내지는
규칙이고, 우리가 정말 어떻게 행동하고 있느냐에 관한 보고는 아니다.
그는 이성 또는 이데아의 통찰이 이러한 규칙을 풀어 낼 수 있다고 주장
하고 있기 때문에, 반대로 수학의 기능도 기술적인 것이 아니고, 규범적
인 것이라고 해석하지 않을 수 없게 된다. 이리하여 그는 정신이 입법자
처럼 여겨지는 생각에 도달한다. 더욱 겸손한 말로 한다면, 정신은 존재
의 보다 높은 영역을 들여다봄으로써 규범적인 법칙을 지각하는 통찰의
도구라고 생각된다. 우리는 여기에서 플라톤이 설명한 존재영역의 다원
성이라는 심리학적인 기원에 봉착한다. 실제적인 물리적 대상의 불완전
한 기하학적 형태는 실제적인 인간행동에서의 결함처럼, 결함이라고, 도
덕적인 의미에서의 불완전성이라고 생각된다. 그리고 이러한 불완전성이
없는 보다 높은 실재성의 영역이 인식적인 면과 도덕적인 면의 양쪽에
도입된다. 인식적인 관계를 도덕적으로 평가함은 천문학과 같은 그리스
의 과학에 도덕적인 논의가 침투한 것을 보면 알 수 있다. 이를테면, 별
의 궤도는, 말하자면 위신을 가지게 하는 이유로 완전한 원이라고 생각되

어 있다. 나무의 둘레가 불완전한 원인이란 그것의 열등성을 표시하고 있
다. 이러한 생각의 결과로서 현실적인 사물은 이상적인 사물보다 열등하
다고 생각되어 있다. 플라톤의 이데아설은 이처럼 물리적인 실재에서부
터 이상적인 실재로 가치판단이 옮아 가는 것을 표현하고 있다. 칸트도
이보다는 소박하지 않는 논의로써 도입하고 있지만, 동일한 생각을 전개
하고 있다. 그는 '가상의 사물(현상)과 물자체 (본체)'를 구별하고 있다.
우리의 모든 지식은 가상의 사물에 제한되어 있다. 왜냐하면, 지식은 선
천적인 원리의 틀 안에서 물리적인 세계의 대상을 표시하고 있기 때문이
다. 가상의 대상 뒤에는 물자체가, 다시 말해 기하학인과율 같은 원리의
틀에 박히기에 앞서, 있는 그대로 있는 사물이 있음에 틀림없다고 칸트는
논의한다. 플라톤처럼 칸트도 관찰과 과학이 우리에게 해명하는 세계와
는 다른, 그리고 그보다는 우월한 초월적인 세계에 도달하고 있다.

  왜 칸트가 물자체를 필요로 했는가는 명백하다: 칸트는 그의 도덕적인
원리와 신앙적인 원리가 적용되는 영역을 건설하고 싶어했기 때문이다.
과학은 그 인과적인 결정론에 의하여 인간행동의 자유를 위한, 또는 신의
지배를 위한 아무런 여지도 남기지 않았다—그래서 칸트에게는 도덕과
신앙의 기초가 위협받고 있는 것처럼 생각되었다. 이것을 벗어나는 길은
과학을 일종의 열등한 실재에 한정하는 것에 의하여, 그리하여 물자체를
가상사물의 결정론에서부터 제외하는 것에 의하여 가능한 것처럼 생각되
었다. 칸트의 선천적·종합적인 판단의 주관적인 특징은 이러한 해석을
위하여 전력을 다하고 있다: 인과율과 기하학의 법칙이 인간의 마음에
의하여 절대적인 실재에 강요된 것에 지나지 않는다면, 이러한 실재는 자
유스럽고 무구속적(無拘束的)이기 때문에 인과율이 아니고 도덕률에 따
를 것이다.

  뉴턴 물리학의 철학자가 그의 종교적인 도덕을 구출하기 위하여,  모
든 물리학을 포기하는 데에 얼마나 몰두하고 있는가를 보는 것은 고통스

러운 일이다. 칸트는 이것이 그의 철학의도라고 아주 솔직하게 인정하고 있다. 그의 『순수이성비판』 제2판 서문에서 그는 아주 솔직히 이것을 인정하고 있다: "신앙에 여지를 제공하기 위하여 나는 지식의 한계를 설정해야 했다." 이 계획의 파괴적인 결과는, 그가 『비판철학』에 주는 최후의 전회(轉回)에 표시되어 있다. 그의 인식론에 기초를 제공하는 바로 이 책은 '선험적인 변증법'이라는 한 장에서 끝나고 있다. 그 한 장은 사실상 그가 앞에서 얻은 모든 결과를 말살하고 있다. 칸트는 이 한 장에서 이성이 가상세계를 넘어서 확장되면 그것은 불가피하게 '이율배반'이라는 모순을 이끌어 옴을 알리고 있다. 그리고 이 이성의 좌절을 면하려면, 가시적(可視的)인 세계의 배후에서 실재를 받치고 있는 원리로서 신, 자유, 불사 같은 것을 믿어야 한다고 말하고 있다.

  본질적으로 시간과 공간의 무한성에 관한 칸트의 이른바 이율배반은 논리학의 표준에 대립하는 것이 아니다. 이 이율배반은 무한수(無限數)를 모순 없이 다룰 줄 아는 논리학에 의하면 용이하게 해결된다. 인과와 기하학을 인간의 마음이 사물에 강요한 원리라 해석하는 것도 지지받지 못하는 것임이 드러났다. 안과율은 그것이 성립하는 것이라면 물자체에 대해서도 성립해야 한다. 왜냐하면, 그렇지 않으면 그것은 장래 관찰의 예언으로 사용될 수 없기 때문이다: 인간의 마음이 관찰을 창조하는 것이 아니다. 인간의 마음은 본질적으로 지각행위(知覺行爲)에서 수동적이다. 그리고 기하학은 우리가 오늘날 알고 있는 것처럼, 물리적인 세계의 성격을 기술한다—제8장 참조—그래서 그에게서 보는 것처럼 이성의 힘의 인위적인 제한이라든가, 물자체라는 형이상학적인 실재의 도입이라든가 하는 논의는 일어날 여지가 없다. 그러나 그의 책에서 그것이 발표된 이래로 그 철학의 이 반과학적인 부분은 과학에 적대하는 사람들이 그들의 오줌을 싸는 근원이 되어 왔다. 그들은 과학적인 사고를 경시하는 철학체계의 건설을 위하여 그것을 이용하고, 이상적인 존재의 세계를 확립한 것처럼 꾸몄다. 그리고 그러한 세계의 지식에는 철학자만이 접근할 수 있다.

이리하여 합리주의는 앞에서 합리주의의 일종으로서 소개한 이상주의 의 개념을 이끌어 온다. 그리고 이 이상주의는 물리적인 대상이 이상적인 대상의 모사물(模寫物)에 지나지 않음에 반하여 궁극적인 실재는 관념에 국한되어 있다고 주장한다. 이러한 생각은 이 책의 서두에 인용한 한 구 절에 표시된, 이성이 모든 사물의 실체라는 학설에서 그 가장 어리석은 형식화를 발견했다. 우리는 왜 철학자가 이러한 방식으로 그의 생각을 표 현해야 했는가를 물었다. 지금 그것에 대답할 수 있다: 왜냐하면, 철학자 의 최초관심은 지식의 이해가 아니고 다른 것이기 때문이다. 철학자는 도 덕률의 기초를 제공하는 방식으로 지식을 설명하려 한다; 철학자는 절대 적인 윤리적 지식에서의 확실성의 유사물(類似物)을 구성할 의도로 감각 적인 지각이 결코 도달할 수 없는 확실성을 지식에 대하여 구성하려 한 다. 그리고 철학자는 과학적인 설명의 언어를 오해하고 있기 때문에 그의 체계를 회화적인 언어로 전개시킴을 주저하지 않는다.

앞에서 인용한 한 구절을 쓴 이는 헤겔(1770~1831)이다. 그리고 그 한 구절은 그의 『역사철학』의 서문에서 인용한 것이다. 그의 철학에 관하 여 정연하게 약간 비평을 하여둠직도 하다. 왜냐하면, 헤겔의 체계란 관 념론적인 입장의 극단적인 것—또는 나는 그것을 관념론의 만화라고 해 야 할 것인가—이라고 생각되기 때문이다. 헤겔은 그가 수학적인 과학을 찬양하지 않았다는 점에서 플라톤, 칸트와 구별된다; 뿐만 아니라 그는 심오한 문제에 도달하지 않았다는 점에서 그들과 구별된다. 그러나 그는 그들의 모든 오류를 되풀이하고, 그의 체계가 철학이 이래서는 안 된다는 전형으로서 연구될 수 있을 만큼 소박한 방법으로 그 오류들을 표시하고 있다.

헤겔 철학의 출발점은 과학이 아니고 역사이다. 그는 역사적인 인간의 진화를, 다시 말해 우리가 기록된 인류의 역사를 그가 역사적인 발전을 설명한다고 생각하는 어떤 단순한 도식을 만듦으로써 설명하려 한다. 이러한 도식의 하나는 역사를 개인의 성장에 비교하는 것이다. 초기의 동양인에 의하여 대표되는 유년기(幼年期)가 있고, 그가 그리스시대와 동일시한 청년기가 있고, 로마인에 의하여 실현된 장년기가 있으며, 현대에 의하여 대표되는 노년기가 있다─그리고 이 노년기는 헤겔에게는 쇠퇴의 시기가 아니고 가장 높은 성숙기이다. 최고성숙기의 최고단계는, 헤겔을 베를린대학의 교수로 채용한 프러시아에 의하여 도달되어 있다. 만약에 히틀러가 프러시아를 지배하고 있었다면, 나는 헤겔이 히틀러의 프러시아에 관하여 어떻게 말했을 것인지 모른다; 아마도 그는 그가 말하는 역사발전 경로의 연장 위에 어떤 위치를 차지했을는지도 모른다. 그러나 아마도 그는 히틀러 제국의 종말을 볼 때까지 그의 판단을 연장했을는지도 모른다. 그 자신의 철학체계를 건설하려는 신입생에 어울리는, 이 원시적인 도식화는 그의 다른 하나의 역사적인 도식보다 훨씬 덜 알려져 있다. 흔히 역사적인 발전이 흔들이처럼 한 극단(極端)에서부터 다른 극단으로 움직이고, 그리하여 앞선 두 단계의 결과를 어느 정도 포함하는 제3의 단계에 도달함을 헤겔은 알고 있었다. 이를테면, 정치적인 절대주의는 때때로 민주적인 혁명을 일으키고, 이 민주적인 혁명은 민중의 권리와 결합된 중앙집권정부로 발전한다. 그는 이 도식을 '변증법적인 법칙'이라고 했다. 첫째 단계는 정(正), 둘째 단계는 '반(反)', 셋째 단계는 '합(合)'이라고 한다.

인류사상사에는 변증법적인 법칙의 실례들이 많다. 우주에 관한 천문학적인 개념의 발전은 이러한 실례의 하나를 제공한다. 프톨레미(Ptolemy)의 지구중심적인 우주관 뒤에, 다시 말해 우주중심을 지구가 점령하고 있다는 우주관 뒤에, 지구는 움직이고 태양이 움직이지 않는 중심이라는 코페르니쿠스(Copernicus)의 태양중심적인 우주관이 나왔다.

이 대립하는 두 개의 생각은 아인슈타인의 상대론적인 생각에 의하여 변화되고 동시에 '종합되어' 왔다. 상대론적인 생각에 의하면, 지구중심적인 생각과 태양중심적인 생각은 그것이 절대운동을 주장하지 않으면 모두 허용될 수 있다. 또 하나의 실례는 빛에 관한 물리학 이론의 발전에 의하여 제공된다. 빛에 관한 이론은 입자개념에서 파동개념으로 옮아 갔다가, 마침내 두 개념이 종합되어 물질을 입자이기도 하고 파동이기도 하다고 해석하는 이원적 개념이 되고 말았다─제11장 참조─경험적인 방법의, 다시 말해 시행착오와 새로운 시도에 지나지 않는 성공의 일반적인 과정은, 그러므로 변증법적인 법칙의 끊임없는 되풀이라 생각될 수 있다. 뿐만 아니라 이러한 설명은 변증법적인 법칙이 유연한 의미를 가지고 있음을 알리고 있다; 변증법적인 법칙은 어떤 역사적인 발전이 지나간 후에 그 안에 박힐 수 있는, 편리한 틀 이상의 것이 아니다. 그러나 그것은 역사적인 예언을 허용할 만큼 정밀하거나 일반적인 것은 아니다. 그리고 그것은 어떤 과학적인 이론의 진리성을 위한 논거로서 사용될 수도 없다: 아인슈타인의 운동이론이 진리라는 주장은 이 이론의 건설을 이끌어 낸 역사적인 과정의 변증법적인 사고방식에서 도출될 수는 없고, 독립적인 지반에 의거하고 있는 것이 아닐 수 없다. 만약에 헤겔이 변증법적인 법칙을 확립해서 수많은 역사적인 재료와 철학적인 재료에 의하여 그것을 설명함에 만족했다면 그는 위대한 역사가, 다시 말해 역사과학자가 되었을는지도 모른다. 과학자로서 그는, 또한 그의 삼단법칙의 한계와 이 삼단법칙을 지지하지 않는 많은 실례를 이해했을 것이고, 그리하여 그것이 적용되는 특수한 조건을 탐구했을 것이다. 그러나 그는 철학자였기 때문에 일반성의 탐구와 확실성탐구의 희생자가 되었다. 그는 변증법의 법칙을 논리법칙에까지 일반화했고, 논리에 모순이 내재하는, 말하자면 변증법적인 운동을 생산하면서 사고를 한 극단에서 다른 극단으로 밀어내는 하나의 체계를 전개했다. 이를테면, 헤겔은 "장미는 붉다"라는 진술은 그

것이 동일한 사물을 두 개의 이질적인 것이라고, 즉 하나의 장미와 붉음
이라고 말하고 있기 때문에 모순이라고 논의한다. 논리학자는 부류의 성
원과 동일성을 혼동하는 이러한 생각에는 원시적인 오류가 있다고 여러
번 설명하여 왔다: 이 진술에 의하면, 같은 사물이 두 개의 다른 부류의,
다시 말해 장미라는 부류와 붉은 사물이라는 부류의 성원이 되어 있다.
그리고 이 두 부류는 모순되는 것이 아니다. 만약에 두 다른 부류가 동일
하다고 주장되어 있으면, 그 때에는 모순이 일어날 것이다; 그러나 앞에
서 말한 진술은 이것을 의미하는 것이 아니다. 이러한 종류의 논리적인
조작에 의하여 헤겔은 예외 없이 성립하는 논리적인 법칙으로서 변증법
의 법칙을 확립하려고 시도한다.

변증법적인 법칙의 설명을 인류의 전진적인 진화라는 생각과 결합시키
면서 헤겔은 이 책의 서두에 인용한 한 구절과 같은 생각에 도달하고 있
다. 실재의 실체는 이성이다; 그리고 이성은 실재를 극단에서부터 극단
으로 밀어내고 이 두 극단을 보다 높은 평면 위에서 종합하고, 이리하여
같은 과정을 새로이 되풀이한다. 이것은 회화적인 언어이다; 그러나 헤
겔이 말하고 있는 것은 다르게 말할 수 없다. 다르게 말할 수 있다면, 그
것의 우매(愚昧)함이 너무나 명백히 드러나기 때문이다. 세계는 자꾸만
이성적이 되어 간다. 또는 모든 사건은 이성적인 목적에 봉사하고 있다라
는 의미로 우리가 그의 생각을 해석하면, 이러한 진술의 허위성은 명백하
여진다. 인류의 역사는 지적인 진보와 도덕적인 진보의 경로를 포함하고
있기는 하지만, 이렇게 단순한 말로 등급화(等級化)되기에는 너무나 복
잡한 현상이라 하겠다; 그리고 물리적인 세계의, 말하자면 별의 체계발
전이 인간이성의 욕망을 만족시키는 방향을 좇는다고 또는 인간이 목적
이라고 생각하는 것을 성취하는 방향을 좇는다고 누가 주장할 수 있을
것인가? 헤겔의 체계는 그 기이한 언어로 우리에게 호소한다.

헤겔에게는 도덕률의 탐구는 도덕적인 목적을 역사에 투영하는 형식을

가지고 있다; 선은 반드시 실재가 될 것이고, 우리는 그 역사과정에 참여하고 있기 때문에 신을 추구해야 된다. 이렇게 궤변적으로 말하지 않는다면, 이것은 무엇이 일어날 것인가에 관한 진술이, 무엇이 일어나야 할 것인가에 관한 진술에서부터 도출되어 있음을 의미한다. 거리의 사람은 그것을 희망적인 사고라고 한다; 그러나 헤겔은 역사의 목적론적인 해석에 관하여 말하고 있다. 이러한 철학을 논리적으로 분석하려는 것은 헛된 일일 것이다; 이러한 철학은 합리주의가 논리에 의하여 통제되지 않으면, 무엇이 일어날 것인가에 관한 기록으로서 다만 심리학적인 견지에서만 흥미있는 일이다. 이 철학은 이성이 우주에서부터 법칙을 '발견'할 수 있으면, 따라서 이성은 우주에게 법칙을 '제공'할 수 있다고 철학자가 믿고 있는 하나의 실례를 표시한다.

만약에 헤겔이 철학의 테두리 밖에서, 다시 말하면 마르크스(1818~1883)의 경제학적인 유물론에서 지지를 받지 못했다면, 그가 현재의 성명(盛名)을 획득했을 것인가, 어떤가를 나는 의심한다. 정치운동의 테두리 안에 헤겔의 변증법적인 법칙을 적용하는 것이 헤겔의 학설을 백열적(白熱的)인 논쟁의 중심으로 만들었다: 사회주의는 그 반대자에 의해서도, 그 찬양자에 의해서도 헤겔 철학의 빛 안에서 논의되었다. 그리고 근본적으로 마르크스는 헤겔의 최대의 반대자이다. 왜냐하면, 그는 이성의 힘에 대한 헤겔의 원시적인 신앙에 참여하기를 거부하기 때문이다. 이데올로기적인 운동을 경제적인 조건의 결과라고 설명하고 계급투쟁을 진보에의 수단이라고 풀었던 마르크스는 관념론자가 아니었다. 마르크스의 역사적인 입장은 경험주의의 노선에 있다. 왜냐하면, 그것은 다만 그가 리카도(Ricardo) 같은 영국 경험론자의 영향을 많이 받았기 때문만이 아니라, 또한 헤겔의 변증법인 법칙이 경험적인 법칙이라고 생각되기만 하면 그의 사회학에 모순 없이 받아들여질 수 있기 때문이다. 만약 마르크스 자신이 이 사실을 인식하고 있었다면 우리는 사회학적인 경험주의의 역사를 훨씬 더 명료하게 이해할 수 있을 것이다.

왜 마르크스가 그 자신을 헤겔의 형이상학에서부터 명료하게 분리하지 않았던가를 이해하려면, 우리는 심리학적인 설명을 구해야 된다. 그는 역사의 경제적인 해석을 경제적인 결정론에까지 확장했다. 그리고 그는 아마도 유성(遊星)의 궤도가 물리적인 법칙에 의하여 결정되어 있는 것과 동일한 방식으로 역사적인 발전이 경제적인 법칙에 의하여 엄격히 결정되어 있는 이 학설을 지지하기 위하여 관념적인 철학에의 연결물(連結物)을 필요로 했을 것이다. 그러나 경제적인 조건은, 다만 역사적인 발전에 공헌하는 하나의 요소에 지나지 않는다; 인간의 심리는 또 하나의 요소이다. 그리고 이 두 요소를 합쳐도 그것은 인간사회의 진화에 대한 통계적인 법칙 이상의 것을 제공할 수는 없다. 하나의 공헌하는 요소를 독점적인 원인이라고 생각한 점에서 마르크스는 경험주의의 원칙을 포기했다. 합리주의자와 선천주의자만이 사회학적인 법칙의 통계적인 성격을 간과할 수 있다; 경험주의자는 우연적인 요소란 결코 역사적인 사건에서부터 완전히 제외될 수 없다는 것을, 그리고 바로 이것이 주요한 역사적인 경향의 엄밀한 예측조차 하지 못하게 하고 있음을 알고 있다. 과학적인 태도보다는 도리어 일종의 신조를 회상시키는 마르크스주의자들의 그들 시조(始祖)의 경제학적인 예언에의 열광적인 신앙은 헤겔주의의, 다시 말하면 선천적인 직관을 경험적인 증거 위에 두는 철학의 부활이다.

헤겔은 칸트의 후계자라고 했다; 그것은 칸트를 몹시 오해하는 것이고, 헤겔을 부당하게 추어올리는 것이다. 칸트의 체계는 후세의 발전에 의하여 지지될 수 없는 것임이 드러났으나 과학적인 기초 위에 합리주의를 확립하려는 위대한 정신의 기도(企圖)였다. 헤겔 체계는 하나의 경험적인 진리를 보고, 그것을 모든 논리학 가운데서 가장 비과학적인 논리학에 있는 하나의 논리적인 법칙으로 만들려고 기도하는, 어느 열광자의 빈약한 체계이다. 칸트의 체계가 합리주의의 역사적인 발전의 최고봉을 이루고 있음에 반하여, 헤겔의 체계는 19세기를 특징짓는 사변철학의 쇠퇴기에 속한다. 나중에 나는 이 시기에 관하여 언급할 것이다. 다만 한 가지만 먼저 주의하여 두겠다: 그것은 다른 어떠한 철학보다도 헤겔 체계가 과학과 철학을 분리하는 데에 성공했다는 것이다. 헤겔 체계는 비웃음의 대상이 되었다. 그리고 과학자는 그것에서부터 그의 진로를 명료하게 구별하려 했다.

과학과 철학의 구별은 지금에야 이해되는 것처럼 여겨진다. 합리주의적인 철학자는 그의 마음의 근원에서부터 반과학적이다. 그 사색의 경로는 과학의 결과와 방법을 비과학적인 목적을 달성하기 위한 도구로서 사용하는, 초논리적인 동기에 의하여 결정된다. 관념론적인 철학의 예언자들이 가끔 수학을 찬양하고 칭찬한다고 해서 우리는 그것에 속아서는 안된다. 그들에게는 수학은 그들의 학설을 설명하는 것에 지나지 않고, 그들의 생각을 반영시키는 거울에 지나지 않는다; 그들은 수학적인 지식을 포함하는 뭇지식이 올바른 의미의 지식을 연구하는 사람에게서 무엇을 의미하는 것인가를 모른다.

과학과 사변적(思辨的)인 철학 사이에는 타협이 없다. 보다 고차적인 종합을 얻으려는 마음에서 이 두 가지를 융화시키려 하지 말자. 모든 역사적인 발전이 반드시 변증법적인 법칙을 따르는 것은 아니다; 어떤 계통의 사상이 멸망하고, 그것과는 다른 근원에서부터 파생한 다른 사상에 그 자리를 양보할 수도 있다-그것은 일단 보다 나은 소질을 구비하고 있는 다른 종족이 계승하면, 화석(化石)의 형태로밖에는 남지 못하는 생물학적인 종족과도 비슷하다. 사변철학은 칸트의 체계에서 최절정을 이룬 후에 다만 평범한 대표자들만은 내어놓았고, 쇠퇴해 가고 있다. 바야흐로 다른 철학이 대두하고 있다. 그리고 그것은 과학과 친근하고 앞선 시대의 철학에서 일어난 엄청나게 많은 문제들을 해결했다. 나는 이 해결을 말하기에 앞서 이 철학의 역사적인 근원을 논의할 것이다.

# 제 5 장

# 경험주의적인 태도 : 성공과 실패

앞의 여러 장에서 취급한 철학체계의 논의는 철학을 남김없이 전망한다는 것을 의미하지는 않는다. 그러므로 앞에서 언급한 여러 철학자는 어떤 견지에서 선택된 사람들이다; 그들은 특수한 유형의 철학을 전개하고 있다. 그러므로 전체로서의 철학을 대표하고 있다고 생각해서는 안 된다. 그들의 철학은 지식의 특수한 영역, 다시 말해 철학적인 지식이 있다는 생각에 의하여 특징을 나타내고 있다. 그리고 철학적인 지식은 이성, 직관 또는 이데아의 통찰이라는 특수한 능력의 사용에 의하여 인간의 마음이 획득하는 것이다. 이러한 철학자들의 여러 체계들은 이 능력의 산물이라고 주장되고 있다; 그들은 과학자가 달성할 수 없는 일종의 지식을, 다시 말해 과학을 건설한 감각적인 관찰과 일반화가 접근할 수 없는 초과학적인 지식을 제공한다고 믿고 있다. 이런 종류의 철학이 여기에서 '합리주의'라는 이름으로 표시되었다. 헤겔 같은 약간의 예외를 제외하면, 합리주의자에게는 수학이 지식의 이상적인 형태를 대표하는 것이다; 그것이 철학적인 지식이 모범을 제공한다.

그러나 그리스시대에서부터 앞에서 말한 철학과는 본질적으로 구별되는 다른 유형의 철학이 존재해 왔다. 이 다른 유형의 철학자들은 수학이 아닌 경험적인 과학을 지식의 이상적인 형태라고 생각했다; 그들은 감각적인 관찰이 지식의 최초근원이고 궁극적인 심판자라고 주장하고 있다. 그리고 인간의 정신이 공허한 논리적인 관계의 진리 이외의 다른 종류의 진리를 직접적으로 지각할 수 있다고 믿는 것은 자기기만이라고 주장하고 있다. 이러한 유형의 철학을 '경험주의'라고 한다.

경험주의적인 방법은 근본적으로 합리주의의 방법과 다르다. 경험주의적인 철학자는 과학자가 접근할 수 없는 새로운 종류의 지식을 발견했다고 주장하지는 않는다; 그는 다만, 그것이 과학적이든 상식적이든 관찰적인 지식을 연구·분석할 따름이다. 그리하여 그것의 의미와 그것의 관계를 이해하려 한다. 이렇게 해서 구성된 인식론이 철학적인 지식이라고 하든 말든 그는 개의치 않는다; 그러나 그는 그것을 과학자에 의하여 사용된 것과 동일한 방법에 의하여 구성된 것이라고 생각하고, 그것을 특별한 철학적인 능력의 산물이라고 해석하기를 거부한다.

경험주의자의 주장은 반드시 우리가 지금 그것을 진술할 수 있는 것처럼, 명료하게 진술되어 왔다고 할 수는 없다; 경험주의의 주장을 정교하게 하는 것 자체가 오랜 역사적인 발전의 산물이다. 옛날의 경험주의자들은 우리가 오늘날 가지고 있는 경험적인 과학에 관한 명료한 생각을 가지지 못했다. 그리하여 그들은 흔히 합리주의자의 체계에 의하여 영향을 받았다. 뿐만 아니라 그들의 철학은 가끔 우주의 기원 또는 물질의 성질에 관한 이론과 같은, 우리가 오늘날 경험적인 과학에 속한다고 생각하는 부문들을 포함하고 있었다. 그리스 경험주의자들의 체계는 이러한 종류였다. 그리고 우리는 그것을 그리스철학의 전소크라테스시대와 소크라테스 이후 시대의 양쪽에서 발견할 수 있다. 그들 가운데서 가장 저명한 사람은 소크라테스와 같은 시대사람인 데모크리투스(Democritus)이다. 그리고 그는 자연이 원자로 구성되어 있다고 생각한 최초의 사람이라고 여겨지고, 그러므로 철학사뿐만 아니라 과학사에도 자리를 차지하는 사람이다. 그의 우주기원론은 원자가 복잡한 구조로 결합하는 것에 의한 진화를 가정하고 있기 때문에, 탁월하다. 처음에는 다만 공간을 여러 방향으로 움직이고 있는 하나하나의 원자가 있다; 어떤 기회에 충돌하여 와류(渦流)가 생겨서 이것이 마침내 모든 종류와 모양의 물체를 형성하게 된다. 이 생각은 약 100년 후에 에피쿠루스(Epicurus)가 채택하였다. 그리고 그의 체계는 로마시대에 루크레티우스(Lucretius)의 유명한『자연의 성질에 관하여』라는 시에 의하여 후세에 전하여졌다. 에피쿠루스는 원자는 처음에 어느 일정한 시간 동안 모두 평행선으로 떨어지고 있다가 마침내 어쩌다가 약간의 원자들이 궤도에서 벗어나 다른 원자와 충돌한다고 가정하고 있는 점에서 원자운동에 관하여 조금 다른 말을 했다. 이 우연한 사건에서 진화가 시작된다.

이후의 그리스철학자들 가운데서는 회의주의자들이 경험주의의 대표자들이라고 생각될 수 있을 것이다. 그들이 지식의 가능성을 의심했다면, 그것은 그리스사람들이 지식과 절대적으로 확실한 지식을 동일시했기 때문이다. 카르네아데스(Carneades, B.C. 2세기)는 연역(演繹)이란 다만, 주어진 전제에서부터 결론을 도출하는 것에 지나지 않기 때문에, 그리고 공리의 진리성을 확립할 수 없기 때문에 이러한 지식을 제공할 수 없음을 인정했다. 뿐만 아니라 그는 일상적인 생활에서 태도를 결정하기 위해서는 절대적인 지식은 불필요함을, 그리고 행동의 기초로서는 잘 승인된 의견만으로 충분함을 알고 있었다. 이러한 견지에서 그는 세 종류의 확률성, 다시 말해 확실성의 단계를 구별하는 확률성의 이론을 전개했다. 의견과 확률성을 옹호함으로써 카르네아데스는 수학적인 확률성만이 지식을 허용할 수 있는 형식이라고 생각되는 지적인 환경 안에서 경험주의적인 입장의 기초를 닦았다. 지배적인 합리주의적 학설과의 끊임없는 충돌에서 발전한, 이 초기의 경험주의자들의 생각은 현저하게 회의적이었다; 그들의 합리주의에의 공격은 건전하지만, 부정적인 특징을 가지고 있고, 적극적인 경험주의 철학의 건설에까지는 이르지 못하고 있다.

회의주의학파는 여러 세기를 통하여 지속했다. 카르네아데스 후 300년경에 섹스투스 엠피리쿠스(Sextus Empiricus, 150년경)가 회의주의 학설을 종합적으로 저술했다. 그리고 이것이 초기의 선행자들에 대한 그의 지식에 관하여 우리에게 통보하고, 이 저자가 감각적인 지각에서부터 도출되는 지식에 의거한 목적적인 행동가능성을 의심하려 하지 않음을 확실하게 알린다. 그는 또한 경험적인 의학파(醫學派)의 지도적인 대표자이고, 의학이라는 과학을 사변적인 첨가물에서부터 순화하려 했다. 아라비아의 철학자들 가운데도 생리학적인 광학에 관한 저술로 유명한 알하젠(Alhazen) 같은 경험주의자들이 있다. 중세에는 철학은 승려들에 의해서만 유지되었다. 그러므로 스콜라철학은 경험주의를 받아들일 여지가 없다.경험주의적인 입장을 용감하게 옹호하려 했던 베이컨(Roger Bacon), 아우레올리(Peter Aureoli), 오캄(occam)의 윌리엄(William) 같은 사람들도 너무나 깊이 신학적인 사고방식에 감염되어 있기 때문에 초기 또는 후기의 경험주의자들과 비교할 수 없다. 이것은 이 사람들의 역사적인 의의를 경시하려는 의도에서 하는 말이 아니다; 사실, 공로가 한 사람의 견해와 주위의견과의 거리에 의하여 측정된다면 경험주의를 지지하는 그들의 입장은 보다 경험적인 정신을 가지는 시대의 모든 경험주의자들에 의해 칭찬을 받을 만하다.

합리주의와 신학 사이에 밀접한 관련이 있음은 이해할 수 있는 일이다. 종교적인 이론은 감각적인 지각에 의거하고 있는 것이 아니기 때문에 그것은 지식의 초감각적인 근원을 요구한다. 이러한 유형의 지식을 발견한 것처럼 꾸미는 철학자는 자연 신학자의 동맹자가 된다. 그리스의 위대한 합리주의자 플라톤과 아리스토텔레스의 체계는 기독교철학의 건설을 꾀하는 기독교신학에 의하여 이용되었다; 플라톤은 보다 신비적인 정신을 가지는 사람들이 좋아하는 철학자가 되었고, 아리스토텔레스는 스콜라주의의 철학자가 되었다. 신학과 관계를 가지고 있다는 것이 모든 시대를 통하여 합리주의자에게 그가 도덕적인 의미로 경험주의자보다 우월하다고 생각하게 했다. 이 양자 사이에 있는 반목(反目)은 양쪽이 모두 마찬가지로 강렬했지만 대칭적인 형식의 것이 아니다; 합리주의자가 경험주의자를 도덕적으로 열등하다고 생각하는 것에 대하여 경험주의자를 상식이 결핍되어 있다고 생각한다.

경험주의가 합리주의와 성공적으로 경쟁할 수 있을 만한 적극적이고 분명히 근거가 있는 철학형태를 가지기 시작한 것은 1600년경 현대과학이 일어난 후부터이다. 현대는 베이컨, 로크, 흄의 위대한 경험주의적 체계를 우리에게 제공했다. 이 영국 경험주의자들의 입장은 지금 합리주의와 비교되지 않으면 안 된다.

경험주의의 주장은 이 사람들의 철학에서 명료한 구성을 발견했다. 지각이 지식의 근원이고 궁극적인 표준이라는 생각은 그들 연구의 종국적인 결과이다. 정신은 백지로써 시작한다고 로크는 말한다; 이 종이 위에 써넣는 것은 경험이다. 먼저 감각 속에 없는 것은 어떠한 것도 정신 속에 없다. 그러나 감각적인 지각에는 두 종류가 있다: 외적인 대상의 지각과 내적인 대상의 지각이 이것이다. 내적인 대상은 생각하는 것, 믿는 것, 고통을 느끼는 것, 또는 색채의 감각 같은 심리적인 사건에 의하여 우리에게 주어진다. 그리고 이들은 우리가 내적인 감각을 통해 관찰할 수 있다. 흄은 정신의 내용을 인상(印象)과 관념으로 가른다; 인상은 내적인 감각을 포함하는 감각에 의하여 제공되고, 관념은 이전 인상의 회상이다. 그 결합에만 관념은 관찰된 현상과 구별될 수 있다. 이를테면, 관찰된 황금의 인상과 산의 인상은 함께 모아져 관찰되지 않는, 그러나 상상할 수 있는 황금의 산이라는 결합을 형성한다. 합리주의와는 대조적으로 경험주의는 이리하여 인상과 관념 사이의 질서를 확립한다는 종속적인 역할에까지 정신을 환원하여 버린다; 그 질서체계가 다름 아닌 우리가 지식이라고 하는 것이다.

지식구성에서의 정신기능은 베이컨, 로크, 흄이 사용했다고 할 수 있는, 약간의 실례에 의하여 설명될 수 있다. 하루의 여러 가지 경험 가운데서 정신은 눈이 본 불의 밝음을 문제삼아 그것을 우리가 불에 가까이 갔을 때 지각하는 열의 감각과 결합시킨다. 이리하여 불이 뜨겁다는 물리적인 법칙에 도달한다. 마찬가지로 정신은 다른 시간과 다른 날에 밤하늘을 볼 때에 우리가 관찰하는 여러 가지 영상의 비교에서 별의 운동법칙을 발견한다; 상상적인 선으로 별의 여러 가지 위치를 연결할 때 정신은 그 자체로는 관찰의 대상이 될 수 없는 별의 궤도를 구상한다.

지식을 이렇게 생각할 때 정신은 종속적인 역할을 하는 것이라 생각된다고 내가 말할 때에 나는 정신이 진리의 심판자라고 생각되지는 않음을 의미한다. 정신에게는 원이 별의 운동에 가장 어울리는 형식인 것처럼 여겨질는지도 모른다; 그러나 이 운동이 실제로 원형인가 어떤가는 지각에 의하여 판단된다. 이성은 내게 물질은 조그만 입자로 구성되어 있다고 말할 기분을 일으키는지도 모른다. 왜냐하면, 그렇지 않으면 어떻게 해서 물질이 압축될 수 있는 것인가를 나는 모르기 때문이다; 그러나 원자론이 옳은가 어떤가는 지각에 의하여 판단해야 된다. 이 실례에서는 지각은 이 문제에 직접적으로 해답할 수는 없다. 왜냐하면, 원자는 너무 작아 관찰할 수 없기 때문이다; 그러나 원자론적인 해석을 불가피하게 하는 일련의 관찰적인 사실을 우리에게 공급함으로써 지각은 간접적으로 이 문제에 해답한다. 하지만 이 나중의 실례는 지식구성에서의 정신기능이란 다른 의미로는 종속적이라고 할 수 없음을 명백히 하고 있다: 이성은 지식의 조직화에게는 불가피한 도구이다. 그리고 그것 없이는 더욱 추상적인 사실은 알려질 수 없을 것이다. 감각은 유성이 타원형으로 태양주위를 운동하고 있음을, 또는 물질이 원자로 구성되어 있음을 내게 알릴 수 없다; 이러한 추상적인 진리를 이끌어 오는 것은 추리와 결합된 감각적인 관찰이다.

베이컨은 지식의 경험주의적인 생각에는 이성이 불가결함을 몹시도 명료하게 이해했다. 철학체계를 논의할 때 그는 합리주의자를 그 자신의 물질에서 거미줄을 만드는 거미에 비유하고, 과거의 경험주의자를 재료를 모으기는 하나 그것 안에서 질서를 발견할 수 없는 거미에 비유한다; 새로운 경험주의자는 재료를 모아 그것을 소화하고 그 자신의 물질에서 그것에 무엇을 첨가하여 보다 고차적인 성질의 산물을 만드는 꿀벌 같은 것이라고 그는 주장한다. 그것은 기지에 찬 형식으로 진술된 위대한 계획이다. 그러면 17~18세기의 경험주의가 얼마만큼 이 계획에 의거하여 자라났던가를 보기로 하자.

이성이 관찰적인 지식에 첨가하는 것은 무엇인가? 우리는 그것이 질서라는 추상적인 관계의 도입이라고 말했다. 그러나 추상적인 관계 자체는, 만약에 그것이 새로운 구체적인 사실의 진술을 포함하지 않는다면, 그렇게 흥미있는 일은 아닐 것이다.

추상적인 관계가 일반적인 진리라면 그것은 다만 의미 있는 관찰에 적용될 뿐만 아니라, 또한 아직도 하지 않은 관찰에도 적용된다; 그것은 다만 과거 경험의 설명만이 아니라, 또한 미래 경험의 예언마저 포함하고 있다. 이성이 지식에 첨가하는 것은 이것이다. 관찰은 과거와 현재에 관하여 우리에게 통보한다. 이성은 미래를 예언한다.

추상적인 법칙의 예언적인 성격을 약간의 실례에 의하여 설명하기로 한다. 불이 덥다는 법칙은, 그것에 의하여 이 법칙이 확립된, 그리고 과거에 속하는 경험을 초월하고 있다: 이 법칙은 우리가 불을 보면 언제나 그것이 뜨거우리라는 것을 예언한다. 별의 운동법칙은 우리에게 별의 미래위치를 예언하고, 일식 또는 월식과 같은 관찰의 예언을 포함한다. 물질의 원자론은 새로운 화학물질의 합성에서 실증된 화학적인 예언을 이끌어왔다; 사실 과학의 산업적인 응용은 과학적인 법칙의 예언적인 성격에 의거하고 있다. 왜냐하면, 그것은 미리 생각된 계획대로 기능을 발휘하는 장치의 건설을 위하여 청사진으로서의 과학적인 법칙을 사용하기 때문이다. 지식은 힘이라는 유명한 금언을 만들어 냈을 때에 베이컨은 지식의 예언적인 성격을 명료하게 통찰하고 있었다.

어떻게 해서 이성은 미래를 예언할 수 있는가? 베이컨은, 이성은 그것만으로는 어떠한 예언적인 능력도 없음을 알았다. 이성은 관찰과 결합해서만 예언적인 진리를 획득한다. 이성의 예언적인 방법은 그것에 의하여 우리가 관찰적인 재료에 질서를 구성하고 결론을 도출하는 논리적인 조작에 포함되어 있다. 우리는 논리적인 연역이라는 도구를 통해 예언에 도달한다. 뿐만 아니라 베이컨은 논리적인 연역이 예언적인 목적에 봉사하는 것이라면, 그것은 '연역적인 논리학'에 국한될 수 없음을 인정했다; 그것은 '귀납적인 논리학'을 포함해야 된다.

현대 경험주의의 발전이 그것에 의존하고 있는 이 구별은 삼단논법의 고찰에 의하여 더욱 명료해질 것이다. 다음과 같은 고전적인 실례를 생각해 보자: "모든 사람은 죽는다, 소크라테스는 사람이다, 그러므로 소크라테스는 죽는다." 앞에서 설명한 것처럼 이 결론은 분석적으로 전제들이 함유하고 있는 것이며, 전제들에 아무런 것도 덧붙이지 못하고 있다. 결론은 다만 전제들의 내용중 어떤 부분을 명료하게 하고 있을 따름이다. 이러한 공허성이 연역적인 본질이며, 우리가 결론의 필연적인 진리에 대하여 지불하는 대가를 표시한다. 이와 반대로, "지금까지 관찰된 모든 까마귀는 검다, 그러므로 세계의 모든 까마귀는 검다"라는 추리를 생각해 보자.

이 결론은 전제에 포함되어 있지 않다; 이것은 아직도 관찰되지 않은 까마귀에 관계가 있고, 그것에까지 관찰된 까마귀의 성질을 확장한다. 그 결과 결론의 진리성은 보증될 수 없다; 후일에 우리는 빛이 검다는 점을 제외하면 까마귀의 모든 성질을 가지는 새를 먼 황야에서 발견할 가능성

도 있다. 이러한 가능성에도 불구하고 우리는 즐겨 이런 종류의 추리를
하려 한다. 특히 까마귀보다 더욱 중요한 사물에 관계되는 때에 그러하
다. 우리가 관찰되지 않은 사물에의 관계를 포함하는 일반적인 진리확립
을 원한다면, 이런 종류의 추리가 필요하다. 그리고 그것을 필요로 하기
때문에 우리는 즐겨 오류를 범하는 모험을 하려 한다. 이런 종류의 추리
를 '귀납적인 추리' 또는 더욱 특수하게 '열거에 의한 귀납'의 추리라고 한
다. 경험적인 과학에 대한 귀납적인 추리의 중요성을 강조한 것은 베이컨
의 역사적인 공적이다. 그는 연역적인 추리의 한계를 인정했고, 연역적인
논리학은 관찰된 사실에서부터 일반적인 진리를 도출하여 앞으로의 관찰
에 관한 예언을 할 수 있는 방법을 제공할 수 없다고 주장했다. 연역적인
추리는 전제가 미래에의 관계를 포함하는 경우에만 예언적일 수 있다. 이
를테면, "모든 사람은 죽는다"라는 전제는 우리처럼 아직도 죽지 않은 대
인관계마저 포함하고 있기 때문에 그것은 후일에 우리도 역시 죽을 것이
라는 결론의 연역적인 도출을 허용한다. 그러나 이러한 전제는 틀림없이
어떤 귀납적인 추리에 의하여 구성되어 왔다. 그러므로 연역적인 논리학
은 예언의 이론을 확립할 수 없고, 귀납적인 논리에 의하여 보충되어야
한다. 베이컨이 알고 있었던, 그리고 그 후 여러 세기 동안 유일한 연역
적인 논리학으로 전하여 온, 연역적인 논리학은 아리스토텔레스의 논리
학이었다. 그것은 '오르가논(Organon)'이라는 저작집의 체재로 중세의
학계에 전하여졌다. 그의 귀납적인 논리를 아리스토텔레스의 '오르가논'
에 대치시키면서, 베이컨은 그가 『노붐 오르가눔(Novum Organum)』
이라는 한 권의 책으로 그것을 간행했다. 이 책은 역사적으로 귀납적인
논리학의 최초기도였고, 그러므로 많은 결함이 있음에도 불구하고 세계
의 문헌 가운데서 지도적인 위치를 차지하고 있다.

　귀납적인 추리에 대한 그의 적극적인 태도에서, 베이컨은 또한 경험주
의의 낡은 형식을 넘고 있었다. 이를테면, 섹스투스 엠피리쿠스는 공허성

이라는 견지에서 삼단논법의 논리학을 공격했다; 그러나 그는 귀납적인
추리의 사용을 허용하지 않았다. 그는 그것을 지식의 확립에 부적합한 것
이라고 생각했다. 영국의 경험주의가 극복해야 했던 것은, 수학적인 사고
방식을 본받은, 절대적으로 확실한 지식에 대한 그리스인의 이상이었다.
그 극복이 영국 경험주의의 역사적인 임무이고, 이 임무가 영국 경험주의
를 현대 과학철학의 선구자로 만들었다.

　귀납적인 추리를 그처럼 강조하는 반면에 베이컨은 그 약점을 몹시도
명료하게 알고 있었다. 이 약점을 극복하기 위하여 베이컨은 어떤 공통적
인 성질에 관하여 관찰된 여러 사실을 분류하는 방법을 안출(案出)했다;
이리하여 그는 하나의 표에 열이 일어나는 여러 가지 현상을 모으고, 다
른 표에 열이 일어나지 않는 경우의 여러 가지 유사한 현상을 모으고, 세
번째 표에 열이 여러 가지 도(度)에서 일어나는 경우의 현상을 모아 열
의 성질을 연구했다. 그의 분류는 마분(馬糞) 안에 열이 일어나는 따위
의 관찰이 달빛 속에 열이 없다는 것과 비교되어 있는, 이상한 잡탕이다.
그러나 우리는 분류가 과학적인 연구에의 첫걸음임을, 그리고 베이컨은
수학적인 물리학이 아직도 그 초기에 있었기 때문에 수학적인 물리학의
귀납적인 방법이론을 건설할 만한 처지에 있지 못했음을 잊어서는 안 된
다. 갈릴레오가 베이컨과 같은 시대 사람이라는 것과 갈릴레오의 수학적
인 방법이 베이컨의 귀납적인 분류보다 우수함은 사실이다. 그러나 수학
적인 가설을 구성하는 방법—제6장—은 그것이 철학적인 탐구의 대상이
되기에 앞서 먼저 온갖 함축성을 가지고 발전되어야 했다. 귀납적인 추리
와 결합된 연역적인 방법이 나타나게 된 것은, 베이컨이 죽은 후 약 60
년에 공표된 뉴턴의 인력이론 이전의 일이다. 물리학에 대한 수학의 공헌
을 무시하는 너무나 단순한 방식으로 과학적인 방법을 연구했다는 비난
은 베이컨에게는 적용되지 않아야 하겠고, 후세의 경험주의자들에게 적
용되어야 하겠다. 특히 베이컨 이후 250년에 간신히 수학적인 방법을 말

할 수 있고, 본질적으로 베이컨 생각의 재형식화였던, 귀납적인 논리학을 발전시킨 밀(John Stuart Mill)에 적용되어야 하겠다.

베이컨의 귀납적인 논리학은 소박하고, 상식이 즐겨 사용하려 하는 규칙에의 신뢰에 의거하고 있다. 그러나 그것은 과학자도 그것 없이는 지낼 수 없다. 과학적인 방법이 바야흐로 시작되고 그 최초의 성공에서 오는 낙천적인 기분이 활기를 띠고 있는 시대에, 이 과학적인 방법의 비판은, 거의 기대할 수 없는 일이다. 베이컨의 귀납적인 논리학을 비과학적이라고 비판하는 철학사가들은 그들의 판단이 후세의 표준을 반영하고 있음을 인식해야 된다.

경험주의는, 베이컨에서 그 예언자를, 로크에서 그 공중(公衆)의 지도자를, 흄에서 그 비판자를 발견했다. 로크는 베이컨의 경험적인 지식이론을 경험의 일반화를 통하여 귀납적으로 도출된 것으로서 계승했다. 그러나 그는 모든 종합적인 지식이 경험적이냐 어떠냐라는 문제에 관해서는 그리 명료하지 못하다. 그는 수학적인 지식을, 종합적이기는 하지만 절대적으로 확실한 지식이라고 생각하고, 그러므로 그것을 경험적인 지식과 구별하는 것 같다. 그에 의하면 필연적인 명제는 '사소한' 것이 아니면 '교훈적'인 것이다. 이것은 아마도 그가 칸트의 분석적인 명제와 종합적인 명제의 구별을 예감하고 있는 것 같은 구별이고, 만약에 그렇게 해석되면 그를 선천적 · 종합적인 지식의 신봉자로 만드는 구별이다. 로크의 저술에는 선천적 · 종합적인 지식에 대한 명료한 언질이 없음은 사실이다. 그러나 그가 도덕적인 판단을 수학적인 정리와 동일한 종류의 진리를 가진 것이라고 취급하고 있음은 그에게 윤리-인식평행론의 신봉자가 되게 하고, 또한 그를 수학의 분석적인 개념과 거의 양립할 수 없는 결과에로 이끌었다. 경험주의는 초기의 양상에서는 반드시 견실한 것이라고 볼 수는 없다. 로크의 경험주의는 모든 개념이 수학과 논리학의 개념까지도 경험을 통하여 우리의 정신으로 들어온다는 원리에 국한되어 있다; 그러나

그에게는 모든 종합적인 지식이 경험에 의해서만 타당성을 가지게 된다
는 주장에까지 그것을 확장할 용의가 없다. 이 무비판적인 태도에 대응하
여 귀납적인 추리는, 그에 의하여 무비판적으로 계승되고, 경험적인 지식
의 유용한 도구라고 생각되었다. 이 도구의 정당성이 의심될는지도 모르
고 경험주의의 기초가 근저에서부터 흔들릴는지도 모름은 베이컨 또는
로크에게는 일어날 수 없는 가능성이다; 경험철학에 주는 이 타격을 처
리하는 것이 흄의 역할이다. 흄이 그의 『인간오성에 관한 연구』를 썼을
때에, 『노붐 오르가눔』은 간행 후 100년이 지났다; 그러나 흄이 당시 논
리학의 해설서에서 발견한 귀납법이론은 의연히 베이컨의 이론이었다.
그러므로 흄은 과학적인 추리가 열거에, 다시 말해 앞에서 말한 까마귀의
실례에서 설명된 추리에 의한 귀납법형식을 가지고 있음은 당연한 일이
라고 생각했다. 수학적인 물리학을 연구했던 사람이면 누구나 이 결과가
의심스러움을, 그리고 귀납적인 추리의 여러 가지 형식이 존재함을 알고
있다. 이를테면, 뉴턴의 물리학은 귀납적인 확인의 도구로서 복잡한 연역
적인 이론을 사용한다. 그리고 이 이론이 궁극적으로 열거에 의한 귀납법
이라는 단순한 형식의 추리로 환원될 수 있음은 결코 명백하지 못하다.
그러나 이 문제는 나중에 취급될 것이다. 여기에서는 현대의 분석이 모든
형식의 귀납적인 추리가 열거에 의한 귀납법에 환원될 수 있음을 알리고
있다는 주의만으로 충분할 것이고, 그 결과는 흄이 한 것처럼 귀납적인
방법의 논의를 이 가장 단순한 형식에 국한시킴을 허용한다.

　흄은 경험주의에 관한 명료한 개념을 가졌다는 점에서 로크보다 우월
하다. 그는 윤리-인식평행론을 극복했고, 윤리적인 판단이란 진리를 표
현하지 않고, 그가 말하는 것처럼 시인과 부인의 감정표현을 몹시도 명료
하게 알고 있다; 그리고 "악과 덕은……이성에 의하여 지각되지 않는다"
는 것을 그는 몹시도 명료하게 알고 있다. 도덕의 기초를 발견하기 위하
여 선천적·종합적인 지식을 도입해야 했던 사람들의 과오를 범할 여지

가 없는 사람이기 때문에 그는 도덕가의 선입감 없이 지식을 연구할 수 있다. 그는 모든 지식은 분석적이 아니면 경험에서부터 도출되어 있다는 결과에 도달하고 있다: 수학과 논리학은 분석적이며, 모든 종합적인 지식은 경험에서부터 도출되어 있다. "도출된다"라는 말로, 그는 개념이 그 기원을 감각적인 지각에 가지고 있다는 것만 아니라 감각적인 지각이 모든 비분석적인 지식의 타당성 근원이라는 것마저 의미한다. 그러므로 정신이 지식에 공급하는 첨가물은 공허한 성질의 것이다.

수학에 관한 한, 흄의 해석은 그렇게 근거가 확실하다고 할 수 없다. 그는 19세기가 비유클리드 기하학의 건설을 통하여 수학문제에 주었던 해답을 몰랐기 때문에 이성과 관찰의 예언에 의하여 양쪽에서 지시를 받는 기하학의 이중적인 성격의 설명방법을 몰랐다. 그러나 그는 이 문제를 그렇게 명확하게 알지 못한 것처럼 생각된다. 우리는 그가 그 모든 형식을 열거에 의한 귀납법으로 환원할 수 있다고 생각한, 귀납법문제에서처럼, 여기에서도 그의 생각을 지지하는 아무런 좋은 논의가 없으면서도 후일의 결과를 예측하고 있음을 다행한 일이라고 생각할 수 있다. 나는 이러한 일치를 천재의 증거라고 생각하고 싶지는 않고, 오히려 행운이라고 하고 싶다. 그 대신 나는 그가 윤리−인식평행론을 거부했을 때처럼 충분한 근거를 제공할 수 있었던 이 결과들에 흄의 천재가 표시되어 있다고 보고 싶다. 그리고 그가 대립하는 전통에 항거하여 그의 견해를 견지해낸 강인성에 대하여 그를 찬양하고 싶다.

이 강인성은 그의 귀납법취급에 표시되어 있다. 지식에 대한 정신의 모든 공헌이 분석적이라면, 귀납적인 추리의 사용에 중대한 어려움에 봉착한다; 이 문제에 주의를 돌린 것이 철학사에서 흄이 차지하는 의의이다. 그리고 이 문제는 수학을 분석적이라든가 또는 종합적으로 해석하지 않고도 분석될 수 있다. 귀납적인 추리는 분석적이 아니다. 우리가 귀납적인 결론의 반대를 곧잘 상상할 수 있음을 지적함으로써 흄은 이 사실을 명료하게 하고 있다. 이를테면, 지금까지 관찰된 모든 까마귀가 검다 하더라도 적어도 다음에 우리가 볼 까마귀가 흴 것임도 상상할 수 있다. 우리는 귀납적인 추리를 신봉하기 때문에 까마귀를 희다고 믿으려 하지는 않는다. 그러나 믿는다는 것은 단순한 가능성일지라도 관계 없다: 우리는 전제를 버리도록 강요되지 않더라도 결론이 허위임을 상상할 수 있다. 옳은 전제에 헛된 결론이 결합될 수 있음을 상상할 수 있다. 옳은 전제에 헛된 결론이 결합될 수 있다는 가능성은 귀납적인 추리가 논리적인 필연성을 지니고 있지 않음을 증명하고 있다. 귀납법이 비분석적인 성격을 가지고 있다는 것이 흄의 첫째 주장이다.

그러면 우리는 어떻게 해서 귀납적인 추리의 사용을 정당화할 것인가? 흄은 이 추리가 경험에 의하여 타당성을 얻을 수 있다는 가능성을 논의하고 있다. 아마도 이런 종류의 타당성은 베이컨과 로크도 가정하였을 것이다. 그러나 그들은 결코 연역법의 정당성을 논의하지는 않았다. 우리는 귀납적인 추리를 사용해서 그것이 충분히 성공했다고 논의할는지도 모른다; 그러므로 우리는 앞으로도 이 추리를 적용할 자격이 있다고 생각한다. 그러나 흄이 설명하는 것처럼 논의의 다름 아닌 공식화가 이러한 정당화란 헛된 것임을 명료하게 한다. 귀납법을 정당화하려는 추리 자체가 귀납적인 추리이다: 우리는 귀납법이 지금까지는 성공적이었기 때문에 귀납법을 믿는다―이것은 까마귀 따위의 추리이다. 이리하여 우리는 순환논법에 빠진다. 귀납법은 우리가 그것을 신뢰될 수 있다고 가정하면, 신뢰될 수 있음이 증명될 수 있다; 이러한 추리는 순환논법이다. 그리하여 이 논의는 성립할 수 없다. 귀납법은 경험에 관계되어 정당화될 수 없다는 것이 흄의 둘째 주장이다.

귀납적인 추리는 정당화될 수 없다; 흄이 그의 비판의 결과라고 주장하는 것은 이것이다. 이 결과의 중요성은 충분히 알려져야 한다. 흄의 주장이 옳으면, 우리의 예언도구는 파괴된다; 우리는 미래예측방법을 가지지 못하게 된다. 우리는 지금까지 해가 아침마다 뜬다는 것을 보아 왔기 때문에 그것이 내일도 일어나리라고 믿는다. 그러나 우리에게는 이렇게 믿는 근거가 없다. 우리는 물이 밑으로 흐르는 것을 보아 왔기 때문에 그것이 항상 밑으로 흐를 것이라고 믿고 있다. 그러나 우리는 그것이 내일도 그러리라는 증명을 하지 못한다. 내일 내〔川〕가 위로 흐르기 시작하면 어떻게 될까? 당신은 내〔我〕가 그것을 믿을 만큼 바보가 되지는 않을 것이라고 생각할는지도 모른다. 그러나 그렇게 믿는 것이 왜 어리석은가? 나는 결코 물이 위로 흐르는 것을 보지 못했기 때문이라고, 그리고 나는 항상 이렇게 과거에서 미래로 추리하는 것으로 성공했기 때문이라고, 당신은 대답할는지도 모른다. 거기에서 당신은 흄이 발견한 오류의 희생물이 되고 있다; 당신은 귀납적인 추리를 사용하여 귀납법을 증명하고 있다. 몇 번이고 우리는 이 함정에 빠진다; 우리는 귀납법이 정당화될 수 없음을 알고, 자꾸만 귀납법을 만들어, 만약 우리가 귀납적인 원리를 의심하면 바보가 될 것이라고 논의한다.

이것이 경험주의자의 딜레마이다: 그가 철저한 경험주의자라서, 분석적인 진술 또는 경험에서부터 도출된 진술 이외의 어떠한 결과도 허용하지 않는다면—그 때는, 그는 귀납법을 만들 수 없고, 미래에 관한 어떠한 진술도 포기해야 한다; 그렇지 않고, 그가 귀납적인 추리를 허용하면—그 때는, 그는 경험에서부터 도출되지 않았던 비분석적인 원리를 허용한 것이고, 그러므로 경험주의를 포기한 것이다. 이리하여 철저한 경험주의는, 미래에 관한 지식이 불가능하다는 결론에 도달한다; 그러나 미래를 포함하지 않는다면 그러한 지식이란 무엇인가? 과거에 관찰된 여러 관계의 단순한 보고를 지식이라고 할 수는 없다; 지식이 물리적인 대상의 객관적인 관계를 드러내는 것이라면, 그것은 신뢰할 수 있는 예언이 포함되어야만 한다. 그러므로 철저한 경험주의는 지식의 가능성을 부정한다.

경험주의의 고전적인 시대는, 다시 말해 베이컨, 로크, 흄의 시대는,

경험주의의 몰락과 함께 끝나고 있다. 왜냐하면, 이것이 귀납법에 관한 흄의 분석에서 온 총계이기 때문이다. 흄의 비판은 경험주의에서부터 불가지론에 이르고 있다; 미래에 관해서, 불가지론은, 내가 알고 있는 모든 것은 내가 미래에 관해 아무 것도 모름이라고 가르쳐 주는, 무지의 철학을 초래하게 하고 있다. 경험주의에의 신뢰에 물들어 있으면서도, 이러한 절멸적인 결론의 도출을 주저하지 않는, 지성의 날카로움을 우리는 찬양해야 된다. 그러나 흄은 그가 초래한 결과를 매우 솔직하게 진술하고, 그 자신을 회의주의자라고 하면서도, 그 결론의 비극성을 허용하려 하지 않는다. 그는 귀납적인 신념을 습관이라고 함으로써 그 결과를 완화시키려 하고 있다; 그리고 흄을 읽으면, 이 전향이 그의 의심을 만족시키고 있다는, 다시 말해 귀납적인 신념의 심리학적인 설명만으로 그는 만족하고 있다는, 인상을 우리는 받을 것이다. 흄은 과격파가 아니고 영국의 보수주의자였다; 그의 급진주의 지성은 그의 의지적인 태도의 급진주의와 균형을 이루지 못하고 있었다. 이리하여 우리는 경험주의 철학에 대하여 그 자신이 제출한 결정적인 고발을 친밀한 미소로 쫓아 버리는 이 철학자의 기이한 한 면을 볼 수 있다.

　우리는 흄의 정숙주의를 공유할 수는 없다. 우리는 귀납법이 습관임을 의심하지는 않을 것이다; 물론 그것은 습관이다. 그러나 우리는 그것이 좋은 습관인가 또는 나쁜 습관인가를 알고 싶어한다. 우리는 이 습관의 극복이 어렵다는 것을 허용한다; 사실, 누가 내일부터 모든 물이 위로 흐를 것이라는 가정에 의거하여 행동할 수 있을 것인가를 말해 봄직도 하다. 그러나 우리가 귀납법의 습관에 너무 심하게 제약을 받아, 마치 아편 중독환자처럼 귀납법의 중독환자가 되지 않을 수 없을지라도, 적어도 우리는 그것을 면하려고 노력해야 하느냐, 어떠냐를 알려고 한다. 귀납법의 논리적인 문제는, 귀납법이 습관인가 아닌가라든가, 우리가 습관을 극복할 수 있는가 없는가라든가, 하는 문제와는 독립적이다. 경험주의의 철학

자는 감각적인 경험이 미래의 지식을 공급할 수 있는가 없는가를, 또는
할 수 있다면 어떠한 의미에서 가능한가를 알려고 한다; 만약 그가 이 문
제에 답변할 수 없으면, 그는 경험주의가 실패했음을 솔직하게 허용해야
만 할 것이다.

경험주의와 합리주의를 비교할 때에, 우리는 거기에 일종의 이상한 균
형이 있음을 발견한다. 합리주의자는, 수학적인 사고방식에 의하여 경험
적인 지식을 해석하기 때문에, 경험적인 지식문제를 해결할 수 없다. 그
리하여 합리주의자는 이성을 물리적인 세계의 입법자로 만든다. 경험주
의자 또한 이 문제를 해결할 수 없다; 경험적인 지식을 오직 감각적인 지
각에서부터 도출된 것으로서, 그 자신의 권리에 확립하려는 경험주의자
의 기도는, 경험적인 지식이 비분석적인 방법, 다시 말해 귀납법의 방법
을 전제하고 있기 때문에 성립할 수 없게 된다. 그리고 이 귀납법의 방법
은 경험의 산물이라고 생각될 수는 없다. 경험주의자는 합리주의자의 과
오를 되풀이하지는 않는다; 그는 회화적인 언어를 사용하지 않는다. 그
는 절대적인 확실성을 추구하지 않는다. 그는 도덕률의 기초를 획득하기
위하여 인식적인 지식을 형성하려고 시도하지 않는다. 그러나 이성의 힘
을 분석적인 원리의 확립에만 국한시킬 때 그는 새로운 곤란함 속으로
뛰어든다: 그는 경험적인 지식을 과거에서부터 미래로 진행시키는 방법
을 설명 할 수 없다. 다시 말해 그는 지식의 예언적인 성격을 설명할 수
없다.

경험주의에는 어떤 근본적인 과오가 틀림없이 있다는 결론이 나오게
된다. 합리주의자는, 수학적인 지식을 모든 지식의 원형이라고 생각하는
과오를 범했고, 이리하여, 적어도 근본적인 점에서 이성을 세계에 관한
지식의 근원이라고 생각하려 했다; 경험주의자는 경험적인 지식은 감각
적인 지각에서부터 도출됨을, 이성은 분석적인 관계만을 공급한다는 것
을, 그리고 모든 종합적인 지식은 관찰적인 유형의 지식임을, 주장할 때

이 과오를 수정했다. 그러나 관찰적인 지식은 과거나 현재에 국한되어 있다; 미래의 지식은 관찰적인 유형의 것이 아니다. 이전의 경험주의자는 이 구별에서 일어나는 곤란함을 알지 못했다; 미래의 예언이 후일에 증명될 수도 있고, 또는 헛된 것임이 드러날 수도 있기 때문에, 그들은 미래의 지식을 관찰적인 지식과 동일한 유형의 것이라고 생각했다. 그들은 예언의 진리를 예언된 사건이 일어나기 전에 우리가 알기를 원함을 잊고 있었다. 그리고 그들은 지식이란 관찰적인 지식이 되었을 때는 그것은 이미 미래의 지식이 아님을 잊고 있었다. 흄은 이 곤란함을 알았다; 그러나 미래의 지식이 과거의 지식과 같은 것이어야만 한다고 함축적으로 요구하는 지식의 개념을 포기할 수 없었기 때문에, 그는 과학의 예언적인 방법은 정당화될 수 없다고, 그리고 우리는 미래에 관하여 어떠한 지식도 가질 수 없다고, 결론내렸다.

경험주의의 현대적인 생각은 이 과오를 인정했다. 미래에 관한 진술은 그것이 과거나 현재에 관한 진술과 동일한 유형의 것이라고 생각되면, 정당화될 수 없기 때문에, 우리는 미래에 관한 진술에는 다른 해석이 주어져야 된다고 생각한다; 미래에 관한 진술은 본질적으로 과거에 관한 진술과 다른 것이라고 해석되어야 한다. 이렇게 달리 생각하면 이 문제는 역전된다. 미래에 관한 지식의 성격을 주어진 것이라고 생각하고, 어떻게 하면 우리가 미래에 관한 지식을 가질 수 있을 것인가를 묻는 대신에, 우리는 미래에 관한 진술이 정당화될 수 있는 것이라면 미래에 관한 지식의 성격은 어떠한 것이라야만 하는 가를 물어야 하겠다.

문제를 이렇게 역전시키는 것은 흄의 가능성을 넘어선 것이었다. 귀납법에 관한 그의 비판은, 그가 철학사에서의 지도적인 위치를 확보하기에 충분할 만큼 위대한 업적이다. 나는 앞에서 철학의 진보란 그 해답에서가 아니라, 철학자가 제기한 문제에서 추구되어야 함을 말했다; 이 금언은 흄에게도 적용된다. 귀납법을 정당화하는 문제를 일으켰던 공적과 그 해결이 곤란함을 지적했던 공적은 흄의 것이었다. 그의 해답은 우리에게는 쓸모가 없다.

몹시 이상하게도, 영국 경험주의에 관한 이 판단은, 앞에서 합리주의에 대해 일어난 반대와 일치하는 비판에 도달하고 있다. 합리주의와는 본질적으로 다른 것임에도 불구하고, 영국 경험주의는 합리주의자의 근본적인 과오의 하나를 되풀이하고 있다: 무관심한 관찰자의 냉정함으로써가 아니라, 미리 생각된 목적을 증명하려는 의도로써 지식을 검토하는 것, 그리고 철학자가 발견하려는 구조를 미리 그 안에서 발견하려는 목적으로 형성된 하나의 그림에서부터 지식의 성격을 연구하려는 것, 이것이 그러한 과오이다. 합리주의자는 경험적인 과학을 그 근본적인 요소가 수학의 신뢰성을 가지고 있어야 된다고 해석한다; 경험주의자는 수학적인 신뢰성을 관찰적인 신뢰성으로 대치한다. 그러나 미래에 관한 문장은 과거에 관한 문장과 동일한 종류의 신뢰성을 가지고 있어야 된다고 요구한다. 이리하여 합리주의자는 왜 자연은 이성에 따라야 하는가라는 문제에 도달한다; 그리고 경험주의자는 어떻게 해서 관찰의 신뢰성을 예언에까지 이행시킬 수 있을 것인가라는 문제와 대결한다.

이 딜레마에서 벗어나는 방법은, 18세기 철학에서는 발견 될 수 없었다. 예언적인 지식의 성격에 관한 문제로 이 문제를 역전시킴은, 과학의 기초가 근본적인 변화를 겪기 전에는, 기도될 수 없었다. 18세기의 과학은, 그 성공에의 무비판적인 신뢰에 의하여 추진되었다; 자기비판적인 것이 되고 그 자신 결과의 의미를 묻기에 앞서, 그것은 그 자신의 방법한계를 물어야만 되었다. 이 발전은 19세기에 시작했고, 그것은 오늘날 아직도 진행되고 있다. 이것은 철학에서부터 파생한 것이 아니다; 과학자는 결코 철학자의 해석에 그리 많은 관심을 표시하지 않았다. 그래서 흄의 비판조차 그에게 관계되지 않은 양 남아 있었다. 행운이라고만 생각되겠지만, 철학에 대한 무관심은 과학자에게 건전한 태도임이 알려졌다.

성공은, 흔히 어떻게 해야 할 것인가를 반성하기보다는, 도리어 사람의 행동쪽에 있다. 지식의 성격설명은, 18세기 과학의 테두리 안에서는 불가능했다; 수학적인 물리학의 연역적인 방법의 힘과 귀납적인 추리의 사용을 동시에 설명하는 인식론이 전개되기 위해서는, 먼저 수학의 성격에 관한 생각과 인과의 성격에 관한 생각이 정정되어야 했다. 그러므로 과학자가 아직도 해답하는 방법을 가지기에 앞서, 그 방법을 정당화하려는 문제를 취급하지 않았음은 과학자의 행운이라 하겠다.

이 해답이 확률성의—다만 이 확률성의 형식은 기대되었음직한 것과 몹시도 다르기는 하지만—이론의 테두리 안에서 주어졌음은, 그럴듯하게 생각될 것이다. 예언은 다만 확률적인 것이지만 과거의 경험은 확실하다고 하는 것은, 귀납법의 문제에 대한 궁극적인 해답이 아니다; 그것은 다만 일종의 중간적인 해답이다. 이 해답은 우리가 '확률적'이라는 말로 무엇을 의미하는가를, 그리고 무슨 근거로 우리가 확률성을 주장할 수 있는가를 설명하는 확률성의 이론이 전개되지 않는 한 불완전하다. 흄을 포함하는 경험주의자들은, 확률성의 성격을 되풀이하여 연구했다; 그러나 그들은 확률성이란 주관적인 성격을 가지고 있고, 그들이 지식과 구별하는 의견 또는 신념에 적용되는 것이라는 결과에 도달했다. 확률적인 지식등속이 있을 수 있다는 생각은 그들에게는 모순이라고 여겨졌을 것이다. 귀납적인 추리는 지식의 정당한 도구가 아니라는 주장에서, 흄은 아직도 합리주의의 영향 밑에 있음을 드러내고 있다; 고대의 회의주의자들처럼, 그도 다만 지식에 관한 합리주의자의 이상이란 도달될 수 없는 것임을 증명할 수 있을 뿐이다.

그러나 그는 그것에 지식에 관한 보다 좋은 생각을 대치시킬 수는 없다. 만약 흄이 확률성의 수학을 연구했다면, 그는 확률성의 객관적인 의미를 발견했을는지도 모른다. 그리고 이 확률성의 수학은, 그의 시대에 이미 파스칼(Pascal), 페르마(Fermat), 베르누이(Jacob Bernouli)

등의 저술에서 취급되었다; 흄이 이 저술에서 언급하고 있지 않는 것은, 그에게 수학적인 정신이 없었고, 수학적인 확률성의 이론을 철학적인 목적에 이용하는 사람이 못되었음을 말하고 있다.

확률성의 논리적인 분석은 예언적인 지식의 분류를 위한 필수적인 예비조건이기는 하지만, 경험주의의 수수께끼에 궁극적인 해답을 제공하기 위해서는 철학적인 해석의 보다 철저한 변화가 불가결하다. 우리는 오늘날 예언적인 지식마저 확률적임을 증명할 수 없음을 알고 있다. 그리고 우리는 확률적인 지식이라는 생각이 확실성을 주장하는 지식에 대하여 흄이 제기한 것과 유사한 비판의 대상이 됨을 알고 있다.

그러므로 예언적인 지식문제는, 지식의 성격에 관한 재해석을 요구한다. 지식에 관한 이 새로운 생각을 뉴턴 물리학의 테두리 안에서 전개하는 것은 불가능한 일이었다. 귀납법의 문제해결은 20세기의 물리학에서 성장한 지식에 관한 새로운 해석을 기다려야 했다.

# 제 6 장

# 고전물리학의 이중적인 성격
## : 그 경험적 · 합리적 측면

지금까지 우리는 철학에 관해서만 이야기했다. 그러면 철학자들이 여러 가지 형식의 합리주의와 경험주의를 전개시켰던 2500년의 과학진화를 검토하자.

과학에 대한 그리스인의 공헌은 실제적으로 모두 수학적인 과학에 있다. 특히 기하학은 고도로 발전되어 있었다; 피타고라스의 이름을 딴 정리는, 그리스인의 탁월한 기하학적인 발견의 하나이다. 그리고 이것에 필적할 수 있는 것은 '원뿔곡선기하학', 즉 타원, 쌍곡선, 포물선으로 알려진 곡선들의 취급이다. 그들의 산술에는, 우리가 오늘날 이렇게 성공적으로 사용하고 있는 숫자적인 기술(技術)이 없었다. 그리스인들은 10진법을 쓰지 않았다.

십진법의 수기법(數記法)은 훗날 아라비아인이 발견한 것이다. 그리고 그리스인들은 로그를 몰랐다. 그것은 17세기에 발명되었다. 이렇게 기술적으로 불완전함에도 불구하고, 그리스인들은 수에 관한 이론의 기초를 발전시켰다; 그들은 소수(素數)의 중요성을 인정했고, 무리수, 즉 두 정수(整數)의 몫으로 표시될 수 없는 수의 존재를 발견했다. 수학에 대한 그들의 최대 공헌은 B.C. 300년경에 알렉산드리아(Alexandria)를 그리스문명의 중심으로 만든 그리스계 수학자의 한 사람인, 유클리드가 제공한 기하학의 공리적인 건설이다. 유클리드의 체계는 항상, 언어적인 추리의 힘이 있다는 압도적인 증명이라고 생각되어 왔다. 경험적인 과학에서의 그리스인의 성공은, 수학적인 방법의 사용을 허용하는 과학에 한정되어 있었다. 2세기의 알렉산드리아인인 프톨레미(Ptolemy)의 체계에서, 그리스의 천문학은 그 위대한 종합을 발견했다. 천문학적인 관찰과 기하학적인 추리 이전의 결과를 이용하면서, 프톨레미는 지구가 둥글게 형성되어 있음을 증명했다. 그러나 그는 지구는 움직이지 않고, 별과 해와 달을 나르고 있는 천개(天蓋)가 지구둘레를 움직이고 있음이 확실한 것이라고 생각했다. 또한 이 천개를 따라 운동이 있다; 해와 달은 별들 사이에서 일정한 위치에 고정되어 있지 않고, 그들 자신 원형의 궤도를 움직이고 있다. 유성은 이상한 모양의 곡선을 그렸다. 프톨레미는 그것을 동시에 이루어지는 두 원형운동의 결과라고 인식했다. 그것은 마치 하나의 큰 메리고라운드(merry-go-round)의 중심을 벗어난 작은 메리고라운드에 앉아 있는 사람의 궤도와도 같다. 지구중심적인 체계라고도 하는, 프톨레미의 천문학적인 체계는 오늘날에도 지구에서 볼 수 있는 별들의 분야에만 관계하는 모든 천문학적인 문제에, 특히 항해, 항공의 문제에 해답하기 위하여 아직도 사용되고 있다. 이렇게 실제적으로 응용할 수 있는 것은, 프톨레미의 체계에 다분히 진리가 포함되어 있음을 나타내고 있다. 태양이 정지하여 있고, 지구와 유성이 그 주위를 회전하고 있다는 생각은, 그리스인에게는 알려져 있지 않았다. 사모스 섬(Samos)의 아리스타르쿠스(Aristarchus)는 B.C. 200년경에 이 태양중심적인 체계를 제시했으나, 그 진리성을 그의 동시대인에 확신시킬 수는 없었다. 그리스의 천문학자들은, 당시 역학의 불완전한 상태로 말미암아, 아리스타르쿠스

에 따를 수 없었다. 이를테면, 프톨레미는 아리스타루쿠스에 반대하여,
지구가 정지하여 있지 않으면 떨어지는 돌은 수직으로 떨어지지는 않을
것이기 때문에, 그리고 공중에 있는 새는 움직이는 지구 뒤에 남게 되어
지구표면의 다른 부분으로 내려올 것이기 때문에, 지구는 정지하여 있어
야 된다고 논의한다.

　프톨레미의 논의가 허위임을 표시하는 실험은 17세기 이전에는 이루
어지지 않았다. 데카르트와 같은 시대 사람이며, 철학적인 논적인, 프랑
스의 승원장 가상디(Gassendi)는 움직이고 있는 배〔船〕위에서 실험했
다: 그는 마스트의 꼭대기에서 돌을 떨어뜨려 그것이 정확하게 마스트의
바로 밑에 도달하였음을 발견했다. 만약에 프톨레미의 역학이 옳았다면,
그 돌은 움직이는 배 뒤에 남게 되어 배의 뒤쪽으로 멀리 떨어져 있는 갑
판 위에 도달해야 했기 때문이다. 이리하여 가상디는 그에 조금 앞서 발
견된 갈릴레오의 법칙을 확증했다. 그리고 이 법칙에 의하면 떨어지는 돌
은 그 자신 배의 운동을 지니고 있고, 떨어지는 동안에도 그것을 보유한
다.

　왜 프톨레미는 가상디가 한 것 같은 실험을 하지 않았을까? 왜냐하면,
단순한 측정 내지는 관찰과 구별된 과학적인 실험이라는 생각은, 그리스
인에게는 낯익은 것이 아니었기 때문이다. 실험은 자연에 대한 질문이다;
적당한 장치를 사용함으로써, 과학자는 물리적인 사건을 일으켜, 그 결과
가 질문에 대하여 "그렇다" 또는 "아니다"라고 대답하게 유도한다. 우리의
도움을 받지 못한 사건은 대개 너무나 많은 요소의 산물이기 때문에 우
리는 전체적인 결과에, 개별적인 요소가 어떻게 공헌하고 있는가를 결정
할 수 없다. 과학적인 실험은 이 요소를 서로 고립시킨다; 사람의 간섭은
한 요소의 작용에서 다른 요소에 의하여 침범되지 않는 조건을 만들어
낸다. 이리하여 그것은 인간의 간섭 없이 일어나는 복잡한 사건의 기계적
인 구조를 드러낸다. 이를테면 나무에서 잎이 떨어지는 것은, 인력이 미

끄러지는 잎 밑에 있는 공기흐름에서 생기는 유동역학적인 힘과 간섭하는 복잡한 사건이다. 그리하여 그것은 이리저리로 흔들리면서 일정하지 않는 방향으로 떨어진다. 한편, 공기를 배제하고 그 잎을 진공 속에서 떨어지게 하면, 우리는 인력에 관해 그 낙하는 돌의 낙하와 같음을 알게 된다. 한편, 공기의 흐름을 풍동(風洞)으로 고정된 평면에 닿게 하면, 그것은 공기흐름의 법칙을 드러낸다. 계획된 실험의 인위적인 사건에 의하여, 자연의 이 복잡한 사건이 그 요소로 분석된다. 이것이 실험이 현대과학의 도구가 된 이유이다. 그리스의 과학이 어떠한 의의 있는 방법으로도 실험을 하지 않았음은, 추리에서부터 경험적인 과학으로 전향하는 것이 얼마나 어려운가를 증명하고 있다.

우리는 현대과학이 코페르니쿠스(1472~1543)와 갈릴레오(1564~1641)의 시대에서부터 시작한 것이라고 생각한다. 코페르니쿠스는 현대천문학의 기초를 닦았고, 동시에 현대과학사상에 결정적인 전향을 주었다. 그래서 그는 현대의 과학사상을 이전의 의인주의(擬人主義)에서부터 해방시켰다. 갈릴레오는 현대과학에 양적인 실험방법을 제공했다. 그가 낙하하는 물체에 관한 법칙을 확립한 실험은, 실험을 측정과 수학적인 형식화에 결합시키는 방법의 유형을 결정했다. 갈릴레오와 함께, 같은 시대의 과학자들은 과학의 목적을 위하여 실험의 사용에 전심(專心)했다. 그러나 실험적인 방법으로의 이 일반적인 전향(轉向)은 한 사람이 이룩한 업적의 결과라고 생각될 수는 거의 없다. 과학자의 정신을 스콜라주의라는 형식을 가졌던 그리스과학에 열중하는 것에서부터 해방하고, 자연스럽게 경험적인 과학으로 이끌어 갔던, 사회적인 조건이 변화한 탓이라고 설명되면, 그것은 보다 쉽게 납득될 수 있는 일이다.

실험적인 과학의 탄생은 온 유럽에 퍼져 나갔던 에너지와 그 관심의 파도에 의하여 수반(隨伴)되었다. 네덜란드의 렌즈닦이가 발명한 망원경을, 이탈리아의 갈릴레오가 처음으로 천체연구에 이용했다. 갈릴레오의 제자인 토리첼리(Toricelli)는 기압계를 발명해서, 공기가 고도로 증가하면 압력이 감소함을 밝혔다. 독일에서는 게리케(Guericke)가 공기펌프를 발명하여, 두 반구를 붙여 그 속에 있는 공기를 빼면, 한 떼의 말(馬)이 양쪽에서 당겨도 그것이 떨어지지 않는다는 것으로 공기의 압력이 얼마나 큰 것인가를 표시해, 대중을 놀라게 했다. 새로운 분야에서 영국인도 두각을 나타냈다. 엘리자베스 여왕의 시의(侍醫)였던 길버트(William Gilbert)는 자기(磁氣)에 관한 광범위한 연구를 하여 그 결과를 출판하기도 했다 ; 하비(Harvey)는 혈액순환을 발견했다 ; 그리고 보일(Boyle)은 기체의 압력과 부피에 관한 보일의 법칙을 확립했다. 이리하여 관찰과 실험은 과학적인 사실과 법칙이라는 새로운 세계를 만들어 내었다. 현대과학의 발전을 소개하는 사건들을 이렇게 간단히 요약해 보고, 우리는 현대가 그 영향력에서 그리스의 위대한 합리주의 체계에 필적하는 경험주의 체계를 산출할 수 있었던 이유를 설명할 수 있다. 그리스인들의 합리주의는 그들의 문명에서의 수학적인 탐구의 성공을 반영하고 있다 ; 영국의 경험주의는 현대과학에서의 실험적인 방법, 다시 말해 자연에 물어서 "그렇다" 또는 "아니다"라고 대답하는 것을 자연에게 맡기는 방법의 승리를 반영하고 있다.

그러나 또 하나의 발전을 설명해야 된다. 그것은 영국의 철학자들이 경험주의의 새로운 학설을 형식화하고 있었던 바로 그 시대에, 유럽대륙에서는 합리주의 철학이 부활하고 있었다는 사실이다. 데카르트(Descartes), 라이프니츠(Leibniz) 그리고 칸트(Kant)는 과학에 정통하고, 그들 자신이 과학분야의 공헌자라고 여기고 있었지만, 그 방법과 설득력에서 고대인의 체계보다 우수한 새로운 합리주의 체계를 세운 것은 바로 이 시기였다.

이 반대방향의 발전을 이해하기 위해서는, 실험적인 방법이란, 그것이 실지로 나타난 것이 아무리 혁명적으로 보였을지라도, 현대과학의 두 주요한 도구의 하나에 지나지 않음을, 상기해야 한다. 또하나의 도구는 과학적인 설명의 확립을 위하여 수학적인 방법을 사용하는 것이다. 이 점에서는, 그리스의 과학은 현대에서도 계속되고 있다; 그리고 현대과학시대의 상징이라고 생각되는 코페르니쿠스의 체계가 아리스타르쿠스의 태양중심적인 체계에서 이미 예측되어 있다는 것은 단순한 일치 이상의 것이다. 그리스인들이 천문학에서 발견한 물리적인 세계의 분석을 위한 수학적인 방법의 힘은 현대과학의 발전에서 확인되었다. 그러나 진리의 표준으로서의 실험과 결합되면 그것은 확인되는 것 이상의 것이다. 그것은 보다 고차적인 성공을 이끌어 올 만큼 중가(重價)되었다. 현대과학을 강력하게 만든 것은 '가설－연역적인 방법'의, 다시 말해 수학적인 가설형식으로 설명을 구성하고 이 가설에서부터 관찰된 사실이 연역될 수 있게 하는 방법의 발명이다. '설명적인 귀납법'이라고도 하는 이 방법을 유명한 실례를 들어서 연구하자.

코페르니쿠스의 발견은 만약에 그것이 케플러(Johann Kepler, 1571~1630)의 탐구에 의하여 개선되지 않았다면, 그리고 마침내 뉴턴(Isaac Newton, 1643~1727)의 업적에 의하여 수학적인 설명에 편입되지 않았다면, 결코 학계의 일반적인 승인을 발견할 수 없었을 것이다. 상상된 우주의 조화를 증명하기 위하여 정교한 수학적인 계획을 가지고 연구를 시작한, 신비적인 마음을 가진 수학자인 케플러는 관찰이 유성운동에 관하여 몹시도 다른 법칙을 실증하고 있음을 보았을 때, 유성운동에 관한 그의 최초의 가설을 포기할 만큼 충분히 현명한 사람이었다. 그 결과 그는 유성운동에 관하여 세 개의 유명한 법칙을 저술한 사람이 되었다. 그리고 이 법칙은 유성의 궤도가 원이 아니고 타원임을 밝혀 내고 있다. 케플러의 발견은 더욱 위대한 업적에 의하여, 다시 말해 이 전시대를 통하여 가장 위대한 업적에 의하여 계승되었다; 그것이 다름 아닌 질량 사이에 있는 뉴턴의 인력법칙이다. '중력의 법칙'이라고 잘 알려진 이 법칙은 매우 단순한 수학방정식의 형식을 가지고 있다. 논리적으로 말하면, 그것은 직접적인 증명을 허용할 수 없는 가설을 구성하고 있다. 뉴턴이 밝히고 있는 것처럼, 케플러의 법칙으로 포용되는 모든 관찰적인 결과는 뉴턴의 법칙에서부터 도출될 수 있기 때문에, 그것은 간접적으로 확립된다.

케플러의 결론만이 아니다; 뉴턴의 법칙에서부터는 갈릴레오의 낙하는 물체에 관한 법칙도 마찬가지로 도출될 수 있다. 그리고 달의 위치와의 상호관계에 있는 조석(潮汐)현상과 같은 많은 다른 관찰적인 사실도 도출된다.

뉴턴은 그 자신 법칙의 진리성이 그것의 함립관계(含立關係)의 증명에 의한 확인에 의거하고 있었음을 명료하게 알고 있었다. 이 함립관계들을 도출하기 위하여, 그는 새로운 수학적인 방법을, 다시 말해 미분학을, 발명했다; 그러나 이 모든 눈부신 연역적인 업적도 그를 만족시키지는 못했다. 그는 양적인 관찰적 명징(明澄)을 요구했고, 달의 관찰을 통하여 그 함립관계들을 시험했다. 그리고 달의 1월을 주기로 하는 공전은 중력법칙의 한 실례를 구성했다. 그는 관찰적인 결과가 그의 계산과 일치하지 않음을 발견하고 실망한다. 뉴턴은 아무리 아름다울지라도, 어떤 이론을 그냥 고정시키기보다는 도리어 엄연한 사실 앞에 그 이론의 원고를 서랍 안으로 집어넣어 버리고 만다. 약 20년 후에, 지구원둘레거리의 새로운 측정이 프랑스의 탐험대에 의하여 이루어진 후에, 뉴턴은 그의 시험이 의거했던 수치가 틀렸음을, 그리고 개선된 수치는 그의 이론적인 계산과 일치함을 알았다. 그는 이 시험 후에 비로소 그의 법칙을 공표했다.

뉴턴의 이야기는 현대과학 방법의 가장 두드러진 실례의 하나이다. 관찰적인 소여(所與)는 과학적인 방법의 출발점이다; 그러나 소여는 그것에 그치는 것이 아니다. 그것은 수학적인 설명에 의하여 보충된다. 그리고 이 수학적인 설명은 관찰된 것에 관한 진술을 훨씬 넘고 있다; 이 설명이 다음에 그것에 포함된 여러 가지 관계를 명료하게 하는 수학적인 연역의 대상이 된다. 그리고 이 함립관계는 관찰에 의하여 시험된다. "그렇다" 또는 "아니다"라는 해답은 이 관찰들에 맡겨져 있다. 이리하여 여기까지는 이 방법은 경험적이다. 그러나 관찰이 참이라고 확인하는 것은 관찰이 직접적으로 말하는 것을 훨씬 넘는다. 관찰은 추상적인 수학적 설명을, 다시 말해 관찰적인 사실이 수학적으로 설명될 수 있는 이론을 보증한다. 뉴턴에게는 추상적인 설명을 감행할 만한 충분한 용기가 있었다; 그러나 그는 또한 관찰적인 시험이 그것을 확인하기에 앞서, 그것을 믿지 않을 만큼 신중함도 충분했다.

2세기 이상을 통하여 계속된 그 후의 발전에서, 뉴턴의 이론은 계속하여 새로이 확인되었다. 캐번디시(Cavendish)의 교묘한 실험을 통하여 지름 1피트 이내의 납공이 발산하는 중력적인 인력시험도 가능했다. 상호간의 중력적인 인력에 의하여 일어나는 유성의 궤도에서의 혼란은, 그 후에 계산되었고, 개량된 관찰의 기술에 의하여 증명되었다. 마침내 그때까지는 아직도 알려져 있지 않았던 유성, 다시 말해 해왕성의 존재가 프랑스의 수학자 르베리에(Leverrier)가 그리고 이와는 독립적으로 영국의 천문학자 애덤즈(Adams)가, 다른 유성에 어떤 혼란이 일어나는 것이 관찰되는 이상 새로운 유성이 있어야 한다는 계산의 기초 위에 예언되었다. 독일의 천문학자 갈레(Galle)가 르베리에가 계산한 밤하늘의 그 점에 그의 망원경을 돌렸을 때, 그는 거기에서 밤마다 그 위를 조금씩 변화시키는 조그만 반점을 발견했다. 이리하여 해왕성이라는 유성은 발견되었다(1846).

수학적인 물리학은, 현대과학에 예언적인 힘을 제공했다. 경험적인 과학을 말하는 사람은, ·누구나 관찰과 실험이 오직 수학적인 연역과 결합되어 있기 때문에, 현대과학을 구축할 수 있었음을 잊어서는 안 된다. 뉴턴의 물리학은 2세대 앞서 베이컨이 그렸던 연역적인 과학의 환영(幻影)과는 크게 다르다. 베이컨의 표(表)에서 표시되는 것과 같은, 관찰적인 사실의 단순한 집합은 과학자를 결코 인력법칙의 발견으로 이끌지 못했을 것이다. 관찰과 결합된 수학적인 연역이 현대과학의 성공을 증명하는 도구이다.

수학적인 법칙의 적용은 고전물리학의, 다시 말해 뉴턴 물리학의 결과로서 발전된, 인과의 개념에 가장 현저한 표현을 발견했다. 물리적인 법칙을 수학적인 방정식의 형식으로 표현하는 것이 가능했기 때문에, 마치 물리적인 필연성이 수학적인 필연성으로 변형될 수 있는 것처럼 생각되었다. 이를테면, 조석은 달의 위치에 따르기 때문에, 대양의 한 쪽 만조는 달쪽을 향하고, 다른 쪽 만조는 반대방향을 향하며, 한편 지구는 그 만조 밑에서 공전하여 만조를 그 표면 위에서 미끄러지게 한다는 법칙을 생각하자. 이것은 관찰적인 사실이다. 뉴턴의 설명에 의하여 이 사실은 수학적인 법칙의, 다시 말해 인력법칙의 결과라는 것이 표시되었다. 이리하여 수학적인 법칙의 확실성은 물리적인 현상으로 변형된다. "자연이라는 책은 수학적인 언어로 씌어져 있다"는 갈릴레오의 말은, 다음 세기에, 갈릴레오가 상상할 수 있었을 정도를 넘어 그 진리성을 표명했다. 자연의 법칙은, 수학적인 법칙의 구조를, 다시 말해 수학적인 법적의 필연성과 보편성을 가지고 있다; 그것은 새로운 유성을 발견하기 위하여 천문학자가 그의 망원경을 들여다보기만 하면 될 정도의 정밀성을 가지고 새로운 유성의 존재를 예언했던 물리학의 결과였다.

이리하여 수학적인 법칙은 질서의 도구일 뿐만 아니라 예언의 도구로서 출현했다; 그것은 물리학자에게 미래를 예견하는 힘을 주었다. 열거(列擧)에 의한 귀납적인 추리에서 이루어진 단순한 일반화는 만약 가설—연역적인 방법의 힘에 비교되면, 빈약한 도구로 밖에 보이지 않았다. 가설—연역적인 방법의 힘은 어떻게 설명될 수 있을 것인가? 그 해답은 명백한 것처럼 생각되었다: 모든 물리적인 사건들 사이에는 수학적인 관계라는 방법에 의하여 묘사되는, 하나의 엄밀한 질서가, 다시 말해 인과율이라는 이름으로 표시되는 하나의 질서가 존재해야만 된다.

자연의 모든 사건이 엄밀한 인과에 의하여 결정되어 있다는 생각은 현대의 산물이다. 그리스인들은 별의 운동에서 수학적인 질서를 발견했다; 그러나 다른 물리적인 사건은 고작해서 부분적으로 인과율에 의하여 결정되어 있다고 생각되었다. 사실, 약간의 그리스 철학자들은 일반적인 결정론을 신봉했다; 그러나 우리는 인과적인 결정이라는 그들의 생각이 어느 정도로 현대의 그것에 일치하는지 모른다. 그들 가운데서 어떠한 사람도 결정론이 무엇인지 명료하게 형식화해서 우리에게 알리지 못했다. 뿐만 아니라 인과율을 가장 중요한 사건은 물론 사소한 사건마저 제약하는, 그리고 그것이 인간욕구에 대해 무엇을 의미하는 것인가는 무관계하게 모든 사건을 앞선 사건이 필연적인 산물로 삼고 있는, 그러한 예외가 없는 법칙이란 생각은, 있을 것 같지 않은 일이다. 수학적인 물리학을 몰랐던 시대에는, 인과율이 인간의 가치판단과는 완전히 무관계한 것이라고 생각될 수는 없었다.

그리스정신에서 결정론은 종교적인 색채를 가지고 있고, 원인의 개념에 의해서보다는 도리어 운명의 개념에 의해 표시되었다. 운명론의 기원은 인간학적이며, 자연과정 내에 인간이 가치평가와 인간의 행동형태를 소박하게 투영함으로써만 설명될 수 있다. 사람이 그의 목적추구에서 물리적인 사건을 제어하는 것처럼, 신은 인간의 사건을 제어한다; 그리고 운명의 신은 모든 인간에게 그의 계획을 세우고 있다—이것이 그리스의 운명론이다. 우리는 많은 방법으로 운명을 피하려고 애쓸는지도 모른다; 그 때는 다만 다른 방식으로 운명을 수행하는 것에 지나지 않을 것이다. 아버지를 죽이고 어머니와 결혼하는 것이 외디푸스(Oedipus)의 운명이었다. 그리고 이 운명은 그에게는 알려져 있지 않고, 신탁(信託)에 의하여 테베왕(王)인 그의 아버지만 알고 있었다. 새로 태어난 아들을 산중에 버림으로써 운명을 피하려는 아버지의 기도는 실패하게 되어 있었다;

어린애는 양부모 밑에서 자랐다. 청년이 된 외디푸스가 테베에 여행했을 때 낯선 사람을 만나서 그를 죽인다; 그리고 외디푸스가 수수께끼를 풀어 스핑크스(Sphinx)의 공포에서 그 도시를 해방시키는 데에 성공했을 때, 그 대가로 그 곳 여왕과 결혼하게 된다. 나중에, 그가 죽인 사내가 그의 아버지였음이, 그리고 그의 아내가 된 그 여왕이 그의 어머니였음이 드러나게 된다. 이것이 프로이트의 정신분석이, 일반적인 잠재의식의, 다시 말해 아버지에 대한 아들의 증오와 어머니에 대한 아들의 성적인 사랑의 반영이라고 해석하는 신화이다. 그렇다면 운명이라는 생각은 우리가 잠재의식적인 충동에 직면해서 느끼는 무력감의 반영이라고 심리학적으로 설명될는지도 모른다. 이것은 그리스인에게 알려져 있지 않았던 현대적인 설명이다; 이것을 어떻게 생각하건, 우리는 운명에 의한 결정이란 논리적인 분석에 의해 설명될 수는 없고 심리적으로 설명될 수 있는 개념임을, 서슴지 않고 받아들일 것이다.

현대과학의 결정론은 매우 그 유형이 다르다. 그것은 물리학에서의 수학적인 방법의 성공에서부터 발전했다. 물리적인 법칙을 수학적인 관계로서 해석하는 것이 가능했다면, 연역적인 방법이 정밀한 예언의 도구가 될 수 있음이 드러났다면, 경험의 표면적인 불규칙성의 배후에 수학적인 질서가 틀림없이 있을 것이다; 거기에는 인과의 질서가 틀림없이 있을 것이다. 우리가 항상 그 질서를 알지는 못한다 하더라도, 그것을 완전히 아는 것은 전혀 불가능한 것처럼 생각된다 하더라도 이러한 결함은 인간의 불완전성에 귀인(歸因)된다. 프랑스의 수학자 라플라스(Laplace)는 모든 원자의 위치와 운동량을 관찰할 수 있고, 모든 수학적인 방정식을 풀 수 있는, 유명한 초인의 지성비유에서 이 견해를 요약했다; 이 초인에게는 "미래는 과거와 마찬가지로 현재일 것이다." 그리고 수천 년 미래의 일이건, 수천 년 과거의 일이건 모든 사건의 사소한 부분마저 정밀하게 진술할 수 있을 것이다. 이 물리적인 결정론은 뉴턴 물리학의 가장 일반적인 결론이었다. 그것은 본질적으로 운명과는 다르다; 그것은 계획이 아니고 맹목이다; 그것은 사람을 애호하지도 않고 증오하지도 않는다; 그것은 미래의 목적에 의한 결정론이 아니고, 과거의 사실에 의한 결정론이다. 초자연적인 명령에 의한 결정론이 아니고, 물리적인 법칙에 의한 결정론이다. 그러나 그것은 운명의 결정론처럼 엄밀하고 예외가 없다. 이 물리적인 결정론은, 물리적인 세계를, 단계를 밟아 자동적으로 가고 있는, 태엽이 감긴, 시계에 비유한다.

　이것이 고전물리학에 의하여 전개된 세계상이라면, 뉴턴시대가 경험주의는 물론 합리주의의 파도를 우리에게 제공하고 있음은 그리 이상한 일이 아니다. 경험주의자는 과학의 한쪽 측면, 다시 말해 그 관찰적인 측면만을 분석했다; 합리주의자는 그 수학적인 측면을 강조했다. 경험주의는 그것이 과학의 예언적인 측면을 설명할 수 없었기 때문에, 마침내 흄의 비판에서 좌절했다; 과학자가 그 존재를 확신하고 적어도 그 윤곽을 알고 있다고 주장하는, 세계의 엄밀하게 인과적인 질서를, 도시 우리가 어떻게 알 수 있을 것인가를 경험주의는 설명할 수 없었다. 합리주의자들은, 경험주의적인 입장을 공격하고 물리적인 세계의 구성에서 수학이 하는 역할을 설명하려는 체계를 전개시켰을 때, 그 자신들을 정당하다고 믿었다.

　현대의 두 위대한 합리주의자인, 라이프니츠와 칸트가 적어도 부분적으로 영국 경험주의자의 비판에 대한 변명으로서 그들의 체계를 전개시켰음은, 특별한 흥미가 있는 일이다. 라이프니츠는 로크의 '인간오성론'에 그의 '신인간오성론'으로 답했다; 칸트는 흄이 "나를 내 독단적인 잠에서부터 깨웠다"라고 보고하고 있다. 그리고 그는 흄의 비판의 절멸적인 결과에서부터 과학적인 지식을 구출하려는 의도로 그의 『순수이성비판』을 썼다.

　라이프니츠는 뉴턴과 같은 시대 사람이었고, 지적인 수준에서도 그와

동등했다. 뉴턴과는 독립적으로, 그도 미분학을 발견했고 그것을 많은 수
학적인 문제에 응용했다. 그러나 그는 뉴턴의 중력이론의 신봉자가 아니
었다. 그래서 그는 경험적으로 성공했음에도 불구하고, 운동의 절대주의
를 이끌어 낸다는 이유로, 그것을 부인했다. 라이프니츠는 운동의 상대성
이라는 생각에 의거한 공간이론을 전개했다. 그리고 이 이론에서 그는 아
인슈타인의 상대성이론의 논리적인 원리를 예견했다 ; 그는 코페르니쿠스
의 체계가 프톨레미의 체계와 다른 것은 다만 표현방식에 지나지 않음을
명료하게 알았다. 그가 뉴턴 물리학의 공평한 평가에 도달하지 못한 것
은, 그 합리주의가 진리의 경험주의적인 표준에 복종하지 않았음을 증명
하고 있다 ; 그가 아인슈타인 물리학을 전개할 수 없었던 책임이 그에게
있다고 할 수는 없다.

　라이프니츠의 철학에서 현대과학의 합리적인 측면은 그것의 가장 철저
한 표현을 발견했다. 자연의 기술을 위한 수학적인 방법의 성공적인 사용
은, 라이프니츠에게 모든 과학은 궁극적으로 수학으로 변형할 수 있음을
믿게 했다. 결정론이라는 생각은 다시 말해 우주가 태엽이 감긴 시계처럼
단계를 밟아 움직이고 있다는 생각은, 물리적인 법칙이 다름 아닌 수학적
인 법칙임을 의미하고 있기 때문에, 그에게 감명을 주었다. 그는 이 생각
을 합리주의의 가장 신비스런 창조의 하나에, 다시 말해 그의 예정조화라
는 학설에 응용했다. 그에 의하면, 다른 사람의 마음은 서로 작용하지 않
는다 ; 이러한 상호작용이 있는 것처럼 여겨지는 것은, 서로 다른 마음이,
그 예정된 방향으로, 마치 인과적으로 연결되지 않아도 같은 시간을 유지
하는 서로 다른 시계처럼, 끊임없이 서로 일치하면서 엄밀하게 단계를 밟
아 움직이고 있기 때문에, 일어난다. 나는 피타고라스의 수학적인 신비주
의가 다른 위대한 수학자의 철학에서도 유사물을 발견했음을 알리기 위
하여 이 이론을 말하는 것이다.

　라이프니츠의 합리주의는, 수학적인 과학이 시사(示唆)해 주고 있기는

하나, 논리적인 추리를 가장하는 사변(思辨)이고, 현대과학이 성장한 견고한 기반을—경험적인 관찰이라는, 기반을 포기했다. 지식의 경험적인 요소를 무시함으로써, 그는 모든 지식이 논리라는 신념에까지 이르렀다. 그는 연역적인 논리의 분석적인 성격을 알기는 했으나, 논리란 경험적인 지식을 공급할 수 있을 뿐만 아니라 경험적인 지식에 대치될 수도 있는 것이라고 믿었다. 사실적인 진리, 즉 경험적인 진리와 이성의 진리, 즉 분석적인 진리가 있다 한다; 그러나 이 구별은 다만 인간 무지의 결과에 지나지 않는다. 그리고 만약에 우리가 신이 가지는 것처럼 완전한 지식을 가질 수 있다면, 우리는 모든 사건이 논리적으로 필연적인 것임을 알 수 있을 것이다. 이를테면, 신은 알렉산더라는 개념에서 그가 왕이었고, 동양을 정복했음을 연역할 수 있을 것이다. 경험적인 지식을 이렇게 분석적으로 해석하는 것은 이렇게 해서 수학적인 물리학을 설명하려는 희망에서 자꾸만 범해 왔던 합리주의자의 커다란 과오이다. 우리는 인간의 모든 역사가 그것에서부터 분석적으로 도출되는 방식으로, 알렉산더라는 개념을 정의할 수 있을는지도 모른다; 그러나 그 때는 우리는 관찰될 수 있는 개인으로서의 알렉산더가 그의 개념과 올바르게 동일시될 수 있느냐 없느냐를 순수한 논리만으로는 결코 알 수 없다. 바꾸어 말하면, 관찰될 수 있는 개인이 그 개념에서 표시되는 성질을 가지고 있다는 진술은 종합적일 것이고, 경험적인 지식이 겪어야 하는 모든 곤란함의 대상일 것이다. 분석적인 논리에서 도망침으로써 경험주의의 여러 문제를 피할 길은 없다.

라이프니츠는 결코 철저한 경험주의의 체계를 본 적이 없다; 그가 죽었을 때 흄은 다섯 살이었다. 우리는 그가 로크를 비판한 것을 알고 있다; 그리고 그 비판에서 그는 모든 개념이 감각적인 지각에서부터 도출된다는 로크의 원리인정을 거부했다; 필연성을 포함하는 개념은 우리에게 본유적으로 있다고 그는 논의한다. 이 논의는 오늘날에는 별로 흥미있는 일은 아니다. 왜냐하면 경험주의의 중심적인 문제는 개념의 경험적인 기원에 관한 로크의 원리가 아니라, 경험이 오직 종합적인 진술진리성의 심판자라는 흄의 원리라고 생각되기 때문이다. 그리고 이 흄의 원리는 예언이란 정당화될 수 없다는 결론을 이끌어 온다. 그러므로 만약 라이프니츠가 흄에게 한 대답을 우리가 알고 있다면, 그것은 더욱 흥미있는 일일 것이다. 아마도 라이프니츠는 흄의 귀납법원리를 허용했을 것이지만, 그것을 인간의 사용에만 국한된 것이라고 생각했을 것이다; 귀납법의 문제란 신을 위하여 존재하지 않는다고 그는 말했을 것이다. 설혹 '신'이라는 말이 '완전한 논리학자'의 동의어로 사용되어 있다 할지라도, 이것은 해답이 아니다. 왜냐하면, 경험적인 진리를 분석적인 진리로 환원하는 라이프니츠의 주장은 허용될 수 없기 때문이다. 선천적인 분석을 푸는 합리주의는, 흄의 문제를 해결할 수 없다. 흄의 날카로운 비판이, 너무나 깊이 확실성의 탐구에 의하여 영향을 받았기 때문에 합리주의의 환영을 극복할 수 없었던, 라이프니츠의 의견을 변화시켰을 것 같지는 않다.

흄에 대한 합리주의의 해답은 칸트가 이루었다. 그리고 칸트는 흄보다 13세나 젊었으나, 그의 주저(主著)는 흄의 죽음에 앞서 간행되지는 않았다. 나는 제3장에서 칸트의 선천적 · 종합적인 판단의 철학을 설명했다; 칸트의 철학이, 세계에 관한 지식을 분석적인 지식으로 환원했다는 라이프니츠의 이해할 수 없는 주장을, 명료하게 피하고 있음은, 이 철학의 공적이라 하겠다. 그러면 선천적 · 종합적인 지식을 말하는 합리주의가 흄에게 어떻게 대답하고 있는지 보자.

칸트에 의하면, 인과의 원리는 선천적 · 종합적이다. 우리가 모든 사건이 원인을 가지고 있음을 확실히 알고 있다고 그는 주장한다; 하나하나의 원인발견만이 관찰에 맡겨져 있다. 칸트가 사용할 수도 있었을 실례를 사용해 보자: 주기적으로 일어나는 대양의 조석을 볼 때에, 우리는 순수 이성으로 이 사건에 원인이 있음을 알게 된다. 귀납적인 추리와 결합된 관찰이 우리에게 가르치는 것은, 다만 이 경우에 원인은 달의 위치에 의하여 주어진다는 사실에 지나지 않는다. 그러므로 귀납적인 추리는 개별적인 물리적 법칙을 발견하는 데에 국한되고, 이성에 의하여 우리에게 강요되는, 인과의 원리와 같은 물리학의 일반적인 진리확립에는 사용되지 않는다. 원인이 있다고 우리가 확실히 알고 있기 때문에, 귀납법은 원인을 발견하는 도구로서 정당화된다―이러한 논의를 가지고 칸트는 흄의 귀납법 비판을 극복했다고 믿었다. 선천적·종합적인 판단의 확실성은 경험주의의자가 회의주의로써 단념하는 위치에 자리잡는다: 이것이 칸트 철학의 본질이다.

어떻게 해서 칸트가 이 이론을 독단적인 잠에서부터 깨우는 것이라고 생각할 수 있었느냐를 아는 것은 곤란한 일이다. 칸트의 논의는 흄의 문제에 대답하지 못한다. 흄이 '순수이성비판'을 읽을 수 있을 때까지 살았다면, 그는 칸트에게 다음과 같이 대답했을는지도 모른다: 우리가 원인이 무엇인가를 알기를 원한다면, 원인이 있음을 앎이 우리에게 무슨 도움이 될 수 있을까? 만약 우리가 원인이 없다고 알고 있으면, 원인탐구의 무의미함은 사실이다; 그러나 그것은 우리의 정황이 아니다. 우리는 원인이 있느냐 없느냐를 모른다; 이러한 정황에서 우리는 관찰에 의거한 귀납적인 추리를 하고, 말하자면 달이 조석의 원인이라고 결론내린다. 이 귀납적인 추리가 다름 아닌 내가 묻는 바로 그것이다; 그리고 당신이 원인이 있다는 일반적인 진술을 증명할 수 있다 할지라도, 귀납적인 진리란 여전히 틀림없이 의심스러운 것이다. 부수적인 말이기는 하지만, 일반적인 원리에 관한 당신의 증명은 내게는 허용될 수 없다.

실례에 의하여 흄의 상상적인 변명을 부연(敷衍)하기로 하자. 어떤 사람이 페루(Peru)에서 황금을 찾고 있으나, 어느 장소를 파야 할는지 모른다고 가정하자. 그래, 페루에는 황금이 있다고 당신은 그에게 알린다. 이것이 그를 도울 수 있을 것인가? 그는 이전보다 조금도 나을 것이 없다; 그는 지금 자꾸만 파고 있는 이 지점에서 황금이 나올 것인가의 여부를 알고자 하는 것이다.

그는 페루에서 모든 지점을 팔 수는 없다. 만약에 그가 땅의 어느 좁은 영역에 황금이 있다는 것을 알면, 그는 1세제곱 피트씩 계속 팔 수 있을 것이고, 몇 번 시행한 후에 황금을 발견할 것이다. 그러나 페루는 너무 넓기 때문에 남김없이 시행할 수는 없다. 그러므로 단순히 황금이 있다는 지식은 쓸모 없는 것이다. 만약에 당신이 그에게 페루에는 황금이 없다고 하면, 이 정보는, 그에게는 가치 있을 것이고, 그가 파는 것을 중단시킬 것이다; 그러나 그에게 페루에 황금이 있느냐 없느냐를 모른다고 하는 것과 똑같은 정도로밖에는 그를 돕지 못할 것이다.

나는 이렇게 칸트의 비판을 더욱 정밀하게 하기를 원한다. 칸트는 항상 심리적인 전제와는 다른, 지식의 논리적인 전제를 찾고 있다고 강조했다. "우리의 모든 지식이 경험과 함께 시작함은 의심할 수 없는 일이다……그러나 모든 지식이 경험에서부터 도출된다는 결론은 나올 수 없다."–이러한 말로 그는 '순수이성비판'을 시작하고 있다. 인과의 문제에 적용되면, 그의 논의는 특수한 원인을 발견함으로써 원인이라는 생각을 발전시킨다는 것을, 그러나 인과의 일반적인 원리지식은 경험에서부터 논리적으로 도출되지는 않음을 의미할 것이다. 이 원리는 모든 특수한 인과법칙의 논리적인 전제라고 칸트는 말한다; 그러므로 우리가 이러한 특수한 인과법칙을 발견하려면, 이 원리는 참이라고 가정되어야 한다.

'논리적인 전제'라는 술어는, 어떤 논리적인 관계를 의미한다; 그것은 특수한 인과법칙이 참이면 일반적인 인과법칙도 참임을 의미한다. 이 진술에는 설명이 필요하다. 어떤 종류의 사건에 인과관계가 성립하기 위해서는, 다른 종류의 사건에도 그것이 성립해야 된다는 이유라고는 없다. 특수한 인과법칙이 참이면, 이 경우에 원인이 있다고 할 수 있는 모든 것이다. 이러한 한정된 형식에 있어서만 함립관계가 성립할 수 있다. 그러므로 어떠한 특수한 인과법칙의 논리적인 전제라 할지라도, 그것은 인과의 일반적인 원리는 아니고, 탐구될 수 있는 사건에 관해서만 진술되는 일치원리이다.

이 국한된 함립관계에서부터 무엇이 도출될 수 있는가를, 나는 물어야 한다. 당신이 특수한 원인을 발견하면, 이 사건에 원인이 있다—이러한 함립관계에서부터 칸트는 다음과 같은 결론을 도출할 수 있다고 믿는다: 당신이 특수한 원인을 말하자면, 조석의 원인을 탐구한다면, 당신은 원인이 있음을 가정해야 한다. 그렇지 않으면 원인을 찾는 것조차 불합리한 것이기 때문이라고 칸트는 주장한다.

이 논의는 허위적이다. 어떤 특수한 원인을 찾는다면, 우리는 원인이 있다고 가정할 필요가 없다. 무엇이 원인이냐라는 문제와 마찬가지로, 우리는 이 문제를 방치하여도 무방하다. 우리가 원인이 없음을 알고만 있다면, 특수한 원인을 찾는 것은 불합리할 것이다. 그러나 원인이 있다는 것에 관하여 아무것도 알려져 있지 않을지라도, 우리는 특수한 원인과 원인이 있느냐 없느냐라는 의문에 대한 해답을 동시에 찾을 수 있다. 특수한 원인을 발견하는 데에 성공하면, 우리는 이 경우에 원인이 있다는 것을 증명했다고 생각한다. 이 보잘 것 없는 것이 칸트의 논의가 남긴 모든 것이다. 개별적인 원인에 관한 진술의 진리성은 원인이 있음에 관한 진술의 진리성을 전제로 한다—그러나 전자의 진리성 '탐구'는 후자의 진리성을 전제로 하지는 않는다.

이러한 분석은 모든 사건이 원인을 가진다는 인과의 일반적인 원리문제마저 동시에 해결하고 있다. 이 포괄적인 일반성에 관한 진술은, 연구의 대상이 되어 있는 특수한 인과율의 논리적인 전제는 정녕 아니다. 그것은 모든 사건의 인과율이 연구될 경우에 한해서 문제된다. 앞에서 말한 결론을 이 일반적인 경우에까지 확장하면, 다음과 같이 진술할 수 있을 것이다: 만약에 인과율이 모든 사건에서 발견되었다면, 모든 사건은 원인을 가질 것이다 ; 그러나 이 모든 인과율의 '탐구'는 모든 사건이 인과율을 가지고 있다는 가정을 전제로 하지 않는다. 모든 사건이 원인이 있느냐 없느냐라는 문제는 방치해 두어도 무방할 것이고, 탐구가 모든 경우에 성공했을 때에 해답될 것이다.

지식의 논리적인 전제를 들추어 냄으로써 선천적 · 종합적인 판단을 발견하려는 칸트의 계획은 이리하여 무너진다. 논리적인 전제가 과학적인 지식의 전제라는 사실은 그것을 타당화하지는 않는다. 그것이 참이냐 아니냐를 알려면 우리는 처음에 과학적인 지식이 참임을 증명해야 할 것이다. 그러므로 전제의 진리성은 과학적인 지식의 진리성 이상으로 확립되지는 않는다. 이 단순한 논리적인 분석은 칸트의 선천적 · 종합적인 판단의 철학이란 성립할 수 없음을 알리고 있다.

고전물리학의 합리주의적인 해석은 경험주의적인 해석에 의하여 제기된 문제를 해결하지 못했다 ; 이것이 앞에서 말한 모든 논의의 결론이다. 물리학이 수학적인 정밀성을 가지고 있다고 해서, 우리는 연역적인 방법이 이 과학의 건설에 포함된 모든 사고조작(思考操作)을 설명할 수 있다고 믿어서는 안 된다. 연역법 이외에 물리학자는 귀납법에 의존하고 있다. 왜냐하면, 그는 관찰에서부터 출발하여 앞으로의 관찰을 예언하기 때문이다. 미래의 관찰을 예언하는 것은 그의 목적이기도 하고, 가설진리성 시험이기도 하다. 연역적인 추리와 귀납적인 추리의 복잡한 조직을 구성하면서, 고전물리학자는 예언적인 방법을 고도로 효과 있는 것으로 발전시켰다 ; 그러나 물리학자도 철학자도, 왜 우리가 앞으로의 예언에 대한 적용에서 이 방법을 신뢰해야 하는가라는 문제에 해답을 제공할 수는 없었다.

18세기 말엽에 물리학의 철학은 궁지에 빠졌다. 인간정신이 창조한 거대한 지식체계는, 이해될 수 없는 양 남아 있었다. 경험주의자 흄이 이것을 솔직하게 허용한 것은 물리학의 기초가 이성의 산물이라는 합리주의자 칸트의 주장보다 우수한 것인 것처럼 생각된다.

물리학자 자신은 이 철학적인 정돈을 알지 못했다. 그들은 관찰하고 이론구성을 계속했으나, 마침내 그들도 궁지에 빠지고야 말았다. 이 물리학의 궁지에서부터 새로운 물리학이 태어나, 그 과정에서 철학적인 궁지도 마침내 극복되었다. 이것의 전개는 19세기와 20세기에 관한 보고에서 표시될 것이다.

# 과학철학의 여러 성과

# 제 7 장

# 새로운 철학의 기원

과오와 직면하여, 우리는 다만, 심리적인 설명만을 요구할 수 있다; 진리란 논리적인 분석을 요구한다. 사변철학의 역사는 스스로 대답할 수 없는 의문을 제기한 사람들의 과오의 역사이다; 그럼에도 불구하고, 그들이 제공한 해답은 심리적인 동기에서만 설명될 수 있다. 과학철학의 역사는 문제발전의 역사이다. 문제란 애매한 일반화 또는 인간과 세계 사이에 있는 관계의 회화적인 기술에 의하여 해결될 수는 없고, 기술적인 노작(勞作)에 의하여 해결된다. 노작은 과학에서 이루어진다. 그리고 사실 문제의 발전이란 개별적인 과학의 역사를 통하여 모색되어야 한다. 철학체계란 고작해서 그 시대의 과학적인 지식의 단계를 반영했다; 그것은 과학의 발전에 공헌하지 못했다. 문제를 논리적으로 발전시키는 것은 과학자의 몫이다; 그의 기술적인 분석은 가끔 조그만 부분에까지 이루어지고, 철학적인 목적을 위하여 수행되는 일은 드물기는 하나, 문제의 이해를 도와, 마침내 기술적인 지식이 철학적인 문제에 해답을 제공하게 충분히 완전한 것이 되었다.

과학적인 노작이란 집단적인 노작이다; 어떤 문제의 해결을 위한 개인의 공헌은 작은 것일 수도 있고 큰 것일 수도 있다. 그러나 그 문제의 집단에 의하여 연구된 노작의 총계에 비교하면, 개인의 공헌이란 언제나 작을 것이다. 위대한 수학자, 물리학자, 생물학자가 있기는 했다; 그러나 그들 가운데서 가장 위대한 과학자일지라도, 앞선 세대에 의한 준비 또는 동시대인의 조력 없이는 그러한 업적을 이룰 수 없었을 것이다. 어떤 문제의 해결에 포함된 기술적인 업적의 총계는 과학자 한 사람의 능력을 초월하고 있다. 관찰적 · 경험적인 탐구하는 귀찮은 노작에 대해서만이 아니라, 한 이론의 논리적 · 수학적인 구성에 대해서도, 이것은 진리이다. 과학적인 노작의 사회적인 성격은 그 힘의 근원이다; 개인의 한정된 힘은 집단의 재략에 의하여 보충되고, 개인의 과실은 그의 동료 노작자들에 의하여 수정되고, 그리하여 많은 지성적인 개인의 공헌이 이루는 결과는 일종의 초개인적인 집단지성이 된다. 이 집단지성은 단순한 개인이 결코 발견할 수 없는 해답을 발견할 수도 있다.

이러한 고찰은, 왜 내 책의 제2부가 제1부와 다른 계획에 의하여 서술되어 있는가를 설명할 수 있다. 제1일부의 각 장은 과오의 심리학적인 근원에 집중되었다. 제2부의 각 장은 문제를 취급한다. 그러므로 완전히 역사적으로 서술하기 위하여, 나는 발전경로를 고대에까지 거슬러 올라가서 더듬어야 할 것이다. 그러나 이 책의 목적을 위해서는 고대에 관한 것은 짤막한 개관만으로 충분할 것이다; 철학자에 관계되는 본질적인 발전은 19세기와 함께 시작한다.

19세기의 과학역사는 철학자에게 방대한 넓이의 시야를 제공한다. 풍요한 기술적인 발견이 풍부한 논리적인 분석과 다투고 있다; 이러한 새로운 과학의 기반 위에서 새로운 철학이 발흥했다. 이 새로운 철학은 과학적인 탐구의 부산물로서 시작했다. 과학의 전문적인 문제를 해결하려는 수학자, 물리학자, 생물학자는 처음에 보다 일반적인 철학적 문제에 해답할 수 없으면, 해결을 발견할 수 없음을 알았다. 철학체계에 의한 선입감 없이 이러한 철학적인 해답을 찾을 수 있었음은, 과학자의 이익이었다. 그는 모든 문제에 대해 독자적으로 해답을 발견할 수 있었다. 그는 해답을 단정(端正)한 철학체계 안으로 결합시키는 일에 관여하지는 않았다. 그는 그의 결론이 철학사에 이름이 기록된 철학자에 의하여 시인된 어떤 일반적인 이론에서부터 도출될 수 있느냐 없느냐에 개의하지 않았다. 이리하여 문제의 논리에 의하여 도출되어, 그는 철학사에서 들을 수 없는 해답을 발견했다.

이 결과들을 모으고 모든 상호연관과 함께 그것들을 표시하는 것이 이 책의 계획이다. 철학적인 문제에 과학이 어떻게 해답했는가를 개설함으로써 새로운 철학의 윤곽을 그릴 수 있을 것이다. 그리고, 이 새로운 철학이란 공상적인 정신의 사변적인 창조라는 의미에서의 철학체계가 아니라, 집단—노작의 산물로써만 도달될 수 있는 질서가 매겨진 전체성이라는 의미에서의 철학체계이다.

19세기는 여러 번 역사가의 조소의 표적이 되어 왔다. 개인과 천재의 위대한 인격이 역사적인 발전의 목적을 구성하고 있다고 생각하는, 그리고 어떤 시대의 의의를 대가의 수라는 척도로 평가하는 저술가들은 그 문화적인 분야가 시인, 화가 또는 철학자에 의하여 결정되어 있지 않는 세기를 경멸에 찬 어조로 말했다. 문예부흥 또는 영국, 프랑스, 독일에서의 문예적인 고전시대와 비교하면, 과학과 산업의 세기는 통일성과 기계화로 돌진하는 문명의 색채 없는 그림을 제공한다. 예술가 또는 공예인에 의한 창조 대신에 대량생산, 지적 귀족의 취미표준에 대신하는 대중적인 만족, 개별적인 사상가의 창조적인 노작에 대신하는 정신적인 집단노작—이들이 역사의 낭만적인 해석이 19세기의 레테르이다.

그러나 과학과 산업시대의 역사는 낭만주의자에 의해서는 결코 이해되지 않을 것이다. 19세기의 지성적인 업적은 위대한 개인(물론 그러한 개인이 있기는 하지만)이라는 척도로 측정될 수는 없다. 왜냐하면, 개인의 공헌이란 그것이 아무리 뛰어난 것이라 할지라도, 집단의 산물에 비교하면 조그만 것이기 때문이다. 이 시대의 집단-노작에 의한 과학적인 발견의 수는 압도적이다. 증기기관과 전류의 발견으로 시작한 시대, 철도선로, 발전기, 라디오, 비행기에 의하여 계승된 시대, 그리고 오늘날 수송의 초음속적인 속도와 원자에너지의 이용에서 최절정에 달한 시대-이 시대는 산업적인 발견의 승리적인 행진에 그치는 것이 아니다.

그것은 동시에 추상적인 사고력의 참된 진보의 경로도 대표한다. 이 시대는 다윈의 진화론 또는 아인슈타인의 상대성이론 같은 최고의 완전성을 가지는 순수이론의 건설을 이끌어 왔다; 이 시대는 앞선 세기의 교양 있는 사람에게도 이해될 수 없는 것인 양 여겨졌을 논리적인 관계의 이해에서 인간정신을 훈련시켰다.

추상력의 발전은 산업적인 문명의 필연적인 부수물이다. 기계 또는 비행기를 설계하는 기사는, 공장에서 그것을 만드는 사람과는 다르다; 기사에게는, 그의 산물은 완전히 상상 속에만 존재하고, 그것이 구체적인 현실이 되기에 앞서, 청사진이라는 형식으로만 구상화한다. 연구실에서 실험하는 물리학자는, 앞에 복잡한 전선, 진공관, 금속막대 등이 놓여 있다; 그러나 이 복잡한 것에서 그는 전류회로의 질서를 투시한다. 그리고 이것이 그에게 자연의 일반적인 법칙을 밝히는 여러 관찰의 방식으로, 그의 조작을 제어하게 한다. 쓰는 종이와 만년필로 장비된 수학자는, 교량 또는 비행기 또는 고층건물의 건설을 결정하는 수치에 도달한다. 인류의 역사에서 결코 어떠한 문명도, 그것을 위하여 일하는 사람들에게서, 이처럼 격렬한 지성적인 훈련을 요구하지는 못했다.

19세기의 철학은 이러한 추상력의 산물이다. 그것은 회화적인 언어를 말하고, 미적인 욕망에 호소하는 체계가 가지는 설득력 있는 해결을 제공하지는 못한다. 그것은 추상적인 사고로 훈련된 마음에만 이해될 수 있는 해답을 제공한다; 그것은 그 철학을 연구하는 철학도가, 모든 항목을 기사의 정밀성과 수학자의 엄밀성을 가지고 연구하기를 요구한다. 그러나 즐겨서 이러한 요구에 복종하려는 사람들에 대해, 그것은 경탄할 만한 규모의 지성적인 통찰로 응보(應報)한다. 그것은 위대한 철학의 여러 학파의 창시자들이 해답할 수 없었던 문제에 해답한다; 그러나 가끔 그것은 처음에 그것에 해답의 가능성을 제공한 것과 동일한 방식으로, 문제를 재구성해야 했다. 그것은 우리가 살고 있는 세계란 고전적인 철학자가 당연하다고 생각한 구조보다도 복잡한 구조를 가지고 있음을 밝히고 있다. 그리고 그것은 이러한 구조를 취급하는 방법과 세계를 인간의 오성에 대해 이해될 수 있는 것으로 만드는 방법을 발전시켰다.

철학 교과서는, 대개 앞선 여러 세기에 관한 철학과 동일한 기분으로 씌어진, 19세기 철학에 관한 하나의 장(章)을 포함한다. 이 한 장은 피히테(Fichte), 셸링(Schelling), 헤겔(Hegel), 쇼펜하우어(hauer), 스펜서(Spencer), 베르그송(Bergson)과 같은 이름을 들고, 그들의 체계를 마치 전시대의 체계와 동렬에 있는 철학적인 창조처럼 기록하고 있다. 그러나 체계로서의 철학은 칸트와 함께 끝난다. 그리고 후세의 체계를 칸트 또는 플라톤의 체계와 동일한 수준에서 논의하는 것은 철학사의 오해이다. 이 낡은 체계들은 그 시대의 과학을 표현하고, 보다 좋은 해답이 제공될 수 없을 경우에 허위적인 해답을 제공했다. 19세기의 철학체계는 보다 좋은 철학이 만들어지고 있을 때에 구성되었다; 그것은 그 시대의 과학에 내재하는 철학적인 발견을 알지 못한, 그리고 철학의 이름 아래 소박한 일반화와 유추의 체계를 발전시킨 사람들의 노작이다. 독자에게 감명을 주고 명성에 공헌한 것은, 때로는 표현의 설득력 있는 언어였고, 때로는 문체의 사이비과학적인 건조성이었다. 그러나 역사적으로 생각하면, 이 체계들은 풍요한 땅을 흐르다 마침내 사막에서 말라 버리는 강의 고갈에 더욱 잘 비교될 수 있을 것이다.

칸트의 시대까지 철학체계라는 형식으로 표시된 철학사는 위대한 과거 모방자의 사이비체계에 의해서가 아니라, 19세기 과학에서 성장하여 20

세기까지 계속된 새로운 철학에 의해, 칸트 이후에도 계속했다고 생각되어야 하겠다. 비록 그것이 존재한 시기는 짧았으나, 이 철학은 같은 시대의 과학진보와 발을 맞추어, 빠르게 발전을 이루었다. 특히 아인슈타인의 상대성이론과 플랑크(Planck)의 양자론이론에서 파생되는 결과는 남김없이 20세기에 속한다. 그러므로 20세기는 19세기 분야와는 크게 다른 철학적인 분야를 제공하고 있다. 20세기의 과학이 그것으로 인해 그렇게도 찬양되는 과학적인 사고가 일으킨 혁명은, 19세기에 시작된 발전의 자연적인 결과이며, 도리어 참된 진화라고 해야 하겠다.

　새로운 철학이 과학적인 탐구의 부산물로서 발생한 것과 마찬가지로, 그것을 만든 사람들은 거의 직업적인 의미에서의 철학자가 아니었다. 그들은 수학자, 물리학자, 생물학자 또는 심리학자였다. 그들의 철학은 과학적인 탐구에서 조우(遭遇)된 문제에의, 다시 말해 지금까지 사용된 기술적인 방법으로는·해결할 수 없고, 지식의 기초와 목표의 재검토를 요구하는 문제에의, 해결을 발견하려는 기도에서부터 나온 것이다. 이러한 철학은 세분되거나 명료하다고 하기 힘들었다. 또한 그것은 그것을 만든 사람의 특수한 흥미의 테두리를 넘어 확장될 수도 없었다.

　그렇지 않고, 이 사람들의 철학은 그들 책들의 서문과 서론에, 그리고 색다른 방식으로 순수하게 전문적인 해설에 삽입된 그 때마다의 말에 숨어 있었다.

　수학을 포함하는 과학적인 기술에서 훈련된, 그리고 철학적인 분석에 심혈을 기울인 일군의 새로운 철학자들이 생겨났음은, 우리의 세대를 지나서였다. 이 사람들은 노작의 새로운 분배가 불가피함을, 과학적인 탐구는 논리적인 분석의 노작을 하기에 충분한 시간을 인간에게 남기지 않음을, 그리고 반대로 논리적인 분석은 과학적인 노작에 시간을 남기지 않는 집중을—발견보다도 도리어 명료함을 목적으로 하기 때문에 과학적인 생산성을 저해할는지조차도 모르는 집중을 요구함을 알고 있었다. 직접적인 과학철학자는 이러한 발전의 소산이다.

　전통적인 학파에 속하는 철학자는 흔히 과학의 분석을 철학이라고 인정하기를 거부했고, 철학을 철학적인 체계의 발명과 동일시하기를 계속하고 있다. 철학체계가 그 의의를 상실했음을, 그리고 철학체계의 기능이 과학철학에˙ 의하여 계승되었음을 그는 인정하지 못했다. 과학철학자는 이러한 적대적인 태도를 두려워하지 않는다. 과학철학자는 철학사라는 철학적인 박물관 안에 아직도 차지할 자리가 있을는지도 모르는, 철학체계를 발명하는 것을 구식의 철학자에게 맡긴다―그리고 그는 일에 착수한다.

# 제 8 장

# 기하학의 성격

1804년 칸트가 죽은 이래, 과학은 처음에는 점진적으로, 다음에는 그것이 모든 절대적인 진리와 선입관념을 포기할 만큼 증가하는 속도로 발전을 거듭했다. 칸트가 과학에 불가결하고 그 성격에서 비분석적이라고 생각한 여러 원리는 한정된 정도까지만 성립할 수 있는 것이라고 인정되어 왔다. 고전물리학의 중요한 여러 법칙은 우리 일상생활의 환경에서 일어나는 현상에만 적용되는 것임이 발견되었다. 천문학적인, 그리고 현미경 이하의 차원에서는, 그 법칙들은 새로운 물리학의 여러 법칙에 의하여 대치되어야 했다. 그리고 이 사실만으로, 그 법칙들이 경험적인 법칙이고 이성 자신에 의하여 우리에게 강요된 법칙이 아님이 명백해진다. 기하학의 발전을 더듬는 것에 의하여 나는 이 '선천적 종합적인 판단의 붕괴'를 설명하려 한다.

이집트인에게까지 거슬러 올라가는 기하학의 역사적인 기원은 지성적인 발견이 물질적인 필요에서부터 성장했다는 많은 실례들의 하나를 제공하고 있다. 이집트의 토양을 비옥하게 한 나일강의 해마다 있는 홍수는, 지주들에게 고민거리였다: 그들의 토지경계선은 해마다 파괴되어, 기하학적인 측량에 의하여 다시 확정해야 했다. 그러므로 그 나라의 지리적·사회적인 조건은 이집트인에게 측량기술의 발명을 강요했다. 이리하여 기하학은 그 법칙이 관찰의 결과였던, 경험적인 과학으로서 발흥했다. 이를테면, 이집트인들은 실제적인 경험에서부터 그 길이가 각각 3, 4, 5인 삼각형을 만들면, 그것이 직각삼각형임을 알고 있었다. 이 결과의 증명은 후일에 피타고라스가 하였다. 그리고 그의 유명한 정리는, 3의 제곱에 4의 제곱을 더하면 5의 제곱과 같다고 증명했다. 이는 앞의 이집트인들이 발견한 것을 그대로 설명하고 있다.

피타고라스의 정리는 그리스인이 기하학에서 이루었던 공헌을 설명하고 있다: 그 공헌이란 기하학은 연역적인 체계로서 건설될 수 있다는, 그리고 이 체계 안에서는 모든 정리가 일련의 공리에서부터 엄밀하게 도출될 수 있다는 발견이다.(p.97 참조) 공리적인 체계형식으로 기하학을 건설하는 것은, 유클리드의 이름과 영원히 결합되어 있다. 기하학에서 세운 그의 논리적 이론은 기하학에서 모든 과정의 강령이 되어 왔고, 최근까지도 우리 나라의 학교교과서로서 사용되었다.

유클리드 체계의 여러 공리는 너무나 자연스럽고 명백한 것인 것처럼 여겨졌기 때문에, 그들의 진리성은 의심할 수 없는 것으로 생각되었다. 이 점에서 유클리드 체계는, 기하학의 여러 원리가 질서를 이룬 체계형식을 획득하기에 앞서 전개되어 있었던, 이전의 여러 개념을 확증했다. 유클리드보다 한 세기 앞서 살았던 플라톤은 기하학적인 원리의 표면적인 자명성에 의하여 이데아의 이론으로 유도되었다; 그리고 기하학의 공리는 그에 의하여 통찰이라는 행동을 통하여 우리에게 밝혀진 것이라고 생각되었음은 제2장에서 설명되었다. 그리고 이 통찰이라는 행동이 기하학적인 여러 관계를 이상적인 대상의 성질로써 표시하는 것이다. 본질적으로 이 생각을 변화시키지 못한 플라톤에서부터 시작하는 발전의 이 오랜 과정은, 보다 시적인 것은 못되나 더욱 정밀한 칸트의 이론에서 끝났다. 칸트의 이론에 의하면 공리는 선천적·종합적인 지식이다. 수학자도 많건적건 이 견해를 공유했다. 그러나 그들은 공리에 관한 철학적인 논의에 흥미를 가지기보다는 도리어 그 공리들 사이에 성립하는 수학적인 여러 관계의 분석에 보다 많은 흥미를 가지고 있었다. 그들은 약간의 공리는 다른 공리에서부터 도출될 수 있음을 표시함으로써, 공리를 최소한도로 줄이려고 노력했다.

특히 그들이 싫어하고 제거하려고 기도한 하나의 공리, 다시 말해 평행선의 공리가 있다. 그 공리는 주어진 한 점을 통해 주어진 일직선에 대하여 다만 하나의 평행선만이 그을 수 있다고 진술하고 있다; 다시 말해, 어디까지나 주어진 일직선과 교차하지 않으면서도 같은 평면에 있는 직선은 다만 하나밖에 없다는 것이다. 우리는 왜 수학자들이 이 공리를 싫어하는지 모른다. 그러나 우리는 고대로 소급해서, 이 공리를 정리로 변형시키려는, 다시 말해 다른 공리에서부터 그것을 도출하려는, 의도로 이루어진, 많은 기도를 알고 있다. 수학자들은 되풀이해서 그들이 다른 공리에서부터 평행선에 관한 정리를 도출하는 방법을 발견했다고 믿었다. 그러나 항상 이 증명들은 나중에 헛된 것임이 드러났다. 수학자들은 저도 모르는 사이에, 다른 공리에 포함되어 있지 않은, 그러나 평행선의 공리와 같은 효과를 가진 어떤 가정을 도입했다. 그래서 이 전개가 가져올 것은, 이 공리에 동등물이 있다는 것이다. 그러나 수학자에게는, 유클리드의 공리를 허용할 이유가 없는 것과 마찬가지로, 이 동등물을 허용할 이유가 없다. 이를테면, 평행선에 관한 공리의 동등물은 삼각형의 내각의 합은 이직각(二直角)이라는 원리이다. 유클리드는 이 원리를 그의 공리에서부터 도출했다. 그러나 반대로 평행선에 관한 원리는 내각의 합에 관한 원리가 공리라고 가정되는 때에 도출될 수 있음이 알려졌다. 한 체계에서 공리인 것이, 이리하여 다른 체계에서 정리가 된다. 그리고 그 역도 참이다.

평행선의 문제는 그 해결을 발견하기에 앞서, 2000년 이상 수학자들의 마음을 점령했다. 칸트가 죽은 후 약 20년경에, 젊은 헝가리의 수학자 보여이(John Bolyai, 1802~1860)는 평행선에 관한 공리는 기하학의 필수적인 요소가 아님을 발견했다. 그는 평행선에 관한 공리가 포기되고, 주어진 한 점을 통하여 주어진 일직선에 대하여 하나 이상의 평행선이 존재한다는 새로운 가정에 의하여 대치되는, 하나의 기하학을 세웠다. 동일한 발견이, 거의 같은 시기에, 러시아의 수학자 로바체프스키(Lobachevski, 1793~1853)가, 그리고 독일의 수학자 가우스(Gauss, 1777~1855)가 이룩했다. 이렇게 이룩된 기하학은 '비유클리드 기하학'이라고 했다. 평행선이 조금도 존재하지 않는 체계를 포함하는 보다 일반적인 형식의 비유클리드 기하학은 후일 독일의 수학자 리만(Riemann, 1826~1866)이 전개했다.

비유클리드 기하학은 유클리드 기하학과 모순된다—이를테면, 비유클리드 기하학의 삼각형에서는, 내각의 합은 180°가 아니다. 그러면서도 모든 비유클리드 기하학에는 내적인 모순이 없다; 그것은 유클리드기하학이 견고한 것과 동일한 의미로 견고한 체계이다. 이리하여 기하학의 다의성이 유클리드의 단순한 체계에 대치되었다. 유클리드기하학이, 주어진 한 점을 통하여, 주어진 일직선에 대하여, 하나 이상의 평행선이 있다는 기하학을 시각화하는 것이 불가능한 것처럼 여겨짐에 반하여, 용이하게 시각적으로 표현할 수 있다는 사실에 의하여, 모든 다른 기하학과 구별됨은 사실이다. 그러나 수학자들은 시각화의 문제에는 그리 많이 관여하지 않았고, 각종의 기하학적인 체계를 마찬가지로 수학적인 타당성을 가진 것이라고 생각했다. 수학자의 조금 냉정한 태도를 가지고, 나는 약간 다른 문제의 논의가 끝날 때까지 시각화의 논의를 연기할 것이다.

기하학의 다의성이 존재함은, 물리적인 세계의 기하학문제에 대하여 새로운 태도를 가질 것을 요구했다. 오직 하나의 기하학, 다시 말해 유클리드 기하학이 존재하는 동안에는, 물리적인 공간의 기하학문제는 존재하지 못했다. 대치물이 없어서, 유클리드 기하학은 자연물리적인 실재에 적용되는 것이라고 가정되었다. 수학적인 기하학과 물리학적인 기하학의 일치에는 설명이 필요함을 다른 사람보다도 더욱 강조한 것은 칸트의 공적이었다. 선천적·종합적인 판단이라는 그의 학설은 이 일치를 설명하는 철학자의 가장 위대한 기도라고 생각되어야 한다. 기하학의 다의성 발견과 함께 정황은 완전히 변화했다. 수학자가 여러 기하학 가운데서 하나를 선택했을지라도, 그 가운데서 어느 것이 물리적인 세계의 기하학인가라는 문제가 일어났다. 이성이 이 문제에 해답할 수 없었음은, 그리고 이 해답은 경험적인 관찰에 맡겨졌음은 명백한 사실이다.

이 결론을 맨 처음에 이끌어 낸 이는 가우스였다. 비유클리드 기하학을 발견한 후에, 그는 물리적인 세계의 기하학이 그것에 의하여 결정되었을 경험적인 시험을 시도했다. 이 목적을 위하여, 가우스는 세 개의 산정을 꼭지점으로 하는 삼각형의 내각을 측정했다.

측정결과는 주의깊게 발표되었다: 관찰오차의 범위 안에서 유클리드의 원리는 참이라고, 또는 바꾸어 말해, 내각의 합이 180°라는 데에 편차가 있을지라도, 관찰에 불가피한 오차는 그의 존재 증명을 불가능하게 한다고 했다. 세계가 비유클리드적이라 할지라도, 그것은 비유클리드 기하학에 의하여 유클리드 기하학과 너무나 조그만 차이로 지배되어 있기 때문에, 이 양자의 구별은 불가능하다는 것이다.

그러나 가우스의 측정은 약간 논의될 필요가 있다. 물리적인 공간의 기하학이라는 문제는 가우스가 가정했던 것보다는 훨씬 복잡한 것이고, 그렇게 간단한 방법으로 해답될 수는 없다.

잠깐, 가우스가 측정한 것이 긍정적이었다고, 그래서 그가 측정한 삼각형 내각의 합이 180°가 아니었다고 가정하자. 그러면 세계의 기하학이 비유클리드적이라는 결론이 그것에서부터 나올 것인가?

이러한 결론을 피하는 길은 있다. 서로 떨어져 있는 두 대상 사이의 각을 측정하는 것은, 육분의 또는 그것과 비슷한 기구에 장치된 렌즈를 통하여 그 대상들을 봄으로써 이루어질 수 있다. 이리하여 이 두 대상에서부터 시야장치로 오는 광선은 삼각형의 두 변을 한정하는 것이라고 생각되어 왔다. 이 두 광선이 직선을 따라 움직이고 있음을 우리는 어떻게 아는가? 이 두 광선은 직선으로 움직이지 않는다고, 그것들의 진로는 곡선이라고, 그래서 가우스의 측정은 두 변이 직선인 삼각형과는 무관하다고 주장하는 것도 가능할 것이다. 이 과정에 의하면 가우스의 측정은 결정적인 것이 아니다.

이 새로운 가정을 시험하는 방법은 있을 것인가? 직선이란 두 점 사이의 가장 짧은 거리이다. 광선의 진로가 곡선이라면 출발점과 귀착점을 광선의 진로보다 짧은 다른 직선으로 연결하는 것이 가능해야 한다. 이러한 측정은 적어도 원리적으로 장거리 측정용 자의 도움으로 이루어질 수 있을 것이다. 이 자는 처음에는 광선의 진로를 따라, 다음에는 많은 다른 연결선을 따라 유지되어야 할 것이다. 광선의 진로보다 짧은 연결선이 있으면, 그것은 이렇게 해서 되풀이되는 시행에 의하여 발견될 것이다.

이 시험이 진행되어 그것이 부정적이었다고, 다시 말해 우리가 광선의 진로가 두 점 사이의 가장 짧은 연결선임을 발견했다고 상상하자. 이 결과가 앞에서 말한 내각의 합 측정과 결합되면, 과연 기하학이 유클리드적임을 증명할 수 있을 것인가?

이 정황이 이전과 마찬가지로 결론을 얻을 수 없음은 용이하게 알려진다. 우리는 광선의 작용을 문제삼았고, 고체의 길이를 재는 자를 통하여 그것을 시험했다. 거리의 측정은, 그 자가 운반되는 동안에도 그 길이를 변화시키지 않는 경우에만 신뢰될 수 있다. 우리는 광선의 진로를 따라 움직인 자가 어떤 알지 못하는 힘에 의하여 팽창되었다고 가정할 수도 있을 것이다; 그 때는 광선의 진로를 따라 놓일 수 있는 자의 수는 줄고, 거리의 수치는 너무나 작은 것이 될 것이다. 이리하여 우리는 광선의 진로가, 현실적으로는 보다 긴 것임에도, 다른 진로보다 짧다고 믿을 것이다. 어떤 직선이 최단거리냐 아니냐를 시험하는 것은, 이리하여 측정하는 자의 작용에 의존한다.

고체를 재는 자가 정말로 고체냐 아니냐를, 다시 말해 팽창하거나 수축하지 않느냐 어떠냐를, 우리는 어떻게 시험할 수 있을 것인가?

우리는 고체의 길이를 재는 자를 한 장소에서부터 거리가 있는 지점으로 움직인다. 그것은 여전히 이전과 같은 길이일까? 그 길이를 시험하기 위하여 우리는 또하나의 자를 사용해야 할 것이다. 처음의 장소에서 두 개의 자는 포개어 놓았을 때 길이가 같았다고 가정하자. 다음에 하나가 다른 장소로 운반된다. 그래도 두 자는 여전히 같은 길이일까? 우리는 이 의문에 대답할 수 없다. 두 개의 자를 비교하기 위해서는, 우리는 한쪽 자를 처음의 장소로 다시 가지고 오거나, 다른 자를 다음 장소로 가지고 가야만 할 것이다. 왜냐하면, 길이의 측정은 한 자가 다른 자에 포개질 때만 가능하기 때문이다. 이러한 방법으로 우리는 그것들이 모두 다음 장소에 있을 때에도 같은 길이임을 발견할 것이다. 그러나 두 개의 자가 다른 장소에 있을 때에 그것들이 같은 길이냐 아니냐를 아는 방법은 없다.

이것과 다르게도 비교하는 방법이 있다고 이의를 제기할지도 모른다. 이를테면, 한 자가 움직일 때에 그 길이가 변화한다 할지라도, 우리는 자를 팔의 길이와 비교하면 그 변화를 발견할 것이다. 이러한 이의를 제거하기 위하여, 움직이는 물체의 수축력 또는 팽창력은 보편적이라고, 다시 말해 인간의 신체를 포함하는 모든 물리적인 대상은 동일한 방식으로 그 길이를 변화시킨다고 가정하자. 그러면 길이의 변화는 관찰될 수 없으리라는 것이 명백하게 된다.

지금 생각하고 있는 문제는 합동의 문제이다. 합동을 시험하는 방법은 없다는 것이 인정되어야 한다. 밤 사이에 우리 자신의 신체를 포함하는 모든 물리적인 대상이 10배의 크기가 되었다고 가정하자. 아침에 깨었을 때, 우리는 이 가정을 시험할 조건에 있지는 못할 것이다. 사실 우리는 그것을 결코 발견해 낼 수는 없을 것이다. 이러한 변화의 결과는 앞에서 말한 조건에 의해서는, 관찰될 수 없고, 그러므로 우리는 그것에 찬성 또는 반대하는 증거를 모을 수는 없을 것이다. 오늘 우리는 어제보다 10배나 키가 컸을는지도 모른다.

이러한 애매성을 피하는 길은 하나밖에 없다: 그것은 합동의 문제를 관찰의 문제라고 생각하지 않고 정의의 문제라고 생각하는 것이다. 우리는 다른 장소에 있는 두 개의 자의 길이가 '같다'라고 해서는 안 되고, 우리가 이 두 자의 길이가 같다고 '한다'라고 해야 한다. 고체의 자를 움직이는 것이 합동을 정의한다. 이 해석은 앞에서 말한 불합리한 문제를 제거한다. 오늘 우리는 어제보다 10배나 키가 크냐 어떠냐를 묻는 것은, 벌써 무의미하게 된다; 우리는 오늘의 키를 어제의 키와 같다고 '한다'. 그리고 그것이 정말로 키가 같으냐 아니냐를 묻는 것은 아무런 의미가 없다. 이러한 종류의 정의는 '동격적인 정의'라고 한다. 이 정의는 물리적인 대상, 다시 말해 고체의 자를 '같은 길이'라는 개념과 동격시키고, 이리하여 그 외연을 상세하게 말한다; 이러한 특징이 있기에 동격적이라는 이름이 있다.

그러므로 물리적인 세계의 기하학에 관한 진술은, 합동이라는 동격적인 정의가 설정된 후에 비로소 의미를 가진다. 우리가 합동이라는 동격적인 정의를 변화시키면, 다른 기하학이 성립될 것이다. 이 사실을 '기하학의 상대성'이라고 한다. 이 결과의 의미를 설명하기 위하여, 다시 가우스의 측정이 삼각형 내각의 합이 180°가 아님을 증명했다고, 그리고 고체의 자의 측정이 광선이 최단거리임을 확증했다고 가정하자: 여기에서도 의연히 우리 공간의 기하학을 유클리드적이라고 생각하지 못하게 하는 것이라고는 없을 것이다. 우리는 이 때에 광선이 곡선이며 자가 팽창했다고 할 것이다; 그리하여 우리는 '수정된' 합동이 유클리드 기하학을 도출하는 것과 동일한 방식으로 이 왜곡량을 계산해 낼 수 있을 것이다. 이 왜곡은 장소에 따라 다르기는 하나, 모든 물체와 광선에 대해 동일한, 그러므로 '보편적인 힘'인 힘의 결과라고 생각될 수 있다. 이러한 힘의 가정이란, 다만 합동의 동격적인 정의에서의 하나의 변화를 의미하는 것에 지나지 않는다. 이 고찰은 물리적인 세계의 기하학적인 기술은 하나밖에 없는 것이 아님을, 그렇지 않고 일군의 '동등적인 기술'이 있음을 알리고 있다; 이 기술들은 제각기 참된 것이고, 그것들 사이에 있는 외면적인 차이란 그것들의 내용에 관계되는 것이 아니라, 그것들이 형식화되는 언어에만 관계되는 것이다.

얼른 보면 이 결과는 칸트의 공간론을 확증하는 것처럼 생각된다. 모든 기하학이 물리적인 세계에 적용될 수 있다면, 기하학은 물리적인 세계의 성격을 표현하지 않고, 다만 인간이라는 관찰자에 의한 주관적인 첨가물에 지나지 않는 것처럼 생각된다. 그리고 이 관찰자는 이러한 방법으로 지각의 여러 대상 사이에 질서를 확립한다. 신칸트학파의 사람들은 그들의 철학을 옹호하기 위하여 이러한 논의를 했다; 그리고 이 논의는 프랑스의 수학자 푸웽카레(Henri Poincare)가 소개한, '인습주의'라는 철학적인 생각에도 사용되었다. 그리고 푸웽카레에 의하면, 기하학이란 인습의 문제요, 물리적인 세계의 기하학을 기술하려는 진술에는 아무런 의미가 없는 것이다.

보다 정밀한 연구는 이 논의가 지지될 수 없는 것임을 표시한다. 모든 기하학적인 체계가 물리적인 세계의 구조기술에 사용될 수는 있으나 기하학적인 체계, 그것만으로는 이 구조를 완전히 밝힐 수는 없다. 고체의 작용과 광선의 작용에 관한 진술을 포함하는 경우에만, 이 기술은 완전한 것이 된다. 우리가 두 개의 기술을 동등하다고 또는 마찬가지로 참이라고 할 때에, 우리는 이러한 의미로 완전한 기술에 언급하고 있다. 동등한 기술 가운데서, 고체와 광선이 보편적인 힘에 의하여 "왜곡된다"고 하지 않는, 오직 하나의 기술이 있다. 이 기술에 대하여 나는 '규범적인 체계'라는 이름을 사용할 것이다. 어떠한 기하학이 규범적인 체계를 도출하느냐라는 문제가 제기될 수 있다; 그리고 이 기하학은 '자연기하학'이라고 할 것이다. 자연기하학, 다시 말해 고체와 광선이 왜곡되지 않는 기하학에 관한 문제는, 명백히 경험적인 연구를 통해서만 해답할 수 있다. 이러한 의미로 물리적인 공간의 기하학이 무엇이냐라는 문제는 경험적인 문제이다.

기하학의 경험적인 의미는 다른 상대적인 개념과 관계되어 설명될 수 있다. 어떤 뉴욕 사람이 "5가는 4가 왼쪽에 있다"고 한다면, 이 진술은 그가 이 거리들을 보고 있는 방향을 한정하지 않는 한, 참도 허위도 아니다. "5가는 남쪽에서 보면 4가 왼쪽에 있다"라는 오직 완전한 진술만이 증명될 수 있다; 그리고 이 진술은 "5가는 북쪽에서 보면 4가 오른쪽에 있다"라는 진술과 동등하다. "……의 왼쪽에" 또는 "……의 오른쪽에"와 같은 상대적인 개념은 경험적인 지식의 형식화에 아주 잘 사용될 수는 있으나, 그 형식화가 관계점을 포함하고 있도록 주의해야 한다. 같은 의미로 기하학은 상대적인 개념이다. 합동에 관한 동격적인 정의가 제공된 후에 비로소, 우리는 물리적인 세계의 기하학에 관하여 말할 수 있다. 그러나 그러한 조건이 충족되면, 물리적인 세계의 기하학에 관하여 말할 때는, 바로 이것을 말할 수 있다는 것이 합동에 관한 어떤 동격적인 정의가 이미 앞에서 설명되었음을 의미한다.

일군의 동격적인 기술에서부터 하나를 선택하는 것은 인습의 문제라고 하려 했다면, 푸앵카레는 정당했을 것이다. 그러나 그가 지금 여기에서 정의된 의미에서의 자연기하학의 결정도 인습의 문제라고 믿었다면, 그는 틀렸다. 자연기하학은 경험적으로 확증될 수밖에는 없다. 푸앵카레는, '고체의' 자와 합동은 그것이 결과하는 기하학이 유클리드적이어야 한다는 요구에 의해서만 정의될 수 있다고 그릇 믿었던 것처럼 생각된다. 이리하여 그는 만약에 삼각형의 내각의 합이 180°가 아님을 밝힌다면, 물리학자는 광선의 진로와 고체자의 길이에 대하여 수정을 '제출해야 한다'. 왜냐하면, 그렇게 하지 않으면 그는 같은 길이의 의미가 무엇이냐를 말할 수 없기 때문이다라고 논의한다. 그러나 푸웽카레는 이러한 물리학자에게 보편적인 힘을 가정하게 강요할는지도 모른다.* 그리고 그의 견해와는 반대로 합동의 정의는 보편적인 힘이 응당 배제되어야 한다는 요구에 의하여 제공될 수 있다는 사실을 간과했다. 합동에 관하여 이러한 정의를 사용하면, 기하학에 관한 경험적인 진술을 할 수 있게 된다.

* 기하학적인 관찰을 질서매기기 위하여 항상 유클리드 기하학을 사용해야 한다면, 보다 심한 혼란이, 다시 말해 어떤 인과원리의 침해가 일어날 수도 있다. 물리학의 공간이 지역적으로 유클리드의 공간과 다를 경우에, 이를 테면 물리학의 공간이 유한할 경우에, 이러한 일이 일어난다. 이 경우에는, 적어도 칸트의 선천적 원리의 하나가, 다시 말해 유클리드 기하학이 아니면 인과율이 포기되어야 한다(저자의 『공간 · 시간론의 철학(*Philosophie der Raum Zeit —Lehre*, Berlin, 1928, p. 82. 참조).

푸웽카레에 관한 내 비판을 더욱 충분하게 설명하려 한다. 왜냐하면, 최근에 아인슈타인이 푸웽카레와 내 상상적인 대화를 묘사함으로써 인습주의의 기지에 찬 옹호를 계획했기 때문이다.*

* P.A. 슐트, 『아인슈타인, 철학자—과학자』 P.A. Schilpp, *Albert Einstein, Philosopher—Scientist*, Evanston, 1949, pp. 677~679에서.

나는 의견이 명료하게 진술되기만 하면 수리철학자 사이에는 의견의 차이란 있을 수 없다고 믿기 때문에, 푸웽카레를 납득시킬 수 있는 방법으로, 내 생각을 진술하려 한다. 그리고 나는 아인슈타인의 과학적인 업적에 대하여, 확실히 그가 푸엥카레의 업적에 대하여 그렇게도 매혹적인 말로 찬양하였음에 지지 않을 만큼, 찬양의 마음이 있다.

경험적인 관찰이 다음 두 가지 기술과 양립할 수 있다고 가정하자.

### • 제 1 군

(a) 기하학은 유클리드적이다. 그러나 광선과 자를 왜곡하는 보편적인 힘이 있다.

(b) 기하학은 비유클리드적이다. 그리고 보편적인 힘이 없다.

이 진술은 양쪽이 모두 참이라고 생각될 수 있는 것이라고, 그리고 이들을 구별하는 것은 과오일 것이라고 논의할 때에, 푸엥카레는 정당하다. 이것들은 사건의 동일한 상태를 기술하는 다른 언어에 지나지 않는다.

이번에는 다른 세계에서 또는 세계의 다른 부분에서, 다음 두 가지 기술과 양립하는 경험적인 관찰이 이루어졌다고 가정하자.

### • 제 2 군

(a) 기하학은 유클리드적이다. 그리고 보편적인 힘은 없다.

(b) 기하학은 비유클리드적이다. 그러나 광선과 자를 왜곡하는 힘이 있다.

이 진술은 양쪽이 모두 참이라고, 이들은 동등적인 기술이라고 논의할 때에, 푸엥카레는 다시 한번 정당하다.

그러나 제1군의 세계와 제2군의 세계가 동일한 것이라고 논의한다면, 푸엥카레는 틀렸을 것이다. 이 세계들은 객관적으로 다른 것이다. 이 두 세계에는 각각 일군의 동등한 기술이 있기는 하나, 다른 '군에 속하는 기술들'은 같은 진리가치가 없다. 주어진 어떤 종류의 세계에 대해서는 오

직 일군의 기술만이 진리일 수 있다; 그 일군이 어느 것이냐는 오직 경험
적인 관찰만이 말할 수 있다. 인습주의는 다만 일군의 테두리 안에 있는
기술의 동등성만을 본다. 그러나 군 사이에 있는 구별을 인정하지 않는
것이 단점이다. 그럼에도 동등한 기술이라는 이론은, 각군의 테두리 안에
서는 모든 기술이 동등한 진리가치를 가지고 있기는 하나, 오직 일군의
기술에만 경험적인 진리성을 배당함으로써 우리가 세계를 객관적으로 기
술함을 가능하게 한다.

　일군의 기술을 사용하는 대신에, 각군에서 하나의 기술을 '규범적인 체
계'로서 선택하여, 그것을 전군(全群)의 대표물로서 사용하는 것이 편리
하다. 이러한 의미로 우리는 보편적인 힘이 규범적인 체계가 될 수 없는
기술을 선택하여, 그것을 '자연기하학'이라고 할 수 있다. 부수적인 말이
지만, 우리는 규범적인 체계가 있어야만 됨을, 그리고 우리의 세계에서는
오직 하나의 체계만이 경험적인 사실이라고 생각되어야 함을, 증명조차
할 수 없다(이를테면, 광선의 기하학이 고체물체의 기하학과 다르다는
것이 일어날는지도 모른다).

　이리하여 동등한 기술이라는 이론은 기하학의 경험적인 의미를 배제하
지 못한다; 그것은 다만, 우리가 물리적인 세계의 기하학적인 구조를, 어
떤 조건을 붙여, 다시 말해 자연기하학에 관한 진술형식으로 하기를 요구
한다. 이러한 의미로, 가우스의 실험은 중요한 경험적인 증거를 표시하고
있다. 우리의 환경을 이루고 있는 공간의 자연기하학은 우리가 도달할 수
있는 정확성의 테두리 안에서 유클리드적이다. 또는 바꾸어 말하면, 우리
를 에워싼 고체물체와 광선은 유클리드의 법칙에 의하여 작용하고 있다.
만약 가우스의 실험이 다른 결과를 이끌어 냈다면, 만약 그것이 측정할
수 있는 유클리드적인 관계와의 편차를 드러냈다면, 우리의 지구적인 환
경의 자연기하학은 달라질 것이다. 유클리드적인 기하학으로 일관하려면,
우리는 광선과 움직이는 물체를 어떤 특수한 방법으로 왜곡하는 보편적

인 힘의 가정으로까지 나아가야 했을 것이다. 우리를 에워싼 세계의 자연 기하학이 유클리드적임은, 행운의 경험적인 사실이라고 생각되어야 한다.

이러한 형식화는 공간문제에 관하여 아인슈타인이 이루었던 첨가사항을, 우리도 진술할 수 있게 한다. 일반상대성이론에서부터, 아인슈타인은, 천문학적인 차원에서는, 공간의 자연기하학은 비유클리드적이라는 결론을 이끌어 내었다. 이 결과는 지구적인 차원의 기하학이 유클리드적이라는 가우스의 측정과 모순되지 않는다. 왜냐하면, 작은 영역에 대해서는 유클리드 기하학과 실제적으로 동일하다는 것이 비유클리드 기하학의 일반적인 성격이기 때문이다. 지구적인 차원은 천문학적인 차원과 비교하면 작다. 우리는 지구적인 관찰을 통해서는 유클리드 기하학과의 편차를 관찰할 수 없다. 왜냐하면, 이러한 차원의 테두리 안에서는 편차는 너무나 작기 때문이다. 내각의 합이 180°와 편차가 있음을 증명하기 위해서는, 가우스의 측정이 수천 배 더한 정확성을 가졌어야 했다. 그러나 이러한 정확성은 우리가 도달할 수 있는 것을 훨씬 넘고, 아마도 영원히 그럴 것이다. 보다 큰 삼각형에 대해서만 비유클리드적인 성격은 측정될 수 있을 것이다. 왜냐하면, 삼각형의 180°와의 편차는 삼각형의 크기와 함께 증대할 것이기 때문이다. 만약 우리가 세 개의 항성을, 더 좋게 말해 세 개의 찬란한 별을 꼭지점으로 하는 삼각형의 내각을 측정할 수 있다면, 우리는 내각의 합이 180°보다 큼을 실제적으로 관찰할 수 있을 것이다. 이러한 직접적인 시험을 할 수 있게 하기 위해서는 우리는 우주여행의 성공을 기다려야 할 것이다. 왜냐하면, 우리는 이 세 개의 각을 측정하기 위해 세 개의 별 하나하나를 각각 방문해야 할 것이기 때문이다. 그러므로 우리는 간접적인 추리방법의 사용으로 만족해야 한다. 간접적인 추리는 우리 지식의 현재상태에서는 별의 기하학이 비유클리드적임을 지시하고 있다.

아인슈타인에 의하여 이루어진 또 하나의 첨가가 있다. 그의 생각에 의하면, 유클리드 기하학의 이 편차의 원인은, 별의 질량에서 기원하는 중력 안에서 발견하게 되어 있다. 어떤 별 근처에서는 이 편차는 별 사이의 공간에서보다 강하다. 이리하여 아인슈타인은 기하학과 중력의 관계를 확립했다. 일식 사이에 이루어진 측정에 의하여 확증되었던, 그리고 이전에는 결코 예상하지 못했던, 이 놀라운 발견은 물리적인 공간의 경험적인 성격을 새로이 표시했다.

공간이란 그것으로 인간이라는 관찰자가 그의 세계를 구성하는, 질서의 형식은 아니다—그것은 움직이는 고체물체와 광선 사이에 성립하는 질서의 여러 관계를 형식화하는 체계이고, 그러므로 물리적인 세계의 무척 일반적인 특징을 표현하는 체계이다. 그리고 이 체계는 다른 모든 물리적인 측정의 기초를 구성하는 것이다. 공간은 주관적인 것이 아니고 실재하는 것이다—다시 말해 그것은 현대의 수학과 물리학의 발전소산이다. 무척 기이하게도, 이 오랜 역사적인 경로는 궁극적으로 그 시초에서 보유된 입장으로 되돌아가고 있다: 기하학은 이집트인에 의하여 경험적인 과학으로서 시작했고, 그리스인에 의하여 연역적인 과학이 되었고, 마침내 최고의 완전성을 가진 논리적인 분석이 기하학의 다의성을 들추어 낸 후에는 경험적인 과학으로 되돌아갔다. 그리고 이 기하학의 다의성 중 하나가 물리적인 세계의 기하학이다.

이러한 고찰은 우리가 수학적인 기하학과 물리적인 기하학을 구별해야 함을 알리고 있다. 수학적으로 말한다면, 많은 기하학적인 체계가 있다. 그 모든 것이 논리적으로 견고한 것이고, 이 논리적으로 견고함이 수학자가 요구할 수 있는 모든 것이다. 수학자는 공리의 진리성에 흥미가 있는 것이 아니고, 공리와 정리의 함립관계에 흥미가 있다: "공리가 참이면, 정리도 참이다"—이러한 형식으로 수학자는 기하학적인 진술을 할 수 있다. 그러나 이러한 함립관계는 분석적이다; 그것은 연역적인 논리에 의하여 타당성을 가지게 된다; 그러므로 수학자의 기하학은 분석적인 성격

을 가지고 있다. 이 함립관계가 파괴되고, 그리하여 공리와 정리가 제각
기 주장될 때에, 기하학은 정녕 종합적인 진술을 이끌어 온다. 이 때에
공리는 동격적인 정의에 의한 해석을 요구하고, 그러므로 물리적인 대상
에 관한 진술이 된다; 이리하여 기하학은 물리적인 세계를 기술하는 체
계가 된다. 그러나 이러한 의미에서, 기하학은 선천적이 아니고, 경험적
인 성격을 가지고 있다. 기하학에 관한 한 선천적·종합적인 판단은 없
다; 기하학이 선천적이면, 그것은 수학적인 기하학이요, 분석적이다—기
하학이 종합적이면, 그것은 물리적인 기하학이요 경험적이다. 기하학의
진화는 선천적·종합적인 판단의 붕괴에서 최절정에 달한다.

  아직도 해답되어야 할 어떤 문제가 남아 있다. 그것은 시각화의 문제
이다. 도시 어떻게 하면 우리는 유클리드적인 관계를 볼 수 있는 방식으
로 비유클리드적인 관계를 시각화할 수 있을까? 수식에 의하여 우리는
비유클리드적인 기하학을 처리할 수 있음은 사실일 것이다; 그러나 도시
비유클리드 기하학은 유클리드 기하학과 같은 정도로 표시적일까? 다시
말해, 우리는 비유클리드적인 규칙을 우리의 사상에서 유클리드적인 규
칙을 보는 것과 동일한 방식으로 시각화할 수 있을까?

  앞에서 말한 분석은 우리가 이 문제에 대해서도 만족하게 해답함을 가
능하게 하고 있다. 유클리드 기하학은 우리의 물리적인 환경의 기하학이
다; 우리의 시각적인 개념이 이 환경에 조절되어 있었기 때문에 유클리
드적인 규칙을 따름은, 이상한 일이 아니다. 만약에 우리가 유클리드 기
하학과는 현저하게 다른 기하학적인 구조의 환경에 산다면, 우리는 이 새
로운 환경에 조절되어, 지금 유클리드적인 구조를 보는 것과 동일한 방식
으로, 비유클리드적인 삼각형과 법칙을 볼 수 있게 될 것이다. 우리는 삼
각형 내각의 합이 180° 이상임을 당연하다고 생각할 것이고, 세계의 고
체적인 물체에 의하여 정의되는, 합동이라는 생각으로 거리를 평가할 수
도 있을 것이다. 기하학적인 관계를 시각적으로 상상하는 것은, 만약에

우리가 그 관계가 성립하는 세계에 산다면 할 수 있을 경험의 상상을 의미한다. 시각화에 관하여 이러한 설명을 하였던 이는 헬름홀츠(Helmholtz)라는 물리학자였다. 철학자는 실제적으로는 습관의 산물인 것을, 이데아의 통찰이라고, 또는 이성의 법칙이라고 생각하는 과오를 범했다. 이 사실을 밝히는 데에 2000년 이상의 세월이 걸렸다; 수학자의 업적과 그 모든 기술성이 없었다면, 우리는 결코 확립된 습관에서부터 탈각하여 우리의 정신을 확실시된 이성의 법칙에서부터 해방할 수는 없었을 것이다.

기하학 문제의 역사적인 발전은 과학의 발전에 포함된 철학적인 잠재성의 현저한 설명이다. 이성의 법칙을 밝혔다고 주장하는 철학자는, 인식론에 좋지 않은 봉사를 했다: 그가 이성의 법칙이라고 생각한 것은 실제적으로는, 인간이 살고 있는 환경의 물리적인 구조에 의하여, 인간의 상상이 조건을 매긴 것이다. 이성의 힘이란, 이성이 우리의 상상력을 지시하는 규칙에서 탐구되어서는 안 되고, 경험과 전통을 통해 우리가 조건을 매겼던 어떤 종류의 규칙에서 우리를 해방하는 가능성에서 탐구되어야 한다. 철학적인 반성의 힘만으로 확립된 습관의 강제를 극복하는 것은 결코 가능한 일이 아니었을 것이다. 과학자가 오랜 전통이 우리의 정신을 훈련했었던 구조와는 다른 구조를 취급하는 방법을 알렸을 때까지는, 인간정신의 융통성은 표시될 수 없었다. 철학적인 통찰에의 길 위에서, 과학자는 소로를 밝히는 사람이 된다.

기하학의 철학적인 분야는 모든 시대에서 철학의 기본적인 동향에 그 자신을 반영했다. 그리하여 철학은 그것의 역사적인 발전에서 기하학의 발전에 의하여 강력하게 영향을 받아 왔다. 플라톤에서부터 칸트에 이르는 철학적인 합리주의는, 모든 지식은 기하학의 사고방식을 좇아 건설되어야 한다고 주장했다. 합리주의자는, 2000년 이상 의문시되지 않은 양 계속했었던 기하학의 해석에 입각하여 그의 논의를 건설했다: 그 해석은 기하학이란 이성의 산물이기도 하고, 물리적인 세계의 기술이기도 하다는 생각이다. 경험주의 철학자는 이 논의와 싸웠으나 헛된 것이었다; 합리주의자는 수학자를 그의 편에 가졌었고, 그러므로 그의 논리에 항거하는 싸움은 절망적인 것처럼 생각되었다. 비유클리드 기하학의 발견과 함께 정황은 역전했다. 수학자는, 그가 발견할 수 있었던 것이, 다만 수학적인 관계의, 다시 말해 기하학의 공리를 정리로 이끄는 "만약에 무엇무엇이면 그 때는 무엇무엇이다"라는 관계의 체계에 지나지 않음을 발견했다. 수학자는 이미 공리가 참이라고 주장할 자격이 없다고 생각하고, 이 주장을 물리학자에게 맡겨 버렸다. 이리하여 수학적인 기하학은 분석적인 진리로 환원되고, 기하학의 종합적인 부분은 경험적인 과학에 항복하고 말았다. 합리주의 철학자는 그의 가장 유력한 동맹자를 상실했고, 철학의 길은 경험주의자에게 펼쳐졌다.

만약에 이 수학의 발전이 2000년 가량 앞서 시작되었다면 철학의 역사는 다른 양상을 표시했을 것이다. 사실, 유클리드의 제자 중 한 사람이 보여이이었을 수도 있는 일이고, 비유클리드 기하학을 발견했을 수도 있는 일이다; 비유클리드 기하학의 요점은 유클리드시대에도 통하는 매우 단순한 방법으로 전개될 수도 있다. 결국, 태양 중심적인 체계는 그 시대에 발견되었고, 그리스·로마문명은 현대의 추상적인 사고에 필적하는 추상적인 사고형식을 발전시켰다. 이러한 수학적인 발전은 철학자의 체계를 크게 변화시켰을 것이다. 플라톤의 이데아 이론은, 기하학적인 지식에 의거한 기초가 결핍된 것으로서 포기되었을 것이다. 회의주의자들은 기하학에 대해서보다도 경험적인 지식에 대해 더욱 회의적이어야 할 동기를 가지지 못했을 것이고, 적극적인 경험주의를 가르칠 용기를 발견했을는지도 모른다. 중세는, 신학에 동화될 수 있었던, 양립하지 않는 합리주의를 발견했을 것이다. 스피노자는 그의 『기하학적인 방법에 의하여 전개된 윤리학』을 쓰지 않았을 것이고, 칸트는 그의 『순수이성비판』을 쓰지 않았을 것이다.

그렇지 않고, 내가 너무나 낙천적일까? 진리를 가르침으로써 오류가 일소될 수 있을 것인가? 철학적인 합리주의를 도출한 심리적인 동기가 너무 강렬한 것이기 때문에 철학자는 다른 표현형식을 발견했을 것이라고 생각할 수도 있다. 철학자는 수학자의 다른 업적에 달려들어, 그것을 세계의 합리주의적인 해석이 참이라는 증거로 삼았을는지도 모른다. 사실 보여이의 발견이 있은 후, 100년 이상의 세월이 흘렀으나, 합리주의는 절멸하지 않았다. 진리는 오류를 축출하기에 충분한 무기는 아니다─그렇지 않고, 도리어 진리의 지성적인 인정은 확실성의 탐구라는 뿌리깊은 감정적인 호소에 저항할 만한 힘을, 인간의 정신에 항상 베푼다고 할 수 없다.

진리는 강력한 무기이다. 그리고 그것은 모든 시대에 가장 우수한 사람들 가운데서 추종자를 획득했다. 이 추종자의 일단이 점차 크게 성장하고 있다는 충분한 증거가 있다. 그리고 아마도 이것이 기대될 수 이는 모든 것이다.

# 제 9 장

# 시간이란 무엇인가

　시간은 인간경험의 가장 현저한 특징 중 하나이다. 우리의 감각은 그 지각을 시간의 질서 안에서 표시한다; 시간을 통해 우리는 사건을 하나씩 산출하고, 그 소산을 그 자신의 배후에 남기면서, 우주를 통하여 흐르는 시간의 일반적인 흐름에 참여한다. 미래였고, 현재였던 어떤 유동적인 실체의 결정이 변화시킬 수 없는 과거가 된다. 우리는 현재라는 이 흐름의 한복판에 있다; 지금 현재인 것은 과거 안으로 미끄러져 가고, 우리는 새로운 현재로 옮아 간다. 그리하여 우리는 언제나 영원한 현재에 머문다. 우리는 이 흐름을 중지시킬 수 없다. 우리는 이 흐름을 역행시켜 과거를 되돌아오게 할 수 없다; 이 흐름은 우리를 냉혹하게 나르고 우리에게 지연을 허용하지 않는다.

　시간의 이 심리적인 기술을 수학적인 방정식의 언어로 고치려는 수학자는, 용이하지 않은 과제에 직면한 그 자신을 발견한다. 수학자가 문제를 단순화하는 것으로부터 시작하는 것은, 이상한 일이 아니다. 그는 기술의 감정적인 부분을 생략하고, 그의 주의를 시간관계의 객관적인 구조에 집중한다. 그리하여 시간에 관하여 우리가 알고 있는 모든 것을 설명할 수 있는 논리적인 구조에 도달하기를 원한다. 이 경우에, 우리가 시간에 관하여 느끼는 것은, 그러한 특징을 가지는 물리적인 구조에 대하여 감정적인 유기체가 표시하는 반응이라고 설명되어야 하겠다.

이러한 처리는 시적인 마음을 가진 독자를 실망 시킬는지도 모른다. 그러나 철학은 시가 아니다. 철학은 논리적인 분석에 의한 의미의 명료화이다; 그리고 회화적인 언어는 철학에서 자리를 차지할 수는 없다.

수학자의 관심거리는, 첫째 시간의 '계량'이다. 우리는 우리가 관찰하는, 그리고 경험의 내용에 대하여 우리가 가지는, 주관적인 속도와는 독립해서, 시간이란 균일하게 흐르는 것이라고 생각한다. 균일성은 계량이, 다시 말해 동등성의 측정이 존재하고 있음을 의미한다. 우리는 계기적(繼起的)인 시간간격을 비교하여 그것들이 같은 길이일 경우를 말할 수 있는 수단을 가지고 있다. 무엇이 이 수단인가?

우리는 차고 다니는 시계를 표준시계와 비교해 조절한다; 그리고 이 표준시계는 천문학자에 의하여 조절되어 있다. 천문학자는 별과 관계시켜 그 시계를 조절한다. 별의 운동은 지구자전의 반영이기 때문에, 우리가 표준시계로 사용하는 것은 자전하는 지구이다. 어떻게 하여, 우리는, 자전하는 지구가 신뢰할 만한 시계임을, 다시 말해 그것이 엄밀하게 균일한 시간을 기록하고 있음을, 알 수 있을까?

우리가 천문학자에게 어떻게 그 사실을 아느냐고 물으면, 천문학자는 우리에게 지구—시계를 사용할 경우에도 몹시 주의해야 한다고 말한다. 우리가 하루를, 한 자오선통과, 자오선을 횡단하는 것에서부터 다른 자오선통과까지라고, 다시 말해 한 정오에서부터 다른 정오까지라고, 측정한다면 우리는 균일한 시간에 도달하지 못한다. 이러한 종류의 시간은 다시 말해, 태양시간은 태양주위를 공전하는 지구가 타원형의 궤도를 따르고 있기 때문에, 완전히 균일하지 못하다. 이 결과는 오차를 피하기 위하여, 천문학자는 어떤 항성의 자오선통과에 의하여 결정되는 주기로 지구의 자전을 측정한다. 항성시간이라는 이런 종류의 시간에는, 지구의 공전에 의하여 일어나는 불규칙성이 없다. 왜냐하면, 항성은 너무나 먼 거리에 있기 때문에 지구에서부터 먼 항성에 이르는 방향은 실제적으로 변화하지 않기 때문이다.

항성시간이 균일함을 천문학자는 어떻게 알까? 우리가 천문학자에게 물으면, 천문학자는, 엄밀히 말해 항성시간이라 할지라도 아주 균일한 것은 아니다. 왜냐하면, 지구의 자전축은 한 방향으로 향하고 있는 것이 아니라, 세차(歲差)를 일으키는, 다시 말해 회전하는 팽이의 흔들리는 운동을 연상시키는 방식으로 가볍게 흔들리고 있기 때문이라고 대답할 것이다(그러나 이 세차는 몹시도 느린 운동이다. 왜냐하면, 그것은 한 회전을 끝내는 데에 약 2만 5000년이 걸리기 때문이다). 그러므로 천문학자가 균일한 시간이라 함은 직접적으로 관찰 될 수는 없는 것이다; 천문학자는 수학방정식이라는 방법으로 그것을 계산해 내야 한다. 그리고 그 결과는 관찰된 수치에 천문학자가 첨가한 어떤 수정의 형식으로 나타날 것이다. 그래서 균일한 시간이란, 천문학자가 수학방정식과 관계를 맺어 관찰될 수 있는 소여(所與)에 투영하는, 어떤 시간흐름이다.

그러나 여전히 하나의 문제가 남아 있다. 그의 방정식이 엄밀하게 균일한 시간을 결정함을, 천문학자는 어떻게 알까? 천문학자는 그 밖의 방정식이 역학의 법칙을 표현하는 것이라고, 그리고 그것은 자연관찰에서부터 도출되었기 때문에, 타당한 것이라고 대답할는지도 모른다. 그러나 이 관찰에 의한 법칙을 시험하기 위해서는, 우리는 관계시간을, 다시 말해 우리가 그것에 의하여 운동이 균일하냐 어떠냐를 발견해 낼 수 있는 균일한 시간을 가져야 한다. 그렇지 않으면 우리는 역학의 법칙이 참이냐 아니냐를 말할 방법이 없기 때문이다. 우리는 순환론에 도달하고야 만다. 균일한 시간을 알기 위해서는 우리는 역학의 법칙을 알아야 한다. 역학의 법칙을 알기 위해서는 우리는 균일한 시간을 알아야 한다.

이러한 종류의 순환론을 피하는 길은 오직 하나밖에 없다. 즉, 그것은 균일한 시간의 문제를, 인식의 문제가 아니라 정의의 문제라고 생각하는 것이다. 우리는 천문학자의 시간이 균일하다는 것이 '참'이냐 아니냐를 물어서는 안 된다; 우리는 천문학적인 시간이 균일한 시간을 "정의한다"고 말해야 된다. 정녕 균일한 시간은 없다; 우리는 다른 시간의 흐름과 관계시킬 수 있는 표준을 가지기 위하여, 어떤 시간의 흐름을 균일하다고 한다.

이러한 분석은 우리가 앞에서 공간의 측정문제를 해결했던 것과 똑같은 방법으로, 시간의 계량문제를 해결한다. 우리는 공간의 합동이란 정의의 문제라고 했다; 마찬가지로 우리는 지금 시간적인 합동은 정의의 문제라고 말하고 있다. 우리는 계기(繼起)하는 두 개의 시간간격을 직접적으로 비교할 수는 없다; 우리는 다만 그것들이 같다고 "한다". 역학의 방정식이 제공하는 것은 다만 균일한 시간의 동격적인 정의에 지나지 않는다. 이 결과는 시간의 상대성을 수반한다; 균일성에 관해서는 어떠한 정의도 사용될 수 있고, 이것이 결과시키는 자연의 기술(記述)은, 말에서는 다를지라도, 동등한 기술을 표시한다. 그것들은 다만 언어가 다를 뿐이다; 그것들의 내용은 동일하다.

시간의 계량을 정의하기 위하여 별의 표면적인 자전을 사용하는 대신에, 우리는 자전하는 원자 또는 움직이는 광선과 같은 다른 자연의 시계를 사용할 수도 있다. 이 모든 시간계량이 일치함은 사실이다. 여기에 균일성에 관한 천문학적인 정의의 실제적인 의의의 근원이 있다; 그것은 모든 자연의 시계에 의하여 제공되는 것과 동일한 정의를 제공한다. 시간의 계량에서 자연의 시계는 이리하여 공간의 계량에서 고체의 물체가 하는 역할과 동일한 역할을 계승한다.

시간의 '계량'문제에서부터 나는 수학자에 관계하는 두 번째 문제의 고찰로 옮아 갈까 한다. 그것은 시간의 '질서'라는 문제이다. 시간의 계량문제보다 근본적이라 할 수 있는 것은 시간적인 순서라는, 다시 말해 '이전에'와 '이후에'라는, 또는 시간질서라는 문제이다. 한 사건이 또 하나의 사건보다 이전에 있었음을 우리는 어떻게 말할 수 있을까? 우리가 시계를 가지고 있으면, 그것의 균일한 시간흐름은 시간질서의 진술을 포함하고 있다; 그러나 시간질서의 관계는 계량과는 독립적인 정의일 수 있어야 할 것이다. 각종의 가능한 시간계량에 대하여 시간질서는 동일한 것이어야 하고, 그러므로 시계 위에 있는 숫자와 무관계하게 시간적인 순서의 결정이 가능해야 한다.

시간질서를 판단하는 방법을 잠깐 개관하면, 시간적인 순서에 관한 하나의 기본적인 표준이 항상 요구됨을 알 수 있다. 원인은 결과에 앞서야 한다; 그러므로 하나의 사건이 다른 사건의 원인이라는 것이 알려지면, 처음의 사건은 다음의 사건보다 이르지 않으면 안 된다. 이를테면, 어떤 탐정이 숨은 곳에서 신문지에 싸인 보물을 발견하면, 그는 보물을 신문지에 싸는 것이 신문지에 인쇄된 날짜에 앞서 일어날 수는 없음을 안다. 왜냐하면, 신문지의 인쇄는 이 신문지를 산출한 원인이었기 때문이다. 그러므로 시간질서의 관계는 원인과 결과관계로 환원될 수 있다.

우리는 뒤에 다룰 장에서 우리에게 관계될, 인과관계를 이 자리에서 연구할 필요는 없다. 인과적인 연결은 동형의 사건이 되풀이하여 일어나는 것을 통해 시험할 수 있는 "만약에 무엇무엇이면 그 때는 무엇무엇이다"라는 문제를 표현하는 것이라고, 말해 두면 충분할 것이다. 그러나 우리가 설명해야 하는 것은, 원인과 결과를 구별하는 방법이다. 원인은 두 개의 연결된 사건 가운데 앞선 사건이라고 말해 보았자 쓸데없을 것이다. 왜냐하면, 우리는 인과적인 질서에 의하여 시간질서를 정의하려 하기 때문이다; 그러므로 우리는 원인을 결과와 구별하는 독립적인 표준을 가져야 한다.

인과적인 관계의 간단한 실례를 연구하면, 우리는 원인과 결과를 명료하게 분화시키고 있는 자연의 과정이 있음을 알게 된다. 혼합과정과 질서가 정해진 상태에서부터 무질서한 상태로 진행하는 유사한 과정이, 이런 종류의 것이다. 물리학자는 '비가역적'인 과정에 관하여 말하고 있다. 당신이 카메라로 찍은 영화필름을 손 안에 들고 어느 방향으로 감아야 할 것인가를 알려야 한다고 가정하자. 한 칸에는 크림이 든 커피 잔과 그 옆에 빈 보시기 있고, 그것에서부터 멀지 않은 다른 한 칸에는 블랙 커피가 든 같은 잔과 그 옆에 크림이 가득한 보시기 있다. 그러면 당신은 둘째 칸이 다른 칸보다 앞서서 촬영되었음을 알고, 어느 방향으로 필름을 감아야 할 것인가를 알게 된다. 우리는 커피와 크림을 섞을 수는 있으나, 그것을 섞지 않는 것으로 되돌릴 수는 없다. 또는 어떤 관찰자가 가옥이 불에 타 없어진 터를 보았다고 말하고, 다른 관찰자가 파괴되지 않았던 가옥을 보았다고 알리면, 당신은 두 번째의 관찰이 처음의 관찰보다 앞섰음을 안다. 탄다는 것의 과정은 비가역적이다. 그리고 그 가옥이 같은 모양으로 다시 지어졌다는 가능성은, 이 두 관찰 사이의 시간간격이 2~3일보다 긴 것이 아니었음을 우리가 알고 있다는 사실에 의하여 배제될 수 있다. 비가역성과 시간질서의 관계는, 영화가 반대로 상영될 때에 보는 일련의 화면에 의하여, 잘 설명될 수 있다. 타면서 자꾸만 길어지는 담배의, 또는 바닥에서부터 탁자 위로 올라가서 단정한 쟁반과 컵모양으로 모이는 부셔진 도기(陶器) 파편의 이상한 광경은, 비가역적인 물리과정에 의하여 우리가 시간질서를 판단한다는 사실의 증거라 하겠다(비가역성에 관한 정밀한 연구는 제10장에서 취급하겠다).

인과관계가 물리적인 사건의 연속적인 질서를 확립하고 있다는 사실은, 우리가 살고 있는 세계의 근본적인 특징 중 하나를 구성하고 있다. 우리는 이 연속적인 질서의 존재가 논리적으로 필연적인 것이라고 믿어서는 안 된다; 우리는 인과가 '이전에'와 '이후에'라는 견고한 질서를 도출하지 못하는 세계를 상상할 수 있을 것이다. 이러한 세계에서는 과거와 미래가 개변(改變)하지 못할 만큼 분리되어 있지는 않을 것이고, 같은 현재로 합일될 수도 있을 것이다. 그리고 우리는 몇 해 전의 우리 자신과 만나서 말을 건넬 수도 있을 것이다. 우리의 세계가 이러한 유형이 아니고, 인과적인 관계에 의거하는, 그리고 시간이라는, 일련의 관계에 의한 견고한 질서를 허용한다는 것은 경험적인 사실이다.

시간순서의 정의는 '동시성'의 정의에 의하여 보충된다. 두 사건이 서로 이전도 아니고, 이후도 아니면, 우리는 이것들을 동시적이라고 한다. 동시성의 문제는, 먼 장소의 시간을 비교할 때에는 특수한 결과를, 다시 말해 아인슈타인의 분석에 의하여 유명해진 문제를 이끌어 온다.

우리가 먼 거리에서 일어난 시간을 알려면, 우리는 그 사건이 발생했다는 것을 우리에게 알리는 신호를 사용한다. 그러나 신호가 그 진로를 따라서 오는 데에 시간이 걸리기 때문에, 우리가 있는 곳에 신호가 도착하는 순간은 우리가 확인하려는 사건의 시간과 동일하지 않다. 이 사실은 음향(音響)의 신호를 사용할 때 잘 알려져 있다. 우리가 천둥소리를 들을 때는 그것이 먼 구름 속에서 발생한 후 이미 몇 초가 지난 것이다. 번개에 의하여 일어나는 광선은 몹시도 빨리 오기 때문에, 번개가 보이는 순간은, 모든 실제적인 목적을 위함에 그친다면, 번개가 구름 속에서 일어났던 시간과 동일할 수 있다. 그러나 보다 정밀한 측정에서는, 번개 시간을 결정하는 것은 천둥시간을 결정함과 동일한 유형이다. 그래서 우리는 번개가 구름에서부터 우리의 눈까지 오는 데에 필요한 시간을 고려해야 할 것이다.

광선의 전달시간은 만약에 우리가 광선의 속도와 전달거리를 알고 있으면, 용이하게 계산해 낼 수 있을 것이다. 속도를 측정하기 위해서는, 우리는 광선을 한 점에서부터 원거리의 점으로 보내어, 그 출발시간과 도착시간을 관찰하고, 이리하여 전달시간을 확인하지 않아야 한다. 전달된 거리를 이 시간으로 나누면 속도가 나온다. 그러나 출발시간과 도착시간을 측정하기 위해서는, 두 개의 시계가 필요하다. 왜냐하면, 이 측정은 공간의 다른 지점에서 일어나기 때문이다. 이 두 개의 시계는 서로 맞추어 놓아야 된다. 또는 동일한 시간으로 해두어야 된다. 다시 말해, 동일한 시각에는 동일한 시간을 읽을 수 있게 해 두어야 된다. 이것은 우리가 거리를 둔 두 지점에서 동시성을 결정할 수 있어야 됨을 의미한다. 이 고찰은 우리를 순환론으로 이끌었다: 우리는 동시성을 측정하려다가 이 측정을 위해서는 빛의 속도를 알아야 됨을 발견했다. 그리고 우리는 빛의 속도를 측정하기 위해서는 동시성을 알아야 됨을 보았다.

만약 우리가 하나의 시계만을 사용해 빛의 속도를 측정할 수 있다면, 우리는 이 순환론에서 벗어날 수 있을 것이다. 이를테면, 거리를 둔 지점에서 빛의 신호가 도착하는 시간을 측정하는 대신에, 우리는 거울로 광선을 반사시켜, 그것이 출발점에 되돌아오게 할 수 있을 것이다. 그러면 이 왕복에 필요했던 시간은 하나의 시계만으로 측정될 수 있을 것이다. 빛의 속도를 결정하기 위해서는 우리는 왕복의 시간으로 거리의 2배를 나누어야 할 것이다.

이 방법은 얼른 보기에 유망한 것 같지만, 정밀하게 검토하면 부적합함을 드러낸다. 광선이 왕로(往路)를 가는 것과 동일한 속도로 귀로를 옴을 우리는 어떻게 알까? 이것이 동일함을 알지 못하면, 속도에 관하여 우리가 얻은 수치는 무의미하다. 그러나 왕로와 귀로의 속도를 비교하기 위해서는 우리는 이 두 속도를 각각 측정해야 할 것이다. 이러한 측정은 두 개의 시계를 요구하고, 그리하여 우리는 앞에서 말한 것과 동일한 곤란에 빠지고야 만다.

시계를 운반함으로써 동시성을 확인하려는 기도도 있음직하다. 두 개의 시계를 서로 맞추어, 이 양자가 공간의 동일한 점에 있는 한 같은 시간을 읽을 수 있게 한다; 다음에 하나의 시계를 거리를 둔 지점으로 운반한다. 그러나 운반된 시계가 운반되는 동안에도 항상 동일한 시간을 표시하고 있음을 우리는 어떻게 알까?

이 시계의 동시표시성을 시험하기 위해서는, 우리는 빛의 신호를 사용해야 될 것이고, 그리하여 앞에서 말한 것과 동일한 문제에 도달하고야만다. 하나의 시계를 처음의 장소로 되 운반하는 것도 헛된 일일 것이다. 왜냐하면, 우리는 이렇게 해서 두 개의 시계가 서로 가깝게 있는 경우의 결과만을 획득할 것이기 때문이다. 이 문제는 앞에서 논의된, 다른 지점에 있는 길이를 재는 자의 비교문제와 흡사하다.

부수적인 말이지만, 운반되는 시계문제는 운반되는, 자의 문제보다 더욱 복잡할 수도 있다; 아인슈타인에 의하면 왕복을 끝마친 시계는, 늘 그 위치에 있었던 시계와 비교하면 늦어진다. 이 결과는 중요한 논리적인 귀결을 초래한다. 이것은, 그 자신에 의하여 복사되는 복사광의 빛깔로 회전주기를 표시하는, 원자를 포함하는 모든 종류의 시계에 적용된다; 그리고 급속히 운동하는 원자에 관한 실험은 아인슈타인에 의하여 예언된 회전의 지연을 확증했다. 생물체는 원자로 구성되어 있기 때문에, 원자적인 사건에서의 지연은 모두, 생물체가 그 대상인 노화과정의 지연에서, 표현되어야 한다. 엄청난 속도로 여행하고 있는 사람은 나이 먹는 것이 늦어질 것이라는, 그리고 이를테면 쌍둥이의 한 사람이 우주여행으로 떠난다면 귀환 후에는 (물론 그도 떠나기 전보다 나이 먹었겠지만) 쌍둥이의 다른 사람보다 젊을 것이라는 결론이 나올 수 있었다. 이 결론은 아인슈타인의 잘 확인된 이론에서 나오는 의심할 수 없는 논리를 가지고 도출될 수 있다.

동시성의 문제로 돌아오면, 운반된 시계는 '동일한 시간에 일어나는'관계의 정의에 사용될 수 없다는 결론이 나온다. 이 정의를 완성하기 위해서는, 우리는 적합한 신호를 찾아야 된다. 빛의 신호는 몹시 빠르기도 하지만, 한정된 속도이기 때문에, 만약에 우리가 빛보다 빠른 신호를 가진다면 도움이 될 것이다. 음향의 속도를 측정하려는 경우에 우리는 시간을 비교하기 위하여 빛의 신호를 사용할 수 있다. 왜냐하면, 빛의 속도는 음

향의 속도보다 훨씬 빠르기 때문이다; 그리하여 오차는 숫자적으로 너무
나 작기 때문에 무시되어도 괜찮다. 마찬가지로 만약에 우리가 빛보다
100만 배 빠른 신호를 가진다면, 우리는 이 빠른 신호의 전달시간을 무
시함으로써 충분한 정확성을 가지고 빛의 속도를 측정할 수 있을 것이다.
이것이 아인슈타인의 물리학이 고전물리학과 다른 점의 하나이다. 아인
슈타인에 의하면 빛보다 빠른 신호는 있을 수 없다. 이것은 보다 빠른 신
호가 우리에게 알려져 있지 않음을 의미함에 그치지 않는다; 아인슈타인
에게는, 빛이 가장 빠른 신호라는 진술은 자연의 법칙이다. 그리고 이 법
칙은 '광속도의 극한적인 성격'이라는 원리라 할 수 있다. 아인슈타인은
이 원리의 결정적인 증거를 열거했다. 그리고 우리는 에너지불멸의 원리
를 의심할 이유가 거의 없는 것처럼 그것을 의심할 이유라고는 거의 없
다. 시간적인 순서의 의미에 관하여 앞에서 분석한 것과 결합되면, 아인
슈타인의 원리는 동시성에 관한 기이한 결론을 도출한다. 빛의 신호가
12시에 화성으로 보내져 거기에서부터 반사된다고 가정하자; 그것은 말
하자면 20분 후에 되돌아올 것이다. 빛이 화성에 도착한 순간을 우리는
몇 시라고 정해야 할까? 이 시간을 12시 10분이라 한다면 그것은 왕로
와 귀로의 광속도가 동일하다고 가정한 것이다; 그러나 우리는 이것이
동일하다고 가정할 이유가 없음을 알고 있다. 사실, 12시와 12시 20분
사이의 어느 시간도 빛이 화성에 도착한 순간이라 정해질 수 있다. 이를
테면, 우리는 그 신호가 12시 5분에 도착했다고 할 수 있다: 그러면 왕
로에 5분, 귀로에 15분 걸린 셈이다. 시간순서의 정의가 배제하는 것은,
빛이 11시 55분에 화성의 정거장에 도착했다고 하는 것이다. 왜냐하면,
이렇게 시간을 정하면 신호가 그것의 출발시간에 앞서 도착할 것이고, 이
리하여 결과가 원인에 앞설 것이기 때문이다. 그러나 우리가 화성에의 도
착시간을 12시에서 12시 20분 사이의 수치에서 선택하는 한, 시간질서
의 정의는 충족되어 있다. 우리 자신의 지역에서 일어나는, 이 시간 사이

의 어떠한 사건도, 빛의 신호도착에 의해 특징을 이룬 화성에서의 사건과 인과적인 상호관계를 가질 수는 없다. 왜냐하면, 동시성이란 가능한 인과적인 상호관계의 배제를 의미하고, 우리 위치에서의 이 시간 사이의 어느 사건도 광신호의 화성도착과 동시적이라 할 수 있기 때문이다. 이것이 아인슈타인이 이른바 동시성의 상대성이라는 것이다.

우리는, 시간질서의 인과적인 정의란, 먼 지점에 있는 사건의 시간적인 비교에 관해서는 비결정성을 이끌어 옴을 알았다. 광속도의 극한적인 성격 때문에 그러하다. 절대시간, 다시 말해 명료한 동시성은, 신호의 속도에, 위에 말한 한계가 없는 세계서는 존재할 것이다. 그러나 우리의 세계에서는, 인과적인 전달속도에 한계가 있기 때문에, 절대적인 동시성은 있을 수 없다. '시간의 인과적인 이론'은, 시간적인 순서와 동시성의 의미를, 그것의 설명이 우리의 세계에 대해서와 마찬가지로 고전물리학의 세계에 대해서도 적용되는 방식으로 설명한다. 우리의 세계에서는 인과적인 전달속도란 위에 말한 한계를 가지고 있고 동시성이란 명료하게 정의되지 않는다.

이러한 결론이 나타나는만큼 시간문제는 공간문제와 비슷하게 해결된다. 시간이란 공간처럼, 통찰이라는 행동에 의하여 지각된 플라톤적인 존재라는 이상적인 실체가 아니다. 또는 칸트가 믿었던 것처럼 인간이라는 관찰자에 의하여 세계에 강제된 주관적인 질서형식도 아니다. 인간의 정신은 시간질서의 각종 체계를 생각할 수 있다. 그리고 이 체계 가운데에는 고전적인 시간이 있고, 또한 인과적인 전달속도에 한계가 있다는 아인슈타인의 시간이 있다. 이 가능한 체계의 다수성 가운데서, 우리의 세계에 타당하는 시간질서를 선택함은, 경험적인 문제이다. 시간질서는 우리가 살고 있는 우주의 일반적이 성격을 형식화하고 있다; 시간은 공간이 실재적이라는 의미로 실제적이다. 시간에 관한 우리의 지식은 선천적이 아니고, 관찰의 결과이다. 시간의 실제적인 구조를 결정하는 것은 물리학의 1장이다. 이것이 시간철학의 결론이다.

동시성의 상대성이란 놀라운 것이라고 생각되나, 그것은 논리적이고 시간화할 수도 있다. 인과적인 전달의 제약이 더욱 명료한 세계에서는, 아인슈타인의 여러 개념의 기이성도 소멸할 것이다. 후일에 화성과의 무선전화연락이 확립되어, 전화를 통한 질문에 대한 회답을 20분 기다려야 한다면, 우리는 동시성의 상대성에 익숙하게 되어, 그것을 무척 당연하다고 생각할 것이다ー그것은 마치 우리가 이 지구의 표면을 분할하는 시간대의 다른 표준시간을 아주 정상적이라고 생각하는 것과 동일하다. 그리고 후일에 유성 간의 여행이 시작된다면, 먼 여행에서 돌아오는 사람들이, 노화과정이 늦어, 본래 같은 나이였던 다른 사람들의 나이에 뒤떨어져 있는 일도, 예사롭게 생각될 것이다. 과학자가 추상적인 추리를 통해서는 발견하는, 그리고 처음에 익숙하기 위해서는 전통적인 신념을 포기해야 하는, 여러 결과는, 흔히 다음 세대에게는 예사로운 습관이 된다.

과학적인 분석은 일상생활에서의 시간경험과는 무척이나 다른 시간의 해석을 이끌어 왔다. 우리가 시간흐름이라고 느끼는 것은 이 세계를 구성하는 인과의 과정과 동일함이 드러났다. 이 인과적인 흐름의 구조는 직접적인 관찰에서 표시되는 시간에 의하여 전개되는 것보다는 훨씬 복잡한 성격을 가진 존재임이 발견되었다ー후일에 유성 간 거리의 정복과 함께 일상생활의 시간이 오늘의 이론과학의 시간처럼 복잡한 것이 될 때까지는 이것이 타당할 것이다. 과학이 논리적인 분석으로 나아가기 위하여 감정적인 내용을 추상(抽象)함은 사실이다. 그러나 과학이 후일에, 우리가 이전에는 결코 경험하지 못한 감정에 익숙하게 될는지도 모르는, 새로운 가능성을 엶도 사실이다.

# 자연의 여러 법칙

　인과라는 개념은 현대의 모든 인식론에서 앞장을 섰다. 자연이 인과율에 의하여 기술된다는 사실은, 이성이 자연의 사건을 제약하고 있다는 생각을 암시한다; 그리고 뉴턴의 역학이 철학체계에 끼친 영향에 관한 앞에서 말한 설명 제6장은, 선천적 · 종합적인 지식이란 물리적인 세계의 결정론적인 해석에 그 근원을 가지고 있다는 증거를 제공한다. 한 시대의 물리학은 그 시대의 인식론에 큰 영향을 끼치기 때문에, 인과의 개념이 19세기와 20세기의 물리학에서 겪은 발전을—자연의 법칙이라는 생각에 변혁을 일으키고 새로운 인과의 철학으로 끝났던 하나의 발전을 연구할 필요가 있을 것이다.

　이 역사적인 과정의 설명은 인과의 의미를 먼저 분석하면, 아주 쉬워질 것이다. 그러한 고찰은 (제2장에서 다룬) 설명의미의 연구에 포함시켜도 무방할 것이다. 그리고 그것에 의하면 설명이란 일반화이다. 설명이란 원인으로 환원하는 것이기 때문에, 인과관계에 관해서도 동일한 해석을 해야 한다. 과학자는 인과율을, 동일한 관계가 항상 성립한다는 조건이 붙은, "만약에 무엇무엇이면 그 때는 항상 무엇무엇이다"라는 형식의 관계라고 알고 있다. 전류가 자석의 바늘을 기울게 한다고 말하는 것은 전류가 있을 때는 언제나 자석의 바늘이 기울어짐을 의미한다. '언제나'라는 말이 붙은 것이 인과율을 우연적인 일치와 구별하고 있다. 이전에 어떤 영화관의 스크린에 재목이 폭파되는 것이 나타났을 때 가벼운 지진이 극장을 흔든 일이 있었다. 관객은 잠시, 스크린에서의 폭발이 극장을 흔들게 했다는 기분을 가졌다. 이러한 해석을 받아들이기를 거부할 때는, 우리는 그 관찰된 일치가 되풀이될 수 없다는 사실에 언급하고 있다.

반복이 인과율을 단순한 일치와 구별하는 모든 것이기 때문에, 인과관계의 의미는 예외 없는 반복의 진술에 있다 하겠다―그것이 이것 이상의 것을 의미한다고 가정할 필요는 없다. 원인은 그것의 결과와 일종의 숨은 유대(紐帶)로 연결되어 있다는 결과는 강제적으로 원인을 따르게만 되어 있다는 생각은 그 기원에서 의인주의적이요, 없어도 좋은 것이다; "만약에 무엇무엇이면 그 때에는 항상 무엇무엇이다"는 인과관계가 의미하는 모든 것이다. 만약 스크린 위에 폭발이 보일 때는 항상 극장이 흔들린다면, 거기에는 인과관계가 있을 것이다. 우리가 인과에 관하여 말할 때에 이것 이외의 어떠한 것도 의미하지 않는다.

우리가 때로는 예외없는 일치의 주장에 그치지 않고 그 이상의 설명을 요구함은 사실이다. 어떤 버튼을 누르면 항상 벨 소리가 난다―이 규칙적인 일치는 전기법칙에 의하여 설명된다. 그리고 이 법칙은 벨소리가 나는 것은 전류와 자기(磁氣)의 관계에서 온 것임을 나타내고 있다. 그러나 한 걸음 나아가 이 법칙을 형식화하려면, 우리는 다시 그것이 "만약에 무엇무엇이면 그 때는 반드시 무엇무엇이다"라는 관계의 진술에 있는 것임을 발견한다. 버튼을 누르는 단순한 규칙성보다 자연의 법칙이 우월한 점은, 오직 그 보다 큰 일반성에 있다. 자연의 법칙은 몹시도 다른 종류의 개별적인 적용에서 표시되는 여러 관계를 형식화하고 있다. 이를테면 전기법칙은, 초인종, 전동기, 라디오, 사이클로트론 등에서, 관찰될 수 있는 영원한 일치의 관계를 진술하고 있다.

제10장 자연의 여러 법칙   171

흄의 저술에서 명료하게 형식화된, 일반성에 의한 인과의 해석은, 지금 일반적으로 과학자에 의하여 허용되고 있다. 자연의 법칙은 과학자에게는 예외없는 반복의 진술이다―그리고 그 이상의 것이 아니다. 이러한 분석은 다만 인과의 의미를 명료하게 함에 그치지 않는다; 그것은 또한 현대과학의 이해에 불가결한 것임이 밝혀져 온, 인과성확장의 길을 열고 있다.

처음에는 운에 달린 시합에서 운을 알아맞히기 위하여 관찰된 통계의 법칙은, 곧 많은 다른 영역에도 적용되는 것임이 발견되었다. 최초의 사회적인 통계는 17세기에 편찬되었다; 19세기는 물리학에 통계적인 고찰을 도입했다. 기체란 사방으로 무리를 이루어 튀고, 서로 충돌하고, 엄청난 속도로 흰 진로를 형성하는, 분자라는 수많은 조그만 입자로 구성되어 있다는, 기체의 분자운동설은 통계적인 계산의 도움을 빌려 구성되었다. 통계적인 방법은 그 모든 열현상을 특징짓고 있는, 그리고 시간의 방향과 밀접하게 관련되어 있는 '비가역성'의 현상을 설명함에서 성공했던 때, 그 가장 위대한 승리에 도달했다.

열은 더운 물체에서부터 찬 물체로 흐르고, 그 반대는 일어날 수 없음은, 누구나 다 알고 있다. 얼음덩어리를 물이 담긴 컵 안에 넣으면, 물이 가진 열이 얼음덩어리로 전파되어 얼음을 녹이기 때문에, 그 물은 차가워진다. 이 사실은 에너지보존의 법칙에서부터 도출될 수는 없다. 얼음덩어리는 그렇게 찬 것이 아니고, 그것도 얼마만큼의 열을 포함하고 있다; 그래서 얼음덩어리는 열의 일부분을 주위의 물에 제공해 물을 따뜻하게 하고, 그 자신은 더욱 차가워질 법도 하다. 이러한 과정은 얼음이 제공한 열의 양과 물이 획득한 열의 양이 같다면 에너지보존의 법칙과 일치할 것이다. 이러한 종류의 과정은 일어나지 않는다는, 다시 말해 열에너지는 오직 한 방향으로만 움직인다는 사실은, 독립적인 법칙으로서 형식화되어야 한다. 비가역성의 법칙이라는 것은 이 법칙이다. 물리학자는 흔히 이것을 열역학의 제2법칙이라고 하고, 제1법칙이라는 이름을 에너지보존의 법칙을 위하여 남겨 둔다.

비가역성의 원리라는 용어는 몹시도 주의깊게 사용되어야 한다. 열은 항상 높은 온도에서 낮은 온도로 흐른다는 것은 참이 아니다. 모든 냉동기는 그 반대의 실례이다. 이 기계는 빙고(氷庫)의 내부에서부터 외부로 열을 방출하고, 내부를 차갑게, 주위를 따뜻하게 한다. 전동기에 의하여 공급된 기계적인 에너지의 일정량을 사용하기 때문에, 비로소 그렇게 할 수 있다; 이 에너지가 실내의 평균온도라는 열로 변형된다. 물리학자는 열로 변형된 기계적인 에너지의 양이 냉동기의 내부에서부터 끌어낸 열에너지의 양보다 큼을 알았다. 우리가 기계적인 에너지이건 전기적인 에너지이건, 높은 온도의 열을 높은 수준의 에너지라고 생각한다면, 냉동기 속에는 상승하는 에너지보다 하강하는 에너지가 더 많다. 비가역성의 원리는, 수반된 모든 과정이 고찰에 포함된다면 전체 에너지는 하강하기 때문에 대체로 보충되는 경향이 있다는 진술로써, 형식화되어야 하겠다.

비가역성의 원리가 통계적인 고찰에 의하여 설명될 수 있음은 빈(Vienna)의 물리학자 볼츠만(Boltzmann)의 발견이었다. 어떤 물체의 열량은 그 분자의 운동에 의하여 주어진다; 분자의 평균속도가 클수록, 온도는 높아진다. 이 진술은 오직 분자의 평균속도에만 관계하고 있음이 인정되어야 한다; 하나하나의 분자는 그 속도가 매우 다를 수 있다. 더운 물체가 찬 물체와 접촉하면, 이 물체들의 분자는 충돌을 일으킨다. 빠른 분자에 부딪친 느린 분자가 그 모든 속도를 잃고 빠른 분자를 더욱 빠르게 하는 일이 일어날는지도 모른다. 그러나 그것은 예외이다; 평균적으로는 충돌에 의하여 속도의 동등화가 일어날 것이다. 열과정(熱過程)의 비가역성은 이리하여 트럼프를 치는 것에, 또는 기체와 액체의 혼합에 비교할 수 있는, 혼합현상으로 설명된다. 이러한 설명은 비가역성의 법칙을 그럴 듯한 것처럼 생각되게 하나, 그것은 또한 예기하지 못한 중대한 결

과를 이끌어 온다. 그것은 법칙의 엄밀성을 빼앗아 이것을 확률성의 법칙
으로 만들어 버린다. 트럼프를 칠 때에, 우리가 친 결과가 우연히 묶음의
처음의 반이 모두 붉은 것이고 나머지 반이 모두 검은 배합이 된다는 것
이, 불가능하다고 할 수는 없다; 이러한 배합을 이루는 것이 몹시도 비확
률적이라 해야 될 뿐이다. 모든 통계적인 법칙은 이러한 유형이다. 이 법
칙은 무질서한 배합에는 높은 확률성을 제공한다. 그리고 질서가 정해진
배합에는 낮은 확률성만을 남긴다. 포함된 수가 많을수록, 질서 배합의
확률성은 적어진다; 그러나 이 확률성은 결코 영이 되지는 않는다. 열역
학의 현상은 몹시도 많은 수의 개별적인 사건에 관계하고 있다. 왜냐하
면, 분자수가 너무나 많기 때문이다. 그러므로 그것은 보충하는 방향으로
향하는 과정의 극히 높은 확률성을 포함하고 있다. 그러나 반대방향으로
향하는 과정도, 엄밀하게 말하면, 불가능하다고 볼 수는 없다. 이를테면,
후일에 우연하게도 방 안에 있는 공기의 분자가 산소분자는 방 한쪽에,
질소분자는 다른 쪽에 모이는 것과 같이 질서가 정해진 상태에 도달한다
는 가능성을 우리는 배제할 수 없다. 이 방 안에서 질소가 있는 곳에 앉
아 있음을 상상하는 것은 불유쾌할는지도 모르나, 이러한 사건의 가능성
이란 완전히 배제될 수는 없다. 마찬가지로, 물리학자는 당신이 얼음덩어
리를 물이 담긴 컵 안에 넣었을 때에, 물이 끓기 시작하고, 얼음 덩어리
가 혹한실험실의 내부처럼 차가워진다는 가능성을 배제할 수는 없다. 이
확률성이란 모든 집을 동시에 독립적인 원인으로 태워 버리는 화재의 확
률성보다 훨씬 적음을 앎은 위안이 될 것이다. 비가역성의 법칙에 관한
통계적인 해석의 실제적인 결과란, 반대방향에 있는 과정에의 확률성이
적기 때문에, 중요하지 않는 데에 반하여, 그 이론적인 결과는 가장 큰
의의를 가지고 있다. 이전에는 자연의 엄밀한 법칙이었던 것이, 오직 통
계적인 법칙인 것으로서 현시(顯示)되어 왔다; 자연법칙의 확실성은 고
도의 확률성에 의하여 대치되어 왔다. 이 결과를 가지고 인과의 이론은

새로운 단계에 들어섰다. 동일한 운명이 자연의 다른 법칙에도 일어날 것이냐 아니냐라는, 그럼에도 어떤 엄밀한 인과율이 남을 것이냐 아니냐라는 문제가 일어났다. 이 문제에 관한 논쟁은 두 개의 대립적인 개념을 도출했다. 처음의 개념에 의하면 통계적인 법칙의 사용은 다만 무지한 표현을 대표하는 것에 지나지 않는다: 만약에 물리학자가 모든 분자의 개별적인 운동을 관찰·계산할 수 있다면, 그는 통계적인 법칙에 의뢰할 필요가 없을 것이고, 열역학적인 과정의 엄밀하게 인과적인 설명을 제공할 것이다. 라플라스(Laplace)의 초인(超人)이라면, 그렇게 할 수도 있을 것이다; 그에게는 모든 분자의 궤도란 별의 궤도처럼 예견될 수 있고, 통계적인 법칙이 필요하지 않을 것이다. 이러한 생각은 엄밀한 인과의 관념을 포기하지는 않는다; 이 생각은 다만 인과를 인간의 지식이 접근할 수 없는 것이라고 여기고 있을 뿐이다. 그리고 인간의 지식은 그 불완전성 때문에 확률성에 의뢰해야 한다.

다음의 개념은 반대의 견해를 대표하고 있다. 그것은 하나하나의 분자운동에 엄밀한 인과성이 있다는 신념을 고집하지는 않는다. 그것은 우리가 자연의 인과적인 법칙이라고 관찰하는 것이 수많은 원자적인 소산이라는 견해를 전진시킨다; 그러므로 엄밀한 인과라는 생각은, 우리가 살고 있는 거시적인 환경규칙성의 이상화라고 – 관계된 수많은 본질적인 과정이 우리에게 실제적으로 통계적인 법칙을 엄밀한 법칙이라고 생각하게 하기 때문에 우리가 이끌리는 단순화라고 생각될 수 있다.

이 생각에 의하면, 우리는 엄밀한 인과의 개념을 미시적인 영역에까지 적용할 자격이 없다. 우리는 분자가 엄밀한 인과율에 의하여 제약된다고 가정할 아무런 이유도 없다; 분자의 초기상태가 동일해도 미래에 다른 상태가 일어나는지도 모른다. 그러므로 라플라스의 초인이라 할지라도 분자의 진로를 예언할 수는 없다. 문제는, 인과가 궁극적인 원인이냐, 또는 다만 거시적인 영역에는 적용되나 원자분야에는 허용되지 않는, 통계

적인 규칙성의 대용물에 지나지 않느냐이다. 19세기 물리학의 토대 위에
서는, 이 문제는 해답을 할 수 없었다. 해답한 것은, 플랑크(Planck)의
양자개념에 의하여 원자적인 사건을 분석한 20세기의 물리학이었다. 현
대의 양자역학을 연구함에서, 우리는 개개의 원자적인 사건이 인과적으
로 해석될 수는 없고, 다만 확률성법칙에 의하여 제약되는 것에 불과함을
알고 있다. 하이젠베르크(Heisenberg)의 유명한 불확정성원리에서 형
식화된 이 결론은, 두 번째 원리가 옳은 것이라는, 엄밀한 인과라는 생각
은 포기되어야 한다는, 그리고 확률성의 법칙이 한때 인과율에 의하여 점
령되었던 자리를 차지한다는 증명을 설정하고 있다.

　이 한 장의 처음에 말한 것처럼, 인과의 논리적인 분석을 회상한다면,
이 결론은 이전 견해의 자연적인 확장이라고 생각될 것이다. 인과는 예외
없는 일반성의 법칙으로서, "만약에 무엇무엇이면 그 때는 항상 무엇무엇
이다"라는 관계로서, 형식화되어야 할 것이었다. 확률성법칙은 "만약에
무엇무엇이면 그 때는 어떤 백분비에서 무엇무엇이다"라는 관계이다. 현
대의 논리학은, 보통 논리학의 '함립관계'에 대하여 '확률성함립관계'라는,
이러한 관계의 취급방법을 제공한다. 물리적인 세계의 인과적인 구조는
확률성구조에 의하여 대치된다. 그리고 물리적인 세계의 이해는 확률성
이론의 탁마(琢磨)를 전제한다.

　양자역학의 결과가 없을지라도, 인과의 분석이란 확률성개념이 불가피
함을 알림을 깨달아야만 하겠다. 고전물리학에서는 인과율이란 하나의
이상화이다. 그리고 실제적인 사건은 인과적인 기술(記述)이 가정한 것
보다 훨씬 복잡하다. 물리학자는 대포에서 발사된 포탄의 탄도를 계산할
때에, 화약의 장전량과 포신의 경사 같은, 약간의 주요한 요인에 의하여
수치를 낸다; 그러나 바람의 방향과 공기의 습도 같은 모든 조그만 요인
을 계산에 넣을 수 없기 때문에, 그의 계산은 정확성에서 한정되어 있다.
이것은 그가 오직 어떤 확률성만을 가지고 포탄이 명중하는 지점을 예언

할 수 있음을 의미한다. 또는 기사가 교량을 구축한다면 그는 오직 어떤 확률성만 가지고 그 내하력(耐荷力)을 예언할 수 있다; 그가 예측하지 못했던, 그리고 보다 적은 하중으로 교량을 파괴시키는 발사가 일어날는지도 모른다. 인과율은 설혹 그것이 참일지라도 이상적인 대상에게만 적용된다; 우리가 취급하는 실제적인 대상은, 그것의 인과적인 구조를 남김없이 기술할 수는 없기 때문에, 어떤 높은 확률성의 한계 안에서만 제어된다. 확률성개념의 의의는 이러한 이유로 양자역학의 발견 이전에 알려졌다. 이 발견이 있은 후로부터는 어떠한 철학자라 할지라도, 그가 지식의 구조를 이해하려면, 확률성개념을 피할 수 없음은, 더욱 명백한 것이 되었다.

합리주의철학은 이 세계의 합리적인 성격의 표시로서, 어느 시대에서나 인과에 언급했다. 예정된 우주라는 스피노자의 개념은, 인과의 신념 없이는 생각될 수 없다. 물리적인 사건의 배후에서 작용하는 논리적인 필연성이라는 라이프니츠의 개념은, 모든 현상의 인과적인 연관의 가정에 의존하고 있다. 칸트의 자연에 관한 선천적·종합적인 지식이론은, 공간과 시간에 관한 법칙에 첨가해서, 인과의 원리를 이러한 지식의 주요한 실례라고 했다. 공간과 시간에 관한 문제의 발전과 마찬가지로, 인과의 원리발전은, 칸트가 죽은 이래로, 선천적·종합적인 판단의 붕괴를 초래했다. 합리주의의 기초는, 자연에 관한 수학적인 해석을 가지고 합리주의자의 주요한 지지를 획득했던, 바로 그 학문에 의하여 붕괴되었다. 현대의 경험주의자는 그의 가장 결정적인 논의를 수학적인 물리학에서부터 도출하고 있다.

## 제 11 장
# 원자란 있는가

물질이 원자라는 조그만 입자로 구성되어 있음은, 우리 시대의 교양 있는 사람에 의하여 확정된 사실이라 생각되고 있다. 그가 학교에서 배우지 못했다 할지라도, 신문이 그에게 그렇게 알린다. 원자폭탄이 존재하기 때문에 틀림없이 원자도 존재할 것임은 명백한 사실처럼 생각된다.

과학사가는 보다 비판적인 태도를 표시했을 것이다. 그는 원자의 존재란, 고대에서부터 생각되어 왔음을, 그러나 그것은 항상 논쟁되어 왔음을, 그리고 원자를 지지하는 사람들과 반대하는 사람들의 양쪽에서 강력한 논의가 제시되어 왔음을 알고 있다. 그의 과학사가 지나간 25년을 포함한다면, 19세기에는 원자설이 원자의 존재가 의심스럽게 여겨지는 단계에 도달했으나, 최근의 발전은 그 논쟁을 새롭게 했고 원자의 존재를 이전보다 더욱 의심스러운 것으로 만들었음을 그는 또한 알게 될 것이다.

우리는 원자설이 그리스철학의 저명한 인물의 하나인 데모크리투스(Democritus, B.C. 420년)에서부터 시작되었다고 여기고 있다. 데모크리투스는, 물질의 물리적인 성질, 다시 말해 그것의 압축성과 분할성은, 우리가 물질이 조그만 입자로 구성되어 있다고 가정하는 때에, 잘 설명될 수 있음을 알고 있었다. 물질을 압축하면 원자는 밀려서 더욱 접근하여 함께 존재하게 된다. 한편 원자 자체는 완전히 견고하고 크기가 변화하지 않은 양 남아 있다. 데모크리투스의 이론은, 추리가 성취할 수 있는 것과 성취할 수 없는 것의 좋은 실례이다; 그러나 설명이 참인가 아닌가는, 추리에 의하여 발견될 수 없고 관찰에 맡겨야 한다. 그리스인들은 원자론을 경험적인 시험에 의하여 설명할 수 없었다. 그들은 이 이론을 관찰에 의해보다는 도리어 다른 이론에 의해서 보충하려 했다. 그들은 원자란 조그만 갈퀴에 의해 함께 연결되어 있다고, 영혼 또는 불 같은 섬세한 물질은 몹시도 작고 미끄러운 원자로 구성되어 있다고, 그리고 보다 큰 물질은 동일한 크기의 원자가 모여, 다시 말해 파도에 의해 조그만 돌이 정돈되는 것으로 예시(例示)되는 자연의 과정에 의하여 형성되어 있다고 믿었다. 그러나 어떤 시험에 의하여 구체화되지 않는 공상은 공허한 사변에의 문을 연다. 이를테면, 원자론에 관한 철학적인 논쟁의 하나는, 원자 사이에 있는 공허한 공간은 논리적으로 허용할 수 있는 개념이냐 아니냐라는 문제였다; 공허한 공간은 무(無)이다. 그리고 원자 사이에 아무것도 없다면, 그것들은 서로 접촉하여 고체의 질량을 형성해야 한다—어느 경우에서도 원자란 있을 수 없을 것이다.

원자설은, 19세기에 앞서, 양적인 실험에 의하여 토대가 제공되었을 때, 철학적인 사변의 대지에서부터 과학적인 탐구의 토양으로 이식되었다. 돌턴(Dalton)은 화학적인 원소가 화합물을 만드는 중량비를 측정했다. 그리고 이 비율은 일정하고 단순한 정수(定數)에 의하여 표시될 수 있음을 발견했다. 이를테면, 물을 합성하는 두 원소인 수소와 산소는 항상 1 : 8이라는 비율로 결합한다; 처음에 한쪽 물질이 더 많이 주어지면 그것은 화합물에 포함되지 않는다. 돌턴은 이 양적인 비율이 원자적인 설명을 요구함을 알고 있었다. 물질의 가장 작은 부분, 다시 말해 원자는 일정한 비율로 결합한다; 수소원자 두 개는 산소원자 한 개와 결합한다. 그리고 원자의 중량비는 돌턴의 측정에서 관찰된 비율에 의하여 표시된다.

돌턴의 법칙이 공표된 시대부터 원자의 역사는 승리의 행진을 계속했다. 관찰된 측정에 원자라는 개념이 사용되는 데에서는, 어디서나, 그것은 명쾌한 설명을 제공했다; 반대로 이러한 성공은 원자의 존재에 관한 압도적인 증거가 되었다. 기체의 분자운동설에서는, 기체의 열역학적인 현상을 원자개념으로 설명하는 것이 가능했을 뿐만 아니라, 1세제곱 인치 속에 있는 원자 또는 분자수의 계산도 가능했다. 21자리수로 계산하는 데 쓰이는 이 거대한 숫자는, 하나하나의 원자가 극히 작은 것이라는 증거를 제공한다. 유기체의 복잡한 구조는 수백개의 원자로 이루어진 분자로 구성되어 있다고 설명될 수 있다. 화학의 공업적인 여러 성과는 원자설 없이는 불가능했을 것이다.

뿐만 아니라, 물리학자는 원자론이란 물질에만 국한되지 않음도 알고 있었다; 전기 역시 원자가 존재하고 있는 것이라고 생각되지 않으면 안된다. 전기의 원자는 19세기의 말엽에 발견되었고, 전자라고 했다; 몹시 이상하게도 전자는 모두 음의 전하를 가지고 있다. 그리고 수십년 동안 물리학자는 전기의 양의 원자도 물질에서부터 분리될 수 있을 것이라고 믿었다. 최근의 발견은 보통 양전자라는 양의 전자도 있음을 알렸다. 다른 최근의 발견은 물질의 보다 본질적인 입자가 있음을 밝혔다. 그리고 그 가운데서 중성자가 중요한 역할을 하고 있다.

원자론의 승리적인 행진이 그렇게도 많은 과학영역을 통해 계속되고 있는 동안에, 그것은 하나의 중요한 영역에서 저지되었다: 다름 아닌 빛의 이론에서이다. 중력의 이론으로 알려진 뉴턴은, 또한 광학의 위대한 연구자중 한 사람이다. 광선의 직선적인 성격은, 빛이 광원에서부터 엄청난 속도로 방사되는 조그만 입자로 구성되어 있다는 가정에 의하여 설명될 수 있음을, 그는 알고 있었다. 운동의 법칙을 따른다면, 이러한 입자는 직선적인 진로를 따라 움직일 것이다. 그리하여 뉴턴은 19세기 초엽까지는 의연히 지배적이었던, 빛의 입자설의 제창자가 되었다. 뉴턴과 같

은 시대 사람인 호이겐스(C. Huyghens)가 발견한 빛의 파동설은, 처음
에는 거의 성공하지 못했다. 빛의 파동적인 성격을 증명하여 광선에 관한
원자적인 해석에 종지부를 찍었던, 어떤 결정적인 실험이 이루어지기까
지는, 꼬박 한 세기가 흘렀다. 이 실험은 서로 중첩된 두 개의 광선이 서
로 상쇄하는 간섭현상을, 즉 입자설로는 생각할 수 없는 하나의 결과를
에워싼 것이다. 같은 방향으로 운동하는 두 개의 입자는, 다만 보다 강한
충격을 일으킬 수 있을 뿐이고, 그래서 빛의 세기를 증가시킬 수 있다;
그러나 같은 방향으로 운동하는 두 개의 파동은, 한쪽 파동의 봉우리가
다른 쪽 파동의 골짜기와 일치하면, 서로 상쇄할 것이다. 간섭현상은 물
〔水〕의 파도로부터 알려져 있고, 파도가 교차하는 움직임에 의하여 일어
나는 기이한 무늬를 설명하고 있다. 그러나 빛의 파동을 전달하는 매개물
은, 물 또는 공기와 같은 보통물질의 성격을 가지고 있지 않고, 에테르라
는 특수한, 거의 비물질적인 구조를 가진 실체라고 상상되었다.

　파동을 분석하는 수학적인 방법의 발전이 곧 실험적인 발전이 뒤를 이
었다. 마침내 빛의 파동설은 맥스웰(James Maxwell)의 연구를 통하여
전기의 파동설과 연결되었다; 헤르츠(Heinrich Hertz)에 의한 전파의
실험적인 증명은, 에테르파동의 가능성에 관한 최후의 의심마저 제거했
다. 그리하여 빛의 파동설은 헤르츠가 1888년 독일과학자협회의 회합에
서 한 연설에서 말한 것처럼, "인간적으로 말해 확실한 것"이 되었다.

　19세기 말엽에 물리학은 겉보기에 최종적인 단계에 이르렀다: 물리적
인 실재의 가장 큰 두 개의 현시(顯示)인, 빛과 물질은 그 궁극적인 구조
에 이르기까지 알려진 것처럼 생각되었다.

　빛은 파동으로, 물질은 원자로 구성되어 있다. 물리학이라는 과학의
이 기초를 감히 의심하려는 사람은, 엉터리가 아니면 기인이라고 생각되
었을 것이고, 성실한 과학자라면 그와 논의할 괴로움을 가지려 하지 않았
을 것이다.

물리학의 이론은, 그 시대의 관찰적인 지식에 관한 설명을 제공한다; 그것은 영원한 진리임을 주장할 수는 없다. 헤르츠는 "인간적으로 말해 확실한 것"이라는 말을 짜 낼 만큼 신중했다. 이 가장 겸손한 말에서 표현된 것보다 깊은 통찰은 아마도 여태껏 물리학자의 입에서는 나오지 못했을 것이다. 헤르츠의 말이 있은 10년 후에 이 이론이 가졌던 전환은, 과학적인 이론의 확실성에 그어진 한계를 증명하고 있다.

1900년에 플랑크(M. Planck)는 양자를 발견했다; 20세기가 이룬 물리적인 실재의 이해에서의 근본적인 변화는 이 우연의 일치에 의해 보다 더욱 잘 설명될 수는 없다. 더운 물체에 의한 복사(輻射)에 관하여 실험적으로 발견된 여러 법칙을 설명하기 위하여, 플랑크는 빛을 포함하는 모든 복사가 정수(整數)에 의하여 제어되어 있다는, 다시 말하면 에너지의 기본적인 단위인 정수배로 나아간다는 생각을 도입했다. 그리하여 그것을 그는 '양자'라고 했다. 그의 생각에 의하면, 에너지는 양자라는 기본적인 단위로 구성되어 있다. 그리고 에너지가 흡수되거나 방사될 때는 언제나 하나 또는 둘 또는 100개의 양자가 이동될 것이다. 그러나 거기에는 결코 양자의 부스러기는 없을 것이다. 양자는 에너지의 원자이다. 그러나 이 원자의 크기, 다시 말해 단위 에너지의 양이 그것을 나르는 복사의 파장에 의존하고 있다는 조건이 붙은, 에너지의 원자이다; 파장이 길수록 양자는 크다. 그러므로 플랑크의 발견은 원자론의 새로운 승리처럼 생각되었다; 그리고 아인슈타인이 플랑크의 이론을 빛은 에너지의 양자 1개를 나르고 있는 바늘 같은 파동의 묶음으로 성립되어 있다는 생각에까지 확장했을 때, 원자라는 개념은 마침내 그렇게 오랫동안 원자적인 개념을 허용하지 않았던 물리학의 바로 그 영역마저 정복한 것처럼 생각되었다. 최근에 우라늄의 분열에서 그렇게도 극적으로 표현하게 되었던, 아인슈타인의 물질과 에너지의 등치식(等値式)은, 원자론이 복사를 포함해야 한다는 또 하나의 실례이다.

양자라는 개념은 보어(Niels Bohr)의 원자이론에서 그 가장 중요한 적용을 발견했다. 원자설과 복사설이라는 두 방향의 발전이 마침내 통합된 것은 이 이론에서이다. 원자의 연구는, 원자 자체는 조그만 입자의 집합이라고 생각되어야 함을, 그러나 그 조그만 입자들은 몹시도 단단하게 함께 결합되어 있기 때문에 모든 화학적인 반응에서 비교적 안정된 단위로 작용함을 밝혔다. 원자가 내적인 구조를 가지고 있음은, 러시아인 멘델레예프(D. Mendelejeff)가 발견하여 처음으로 시사(示唆)되었다. 멘데레예프는 19세기 중엽에, 화학원소의 원자가 무게에 의하여 정돈되면, 그것들의 화학적인 성질은 주기적인 질서를 가지고 있음을 알았다. 영국의 물리학자 러더퍼드(E. Rutherford)는, 이 화학적인 발견을 전자의 발견에 연결시켜, 원자의 유성적인 모형을 만들었다. 이 모형에 의하면, 원자는 마치 그 궤도 위에 있는 유성처럼, 일정수의 전자가 주위를 돌고 있는 원자핵으로 구성되어 있다. 그 당시에 러더퍼드의 젊은 조수였던 보어는, 1913년에 러더퍼드의 원자모형은 플랑크의 에너지 양자개념과 결합되어야 함을 발견했다. 전자는 오직 중앙에서부터 어떤 일정한 거리에 위치한 궤도 위를 회전할 수 있을 뿐이고, 그렇게 궤도가 결정되어 있기 때문에, 각 궤도에 의하여 대표되는 역학적인 에너지는 1양자, 2양자 또는 3양자 등이다. 처음에는 이러한 생각은 물리학자에게는 이상하게 여겨졌으나, 그것은 관찰적인 결과의 설명에 관한 한 놀라운 성공을 이끌어왔다. 왜냐하면, 보어의 이론은 분광학의 연구에, 다시 말해 모든 원소를 특징짓고 있는 일련의 스펙트럼선에, 최고의 정밀성을 가지는 해석을 제공했기 때문이다. 1913~1925년의 시기는 보어의 이론은 모든 하나하나 원소의 원자적인 구조를 설명할 만큼 심화되었다.

그러나 이 모든 성공에도 불구하고, 양자의 발견은 부대조건이 붙은 선물임이 드러났다. 분광학에 관한 설명력의 반면에는, 다른 분야에서 일어난 설명할 수 없는 혼란이 있었다. 양자개념의 토대 자체가, 광학에서부터 알려진 전파와 간섭현상이 통용된 세대의 고전적인 이론과 양립할 수 없는 것처럼 생각되었다. 그리하여 이 새로운 이론은 물리학의 견고성을 위험에 빠뜨렸다: 어떤 현상은 빛의 입자설을 요구하고, 다른 현상은 파동개념을 요구한다. 그리고 이 대립하는 두 이론을 완화시킬 수 있는 방법은 나타나지 않았다.

그러나 철학적인 방관자에게 가장 기이한 현상은, 물리적인 탐구가 이 대립에 의하여 마비되지 않았다는, 물리학자는 적당히 처리해서 이 두 개의 대립적인 개념을 가지고 진행시키면서도, 관찰적인 발견에 관한 한 놀라운 성공을 거두면서, 때로는 한쪽을 때로는 다른 한쪽을 적용시킬 줄 알았다는 사실이었다. 이 사실이, 모순이란 물리적인 이론에는 부적합함을, 그리고 오직 관찰적인 성공만이 중요함을 증명하고 있다고, 나는 생각하지는 않는다; 또는 헤겔주의자가 믿었던 것처럼 모순이란 인간정신에 내재하여 그 추진력으로서 작용함을 증명하고 있다고 생각하지는 않는다. 나는 도리어 그것이 새로운 생각의 발견이란 논리적인 질서의 법칙보다는 다른 법칙을 따르고 있음을 증명하고 있다고 생각한다; 반쯤 진리인 지식은 창조적인 정신에게는 그 진로에서 완전한 진리에의 충분한 지표가 될 수 있음을, 그리고 대립적인 이론이란, 그 시대에는 알려지지 않더라도, 오직 모든 관찰적인 결과를 이해시키고 모순이 없는 보다 나은 이론이 존재하기 때문에 유용할 수 있음을, 알리고 있다고 나는 생각한다. 인간이 탐구하는 동안, 진리는 잠자고 있다; 진리란, 설혹 그것들의 길이 모순의 관목에 의하여 막히어 있을 경우에도, 그것들의 탐구를 중지하지 않은 사람들이 깨울 것이다. 빛과 물질에 관한 이론발전의 결정적인 전환은, 프랑스의 물리학자 드 브로이(Louis de Broglie)가 제창한 생각이었다. 물리학자들이 입자가 '아니면' 파동 '으로' 구성되어 있느냐 어떠냐를 가지고 싸우고 있는 동안에, 드 브로이는 그것이 입자 '로도' 파동 '으로도'로 구성되어 있다는 생각을 감히 했다. 그는 자기 생각을 물질의 원자에까지 적용시키는 용감성을 가졌다. 그리고 이 물질의 원자는 그 때까지는 결코 파동해석을 요구하지는 않았었다; 그는 물질의 모든 조그만 입자도 파동에 의하여 수반되어 있다는 수학적인 이론을 전개했다. "…… 가 아니면……이다"는 이리하여 "……이기도 하고……이기도 하다"에 의하여 대치되었다. 그러므로 해석의 이중성은 드 브로이의 발견으로부터 시작되었다. 그리고 이러한 해석의 이중성은 그 후로부터 물질의 구조적인 성질의 불가피한 결과라고 생각되어 왔다. 간섭장치를 사용했던 대이비슨(Davisson)과 저머(Germer)가 지휘한 실험에서, 드 브로이의 파동은 전자선에도 존재함이 표시될 수 있었다. 이리하여 물질파의 존재는 의심할 나위없이 확증되었다.

드 브로이의 생각은 슈뢰딩거(E. Schrödinger)가 채용했다. 그리고 슈뢰딩거는 보통, 양자역학이라는, 현대 양자이론의 수학적인 기초가 되었던 미분방정식을 안출(案出)했다. 그의 수학적인 이론은 약간의 다른 이론과 일치했다. 이 다른 이론이란 얼른 보기에 달라 보였을 뿐이었고, 한편에서는 하이젠베르크(W. Heisenberg), 보른(M. Born), 요르던(P. Jorden)에 의하여, 다른 한편에서는 디랙(P. Dirac)에 의하여, 독립적으로 전개되었다. 이 모든 발견은 1925~1926년에 이루어졌다; 매우 짧은 세월에 물질의 구성요소에 관한 새로운 물리학이 발전했다. 이 물리학은 수학자의 손 안에, 그가 그 때까지는 사용할 줄 몰랐던 강력한 수학적인 도구를 제공했다. 이 도구의 조작이 어려움은 파동과 입자의 이중성에서 유래했다. 물질이 파동으로도, 입자로도 구성되어 있다는 것은 무엇을 의미하는가? 수학적인 이론은 수중에 있으나, 그 해석은 아주 곤란함을 표시했다. 우리는 여기에서 수학적인 형식의 상대적인 독립성을 표시하는 발전에 직면한다; 수학적인 기호는, 말하자면 그 자신의 생명을 가지고 있다. 그리고 기호를 사용하는 이가 그 궁극적인 의미를 이해하기에 앞서 올바른 결과를 이끌어 온다.

드 브로이는 "……이기도 하고……이기도 하다"를 그 가장 단순한 의미로 해석했다; 그는 입자를 따라 운동하고 입자의 운동을 제어하는, 파동에 수반된 입자가 존재한다고 믿었다. 슈뢰딩거는 반대로, 그가 입자를 배제할 수 있다고, 오직 파동만이 있다고, 그러나 그 파동은 공간의 어떤 조그만 영역에 퇴적되어 입자에 유사한 어떤 결과를 이룬다고 믿었다. 그는 입자처럼 운동하는 파동의 묶음에 관하여 말했다. 이 두 개념이 모두 지지될 수 없는 것임이 드러난 후에, 보른은 파동이란 조금도 물질적인 것을 구성하지 않고 확률성을 대표한다는 생각을 암시했다. 그의 해석은 원자문제에 예기하지 못한 전환을 초래했다: 기초적인 실체는 입자라고 가정되고, 이 입자운동은 인과율에 의하여 제어되지 않고, 그 수학적인 구조에 관한 한, 파동에 유사한 어떤 형식의 확률성에 의하여 제어된다. 이 해석에서는 파동은 물질적인 대상의 실재성을 가지지는 못하고, 다만 물질적인 양의 실재성만을 가진다.

이러한 생각을 견지하면서, 하이젠베르크는, 입자의 진로예언에서 입자의 진로를 엄밀하게 예언함을 불가능하게 하는 하나의 특수한 불확정성이, 다시 말해 그의 '불확정성원리'에서 형식화된 하나의 결과가 존재함을 알렸다. 보른의 발견 및 하이젠베르크의 발견과 함께, 미시적인 세계의 해석을 인과적인 해석에서부터 통계적인 해석으로 이끌었던 진보가 이루어졌다; 개개의 원자적인 사건은, 인과율에 의하여 결정된 존재로서가 아니라 오직 확률성법칙에만 따르는 것으로서, 인정되어야 했다. 이리하여 고전물리학의 "만약에 무엇무엇이면 그 때는 무엇무엇이다"는 "만약에 무엇무엇이면 그 때는 어떤 100분비에서 무엇무엇이다"로 대치되었다. 보어는 마침내 상보성의 원리를 발전시켰다. 이 원리에 의하면, 보른의 해석은 다만 문제의 일면만을 제공하고 있음에 지나지 않는다; 파동을 물리적으로 실재하는 것이라고, 아무런 입자도 존재하지 않는 개념이라고, 생각하는 것도 가능하다. 이 두 해석을 구별하는 길은 없다, 왜냐하면, 하이젠베르크의 불확정성은 어떤 '결정적인 실험'을 불가능하게 하고 있기 때문이다; 다시 말해 그것은 하나의 해석이 참이고 다른 해석이 허위냐 어떠냐를 말할 수 있을 만큼 정밀한 실험을 배제하고 있다.

이리하여 해석의 이중성은 최종적인 형식을 가졌다: 드 브로이의 발견인 "……이기도 하고……이기도 하다"는, 파동과 입자가 모두 동시에 존재한다는 직접적인 의미를 가지지 않고, 동일한 물리적인 실재가 가능한 두 개의 해석을 허용한다는 간접적인 의미를 가진다. 그리고 이 양자가 하나의 세계상 안으로 결합될 수는 없으나, 이 양자의 한쪽은 다른 한쪽과 같은 정도로 진리이다. 논리학자는 다음과 같이 말할 것이다: "……이기도 하고……이기도 하다"는, 물리학의 언어에 관하여 말하는 언어 속에 있지 않고, '메타언어' 속에, 다시 말해 물리학의 언어에 관하여 말하는 언어 속에 있다. 또는, 바꾸어 말하면 "……이기도 하고……이기도 하다"는, 물리학에 속하지 않고, 물리학의 철학에 속한다; 그것은 물리적인 대상에 관계하지 않고 물리적인 대상의 가능한 기술에 관계한다. 이리하여 철학자의 영역으로 들어간다. 이것은 사실, 파동의 신봉자와 입자의 신봉자 사이에 있었던 논쟁의 최종적인 결론이다. 그리고 이러한 논쟁은 호이겐스와 뉴턴으로부터 시작했고, 수세기 동안의 발전 후에, 드 브로이, 슈뢰딩거, 보른, 하이젠베르크, 보어 등의 양자역학에서 최절정에 달했다: "물질이란 무엇이냐"라는 문제는 물리적인 실험만으로 해답될 수는 없고, 물리학의 철학적인 분석을 요구한다. 그 해답은 "지식이란 무엇이냐"라는 문제에 의존하고 있는 것처럼 생각된다. 원자론의 요람시대에 있었던 철학적인 사색은 19세기 동안에 실험적인 분석에 의하여 대치되었다; 그러나 탐구는 마침내 철학적인 연구에의 복귀를 요구하는 혼란단계에 도달했다. 그렇다고 이것을 연구하는 철학은 단순한 사변에 의해서만 제공될 수 없었다; 오직 과학적인 철학만이 물리학의 협력자가 될 수 있었다. 이것의 가장 최근의 발전을 이해하기 위하여, 우리는 물리적인 세계에 관한 진술의 의미를 검토해야 할 것이다: 지식은 관찰과 함께 시작한다: 우리의 감각은 신체 바깥에 존재하는 것을 우리에게 알린다. 그러나 우리는 관찰하는 것으로 만족하지는 않는다; 우리는 더 많이 알기를 원하며, 직접적으로 관찰할 수 없는 사물의 연구를 원한다. 우리는 사고조작에 의하여 이 대상에 도달한다. 그리고 이 사고조작이란 관찰적인 결과와 관련되고 관찰되지 않은 사물에 의하여 그것을 설명한다. 이 절차는 과학에서와 마찬가지로 일상생활에도 적용된다; 우리가 길에 고인 물을 보고 조금 전에 비가 왔다고 추리할 때에, 또는 물리학자가 자석의 바늘이 기울어짐을 보고 구리선에 전기라는 눈에 보이지 않는 실체가 있다고 추리할 때에, 또는 의사가 병의 여러 증상을 보고 환자혈액의 흐름 속에 어떤 세균이 있다고 추리할 때에, 이 절차가 작용하고 있다.

이 추리는 우리가 그것을 반성하지 않는 한 사소한 것이라 여겨질는지도 모른다; 그러나 더욱 깊이 분석하면 그것은 몹시도 복잡한 구조를 가진 존재로 표시된다. 당신은 회사에 있는 동안에도 당신의 집은 변함없이 그 위치에 있다고 말한다. 어떻게 당신은 그것을 알 것인가? 당신은 회사에 있는 동안에 집을 보지는 못한다. 당신은 집으로 가서 집을 보는 것으로 당신의 진술을 확증할 수 있다고 대답할 것이다. 그 때는 당신이 집을 보는 것은 사실이다; 그러나 그러한 관찰이 당신의 진술을 확증하고 있을 것인가? 당신이 말한 것은 당신의 집이 그것을 보지 않을 때에도 있다는 것이었다; 당신이 확증하는 것은 당신의 집이 그것을 볼 때에 있다는 것이다. 당신은 어떻게 당신이 없을 동안에도 집이 있느냐 없느냐를 알 수 있는가?

나는 당신이 분개할 줄 알고 있다. 당신은 다음과 같이 말할 것이다. 저 철학자는 모든 사람을 바보로 만들려고 애를 쓰고 있다. 집이 아침에 있었고 오후에 있었다면 어떻게 그것이 낮에는 없어져 버릴 수 있을 것인가? 철학자는, 도급업자가 집을 1분 만에 넘어뜨리고 그것을 다시 1분만에 세운다고 생각하고 있는가? 이러한 보잘 것 없는 문제가 무슨 소용이 있는가?

이 문제는 관하여 상식의 논의에 의하여 제공되는 것보다 좋은 해답을 발견할 수 없는 한, 당신은 빛과 물질이 입자로 구성되어 있느냐 또는 파동으로 구성되어 있느냐라는 문제를 해결할 수 없으리라는 것이 고민거리이다. 철학자에 의하여 설명될 수 있는 요점은 다음과 같다: 상식은 일상생활에 관한 한 좋은 도구일 수 있다; 그러나 그것은 과학적인 연구가 어떤 복잡한 단계에 도달했을 때는 불충분한 도구이다. 과학은 일상생활 지식의 재해석을 요구한다. 왜냐하면 지식은 그것이 구체적인 대상에 관계하건, 과학적인 사고의 구조에 관계하건 궁극적으로 동일한 성격을 가지고 있기 때문이다. 그러므로 우리는 과학적인 문제에 해답하기에 앞서, 일상생활의 가장 단순한 문제에 대하여 보다 나은 해답을 발견해야 한다.

소피스트의 시조인 그리스의 철학자 프로타고라스(Protagoras)는 그의 주관성원리로 알려졌다. 그리고 이 원리를 그는 다음과 같이 형식화했다: "사람은 모든 사물의, 다시 말해 있는 사물의, 그리고 없는 것이 아닌 사물의 척도이다." 우리는 이 참으로 궤변적인 진술로써 그가 무엇을 의미하느냐를 정확하게는 모른다. 그러나 우리의 문제에 관련시켜 그가 다음과 같이 말했다고 가정하자: "집은 내가 볼 때만 존재한다. 그러나 내가 보지 않을 때는, 그것은 항상 없어진다." 당신은 어떻게 그에게 반대할 수 있을까? 그는 벽돌공과 목공의 손에 의한 평범한 방법으로 그것이 없어지고 재현한다고 하지는 않는다; 그는 일종의 마법적인 방법으로 그것이 없어진다고 말하려는 것이다. 그는 집이 있게 됨은, 그러므로 관찰되지 않는 집이 존재하지 않음은, 인간이라는 관찰자에 의한 관찰이라고 주장한다. 인간이라는 관찰자에 의한 이러한 마법적인 소실과 창조에 반대하여, 우리는 어떠한 논의를 할 수 있을까?

당신은 회사에서 미화원에게 전화를 걸어 집이 아직도 서 있느냐 어떠

냐를 물을 수 있다고 할는지도 모른다. 그러나 미화원도 당신처럼 하나의
인간이다; 그의 관찰이 당신의 집과 동일한 집을 만들는지도 모른다. 아
무도 관찰하지 않을 때에도, 집이 거기에 있을까?

당신은 집을 등지고 서서 그 그늘을 관찰할 수 있다고 할는지도 모른
다; 그렇게 되면 관찰되지 않는 집도 그것이 그늘을 던지기 때문에 존재
해야 한다. 그러나 관찰되지 않는 사물이 그늘을 던짐을, 당신은 어떻게
알까? 당신이 지금까지 알고 있었던 것은 관찰된 집이 그늘을 던진다는
사실이다. 당신은 집을 보지 못하는 동안에 보는 그늘을 대상이 사라지면
그늘이 남는다고, 그래서 집이 없이도 그늘은 있다고 가정함으로써, 설명
할 수 있을 것이다. 이러한 존재하지 않는 대상의 그늘이란 결코 관찰된
일이 없었다고 논의하지 말자. 당신이 증명을 원하는 것을 가정한다면,
다시 말해 집은 당신이 그것을 보지 않는 동안에도 계속 존재한다고 가
정한다면, 이것은 참이다. 프로타고라스처럼 반대의 것을 가정한다 할지
라도, 당신은 그의 진술에 많은 증거를 발견할 것이다. 왜냐하면, 당신은
집을 동시에 보지 못하면서도 집모양의 그늘을 본적이 있기 때문이다.

당신은 상식에 새로운 호소를 함으로써 당신 자신을 옹호할 것이다.
"왜 나는 광학의 법칙이 관찰되지 않는 대상에 관해서는 다르다고 가정해
야만 하는가? 이 법칙이 관찰된 대상에 관해 확립되었음은 사실이다; 그
러나 우리는 이 법칙이 관찰되지 않은 대상에 관해서도 성립되어야 한다
는 압도적인 증거를 가지고 있지 않은가?" 이렇게 당신은 대답할 것이다.
그러나 나중에 잠깐 생각하면, 당신은 우리가 이러한 증거를 조금도 가지
고 있지 않음을 발견할 것이다. 관찰되지 않는 대상은 결코 관찰된 적이
없기 때문에, 우리는 아무것도 가지지 못한다.

이 곤란을 벗어나는 오직 하나의 길이 남아 있다. 우리는, 관찰되지 않
는 대상에 관한 우리의 진술을, 실증할 수 있는 진술이라고 생각해서는
안 되고, 언어를 크게 단순화하기 때문에 우리가 도입하는 협약이라고 생

각해야 한다. 우리가 알고 있는 것은 이 협약이 도입되'면' 모순 없이 잘 되어 나갈 수 있다; 그리고 관찰되지 않는 대상이 관찰된 대상과 동일하다고 가정하'면', 우리는 관찰된 대상과 관찰되지 않는 대상의 양쪽에 관해 성립하는 하나의 물리적인 법칙체계에 도달한다는 것이다. "……이면……이다"라는 진술인 나중의 진술은, 사실의 문제이고, 참임이 실증되어 있다. 그것은 관찰되지 않는 대상에 관한 우리의 일상적인 언어가 '허용할 수 있는'언어임을, 증명하고 있다. 그러나 그것은 허용할 수 있는 언어에만 그치는 것이 아니다. 관찰되지 않을 때는 집이 없어진다는 프로타고라스도, 그가 한쪽은 관찰된 대상에 관한, 그리고 다른 한쪽은 관찰되지 않는 대상에 관한, 물리적인 법칙의 다른 두 체계를 건설했다는 결과에 기꺼이 동의한다면, 허용할 수 있는 언어를 말하고 있다.

이 긴 논의의 결론은, 자연이 우리에게 하나의 특수한 기술을 명령하지는 않음이다; 진리란 한 언어에 국한되어 있지는 않다. 우리는, 집을 피트로도 미터로도 측정할 수 있고, 온도를 °F로도, ℃로도 측정할 수 있다; 그리고 우리는 물리적인 세계를 제8장에서 다룬 것처럼 유클리드 기하학으로도, 비유클리드 기하학으로도 기술할 수 있다. 우리는 측정 또는 기하학의 다른 체계를 사용할 때 다른 언어를 말한다. 그러나 우리는 동일한 사물을 말하고 있다. 기술의 다수성은, 우리가 관찰되지 않는 대상에 관해 말할 때는, 더욱 복잡한 형식으로 표시된다. 진리를 말하는 방법은 많다; 그것은 논리적인 의미로 모두 동등하다. 허위를 말하는 방법도 많다. 이를테면 우리가 ℃의 척도를 사용한다면, 얼음이 32°에서 녹는다고 하는 것은 허위이다. 그러므로 우리의 철학은 진리와 허위의 차이를 불식하지 않는다. 그러나 참된 기술의 다수성을 무시함은 근시안적일 것이다. 물리적인 실재는 일군의 '동등한 기술'을 허용한다; 우리는 편의를 위하여 그 중 하나를 선택한다. 그리고 이 선택은 오직 협약에, 다시 말해 임의의 결정에 달려 있다. 이를테면 10진법은 다른 체계보다 더욱 편

리한 측정기술을 제공한다. 우리가 관찰되지 않는 대상에 관하여 말할 때
에, 가장 편리한 언어는 상식에 의하여 선택된 언어이다. 그리고 이 언어
에 의하면 관찰되지 않는 대상 및 그 작용은 관찰된 대상 및 그 작용과
구별된다. 그러나 이 언어는 협약에 의거하고 있다.

　상식의 언어가 형식화할 수 없는 어떤 진리를 표현하기를 우리에게 허
용함은, 동등한 기술이라는 이론의 공적이다. 나는 위에서 말한 "……이
면……이다"라는 진술로 형식화된 진리에 언급하고 있다: 관찰되지 않는
대상이 관찰된 대상과 동일하다고 가정하면, 우리는 모순에 도달하지 않
는다는 것은, 또는 달리 말해, 물리적인 세계에 관한 허용될 수 있는 기술
가운데에는, 관찰되지 않는 대상이 관찰된 대상과 동일한 발판 위에 있는
하나의 기술이 있음은 사실이다. 이 기술을 '규범적인 체계'라고 하기로
한다. 물리적인 세계가 그 기술을 위하여 규범적인 체계를 허용함은 가장
중요한 진리의 하나이다. 우리는 마치 땅으로 떨어지는 물체의 낙하에서,
그것이 너무나 일반적인 경험이기 때문에, 아무런 문제도 발견하지 못하
는 사람처럼, 그것에서 아무런 문제도 발견하지 못한다. 그러나 과학적인
역학은 낙하하는 물체에 관한 법칙의 형식화와 함께 시작했다. 마찬가지
로 관찰되지 않는 대상에 관한 문제의 과학적인 이해는 관찰되지 않는 대
상의 기술이 규범적인 체계에 의하여 가능하다는 진술과 함께 시작한다.

　그것이 가능함을 우리는 어떻게 알까? 우리가 할 수 있는 모든 것은,
여러 세대의 인간경험이 그것을 증명했다는 것이다. 그러나 우리는 이 가
능성이 논리적인 법칙에 의하여 증명될 수 있다고 믿어서는 안 된다. 우
리의 세계는 너무나 단순하게 기술되어 있기 때문에 관찰된 대상과 관찰
되지 않는 대상의 구별이 없음은, 행운이라 하겠다. 이것이 우리가 주장
할 수 있는 모든 것이다.

　지금까지 우리는 관찰되지 않은 집에 관하여 말했다. 물질의 입자도
관찰되지 않는 대상이다. 우리의 결과가 그것에까지 어떻게 해서 옮아 갈

수 있는가를 보기로 하자.

우리의 일상생활 세계에서처럼, 원자의 세계에도 관찰될 수 있는 것과 관찰될 수 없는 것이 있다. 관찰될 수 있는 것은, 두 개의 입자의, 또는 입자와 빛의 충돌이다; 물리학자는 모든 하나하나의 충돌을 표시하는 재치있는 도구를 안출했다. 관찰될 수 없는 것은, 충돌과 충돌 사이에, 또는 복사원(輻射源)에서부터 충돌에 이르는 진로에서 일어나는 일이다. 그래서 이 사건은 양자세계에서 관찰될 수 없다.

그러나 왜 그것은 관찰될 수 없는가? 왜 우리는 초현미경을 사용하여 그 궤도 위에 있는 입자를 관찰할 수 없는가? 입자를 보기 위해서는 우리가 그것을 조명해야 된다는 것이 문제이다; 그리고 입자의 조명은 집의 조명과는 무척 다르다. 입자 위에 떨어지는 광선은 그것을 궤도에서부터 밀어 버린다; 그러므로 우리가 관찰하는 것은 충돌이지, 그 궤도 위를 평화스럽게 운동하고 있는 입자가 아니다. 당신이 어두운 홀에서 진로를 좇아 굴러가는 놀이용 공을 살피려 하고 있다고 상상하자; 당신이 불을 켜면 그 순간 빛이 공에 부딪혀 공을 그 진로에서부터 밀어 버린다고 상상하자. 공은 당신이 불을 켜기 전에는 어디에 있었을까? 당신은 말할 수 없을 것이다. 다행히도 우리의 조명은 놀이용 공에 관해서는 참이 아니다; 그것은 너무 크기 때문에 광선에 의한 조명은 그것을 눈에 띄게 교란하지는 않는다. 물질의 전자와 다른 입자에 관해서는 사정이 다르다. 당신이 그것을 관찰하면 당신은 그것을 교란해야 된다; 그러므로 당신은 그것이 관찰에 앞서 무엇을 했는지 모른다.

거시적인 세계에서도 관찰에 의한 약간의 교란이 있다. 경찰차가 주가로(主街路)의 교통을 뚫고 달리고 있을 때는, 그것을 타고 있는 이는 주위의 모든 차가 요구된 제한속도로 천천히 달리고 있음을 본다. 만약 경찰관이 때때로 평복을 입지 않고 보통의 차를 운전했다면, 그는 모든 차가 모든 시간에 이러한 제한된 속도로 움직이고 있다고 생각할 것이다.

전자를 취급함에, 우리는 평복을 입을 수 없다; 우리가 그것을 살필 때에 우리는 항상 그것을 교란한다.

당신은 다음과 같이 논의할 것이다: 우리가 교란되지 않는 입자란 그 궤도 위를 어떻게 움직이고 있는가를 관찰할 수 없음은 아마도 참일 것이다; 그러나 우리는 과학적인 추리에 의하여, 우리가 그것을 보지 않을 때에 그것이 무엇을 하고 있는가를 계산해 낼 수 있지 않은가? 이러한 의문은 우리를 앞에서 말한 관찰되지 않는 대상의 분석으로 되돌아가게 한다. 우리는 이러한 대상에 관하여 여러 가지 방법으로 말할 수 있음을 알고 있다; 일군의 동등한 기술이 있음을 알고 있다; 그리고 우리는 기꺼이 우리의 기술을 위하여 규범적인 체계를, 다시 말해 그 안에서는 관찰되지 않는 대상이 관찰된 대상과 다르지 않는 하나의 체계를 선택할 것임을 알고 있다. 그러나 입자의 관찰에 관한 우리의 논의는, 입자에 관해 우리는 규범적인 체계가 없음을 밝혔다. 전자의 관찰자는 프로타고라스 같은 사람이다; 그는 그가 보는 것을 있게 한다. 왜냐하면, 전자를 보는 것은 광선과의 충돌을 있게 함을 의미하기 때문이다.

입자에 관해 말하는 것은, 모든 순간에서 일정한 위치와 일정한 속도를 그것에 귀속시킴을 의미한다. 이를테면, 테니스공은 순간마다 그 진로에서 일정한 위치를 점유하고, 이 순간에 결정적인 속도를 낸다. 위치와 속도는 모두 순간마다 적합한 장치에 의하여 측정될 수 있다. 그러나 조그만 입자에 관해서는, 하이젠베르크가 표시한 것처럼, 관찰자에 의한 교란이 위치와 속도의 동시측정을 불가능하게 한다. 우리는 입자의 위치가 아니면 속도를 측정할 수 있다. 그러나 양쪽을 측정할 수는 없다. 이것은 하이젠베르크의 불확정성원리의 결과이다. 측정되지 않는 양을 결정하는 다른 방법이, 다시 말해 측정되지 않는 양이 관찰된 양과 간접적으로 관계되는 방법이 존재하느냐 않느냐라는 문제가 일어난다. 만약에 우리가 관찰되지 않는 양이 관찰된 양과 똑 같은 법칙을 따른다고 가정할 수 있다면, 이것은 가능할 것이다. 그러나 양자역학의 분석은 부정적인 해답을 제공했다; 인과에 관해 특수한 차이가 일어나지 않는 한 관찰되지 않은 대상은 관찰된 대상과 똑같은 법칙을 따르지는 않는다. 관찰되지 않는 대상을 제어하는 관계는 인과의 기초조건을 침범한다; 그것은 '인과적인 이상성'을 도출한다.

이 차이는, 간섭실험이, 다시 말해 전자선 또는 광선이 좁은 슬릿을 통과해 스크린 위에 흑백의 줄무늬로 성립하는 간섭반점을 만드는 실험이 이루어질 때 생긴다. 이러한 실험은 항상 파동의 마루와 골이 중첩된 결과로서 빛의 파동적인 성격에 의하여 설명되어 왔다. 그러나 우리는 무척 약한 작은 강도(強度)의 복사를 사용할 때에 생기는 무늬란, 그 복사가 충분히 오랜 시간 계속할 때와 동일한 구조이지만, 그것은 스크린 위에서의 아주 조그만 충돌의 결과임을 알고 있다; 그러므로 그 줄무늬는 기총소사와 비슷한 탄막에 의하여 산출되었다. 이 하나하나의 충돌은 불합리하게 파동으로써 설명될 수는 없다. 이 파동은 스크린을 덮을 만큼 커진다; 그 때는 다만 스크린의 한 점에만 섬광이 일어난다. 그리고 파동 전체는 없어진다. 그것은 섬광에 의하여, 말하자면 평범한 인과율과 양립하지 않는 사건에 의하여 병탄된다. 이것이 파동해석이 불합리한 결과를 또는 인과적인 이상성을 도출하는 점이다. 반대로, 우리가 복사란 입자로 성립한다고 가정한다면, 스크린 위의 충돌은 용이하게 설명된다. 그러나 두 개의 슬릿이 사용되면 곤란해진다. 간섭반점은 그 때는 두 개의 슬릿의 상호작용의 결과이다; 그러나 각 슬릿이 무늬 전체에 베푸는 공헌은 그 슬릿이 만약에 다른 스릴이 닫히면 만들 무늬와 다른 것이라고 표시될 수 있다. 이것은 입자에 의하여 선택된 슬릿 저편에 있는 진로가, 다른 슬릿의 존재에 영향을 받으리라는 것을 의미한다; 입자는 말하자면 다른 슬릿이 열려 있느냐 열려 있지 않느냐를 알고 있다. 이것이 입자해석이 인과적인 이상성에, 다시 말해 평범한 인과율의 침범에 도달하는 점이다. 동일한 침범은 모든 다른 실험장치와 모든 가능한 해석에도 일어난다. 이 결과는 '이상성의 원리'로 형식화된다. 그리고 이 형식화는 양자역학의 토대에서부터 도출될 수 있다.

이상성이라는 형식에서의 인과의 원리침범은, 인과법칙에서부터 확률성법칙에의 이행에서 표현된 확장과 주의깊게 구별되어야 한다. 원자적인 사건이 인과법칙에 의해서가 아니라 확률성법칙에 의해 제어되어 있다는 사실은, 지금 막 언급한 인과적인 이상성과 비교하면, 상대적으로 무해한 결과처럼 생각된다. 이 이상성은 인과적인 전달의 잘 확인된 성격을 형식화하는, 근접작용의 원리와 관계가 있다: 인과는 그것이 어떤 결과를 산출하는 지점에 도달할 때까지는, 공간을 통하여 부단히 확장해야 한다. 기관차가 움직이기 시작한다 할지라도, 각 객차는 즉시에 따라가지는 않고 간격을 두고 따라갈 것이다; 기관차의 견인력은 그것이 최후에 마지막 객차에 이를 때까지는, 틀림없이 한 객차씩 차례로 전달될 것이다. 탐조등이 켜질 때에, 그것은 즉시에 그것이 향한 대상을 조명하지는 않는다; 그 빛은 탐조등과 대상 사이의 공간을 달려야 한다. 그리고 만약 그것이 이처럼 고속도로 달리지 않는다면, 우리는 그 조명의 확장에 요구된 시간을 알아낼 것이다. 원인은 먼 대상에 순간적으로 영향을 미치지는 않고, 그것이 대상에 접촉해 영향을 줄 때까지 조금씩 차례로 퍼져 나간다—이 단순한 사실은 알려진 모든 인과적인 전달의 가장 현저한 특징 중 하나이다; 그리고 물리학자는 이 성질이 인과적인 상호작용의 불가결한 요소라는 신념을 용이하게 포기하지는 않을 것이다. 확률성법칙으로 이행한다 할지라도 이 성질을 반드시 포기함은 아니다. 확률성법칙은 확률성이 조금씩 차례로 전달되어, 인과적인 근접작용과 비슷한 확률성연쇄를 이루는 방식으로 구성될 수 있다. 양자물리학의 관찰되지 않는 것의 분석이 우리에게 근접작용의 원리를 포기하게 강제한다는 그것이 이상성의 원리를 도출한다는 사실은 확률성법칙의 전달에 대해서보다도 인과관념에 대해 훨씬 무거운 타격이라 하겠다. 이 인과의 붕괴는 거시세계의 관찰되지 않는 대상과 동일한 의미로 미시세계의 관찰되지 않는 대상에 관하여 말하는 것을, 불가능하게 하고 있다.

우리는 이리하여, 큰 사물세계와 작은 사물세계의 특수한 차이에 도달한다. 이 두 세계는, 관찰될 수 없는 것이 첨가된 관찰될 수 있는 것의 기초 위에 건설되었다. 큰 사물의 세계에서는, 관찰된 현상의 이러한 보충은 곤란한 일이 아니다; 관찰될 수 없는 것은 관찰될 수 있는 것의 유형을 따른다. 그러나 작은 사물의 세계에서는, 관찰될 수 있는 것의 합리적인 보충은 구성될 수 없다. 관찰될 수 없는 것은 그것이 입자이건 파동이건, 불합리하게 작용하여 확정된 인과율을 침범한다. 거기에는 관찰될 수 없는 것의 해석을 위한 규범체계라고는 없다. 그리고 우리는 일상생활의 세계에 관하여 말하는 것과 동일한 의미로 관찰될 수 없는 것에 관하여 말할 수는 없다. 우리는 물질의 기초적인 성분을 입자 또는 파동이라고 생각할 수 있다: 이 해석은 관찰에 동등하게 적합하기도 하고 동등하게 부적합하기도 하다.

그렇다면 이야기는 이것으로 끝난다. 파동의 신봉자와 입자의 신봉자 논쟁은, 해석의 이중성으로 변형되어 왔다. 물질의 성분이 파동이냐 입자냐는, 관찰되지 않은 것에 관한 문제이다; 그리고 원자적인 차원에서의 관찰될 수 없는 것은, 큰 사물세계에서의 관찰될 수 없는 것과는 달리, 규범체계의 기초조건에 의하여 일률적으로 결정될 수는 없다—왜냐하면, 거기에는 이러한 체계라고는 없기 때문이다.

우리는 이 비결정성이 조그만 대상에만 국한되어 있음을, 다행이라고 해야 하겠다; 큰 대상에 관해서는 비결정성은 없어진다. 왜냐하면, 하이젠베르크의 비결정성은, 플랑크의 양자가 너무 작은 탓에, 큰 대상에게서는 눈에 띄지 않기 때문이다. 전체로서의 원자에 관해서도 불확정성은 무시될 수 있다. 왜냐하면, 원자는 매우 크기 때문이다; 그래서 우리는 파동개념을 무시하고, 그것을 입자로서 취급할 수 있다. 전자 같은 가벼운 입자가 주도적인 역할을 하고 있는, 원자의 내부구조만이 양자역학적인 해석의 이중성을 요구한다.

이중성이 무엇을 의미하는가를 이해하기 위하여, 큰 물체에 관해서도 동일한 이중성이 성립하는 세계를 상상하자. 창을 통하여 들어오는 기총소사가 있고, 우리는 나중에 벽에 박힌 총알을 발견한다고, 그러므로 사격이 총알로 이루어졌음은 의심할 나위없는 사실인 것처럼 여겨진다고 상상하자. 한 걸음 나아가서, 우리는 창을 통하여 들어오는 사격통로가, 슬릿을 통과하는 파동법칙을 따른다고 가정하자; 벽에 박힌 총알의 분포가 간섭반점의 줄무늬처럼 줄무늬의 반점을 이루고 있다. 이를테면, 우리가 또 하나의 창을 열면 벽의 어떤 장소에 명중하는 총알수가 많아지지 않고 적어진다. 왜냐하면 파동이 이 점에 간섭하기 때문이다. 만약에 총알의 진로를 직접적으로 관찰하는 것이 불가능하다면, 그 때는 우리는 사격이 파동으로 이루어져 있지 않으면 입자로 이루어져 있다고 해석한다; 두 개의 해석은, 각각 어떤 불합리한 결과를 포함하고 있지만, 모두 참일 것이다.

이러한 세계의 불합리성은, 항상 그 결과에만 존재하고, 관찰된 것에는 존재하지 않을 것이다. 개개의 관찰은 우리의 세계에서 보는 것과 다를 것이다; 그러나 그것들의 전체성은, 인과의 기초사항과 모순되는 관계를 결정할 것이다. 돌, 나무, 집, 기관총 같은 것으로 이루어진 우리의 세계가 이러한 유형이 아님은, 다행이다. 정녕, 사물이 우리가 뒤돌아서면 등 뒤에서 계책을 꾸미고, 우리가 보는 동안만 합리적으로 작용하는 환경에 사는 것은 매우 불유쾌한 일일 것이다. 그러나 우리는 조그만 사물의 세계가 큰 사물의 세계와 동일한 단순한 구조를 가지고 있음에 틀림없다고 추리할 수는 없다. 원자적인 차원은 관찰되지 않는 것의 일률적인 결정을 위하여 진력하지는 않는다. 우리는 이 차원의 관찰될 수 없는 것은 여러 가지 언어로 기술될 수 있음을, 그리고 그 하나하나가 참다운 언어임을 의심할 수 없음을 알아야만 하겠다.

내가 보어의 상보성원리의 심화된 의미라고 생각하는 것은, 이 양자역학적인 사건의 특징적인 면모이다. 그가 파동기술과 입자기술을 상보적이라고 할 때에, 그것은 한쪽이 적합한 설명인 문제가 다른 한쪽에서는 적합한 설명이 아니고, 그 반대도 옳음을 의미한다. 이를테면, 스크린 위의 간섭반점을 고찰할 때에, 우리는 파동해석을 언급할 것이다; 그러나 개개의 국한된 충돌을 우리에게 표시하는 가이거계측기를 가지고 하는 관찰에 직면하면, 우리는 입자해석을 사용할 것이다. '상보성'이란 양자역학적인 언어의 논리적인 곤란함을 설명 또는 제거하지는 못함에 주목해야만 하겠다. 그것은 다만 그것들을 그렇게 이름지은 것에 지나지 않는다. 양자역학적인 관찰이 불가능한 것의 해석에는 규범법칙이 없음은, 그래서 우리가 다른 사건에 관해 인과적인 이상성을 피하려는 다른 언어에 호소해야 함은, 기초적인 사실이다─이것이 상보성원리의 경험적인 내용이다. 그리고 이러한 논리적인 사태란 우리의 실제적인 거시세계에는 유사물이 없음이 강조되어야 하겠다. 그러므로 나는 사랑, 정의, 자유와 결정성 등과 같은 '상보성'에 언급할 경우에는, 그것이 양자역학적인 문제를 밝힌다고 생각하지는 않는다. 나는 도리어, 여기에서 '양극성'이라고 하고, 명칭을 바꾸어, 이 거시적인 관계란 양자역학의 상보성과는 무척 구조가 다름을 지적하려 한다. 그것은 관찰될 수 있는 것에서부터 관찰될 수 없는 것에 이르는 언어의 확장과는 아무런 관련이 없고, 그러므로 물리적인 실재의 문제와는 무관하다.

논리학을 수정하여 달리 이 문제를 해결하려는 시도도 끊임없이 있었다. 언어의 이중성 또는 상보성 대신에, 그 논리적인 구조가 양자역학적인 미시세계의 특수성에 적용되기에 충분히 광범위한, 보다 포괄적인 형식의 언어가 구성되어 왔다. 우리의 일상적인 언어는, 이가치적인 논리에, 다시 말해 '진리'와 '허위'라는 두 진리가치를 가진 논리에 의거하고 있다. 비결정성이라는 중간적인 진리가치를 가지는, 삼가치적인 논리의 구성도 가능하다; 이 논리에서는, 진술은 참이 아니면, 허위가 아니면, 비결정성이다. 이러한 논리의 도움을 빌려, 양자역학은 파동이 아니면 입자라고 하지는 않고, 우연적인 일치를, 다시 말해 충돌임을 말하고, 두 개의 충돌 사이에 궤도 위에서 일어나는 것을 비결정적인 것처럼 방치하여 두는, 일종의 중성적인 언어로 쓰일 수 있다. 이러한 논리는—인간적으로 말해—양자물리학의 궁극적인 형식처럼 생각된다.

데모크리투스의 원자에서부터 파동과 입자에 이르는 일정은 먼 것이었다. 우주의 실체는—그것을 이성과 동일시했던 철학자의 비유적인 함축성에서가 아니라, 물리학자의 의미에서—철학자와 과학자의 양자가 약 2000년 동안 믿었던 고체입자와 비교되면, 매우 의심스러운 성격을 가지고 있음이 밝혀져 왔다. 우리 일상생활의 물체에 의하여 표시되는, 손으로 만질 수 있는 실체와 비슷한, 물체적인 실체의 개념은 감각적인 경험의 밖에서부터 삽입한 것이라고 인정되어 왔다. 합리주의철학에 이성의 요구(칸트는 실체의 개념을 선천적·종합적이라고 했다)로서 출현한 것은, 환경의 제약으로 산출한 것으로 현시되어 왔다. 원자적인 현상에 의하여 제공된 경험은, 필연적으로 물체적인 실체라는 관념을 포기시키고, 우리가 물리적인 세계의 윤곽을 그리는 기술형식의 수정을 요구했다. 물체적인 실체라는 개념에는 항상 언어의 일가치적인 성격이 수반되었다. 그리고 논리의 기초사항마저 인간이 태어난 단순한 환경에 적용함에서 산출된 것임이 밝혀졌다. 사변적인 철학은 과학적인 실험과 수학적인 분석의 인도 아래 과학철학이 발휘한 재치에 견줄 만한, 상상의 힘을 여태껏 한번도 전개한 일이라고는 없었다. 진리의 좁은 길은 가능한 경험의 다양성을 직관하기에는 너무나 협소한 철학의 과오로 포장되어 있다.

# 제 12 장

# 진 화

훈련되지 않은 관찰자의 눈에는, 생물유기체와 무기적인 자연 사이에 본질적인 차이가 있는 것처럼 보인다. 실제적으로, 모든 형태의 동물적인 생명은 독립적인 운동의 가능성을 발휘하고, 그 행동을 통하여 유기체 자신의 이익을 향한 어떤 계획된 행위를 표시한다. 인간에게서만이 아니라 동물의 어떠한 종족에서도, 계획된 행동이란 미래의 필요에 의한 장기적인 예상을 표시할 수도 있다: 새는 밤에 보호받기 위하여, 그리고 알을 까기 위한 장소를 갖기 위하여 둥지를 짓는다. 들쥐는 땅을 파서 집을 짓고, 월동식량으로 그 둥지를 채운다. 그리고 꿀벌은 꿀을 저장한다. 수많은 계획된 행동은, 항상 개체가 죽은 자리에 종족이 남아 있게 하는 놀라운 메커니즘인 생식을 향해 간다.

식물은 우리가 계획이라 하고 싶은 행동을 표시하지 않는다; 그러나 그것도 확실히 그것의 반응이 개체를 기르고, 종족보존 목적에 봉사하는 방식으로 기능을 발휘하고 있다. 그것은 지하수에 도달하기에 필요한 만큼 깊이 땅속으로 뿌리를 뻗는다. 그것은 생명에너지의 근원으로서 그 빛이 필요한 태양 쪽으로 푸른 잎을 돌린다; 그리고 그 생식기능은 수많은 자손을 확보한다. 생물유기체란 자기보존과 종족보존을 향하여 기능을 발휘하는 메커니즘이다; 그것은 우리가 '행동'이라는 눈에 보이는 표현에 의해서만이 아니라, 모든 행동의 근저에 있는 신체의 화학적인 메커니즘에서도, 참이다. 식물의 소화 또는 산화라는 화학적인 과정은 그것이 유기체에게 행동하기에 필요한 칼로리를 공급하도록 정돈되어 있다; 그리고 식물은 엽록소 입자의 힘을 빌려 태양의 복사에너지를 자신의 생존을 위하여 직접 이용할 수 있게 하는 과정조차 고안했다.

돌이 떨어지는 것, 물이 흐른 것, 바람이 부는 것 등, 이와 같은 무기적인 세계의 맹목적인 기능에 비교하면, 생물유기체의 행동은 계획에 의하여 제어되는 것처럼, 어떤 목적을 향하는 것같이 보인다. 무기적인 세계는 원인과 결과에 의하여 제어된다; 과거는 현재의 방법에 의하여 미래를 결정한다. 생물유기체에서는 이 관계가 전도되어 있는 것처럼 보인다; 지금 일어나는 것은 미래의 목적에 봉사하도록 정리된다. 그리고 현재에 일어나고 있는 것은 과거에 의해서보다는 도리어 미래에 의해 결정되어 있는 것처럼 보인다.

이러한 미래에 의한 결정은 '목적론'이라고 한다. 궁극인(窮極因)이라는 개념에서, 아리스토텔레스는 목적론 또는 '궁극인'에 물리적인 세계기술에서의 '인과성'에 평행하는 위치를 제공했다. 아리스토텔레스시대 이후부터, 과학자는 물리적인 세계의 이중적인 성격에 직면하여 왔다: 무기적인 자연이 원인과 결과에 의하여 제어되어 있는 것처럼 보임에 반하여, 유기적인 자연은 목적과 수단의 법칙에 의하여 지배되어 있는 것처럼 보인다.

이리하여 궁극인에는 인과성에 논리적으로 평행하는 기능이 제공되었다; 한쪽은 다른 쪽과 같은 정도로 기본적이다. 그리고 원인과 결과만으로 자연을 생각하는 물리학자는 직업적인 편견이라는 오류의 희생자라고 생각되었다. 이 편견으로 인해 사람은 그 자신의 협소한 분야 밖에서 탐구함이 긴요(緊要)함을 전혀 모르고 있다.

인과성과 궁극성의 평행론이라는 이 생각은 중립적인 관찰자의 의견처럼 들리나, 우리는 이 주장을 불유쾌한 마음으로 경청하고, 이 이론에 근본적으로 틀린 것이 있다는 감정을 억제할 수 없다. 물리학이란 생물학의 평행물이 아니라, 보다 기본적인 과학이다. 생물학이 물리적인 법칙에 첨가해서 생물유기체를 지배하는 특수한 법칙에 국한되어 있음에 반하여, 물리학의 법칙은 고작해서 생물체에 그치는 것이 아니라 유기체와 무기체의 양자를 포함하고 있다. 생물학에서 알려진 무기적인 법칙에 예외는 없다. 생물체는 받치고 있지 않으면 돌처럼 낙하한다; 그것은 무에서부터 에너지를 산출할 수는 없다. 그것은 소화과정에서 화학의 모든 법칙을 증명하고 있다—"이 과정이 생물유기체에 일어나지 않는 한"이라는 구절로 특징지어야 하는 물리적인 법칙은 없다.

생물유기체가 물리학의 법칙에 첨가해야 할 특수한 법칙의 형식화를 요구하는 성질을 발휘한다 할지라도, 이러한 첨가는 이상할 것이 없다. 우리는 더운 물체가 역학에서 언급되지 않는 성질을 표시함을, 전류가 통한 전선이 역학도 열역학도 설명할 수 없는 성질을 표시함을 알고 있다. 더욱 복잡한 조직상태를 가진 물질에 보다 단순한 상태의 물질이 표시하지 않는 성질을 허용함은, 논리적으로 곤란한 일이 아니다. 그러나 유기적인 물질이 무기적인 물질과 모순되는 성질을 가지고 있다고 가정하는 것은, 허용될 수 없는 것처럼 생각된다.

사실, 목적성은 인과성에 대립한다. 과거가 미래를 결정한다면, 미래는 과거를 결정하지 못한다. 적어도 "결정한다"라는 말이 이 말에서 사용되는 의미에서
는 결정하지 못한다. 결정이 양 방향으로 작용하는 정적인 의미의 말이 있다;
이를테면 $x$라는 수는 그것의 제곱 $x^2$을 결정한다. 그리고 그 제곱 $x^2$은 그것의 양의 근(根) $x$를 결정한다. 그러나 인과성은 발생적인 의미에서

의 결정이다. 바람은 나무의 굽은 모양을 결정한다. 그러나 그 역은 참이 아니다. 나무의 굽은 모양에서부터 우리는 일반적인 바람의 방향을 추리할 수 있음은 사실이다; 그러나 우리가 이 의미에서 나무의 모양이 바람의 방향을 결정한다고 말하면, 우리는 '결정'이라는 말을 단순한 상호관계의 정적인 의미로 사용하고 있다. 굽은 나무는 바람을 표시한다. 그러나 바람이 나무의 굽은 모양을 만드는 것에 반하여, 굽은 나무는 바람을 만들지는 못한다. "만든다"는 말은 논리적인 분석에 접근할 수 없는 것이라고 이해될 필요는 없다; 나는 앞에서(제10장) 인과성의 단일방향적인 성격은 논리적으로 형식화될 수 있다고 설명했다. 시간의 흐름에 관한 우리의 생각이 어떤 의미를 가진다면, 인과성은 목적성에 대립한다; 발생적인 의미에서의 결정은 한쪽 방향으로 일어날 수는 없다. 생명이 본질적으로 물리적인 과정과는 다르고, 인과에 의해서보다는 목적에 의해 제어된다는 해석은, 시간의 방향이라는 관념과 양립할 수 없다. 확실시된 이중성을 설명하기 위하여 상식에 호소하는 생물학자는, 그가 또 하나의 분야에서 상식에 대립하고 있음을 잊어서는 안 된다: 그는 생성의 개념을 포기하고 있다.

더욱 계속해서 분석하면, 이 딜레마에서 목적론자는 좋은 옹호물을 가지지 못함이 알려진다. 목적적인 행동이 포함되는 경우에는 언제나, 행동을 결정하는 것은 미래의 사건이 아니고, 미래의 사건에 관한 생물유기체의 예상이다. 우리는 나무를 자라게 하기 위하여 씨를 뿌린다; 우리의 행동이 결정하는 것은 미래의 나무가 아니고, 미래의 나무에 관한 우리의 현재심상이다. 그리고 이 심상에 의하여 우리는 그 미래의 존재를 예상한다. 이것이 옳은 논리적인 해석임은, 자라는 묘목이 파손되어 미래의 나무가 없을 수도 있다는 사실에서 알려진다; 그 때는 현재의 행동, 다시 말해 씨를 뿌리는 것이 변함없이 남아 있는데도 예상된 미래의 사건은 결코 일어나지 않는다. 그리고 결코 일어나지 않는 것은, 지금 일어나는 것을 결정할 수는 없을 것이다. 발생적인 결정은 과거에서부터 미래로 나아가고, 그 반대로 나아가지는 않는다. 인간행위에서의 관찰될 수 있는 것으로서의 목적적인 행동은 그것이 미래에 의한 과거발생적인 결정이라고 생각되는 경우에는, 잘못 해석된다. 상식도 과학도 인과성에 모순되는 발생적인 결정을 허용할 수는 없다. 목적성과 인과성의 평행론은 논리적인 오해의 산물이다.

그러면 목적론에 관해서 무엇이 남을까? 목적이 인과와 양립해야 하는 것이라면, 현재의 결정은 미래의 산물일 수는 없고, 계획에 의한 결정이어야 한다. 그러나 계획은 사고의 능력을 소유하는 어떤 유기체의 매개를 통해서만 결과를 가질 수 있다. 하지만 목적론적인 조직은 '이성적인 인간'의 종족을 넘어 훨씬 광범위하게 퍼져 있다. 우리는 들쥐가 식량을 저장하는 동안에 어떤 계획을 따르고 있다고 말하기 힘들다. 그리고 아무도 식물이 씨를 땅에 뿌릴 때에 그 종을 번식시키는 계획을 지니고 있다고 말하려 들지는 않을 것이다. 의인주의를 피하는 형식화는 용어에 조심해야 한다: 생물유기체의 활동은, 만약에 유기체가 계획에 의하여 행동한다면 따를 형태를 표시한다. 이 사실로 미루어 보아 어떤 신비한 방식으로 유기적인 행위를 제어하는 계획이 존재한다고 말함은, 인간행위를 가지고 유기적인 세계 전체를 유추해서 해석하는 것을 의미하고 설명 대신에 유추의 사용을 의미한다. 목적론은 유추주의요, 허위적인 설명이다; 그것은 사변적인 철학에 속하나, 과학적인 철학에서는 자리를 차지하지 못한다.

그러면 옳은 설명이란 무엇인가? 유기적인 활동이 마치 계획에 의하여 제어되어 있는 것 같은 유형을 표시함은, 여전히 사실이다. 우리는 이 사실을 우연한 일치로서, 우연적인 산물로서 기록해야만 할까? 통계학자의 양심은 이러한 생각에 반감을 품는다: 이러한 우연한 일치의 확률성은 몹시도 낮을 것이기 때문에 우리는 이 해석을 허용할 수는 없다. 인과적인 설명에의 욕구는 궁지에 도달했는 것처럼 생각된다. 인과는 도시 어떻게 목적적인 행위의 형태를 가질 수 있을 것인가?

해안에서 조약돌을 처음 보는 사람은 그것이 어떤 계획에 의하여 놓였다는 생각을 가질 수도 있을 것이다. 바닷물 가까이에 부분적으로 물에 덮이어 큰 돌이 놓여 있고, 조금 윗편에는 조그만 돌이 따르고, 잇달아 차례로 모래층들이 있는데, 그것도 처음에는 굵은 모래알로 되어 있으나 나중에는 해안의 위편에 있는 보드라운 모래알로 변화한다. 그것은 마치 누가 조약돌과 모래알의 크기에 따라서 단정히 분류하면서 해안을 청소한 것처럼 보인다. 우리는 이러한 의인주의적인 해석을 가정할 필요가 없음을 알고 있다; 파도는 조약돌을 날라다가 가벼운 것을 보다 멀리 바다 위편으로 던진다. 그리하여 자동적으로 그 크기에 따라 분류한다. 파도 하나하나의 충돌이 우연이라는 불규칙한 유형을 따름은 사실이다; 그리고 아무도 어떤 조약돌이 최후에 놓일 장소를 예언할 수는 없다. 그러나 거기에도 선택이 작용하고 있다; 큰 돌과 작은 돌이 같은 파도에 의하여 운반될 때는 언제나, 작은 돌이 조금 더 멀리 운반될 것이다. 선택과 결합된 우연이 질서를 산출한다.

생물유기체의 외관적인 목적성이 우연과 선택의 결합에 의한 유사한 방법으로 설명될 수 있음은, 다윈의 위대한 발견이었다. 많은 위대한 사상처럼, 다윈의 도태원리도 앞선 시대에 이미 예견되었다. 그리스의 철학자 엠페도클레스(Empedocles)는 생물체란 땅에서부터 조각으로서 자라났다는 환상적인 이론을 전개했다; 하나하나의 사지(四肢), 머리, 신체가 돌아다니다가 우연히 모여 기이하게 결합되어, 그 가운데서 가장 적합한 것만이 남게 되었다. 그러나 불충분한 이론의 테두리 안에서 진술된 좋은 생각이란, 그것이 재발견되어 결론적인 이론 속에 파묻힐 때까지는, 그 설명력을 잃고 잊혀지는 법이다. 다윈의 자연도태와 적자생존의 원리는 과학적인 탐구에 의하여 전개되었고, 진화의 정교한 테두리 안에서 표시되었다. 이것이 '다윈주의'라는 명칭이 자연도태에 의한 진화개념을 의미하게 되었던 이유이다. 그리고 다윈의 과학적인 업적의 범위는, 독립적으로 다윈의 자연도태 개념을 전개시킴에까지 이르렀으나 그 과학적인 업적이 다윈의 광범위한 업적에 비교할 수 없었던 다윈의 젊은 동시대인 윌리스(A.R. Wallece)보다도, 다윈에게 우월성을 주었음을, 정당화하고 있다.

존재하는 여러 종을, 항상 한 종에서부터, 해부학적인 구조와 유기체적인 구성에서 가장 밀접하게 그것을 닮은 다른 종으로 이행하고 있는, 그 분화 정도에 관하여 분류할 때에, 우리는 어떤 '체계적인' 질서에, 다시 말해 유사성의 관계가 뭇종에게 그 척도에서 그 위치를 배당하고 있는, 어떤 계열에 도달한다. 이 계열의 가장 높은 위치에 인간이 있다; 그 밑에 원숭이가 따르고, 잇달아 차례로 다른 짐승이 따른다; 그리고 새, 파충류, 물고기를 지나, 이 계열은 해양동물의 여러 가지 형태로 나아가, 마침내 최후의 형태인 단세포로 사는 유기체에, 즉 아메바에 이른다. 공존하는 여러 종의 '체계적인 질서'가 그 발생의 '역사적인 질서'를 표시한다고, 생명은 단세포인 아메바로부터 시작해서 수백만 년 지나는 사이에 차츰 높은 형태로 나아간다고 다윈은 추리했다.

이 추리는 좋은 연역적인 논리이다. 누구나 기꺼이 그것을 단순한 실례에 적용하려 할 것이다. 오직 하루만을 사는 파리가 인간의 여러 유형을 관찰한다고 상상하라: 그것은 어린이, 아이, 10대를 거쳐, 성인, 노인을 볼 것이다. 그러나 인간 개개인의 성장 또는 변화를 알지는 못할 것이다. 만약에 파리 가운데에 다윈 같은 놈이 나타난다면, 이러한 탁월한 파리는, 그것이 관찰하는 인간공존의 단계가 역사적인 계기를 표시하고 있음을 추리할 수도 있을 것이다. 시간비율에 관한 한, 파리는 우리보다 훨씬 유리하다: 진화의 오랜 세월에 비교하면, 인간생명의 짧은 순간은, 인간의 가장 오랜 생애에 비교된 파리의 하루 생명보다, 훨씬 짧을 것이다.

우리가 실제적으로 진화적인 변화를 관찰 할 수 없음은 이상한 일이 아
니다. 그리고 이 진화적인 변화에서는 기록된 인류역사의 6000년이라는
세월도 다만 무한소에 지나지 않는다. 그러므로 우리는 항상 체계적인 질
서에서부터 역사적인 질서에 이르는 추리에, 다시 말해 동시적인 것의 질
서에서부터 계기의 질서에 이르는 교차—추리에 의존할 것이다.

물론 이 추리를 지지하는 것으로서 들 수 있는 증거란 이것 이외에도
있다. 지질학의 여러 발견이 이것이다: 각종의 지질학적인 층은 다른 종
류의 화석을 포함하고 있다. 그러나 너무나 정돈되어 있기 때문에 보다
분화된 형태일수록 상부의 지층에 포함되어 있다. 지층의 공간적인 질서
를 그것이 놓인 시간질서와 동일시함은 정당하다고 생각된다. 이리하여
지질학은 고려될 수 있는 어떠한 시대에도 미칠 수 있는 동물적인 생명
상태의 기록을 보유한다. 뿐만 아니라, 발굴은 존재하는 여러 종의 체계
적인 질서에서 상실되어 있는 많은 종의 특수한 표본을, 그 간격을 매꾸
는 결과를 가지고 우리에게 제공했다. 특히 사람과 원숭이 사이에 상실되
어 있는 연결물이, 원숭이의 것보다는 튀어나온 안와(眼窩)에, 사람의
것보다는 작으나 원숭이의 것보다는 큰 뇌의 용량을 가진, 어떤 두개골의
표본에서 발견되었다; 이 두개골에서는 뒤로 젖혀진 이마가 뇌의 전두엽
영역을 작게 하고 있다. 이 원인(猿人)의 뇌는, 뇌의 전두엽영역에 위치
한, 경험에의 이전반응결과를 회상함으로써 그것에서 이익을 얻는 능력
이, 무척이나 한정된 정도로밖에는 발달되어 있지 않았으나, 어떤 정신적
인 활동을 가능하게 했다.

부수적인 말이지만, 이 원인(猿人)은 사람과 지금 생존하고 있는 원숭
이 양자의 조상이라고 여겨진다. 그러므로 원숭이는 사람의 조상이라기
보다는 도리어 방계를 표시하고 있다.

우리가 앞에서 말한 증거를 결론적이라고 생각한다면, 우리는 아메바
에서 사람에 이르는 생명의 진화라는 사실을 허용해야 한다. 그러나 이

진화의 '이유'라는 문제가 남아 있다. 왜 생명은 높은 형식으로 발전하는 가? 진화는 계획에 의한 과정처럼 생각된다. 사람은, 상상될 수 있는, 목적론에의 가장 강력한 지지를, 진화가 제공하고 있다고 말하고 싶을는지도 모른다.

다윈의 위대한 공헌이 개입하는 것은 바로 이 점이다: 다윈은 진화과정이 인과에 의해서만 설명될 수 있고, 어떠한 목적론적인 개념도 요구하지 않음을 알고 있었다. 생식의 우연적인 조건변화는, 생존을 위하여 다르게 적응하는 개체의 차이를 형성한다; 생존경쟁에서 가장 적합한 것이 생존하게 된다; 그리고 그것은 그 자손에게 보다 고차적인 능력을 전달하기 때문에, 차츰 고차적인 형식에의 진보적인 변화를 결과할 것이다. 해안의 조약돌처럼, 생물학적인 여러 종도 선택적인 원인에 의하여 질서가 정해진다; 선택과 결합된 우연이 질서를 산출한다.

다윈의 선택이론은 많이 논의·개선되어 왔다. 그러나 그것은 결코 그 토대가 흔들린 일은 없었다. 그의 위대한 선행자인 라마르크(Lamarck)의 영향을 받아, 다윈은 획득형질의 유전을 확신했다; 그는 개체가 훈련을 통해 획득하는 기능적인 적응성이 그 자손에 전달된다고 생각했다. 이 견해와 이 견해가 다윈의 이론에 관한 그 자신의 생각에서 차지하는 역할에 관하여, 많은 논쟁이 되풀이되었다. 그러나 우리는 오늘날 두 개의 명확한 진술을 할 수 있다: 첫째, 오늘날 이용할 수 있는 모든 실험적인 증거가 획득형질의 유전을 반대하고 있다는 것, 그리고 둘째, '다윈주의'는 이러한 종류의 가정을 필요로 하지 않는다는 것이다. 다윈의 자연도태 개념을 어떤 실험적인 발견과 결합하여, 현대의 생물학은 '경향적'인 유전 변화에 만족한 설명을 제공했고, 이리하여 그것 자신을 '라마르크주의'에서부터 해방시켰다.

이 설명은 '돌연변이'에, 다시 말해 개체의 유전물질에서의 변화에 의거하고 있다. 이러한 돌연변이는 X-선이나 열에 의하여 인공적으로 산출될 수도 있다; 자연에서는, 그것은 우연적인 원인에 의하여 일어나고, 개체가 그 생활조건에 적응하는 데에 귀인하지는 않는다. 이 우연적인 돌연변이는 대개 유용할 것이다; 그러나 유용한 돌연변이가 일어난다면, 그것은 개체에게 보다 고차적인 생존능력을 지니게 할 것이다. 우연적인 원인에 귀인하는 유전적인 돌연변이의 존재가 한번 증명되면, 나머지는 확률성의 법칙에 맡겨진다. 그리고 이 법칙은 느리게 작용하고 있지만, 마침내 차츰 고차적인 생명형태를 산출할 것이다.

어떠한 비판도 이 증명의 설득력을 감소시킬 수는 없다. 많은 돌연변이가 너무 작기 때문에 그것들은 생존에 대한 이익을 눈에 띄게 남기지는 않는다고, 반대하면 확률성의 이론가는 그래서 우연적인 변이가 모든 방향으로 일어나서, 마침내 순전히 우연하게 그것들이 한 방향으로 축적되어 생존의 이익을 눈에 띄게 산출한다고 대답할 것이다. 돌연변이가 작은 것은, 진화과정을 지연시킬 수는 있으나, 그것을 정지시킬 수는 없다. 많은 돌연변이가 무용하다고 반대되면, 그것들 가운데에 유용한 돌연변이가 '있다'면 충분하다는 것이, 그 대답이 될 수 있을 것이다. 생존경쟁에 의한 도태는 거부할 수 없는 사실이다. 그리고 선택과 결합된 우연이 질서를 산출한다—이 원리에서 피할 길은 없다. 다윈의 자연도태이론은, 진화의 외면적인 목적성이 인과성으로 환원되는 도구이다. 돌연변이와 유전문제는, 현대의 유전학자에 의하여 그 모든 분야에서 연구되어 왔고, 앞으로도 의연히 탁마되어야 할 것이다; 그러나 목적성의 필요는 다윈의 원리에 의하여 제거되었다.

진화의 이론은 송두리째 간접적인 증거에 의거하고 있다. 말하자면 인간을 시험관 속에서 만들어 내어 이 이론의 직접적인 증거를 구성함이 가능할까?

실험실에서 하는 실험의 짧은 시간에 자연이 수백만 년 걸려 이루었던 과정을 모사한다는 것은, 몹시 바람직하기도 하다—만약 자연이 모든 인간 배(胚)의 성장이 이 과정의 단시간적인 모사물을 제공하지 않는다면, 그러하리라는 것이다. 이 성장은 단세포 단계로부터 시작해, 헤켈 (Haeckel)이 밝혔던 것처럼, 단축된 형식이기는 하나, 더욱 복잡한 단계로 나아간다. 이를테면 인간의 배가 아가미구멍을 가지는, 그리고 그 외면적인 모양이 물고기의 배와 거의 구별될 수 없는 단계가 있다. 포유동물의 수정된 난세포를 시험관 안에 넣고 그것을 완전한 개체로 발전시킴은, 그리 어려운 일이 아닌 것처럼 생각된다. 그러나 이 실험은 그렇게 많은 것을 증명하지는 못한다. 왜냐하면 수정된 난세포라는 최초의 재료는 자연의 산물이 아니고 화학적인 합성으로 만든 것이기 때문이다. 포유동물의 난세포와 정충을 인공적으로 만드는 것이 과연 가능하냐 어떠냐는, 무척 의심스러운 일이다. 현대의 생물학자는 만약에 그가 합성절차에 의하여 아메바를 만들 수 있다면 즐거워할 것이다.

그러나 이러한 실험은 사실 아주 결정적인 것이다. 아메바에서부터 인간에 이르는 진화에 관하여 우리가 가지는 직접적인 증거는, 너무나 훌륭한 것이기 때문에, 그것은 직접적인 실험에 의한 부연을 거의 요구하지 않는다. 무기적인 물질에서부터 단 한 개일지라도 산 세포를 산출함은, 진화론을 완전하게 만들기를 원하는 생물학자가 관여하는, 가장 긴요한 문제이다. 이러한 유형의 성공적인 실험은 그렇게 먼 장래의 일이 아닐는지도 모른다. 염색체의 연구는 개체의 성질을 전달하는 염색체의 실 같은 구조의 짧은 부분인 유전자가 단백질의 큰 분자보다 크지 않음을 알렸다. 아마도 생물학자는, 후일에 유전자형의, 그리고 원형질형의 합성적인 단백질을 구성하여, 그것들을 한데 모아, 산 세포의 모든 특징을 가지는 어떤 집합체를 만들 것이다. 만약에 이 실험이 성공한다면, 그것은 생명의 기원이 무기물에까지 소급될 수 있음을 증명할 것이다.

생명의 원리는 경험주의 철학의 원리와 모순되는 것을 포함하지는 않는다―이것이 19세기 생물학의 결론이다. 생명은 모든 다른 자연현상을 좇아 설명될 수는 없다. 그리고 생물학은 물리학의 법칙을 침범하는 원리를 요구하지는 않는다. 생물유기체의 표면적인 목적성은 인과성으로 환원될 수 있다. 생명은 '생명력', '엔텔레키(enteleahy)', 또는 이 밖에 이러한 초자연적인 실체에 관해 어떠한 이름이 제의되었을지라도, 이러한 비물질적인 실체의 존재를 요구하지는 않는다. 이런 종류의 특수한 생명 실체의 존재를 주장하는 '생명주의'의 철학은 역사적으로 철학적인 합리주의의 후예로서 분류되어야 하겠다. 그것은 우주를 제어하는 힘을 가진 정신을 부여하고, 정신의 기원을 물리적인 세계의 법칙 대상이 아닌 실체에서 설명하는, 철학에서부터 나온다. 경험주의는 다만 철학자의 구성에서 표시될 뿐만 아니라, 또한 과학자가 실험적인 탐구를 추구하는 태도에서도 표시된다. 이런 의미로, 현대의 생물학은, 그 전문가의 몇 사람이 아직도 그들의 과학적인 업적을 생명주의 철학과 결합을 기도하고 있기는 하나 경험주의적이다.

생명의 진화는 보다 긴 이야기, 다시 말해 우주진화의 이야기에서의 마지막 한 장(章)에 지나지 않는다. 고대인의 공상적인 우주창조설 이래로, 이 우주가 어떻게 존재하게 되었느냐라는 문제는 인간의 마음을 매혹시켰다. 현대의 과학은 관찰과 추리의 정밀한 방법을 사용해, 고대인이 꿈꾸었던 것보다도 더욱 공상적인 해답을 제공했다. 나는 과학적인 방법의 힘이 그 가장 위대한 업적의 하나에서 표시하는, 이 이론들의 짧막한 윤곽을 제공하려 한다.

처음에 하나의 논리적인 단계가 있어야 했다: 이 우주가 어떻게 존재하게 되었던가를 묻지 않고, 과학자는 이 우주가 어떻게 지금 있는 것 같은 존재가 되었던가를 묻는다. 그는 이전의 상태에서부터 현재의 상태에 이르는 진화를 찾고, 이 역사를 가능한 한 소급시키려 한다. 물어야 할 것이 아직도 남아 있느냐 없느냐는, 내가 지금 논의할 문제이다.

최초의 해답은 지질학적인 탐구결과에 의하여 제공된다. 그리고 이 결과는 이 지구의 지각이란 작열하는 가스덩어리가 냉각되어 형성된 것임을 드러내고 있다. 지구의 내부는 아직도 작열하고 있다; 기원적인 지각은 그 표면에 대양이 우리 대륙 대부분의 표면을 형성하고 있는 여러 침전물층을 배열했던, 화강석에서 볼 수 있다. 몹시 이상하게도, 지각형성 과정 기간은 과학이 그 문자판을 읽을 줄 알았던, 일종의 지질학적인 시계에 의하여 측정된다. 우라늄, 토륨 등 같은 방사성 원소는 잘 알려진 속도로 더욱 영속성 있는 물질로 변탈되어, 마침내 납에서 결말이 난다. 현단계에 지구표면에서 발견되는 것 같은, 방사성물질의 양과 납의 양의 비율을 측정해서, 지질학자는, 순수한 방사성 물질에서부터 이 모든 물질을 발전시킴에 소요된, 시간을 결정할 수 있다. 지구가 가스상태였을 때에 방사성 원소가 형성되었고, 한편 변탈이 아직도 존재하지 않았다고 가정하면, 지질학자는 지구 지각의 연령을 이 시간과 동일시할 수 있다. 그리하여 지구의 연령은 약 20억 년임이 드러난다.

둘째 해답은 별과 관계가 있다. 우리의 태양처럼 항성도 명백히 진화를 계속하고 있다; 그것은 거대한 비율로 복사를 방출하고, 이 끊임없는 에너지의 상실을 보충하기 위하여 에너지원을 가져야 한다. 헬름홀츠가 인정했던 것처럼, 이러한 근원의 하나는 중력이다; 별은 수축한다. 그리고 그 중심으로 향하여 운동하는 물질은 그 속도를 열로 변화시킨다. 보다 강력한 근원은 원자폭탄의 폭발과정에서 일어나는 것 같은, 원소변환이다. 별의 내부에서와 같은 고온에서는—태양은 그 중심에서 2,000만 ℃의 온도라고 평가된다—원자핵의 분열과 결합이 부단히 계속된다. 그래서 질량은 에너지로 변화된다. 이 과정은 원자핵의 형성에 관한 최근의 발견에 비추어 보아, 베테(Bethe), 가모프(Gamow) 등이 분석하였다. 에너지 공급의 주요한 과정은 수소에서부터 헬륨을 형성한다. 그리고 이 형성에서는 다량의 에너지가 방출되나, 물질의 질량상실은 비교적 적다 (계획된 수소폭탄이 모사하려는 과정은 바로 이것이다). 태양에 관하여 이루어진 계산은 그 수소공급원의 연소가 약 120억 년의 수명을 가질 수 있음을 알리고 있다. 그리고 그 가운데서 20억 년이 이미 지나갔다. 이 동안에 태양은 천천히 더워지고, 마침내 그 단계 후에는 그것이 진속히 냉각해 버릴 극한에까지 도달된다.

별의 진화이론은 다윈의 진화론에서 사용된 추리에 유사한, 몹시도 다른 유형의 추리에 의하여 확인된다. 밤하늘에서 볼 수 있는 별의 전체성에 관하여 천문학자들은 체계적인 질서를 발견했다. 그리고 이 질서는 모든 별 하나하나가 겪은 역사적인 단계질서를 표시하는 것이라고 생각되었다. 다시 한번 동시적인 것의 체계적인 질서에서부터 시간의 계기적인 질서에 이르는 추리가 힘을 발휘했다. 이 추리를 별에 적용하는 것은 생물학적인 체계에 적용하기보다 더욱 곤란한 일이다. 왜냐하면, 별의 체계적인 질서는 용이하게 눈으로 볼 수는 없기 때문이다. 이러한 연구의 기초가 되는 것은 러셀(N.H. Russell)과 헤르츠프룽(E. Hertzprung)이 편찬한 통계학적인 도표이다. 이 도표에서는, 스펙트럼형태에 관하여, 다시 말해 분광기가, 별의 명도를 표시하는, 그리고 별의 온도를 지시하는 어떤 선에 관하여 별이 분류된다. 이리하여 구성된 체계적인 질서가 별의 생명단계의 평균적인 역사적 계기(繼起)를 표현하는 것이라고 생각되면, 이 해석은 별 내부에서의 열의 발생과정에 관한 생각에서부터 도출된 결론과 일치한다. 젊은 별들은 거대한 크기의 가스덩어리이고 물질밀도는 몹시 낮다; 그것들의 빛은 그것들의 온도가 그렇게 높은 것이 아니기 때문에 빨갛다. 늙은 별들은 부피는 작지만 물질밀도는 높다. 별들의 온도가 여전히 높은 동안은 그것들은 흰빛을 띠다가, 마침내 냉각되어 눈에 보이지 않게 된다. 빨간 큰 별과 하얀 작은 별의 단계 사이에 별의 생명역사가 펼쳐져 있다. 이 종말은 그리 기대할 수 없다: 우리의 태양은 얼마동안 더 더워져 대양을 끓게 할 것이기 때문에, 인간은 보다 먼 유성으로 이주해야 할는지도 모른다; 그러나 최후에는 그것이 냉각되어, 그 환경에서는 어떠한 생명도 살 수 없는, 춥고 죽은 물질의 조각이 되고야 말 것이다. 같은 운명이 모든 다른 별들에게도 예정되어 있기 때문에, 우주는 최후에 열역학의 제2원리(제10장)에 의하여 예언된 것처럼 온도가 동일화되어 절멸할 것이다.

셋째 해답은 은하계의 역사에 관계한다. 은하는 수억 개의 별이 모인 것이다. 유성체계를 가진 우리의 태양은 밤하늘에 보는 은하에 속한다. 다른 은하들은 와상성운에서 발견된다. 그리고 이 와상성운은 우리의 은하에서부터 수백만 광년 떨어져 있고, 우리와 그리고 상호간의 공허한 공간에 의하여 격리되어 있다. 허블(Hubble)이 처음으로 이룬 분광학의 관찰은, 실제적으로 모든 은하들을 우리에게서 엄청난 속도로, 빠를수록 와상성운이 우리의 체계에서부터 더욱 멀어지는 속도로, 멀리 달아나고 있음을 알리고 있다. 모든 은하가 항상 같은 속도로 그 궤도 위를 운동하고 있다고 가정하면, 우리는 그것이 어디에서 온 것인가를 계산해 낼 수 있다. 이 수치는 모든 은하들은 약 20억 년 전에 동일한 장소에 밀집하고 있었고, 아마도 상당한 고온의 거대한 가스덩어리를 구성하고 있었음을 알리고 있다.

이 모든 계산에 20억 년이라는 수치가 나타나는 것은 지극히 놀라운 일이다. 약 20억 년 전에 우리의 우주, 우리 태양, 우리 지구의 시원이 있었던 것처럼 생각된다. 하늘도, 분광학과 지질학의 수치에 기록된 먼 옛날에서의 공통적인 시원을 가리키는 진화를 드러내고 있다. 우주를 지나는 진로에서 지구에 떨어진 운석조각조차, 방사성변탈물에 의하여 그 물질에 각인된 동일한 시대를 알리고 있다. 태고에, 우주가 그것에서부터 나온 아메바라고도 할 만한, 거대하고 작열하는 가스덩어리가 있었다─ 이것이 진화의 이야기가 어떻게 시작하는가를 알리고 있다.

이상 말한 것이 우리가 물을 수 있는 모든 것인가? 과학은 우주의 역사물 20억 년 전의 시대로 소급시켰다. 그 시대 이전에는 무엇이 있었던가? 어떻게 원시적인 가스덩어리가 존재하게 되었던가를 묻는 것이 우리에게 허용될 것인가?

이 의문을 제기한 사람은 누구나 이미 철학적인 영역에 발을 디딘 것이다; 그리고 이 의문에 해답하려는 과학자는 이미 철학자가 되어 버린 것이다. 그러므로 나는 현대의 철학자가 어떻게 해답할 것이냐를 설명하려 한다. 사변적인 유형의 철학자는, 과학에 허구를 대치시키는 우주창조설의 발명으로 이 문제에 해답했다. 또는 무에서부터 물질을 창조하는 행동을 규정했다―다시 말해 "우리는 모른다"함을 서투르게 감추는 것에 지나지 않는 해답을 제공했다. 한 걸음 나아가 이 해답을 "우리는 결코 모를 것이다"라는 것에 의존시킴은, 겸허의 가면 아래, 미래의 과학적인 발전을 예측하는 능력을 그 자신에게 부여하는 것을 의미한다.

현대의 철학자는 다른 태도로 반응을 표시한다. 그는 과학자에게 책임이 없을 결정적인 해답을 제공하기를 회피한다. 그가 할 수 있는 모든 것은, 유의의하게 질문할 수 있음은 무엇인가를 명백히 하고, 어느 해답이 참인가를 후일에 과학자에게 맡기는 여러 가지 가능한 해답의 윤곽을 밝히는 것이다. 사실, 현대의 물리학은, 이 논리적인 과제에 많은 재료를 가지고 공헌했고, 설혹 현재에 알려진 가능한 해답이 불충분한 것임이 드러날지라도, 앞으로 보다 고차적인 해결방법을 발견할 것이다.

어떻게 무(無)에서부터 물질이 생겼을까를 묻는 것은, 또는 최초의 사건 내지는 전체로서의 우주원인이라는 의미로 제1원인을 묻는 것은, 뜻있는 문제가 아니다. 원인에 의한 설명이란, 일반적인 법칙에 의한 후일의 사건과 결합된 이전의 사건을 지적해 냄을 의미한다. 만약에 최초의 사건이 있다면, 그것에는 원인이 있을 것이다. 그리고 그것은 설명을 요구할 만큼 뜻있는 것은 아닐 것이다. 그러나 최초의 사건이 있어야 할 필요는 없다; 우리는 모든 사건이 이전의 사건에 의하여 선행된다고, 그리고 시간이란 시작이 없다고 상상할 수 있다. 양쪽으로 향하는 시간의 무한성은, 이해하기 어려운 것이 아니다. 우리는 수의 질서에 끝이 없음을, 모든 수에게는 보다 큰 수가 있음을 알고 있다. 우리가 음수를 포함한다면 수계열은 시작도 없을 것이다. 시작도 끝도 없는 무한계열이 수학에서 성공적으로 취급되어 왔다; 그것에는 역설적인 것이라고는 아무 것도 없다. 최초의 원인, 즉 시간의 시작이 틀림없이 있었을 것이라고 반대하는 것은, 훈련되어 있지 않은 머리를 가진 사람의 태도이다. 논리학은 시간의 구조에 관하여 아무 것도 우리에게 말하여 주지 않는다. 논리학은 시작이 있는 계열과 마찬가지로 시작이 없는 무한한 계열의 취급방법을 제공한다. 만약에 과학적인 증거가 무한성에서 와서 무한성으로 가는 무한한 시간을 지지한다면, 논리학은 아무 반대도 하지 않을 것이다.

설명이 어디에서 끊겨야 한다 함은, 다시 말해 해답될 수 없는 의문이 남음은, 반과학적인 철학이 즐기는 논의가 되어 왔다. 그러나 그렇게 언급된 의문은 말의 오용에 의하여 구성된다. 한 연관에서 뜻있는 말은 다른 연관에서는 무의미하게 될 수도 있다. 결코 아이를 가지지 못하는 아버지가 있을까? 모든 사람은 이러한 의문을 중대한 문제라고 생각하는 철학자를 조소할 것이다. 최초 사건의 원인이라는, 또는 전체로서의 우주의 원인이라는 문제는, 보다 나은 유형의 것이 아니다. '원인'이라는 말은 두 사물 사이의 관계를 의미하고, 오직 하나의 사물에만 관계되면 적용될 수 없다. 전체로서의 우주에는 원인이 없다. 왜냐하면, 정의에 의하여, 그것밖에 그 원인이 될 수 있는 아무 것도 없기 때문이다. 이러한 유형의 의문은 철학적인 논의라기보다는 도리어 공허한 말장난이다.

우주의 원인을 묻는 대신에, 과학자는 오직 우주의 현재 상태의 원인만을 물을 수 있다. 그리고 그의 과업은, 그가 자연법칙에 의하여 우주를 설명할 수 있는 연대를 자꾸만 소급시킴에 있다. 오늘날 이 연대는 20억 년 전이라고 추산되고 있다―이것은 충분히 긴 기간이다. 그리고 천문학적인 관찰에서부터 그 연대기를 도출하는 것은 제1급의 과학적인 업적이라 하겠다. 후일에 그 연대는 다시 20억 년 전으로 소급할는지도 모른다.

우리는 공허한 공간에 둘러싸인 협소한 점에 집중된 고온의 가스덩어리라는 시원에 적합한 상태가 못되기 때문에, 그 연대를 소급시키려 한다 —그것은 보다 앞선 역사에 의한 설명을 요구한다. 그것은 오랫동안 존재하고 있었을 상태가 못된다. 왜냐하면, 그것은 균형된 상태가 아니기 때문이다. 아마도 그 가스덩어리는, 후일에 우리의 것과 유사한 진화를 겪었을, 초우주의 와상성운이라고 해석될 것이다. 우리는 미래의 망원경이 우리에게 무엇을 알릴 것인가를 모른다—그것은 우리의 확장하는 체계에 속하지 않는 보다 먼 와상성운에서부터 소식을 우리에게 전할 수도 있을 것이다.

아인슈타인의 상대성이론은 최초의 가스덩어리에 관한 만족한 해석을 제공한다. 아인슈타인에 의하면, 우주는 무한한 것이 아니고, 구형의 닫혀진 리만공간이다. 이것은 우주가 일종의 구형의 외각에 싸여 있고, 이 구형의 외각이 무한한 공간에 파묻혀 있음을 의미하지는 않는다. 이것은 전체공간이 경계선이 없으면서도 유한함을 의미한다. 우리가 있는 곳에는 어디나 항상 모든 방향으로 우리를 둘러싼 공간이 있고, 그 끝은 보이지 않는다; 그러나 우리가 일직선을 따라 이동하면, 우리는 후일에 다른 방향에서 우리의 출발점에 되돌아올 것이다. 우리는 이 삼차원적인 공간을, 우리 지구의 이차원적인 표면의 관찰될 수 있는 성격과 비교할 수 있다. 지구의 표면이란 어디에서나 평면적인 면모를 전개하고 있으나, 한편 이 모든 영역은 닫혀 있기 때문에, 항상 일직선으로 전진하는 사람은 마침내 그 출발점으로 되돌아오게 된다. 비유클리드 기하학의 모든 다른 개념들처럼, 닫힌 공간이란, 비록 이러한 시각화가 단순한 기하학적인 환경에 의하여 제약됨을 극복하는 약간의 훈련을 요구한다 할지라도, 시각적인 그림으로 표시할 수 있다.

이러한 아인슈타인의 생각은 수학자 프리트만(Friedmann)과 르메트

르(Lemaitre)에 의하여, 무한한 전체공간에는 일정한 크기가 없고 팽창한다는 가정으로 수정되었다. 우리는 이것을 팽창하고 있는 고무풍선의 표면확장과 비교할 수 있다. 약 20억 년 전에는, 우주공간은 매우 작았고, 모두 원시적인 가스로 충만되어 있었다; 그러나 그 때부터 그것은 후퇴하여 가고 있는 은하계에 의하여 표시되는 속도로 팽창하여 왔다. 상대성의 수학이 이러한 팽창하는 우주의 가능성을 열고 있음은, 비록 그것이 명확한 해답을 도출하고 있지는 않지만, 중요한 사실이다. 아인슈타인의 방정식은 수학자가 미분방정식이라는 것이다. 그리고 이러한 방정식은 여러 가지로 다른 해답과 양립할 수 있다. 물리학자는 관찰적인 결과에 가장 적합한 해답을 하나만 선택하려 한다. 현재에는, 천문학적인 결과는 결정적인 해답을 얻기에는 아직도 너무나 적다.

만약 최초 상태의 연대를 더욱 고대로 소급시킴을 과학의 새로운 정세에 맡기지 않고, 우리가 모든 상태에 관하여 앞선 상태를 결정해서, 무한한 과거의 모든 진화를 제어하는 수식을 생각해 낼 수 있다면, 그것은 우주시원에 관한 문제의 몹시도 만족스러운 해답이 될 것이다. 이러한 가능성은 팽창하는 우주에 의하여 제공된다. 왜냐하면, 우주가 영의 크기에서부터 20억 년 전의 조그만 크기로 성장하는 데에 무한한 시간이 걸렸다는 상대론적인 방정식의 해답이 존재하기 때문이다. 이 해답은 또한 조금 달라질 수도 있다. 그리하여 무한한 과거에서의 최초상태는 조그만 유한한 공간을 가지게 된다. 이 수학적인 수식에 우리는 다음과 같은 해석을 첨가할 수 있다: 우주가 작은 동안은, 그것을 채우고 있는 가스는 일정한 조건에 놓여 있다; 어떠한 크기에 이르면 그 가스는 개개의 조각으로 흩어져, 중력의 견인에 의하여 별[星]로 발전된다. 이 해석과 결합되면, 팽창하는 우주에 관한 수식은 합리적으로 물을 수 있는 모든 문제에 해답할 것이다; 그것은 우주가 옛적에 영의 크기였다고, 또는 무한소의 크기였다고 하지는 않을 것이다. 왜냐하면, 그것은 오직 점진적인 수렴만을 주장할 것이기 때문이다. 그러나 그것은 "이러한 상태의 원인은 무엇이었 나"라는 유형의 모든 문제에, 모든 주어진 상태에 선행하는 것을 부여함 으로써, 금방 해답할 것이다. 그렇게 되면, 우주의 기원에 관한 문제는, 가장 작은 수의 문제와 동일한 방법으로 해답될 것이다: 팽찰설의 수식 은 우주의 기원은 없다고, 그렇지 않고 시간 속에서 질서가 정해진, 계산 될 수 있는 상태의 무한한 계열이 있다고 할 것이다. 이 해석이 천문학적 인 결과와 양립할 수 있느냐 없느냐는, 다음에 알려질 것이다.

유사한 경로를 좇는, 조금 다른 생각을 에딩턴(Eddington)이 전개했 다. 작열하는 가스로 가득한 조그만 닫힌 우주는, 오랫동안 지속할 수 있 고, 그리하여 무한한 우주에 떠 있는 가스덩어리와는 달리, 균형상태에 있다. 그러나 그것은 가장 가벼운 교란이 팽창을 일으키는 한, 안정된 균 형상태에 있다고 할 수는 없다. 그리고 이 팽창이 천문물리학의 법칙에 의하여 설명되는 20억 년의 진화를 이끌어 왔다. 이 생각이 언급하는 불 안정성은 상대론적인 방정식의 결과임이 나타났다. 진화의 시기가 끝나 면, 우주는 다시 균형상태에 도달한다. 그러나 그것은 열역학적인 퇴화 때문에 죽은 균형상태이다. 그리고 이 퇴화란 그 균형상태가 안정되어 있 음을, 그리고 조그만 교란이 주요한 변화를 일을킬 수 없음을 의미한다. 이 생각은 질서정연하게 공간을 통해 무한한 시간동안, 가벼운 교란이 일 어날 때까지, 운동하는 데모크리투스와 에피쿠스의 원자설에 놀라울 만 큼 유사한 것이다. 그리고 이 교란이 연쇄반응에 의하여 질서정연한 운동 을 혼돈으로 변화시키고, 이 혼돈에서 우리 세계의 복잡한 구조가 생겼 다. 가끔 엄밀한 결정론의 신봉자에 의하여 공격을 받은, 원인이 없는 가 벼운 교란이라는 에피쿠로스의 가정은, 비결정론적인 물리학에서는 허용 될 수 있는 것처럼 생각되었다. 양자역학은 이 원시적인 가스를, 우연적 인 법칙에 의하여 제어되는, 동요할 수 있는 것이라고 생각할 것이다. 그 리고 우연이 우주의 팽창을 비롯하게 하는 데에 충분할 만큼 큰 동요를 일으키기까지에는 오랜 시간이 걸렸다는 가정에는, 어려운 것이라고는 없다. 결정론을 포기하면, 창조가 아니고 우연의 산물인, 진화의 시작이라는 생각을 할 수 있게 된다. 그리고 그것은 점차적인 시원이다. 왜냐하면, 우연적인 동요에서부터 교란에 이르는 이행은, 연속적인 것이고, 하나의 결정적인 시각에 부여될 수는 없기 때문이다.

또한 몹시도 다른 해결의 가능성도 있다. 시간질서의 연구는, 시간의 방향이, 열역학적인 과정의 비가역성에서부터 도출되고, 그러므로 통계학의 문제라는 결론을 도출했다(제10장). 에너지가 고차적인 형태로부터 균일한 온도라는 상태로 "내려간다"는 것은, 확률성이 매우 높기는 하지만, 절대적으로 확실하지는 않다. 그러므로 우주의 '내림'이란 통계학의 문제이다. 그리고 전우주가 얼마 동안 '상승하는' 반대과정이 일어나는 것도, 불가능한 일이 아니다. 이 문장에서 '얼마 동안'이라는 말은 의문에 가득 찬 의미를 가지고 있다. 왜냐하면, 우주가 '상승'하면, 우리가 시간의 방향이라고 하는 것이 반대방향이 될 것이고, 그래서 이러한 시기에 사는 인간은, 이 반대방향을 '생성'의 방향이라고 생각할 것이다. 사실, 볼츠만에 의하여 예견되었던, 이제 언급한 이 가능성은, 전체로서의 우주에는 직선적인 시간순서와 같은 것이라고는 없다는 것, 그렇지 않고 시간은 각자가 계열적인 질서를 가진, 구분된 연속으로 분해되고, 한편 이 구분된 연속자신들이 질서가 정해질 수 있는 초시간이란 없다는 것 이외의 것을 의미하지는 않는다. 양쪽 끝에서 모든 구분된 연속이라는 시간이 사막의 강처럼 뚜렷한 한계점에서 끝나지 않고 끊기어 있을 것이다. 천문학자가 우리의 지구에 부여하고 있는, 20억 년 이전에서부터 100억 년 이후에 이르는, 시간의 길이는, 이러한 시간연속들의 하나일는지도 모른다. 이렇게 분단된 시간의 성질은, 아직도 그렇게 많이 연구되지는 않았다; 그러나 그것이 시간문제의 해결을 위한 가능한 형태의 하나를 제공하고 있음은, 의심할 수 없는 일이다.

부수적인 말이지만, 세계의 시원에 관한 에딩턴의 생각도, 이러한 시간분석과 관련되어야 한다. 에딩턴이 지적하는 것처럼, 진화의 기간만이, 이러한 생각에 있어서는, 시간을 가지는 것이라고 생각될 수 있다; 이러한 시간연속 전후에 있는 두 개의 오랜 균형상태의 기간은, 그것들이 비가역적인 과정을 표시하지 않기 때문에, 시간질서를 가진다고 할 수는 없다. 그러므로 그것들이 유한한 것이라고 생각되느냐 또는 무한한 것이라고 생각되느냐는 그다지 중요한 문제는 아니다. 그것들을 유한한 것이라고 생각하는 것은, 그리고 최초의 정상적인 기간 전에는, 또는 다음의 정상적인 기간 후에는 무엇이 있었을까를 묻는 것은, 우리가 유의의하게 정의될 수 없음을 알았던, 초시간의 사용을 의미한다. 우주를 무한한 시간척도로 기술할 필요는 없는 것처럼 생각된다. 그리고 이러한 시간척도란, 어차피 물리적인 실재에서부터 도출되는 보증된 결론이라기보다는, 도리어 수학적인 도식이다. 관찰될 수 있는 현상은, 항상 뚜렷이 한계를 이룬 처음과 끝이 없이, 한 무시간적인 상태에서부터 다른 무시간적인 상태로 확장하고 있는, 유한한 시간연속에 의하여 설명될 수 있다.

위에 말한 것들이, 우주의 기원에 관한 문제에 대한 약간의 가능한 해답들이다. 어느 것이 옳은 해답이냐는, 과학이 후일 결정할 일이다. 닫혀 있지만 팽창하는 우주라는 문제는 아직도 논쟁되고 있다; 현재에 이용할 수 있는 천문학적인 증거는, 결론적인 것이 못된다. 그 해결은 보다 많은 관찰적인 재료를 기다려야 할 것이다.

캘리포니아주 팔로마산(Palomar山)에 있는 새로운 망원경은, 관찰될 수 있는 별과 성운의 범위를 2배로 증가시켰다. 만약에 달에 망원경을 설치할 수 있다면, 보다 먼 범위가 펼쳐질 것이다. 대기가 없으면, 우리는 현재에 볼 수 있는 것보다도, 100배, 1000배 먼 우주를 볼 수 있을 것이다.

이 해답을 발견하는 것은 어렵기는 하지만 "우리는 결코 모를 것이다"라는 독단으로 진화의 논의를 끝내 버릴 이유는 없다. 이것이 최후의 말이라고 믿는 사람들은, 그들의 문제를 재검토해야만 할 것이다; 그들은 그들이 묻고 있었던 것이 의미가 없음을 발견할 것이다. 우주의 원인이 무엇이냐를 묻는 것은 무의미하다. 모든 설명은 사실의 문제를 가지고 출발해야 된다. 과학은 다만 사실의 문제를, 그것이 극대의 설명을 제공하는 논리적인 위치에까지 되돌릴 수 있을 뿐이다.

철학에서부터 무의미한 문제를 제거함은, 해답될 수 없는 문제를 발견하기를 열망하는 정신력을 가진 유형의 사람들이 있기 때문에, 어려운 일이다. 과학은 한계를 이룬 힘을 가진 것이라고, 그 궁극적인 토대는 지식에보다도 도리어 신앙에 의거하고 있다고, 증명하려는 욕망은 심리학과 교육에 의해 설명될 수는 있으나, 논리에서 지지를 발견할 수는 없다. 진화에 관한 강연을 과학자에게는 해답될 수 없는 문제가 남는다는 이른바 증거를 가지고 결론하면서 그것을 자랑으로 여기는 과학자들도 있기는 하다. 이러한 사람의 증언은, 과학적인 철학이 불충분하다는 증거로서, 흔히 구원받듯이 인용된다. 그러나 그것은 과학적인 훈련이란 과학자를 반드시 신앙에의 항복을 요구하는 철학의 호소에 대립할 만한 척추를 가지고 장비한다고 할 수는 없음을 증명하고 있을 따름이다. 진리를 탐구하는 사람은 신앙의 마취제에 그 자신을 내어 맡김으로써, 그의 욕구를 완화시켜서는 안 된다. 과학이란, 그 자신의 주인이요, 그 자신의 영역을 넘어선 곳에 어떠한 권위도 인정하지 않는다.

## 제 13 장
# 현대의 논리

　기호논리학의 확립은 과학적인 철학의 탁월한 특징의 하나가 되었다. 기원적으로 수학자의 조그만 집단의 숨은 암호였던 이 논리학은 점차 철학도의 주의를 끌었고, 철학적인 사색의 중요한 발전단계가 되었다. 기호논리학을 도출한 진화를, 다시 말해 그 문제와 그 결론을 간명하게 설명함은, 철학의 이 새로운 분야를 전문적으로 연구할 시간이 없는 모든 사람에게 환영받을 것처럼 생각된다.

　논리의 과학은 그리스인들의 발견이다. 이것은 그리스인들에게 앞서가는 논리적인 사고가 없었음을 의미하지는 않는다. 논리적인 사고는 사고와 마찬가지로 오랜 역사를 가지고 있다; 모든 성공적인 사고활동은 논리적인 규칙에 의하여 제어된다. 그러나 이 규칙들을 의식하지 못하면서 실제적인 사고조작에 적용하는 것과 그것들을 한 이론 안에 종합하기 위하여 엄밀하게 형식화하는 것은, 다른 것이다. 아리스토텔레스와 함께 시작한 것은 논리적인 규칙의 계획적인 탐구이다.

　아리스토텔레스는 우리가 오늘날 논리학의 몹시도 특수한 한 장(章)이라고 알고 있는 것에 관하여, 그의 연구를 집중시켰다. 그는 부류추리, 다시 말해 부류에서의 성원에 관한 추리를 형식화했다. '부류'라는 말로,

우리는 인간의 부류 또는 고양이의 부류처럼, 집단 또는 전체의 모든 종류를 이해한다. 소크라테스는 사람은, 논리학자로서는 부류성원에 관한 추리이다: 소크라테스는 사람이라는 부류의 한 성원이다. 부류성원에 관한 추리는 삼단논법이라고 한다. 이를테면, "모든 사람은 죽는다", "소크라테스는 사람이다"라는 두 전제에서, 우리는 "소크라테스는 죽는다"라는 결론을 추리한다.

얼른 보기에 이 추리는 보잘 것 없는 것처럼 여겨진다; 그러나 이러한 판단은 아리스토텔레스에게는 부당할 것이다. 아리스토텔레스가 발견한 것은 추리의 '내용'과는 구별되어야 할, 추리의 '형식'이라는 것이 있다. 소크라테스에 관한 추리에 의하여 설명된, 전제와 결론의 관계는, 언급된 특수한 부류와는 독립적이다; 그것은 다른 적합한 부류와 개인에게 관해서도 마찬가지로 잘 성립한다. 논리적인 형식의 연구를 가지고, 아리스토텔레스는 논리 과학을 도출한 결정적인 걸음을 내디뎠다. 이리하여 그는 동일률과 모순율 같은 논리학의 약간의 기초적인 원리를 정밀하게 형식화했다.

그러나 아리스토텔레스가 이루었던 것은, 오직 최초의 단계에 지나지 않는다. 그의 논리학은 다만 사고조작의 약간 특수한 형식을 취급하고 있을 뿐이다. 부류 이외에 관계가 있다. 관계란 개별적인 성원을 가지지 않고, 한 쌍의 성원에(또는 세 개의 성원에, 또는 보다 많은 성원의 집단에 조차) 관계한다. 에이브러햄(Abraham)과 아이작(Isaac)의 아버지란 에이브러햄과 아이작 두 사람에 관계있는 것이고, 그러므로 그 표현에는 '……의 아버지'라는 관계가 필요하다. 마찬가지로, 피터(Peter)가 폴(Paul)보다 크다면, '보다 큰'이라는 관계가 두 사람 사이에 성립한다. 관계에 관한 추리는 부류논리학에서는 표현될 수 없다. 이를테면, 아리스토텔레스의 논리학은, 에이브러햄이 아이작의 아버지면, 아이작은 에이브러햄의 아들임을, 증명할 수 없다. 그의 논리학은 이러한 추리형식의 표현방법이 없다.

사람들은 그 업적을 관계의 논리학에까지 확장하는 것은 부류논리학의 발견자에게는, 그리도 힘드는 일이 아니었으리라고 믿으려 할 것이다. 왜냐하면, 그가 사용한 언어는 우리의 언어처럼 복잡한 것이었고, 관계를 취급하기에 필요한 모든 문법적인 형식을 갖추고 있었기 때문이다. 뿐만 아니라, 아리스토텔레스는 관계의 존재를 알고 있었다; 범주에 관한 그의 저서에서, 그는 '보다 큰'이라는 것과 같은 관계는 그것을 성립시키는 두 개의 사물을 요구함을, 무척 명료하게 설명하고 있다. 그러나 그는 그의 추리론을 관계를 포함하는 데에까지 확장시키지는 못했다. 고전논리학의 저자는 보다 형이상학적인 문제에 너무 많은 흥미를 가지고 있었기 때문에, 그의 논리적인 업적을 완성시키기 위한 시간을 가지지 못했음직도 하다. 그러나 그의 제자들 가운데서 한 사람쯤은 관계의 논리학을 계획할 수도 있었을 것이다. 몹시 기이하게도, 이러한 일은 일어나지 않았다. 아리스토텔레스는 결코 그의 논리학의 한계를 인정하지 못했던 것처럼 생각된다. 그의 제자들은, 약간의 자세함을 첨가하기는 했으나, 본질적으로 그의 스승의 업적을 넘어서지 못하고 있다. 그리고 다음 세기에도 보다 낫게 변화되지는 않았다. 논리학의 역사는, 2000년 이상 그 창시자가 남긴 초보적인 단계에 머물러 있었던, 과학의 특수한 모습을 알리고 있다.

이 역사적인 사실은 어떻게 설명될 것인가? 수학과 과학이 같은 2000년 동안에 이루었던 거대한 진보에 비교하면, 논리학의 역사는 지식의 정원에서의 불모의 일점처럼 생각된다. 어떠한 원인이 이 침체를 설명할 수 있을 것인가?

철학의 어떠한 다른 부문보다도, 논리학은 그 문제의 기술적인 취급을 요구한다. 논리학의 문제는 회화적인 언어에 의하여 해결될 수는 없고, 수학적인 형식화의 엄밀성을 요구한다; 문제의 진술조차, 흔히 수학의 언어와 동일한 정도로 기술적인 언어의 조력 없이는, 불가능하다. 논리학의 기술적인 언어의 시초를 창안한 것은, 아리스토텔레스와 그 학파의 공적이었다. 이 언어에 중세기는 약간의 중요하지 않은 것을 첨가했다. 그러나 이것이 지난 2000년 동안에 이 방면에서 이루어졌던 것의 전부이다. 위대한 수학자들이 그들의 과학에 고도로 효과적인 기술을 제공하고 있을 동안에, 논리학의 기술은 소홀히 되었다; 사실, 전통적인 논리학은, 결코 위대한 사람들의 일자리가 되지 못했던, 한 과학의 빈약한 분야를 표시하고 있다. 추상적인 사고를 가지고 태어난 대가들은, 논리학에 끌리지 않고, 그들에게 보다 큰 가능성을 제공했던, 수학이라는 과학에 끌리었다. 이것은 아리스토텔레스의 시대에조차 적용된다; 피타고라스와 유클리드 같은 사람들에 의한 수학의 건설에 포함된 논리적인 분석은, 아리스토텔레스의 논리학에서 도달된 분석적인 업적을, 훨씬 넘고 있다. 수학적인 두뇌의 조력 없이는, 논리학은 유아(幼兒)단계에 머무를 운명을 지니고 있다. 칸트는, 보다 좋은 논리학을 창조하지는 못했으나, 논리학이 그것의 시초 이래로 조금도 진보하지 못한 유일한 과학이었다는 사실을 보고 경악을 표시했을 때, 그는 정황을 옳게 판단하고 있었다.

홍미를 논리학에 돌렸던 최초의 위대한 수학자는 라이프니츠였다. 그의 결론은 혁명적이었다. 그는 기호적인 표기법을 가지고 출발했다. 이 표기법은 만약에 그가 미분학의 발명에 바쳤던 것과 동일한 정력과 천재를 가지고 그것을 추구했다면, 기호논리학의 성장을 150년 빠르게 했을 것이다. 그러나 그의 업적은 단편적인 것에 머물렀고, 그의 시대에는 알려져 있지 않았다; 19세기의 저술가들은 편지와 미발표 원고에서 그것을 모아야 했다. 논리학 역사에서의 반환점은 19세기 중엽이었고, 이 때에 불(Boole)과 드 모르강(de Morgan) 같은 수학자들이, 수학적인 기호와 동일한 기호적인 언어로써 논리학 원리의 표시를 기도했다. 기호논리학의 건설은 페아노(G. Peano), 퍼스(C.S. Peirce), 슈뢰다(E.

Schröder), 프레게(G. Frege), 러셀(B. Russel) 같은 사람들에 의하여 진행되었고, 이들과 함께, 새로운 유형의 철학자, 다시 말해 수학적인 논리학자가 역사의 무대에 등장했다.

공간과 시간의 철학처럼, 새로운 논리학은 전통적인 철학에서 성장하지는 않았고, 수학의 토양에서 성장했다. 수학적인 사고에 의하여 그렇게도 오랫동안 소홀히 되었던 한 영역이 발견되어, 수학기술에 유사한 하나의 기술적인 취급에 관한 가능성을 열었다. 기호논리학의 건설과 함께 19세기는 철학에 또 하나의 공헌을 남겼다. 사상사에서의 19세기 위치가 위에서 기술된 것처럼 이해된다면, 이러한 발전은 자연적인 것처럼 생각될 것이다. 모든 과학에서 그렇게도 성공적이었던, 실제적인 기술을 만들려는 기도는 논리학의 영역에까지 전파되었다. 논리학의 기술은, 동시에 지식의 토대를 연구하기 위한 도구로서 제공되었다. 그리고 한편, 이 지식토대의 연구는 과학적인 사고의 복잡화와 개량의 자연적인 결과라고 생각되었다. 그리하여 지식정원에서의 불모인 한 점은 고도로 발전된 수학의 기술로 경작되었다.

기호적인 표기법의 도입은 왜 논리의 과학에 그렇게도 중요한가? 그것은 좋은 수학적인 표기법과 거의 의의가 같다. 당신에게 다음과 같은 문제가 주어졌다고 가정하자: "만약에 피터가 5년 더 젊었다면, 그는 6년 더 젊었을 때의 폴의 연령의 2배가 될 것이고, 만약에 피터가 9년 더 나이 먹었다면, 그는 4년 더 젊었을 경우의 폴의 연령의 3배가 될 것이다." 머릿속에서 가감하고 모든 "만약에……라면은"을 생각해서 그것을 해결하려면, 당신은 곧 회전목마를 탄 것 같은 일종의 현기증에 도달할 것이다. 그래서 펜과 종이를 들어, 피터의 연령을 x라 하고, 폴의 연령을 y라 하여, 풀이하는 방정식을 써서 고등학교에서 배웠던 방식으로 그것을 푼다 —그러면 당신은 표기적인 기술이 얼마나 유익한가를 알 것이다. 논리학에도 유사한 문제가 있다. "클레오파트라가 1938년에 살아서 히틀러와 무소리니와 결혼하지 않았다는 것은, 확실히 사실이 아니다." 이 문장의 결합은 무엇을 의미하는가? 수학적인 논리학은 당신에게 기호로 쓰는 방법을 알리고, 당신이 x와 y의 사용에 관하여 배웠던 것과 유사한 조작에 의하여 이 표현을 변형시켜, 마침내 이 문장이, "만약 클레오파트라가 1938년에 살았다면, 그녀는 히틀러 또는 무소리니와 결혼했을 것이다"라는 것을 의미한다고, 당신은 알게 된다. 나는 이렇게 풀이된 말이 중대한 정치적인 의의가 있다고 말하려는 것은 아니다; 그렇지 않고 이 실례는 기호적인 기술의 사용을 설명한다. 이 표기법을 중대한 의의를 가지는 문제에 응용하는 것은 여기에서는 설명할 수 없다. 그러나 기호적인 표기법이 과학에서의 기술적인 문제에 응용되면, 역시 유용할 것임은 명백한 것이라 생각될 것이다.

기호적인 표기법은 다만 문제를 해결하기 위한 도구일 뿐만 아니라, 또한 의미를 명백히 하고 논리적인 사고기능을 높이기도 한다. 자동차사고로 뇌에 경상을 입었던, 내 제자 중 한 사람이, 복잡한 문장의 의미를 이해하는 데에 곤란을 느낀다고 불평했다. 나는 그에게 위에 말한 유형의 연습문제를 주었고, 그는 기호적인 표기법의 도움을 빌려 그것을 풀었다. 그리하여 한두 주일 후에 그는 그의 사고력이 훨씬 나아졌다고 내게 말했다.

뿐만 아니라, 기호논리학은 언어의 문법적인 분석에도 중요하게 응용되는 것임이 밝혀졌다. 우리가 학교에서 배웠던 문법은, 아리스토텔레스적 논리학에서 성장한 것이고, 언어의 구조를 묘사함에는 결코 적합한 것이 못된다. 관계의 논리학으로 나아가지 못한 아리스토텔레스의 불행한 실패는, 문법학자에게 모든 문장은 하나의 주어와 어떤 술어를 가져야 한다는 생각을, 다시 말해 수많은 문장에 부적합한 해석을 가지게 했다. "피터는 키가 크다"라는 문장이 '피터'라는 주어와 '키가 크다'라는 술어를 가짐은 사실이다. 그러나 "피터는 폴보다 크다"라는 문장은, 두 개의 주어, 즉 '피터'라는 주어와 '폴'이라는 주어를 가지고 있다. 왜냐하면, '보다 큰'이라는 술어는 하나의 관계이기 때문이다. 아리스토텔레스 논리학의 신봉에서 기원하는, 이 언어적인 구조의 오해는 언어학이라는 과학을 무척이나 손상시켰다. 이를테면, 형용사의, 부사의, 동사의 법·태·시칭(時稱)의, 그리고 언어의 많은 다른 특징의 성격은, 이 논리학자의 눈으로 보면 새로운 양상을 표시한다. 서로 다른 언어의 비교적인 연구는 중립적인 관계체계에, 다시 말해 논리학의 기호적인 언어에는 의거할 경우에는 새로운 가능성이 제공된다. 그리고 이 기호적인 언어는 우리에게 개별적인 언어의 여러 가지 표현수단을 판단할 수 있게 한다. 나는 지금까지 기호적인 표기법의 실제적인 가능성에 관하여 이야기했다. 그러나 좋은 표기법은 또한 이론적인 사용가치도 있다; 그것은 논리학자에게 이전에는 이해될 수 없었던 문제를 발견하고 해결할 수 있게 한다.

기호논리학의 확립은, 논리학과 수학관계를 새로운 각도에서 연구함을 가능하게 한다. 왜 우리는 사고의 산물을 처리하는 두 개의 추상적인 과학을 가져야만 하는가? 이 문제는 러셀과 화이트헤드(Alfred N. Whitehead)가 문제삼았다. 그리고 이 사람들은 수학과 논리학이 궁극적으로 동일하다는, 수학은 양적인 적용과의 특수한 관계를 가지고 발전된 논리학의 한 분과에 지나지 않는다는 해답에 도달했다. 이 결론은 거의 완전하게 논리의 기호적인 표기법으로 씌어진 방대한 책에서 주장되었다. 이 증명에서의 결정적인 첫걸음은, 러셀의 수에 관한 정의에 의하여 이루어졌다. 러셀은 완전수, 다시 말해 1, 2, 3등과 같은 수는 논리학의 기초적인 개념에 의해서만 정의될 수 있음을 알리고 있다. 이러한 증명은 기호적인 표기법의 도움 없이는, 결코 제공될 수 없음은 명백하다; 말의 언어는 너무 함축적이기 때문에 이러한 정도의 복잡성을 가진 논리적인 관계를 표현할 수는 없다.

수학을 논리학에 환원함으로써, 러셀은, 기하학의 발전과 함께 시작한,

그리고 내가 위에서 선천적 · 종합적인 판단의 붕괴라고 기술한 진화를 완성시켰다. 칸트는 기하학뿐만 아니라 산수도 선천적 · 종합적인 성격을 가지고 있다고 믿었다. 산수의 기초는 순수한 논리학에서 도출될 수 있다는 증명을 가지고, 러셀은 수학적인 필연성에 분석적인 성격이 있음을 밝혔다. 수학에는 선천적 · 종합적인 것이라고는 없다.

그러나 논리학이 분석적이라면 그것은 공허하다; 다시 말해 그것은 물리적인 대상의 성질을 표현하지 못한다. 합리주의 철학자들은 되풀이해서, 논리학을 세계의 일반적인 성질에 관하여 기술할 수 있는 과학이라고, 존재의 과학이라고, 또는 '존재론'이라고 생각하여 시도했다. 그들은 "세계의 모든 사물은 그 자신과 동일하다"라는 따위의 원리가 우리에게 사물의 성질에 관하여 알리고 있다고 믿었다. 그들은 이 문장에 의하여 제공되는 모든 통보가 '동일한'이라는 말을 규정하는 정의에 있다는, 그리고 우리가 이 문장에서부터 배우는 것은 사물의 성질이 아니라 언어적인 규칙이라는 사실을 간과하고 있다. 논리학은 언어의 규칙을 형식화한다 —이것이 논리학이 분석적이고 공허하다는 이유이다. 나는 논리학이 분석적인 성격을, 다시 말해 논리학이 공허하다는 이유를, 보다 정밀하게 설명하기를 원한다. 논리학은 결과적으로는 조합이 개별적인 문장의 진리성과는 독립해서 참이라는 방식으로, 여러 문장을 연결한다. 이를테면, "만약 나폴레옹도, 시저도 60세에 죽지 않았다면 나폴레옹은 60세에 죽지 않았다"라는 문장의 조합은, 나폴레옹 또는 시저가 60세 이전에 죽었건 말건 참이다; 그러므로 이 조합은 언급된 사람들이 이르렀던 연령에 관해서는, 우리에게 통보하지 못한다. 이것이 우리가 의미하는바 공허성이다. 한편, 이 실례는 왜 논리적인 관계는 필연적으로 참이냐 하는 이유를 밝히고 있다: 어떠한 논리적인 관찰도 결코 그것을 허위로 할 수 없기 때문에 그것은 참이다. 참고서를 조사하여 나폴레옹이 54세에 죽었음을 발견한다 할지라도, 이 결론은 앞에서 말한 문장의 조합을 허위로 하지는 못할 것이다; 그렇다고 나폴레옹이 65세에 죽었다는 것이 발견되었다 할지라도, 이러한 결론도 그것을 허위로 하지는 못할 것이다. 논리적인 필연성과 공허성은 수반되는 것이며, 논리학의 분석적인 또는 동의어반복적인 성격을 만드는 것이다. 순수하게 논리적인 모든 진술은, 앞에서 말한 실례처럼, 동의어반복이다; 그것들은 아무것도 말하지 않고, 많건 적건 "내일 비가 올 것이다 또는 비가 오지 않을 것이다"라는 동의어반복과 똑같은 것을 우리에게 알린다. 그러나 하나의 문장조합의 분석적인 성격을 발견하는 것은 반드시 용이한 일이라고 할 수 는 없다: "어떤 두 사람이 서로 사랑하거나 서로 미워한다면, 모든 사람을 사랑하는 한 사람이 있거나 모든 사람에게 미움을 받는 어떤 사람이 존재한다." 논리학은 이 조합이 분석적임을 증명한다; 그러나 그 분석적인 특징은 결코 명백하지 않다.

수학을 분석적이라는 러셀의 생각은 많은 주의를 환기시켰고, 어떤 수학자들은 수학의 정리란 논리학의 원리와 마찬가지로 공허하다고 그들의 과학을 해석하는 것에 분개하기도 했다. 이러한 성격은 논리학의 성격을 오해하고 있음을 드러내고 있다. 수학이 분석적이라고 할지라도, 그것은 수학을 경멸하는 것은 아니다. 수학적인 사고의 유용성은 바로 그 분석적인 성격에서 나온다; 바로 수학적인 정리가 공허하기 때문에, 절대적으로 신뢰할 수 있는 것이고, 그것을 자연과학에 사용함이 허용된다. 수학의 사용은 결코 과학적인 결과를 허위로 할 수는 없다. 왜냐하면, 수학은 어떤 시인되지 않는 숨겨진 내용을 과학에 도입할 수는 없기 때문이다. 그러나 수학적인 관계가 공허하다는 것은, 그것이 쉽게 발견됨을 의미하지는 않는다. 앞에서 설명한 것처럼 공허한 관계의 발견은 극히 어려운 과제가 될 수 있다. 또한 수학에 포함된 노력과 재치의 총계는 수학적인 탐구에 원대한 의의가 있다는 증거이다.

기호논리학은 19세기에 건설된 하나의 새로운 수학적인 부문의 정교화에서 널리 사용되었다: 이 새로운 부문이란 다름아닌 집합론이다. '집합'이라는 말은, 위에서 아리스토텔레스 논리학과 관련시켜 설명된 '부류'라는 말과 의미가 동일하다. 그러나 19세기의 수학자들에 의하여 전개된 부류론은 아리스토텔레스 논리학의 부류취급과는 얼마나 다른 것인가! 거의 우차와 철도의 차이처럼 아리스토텔레스시대와는 다른 시대에, 아리스토텔레스의 고전논리학이 아직도 논리학에 관한 대부분 교과서를 충만시키고 있는 이유는 이해할 수 없는 일이다.

그러나 기호논리학은 논리학자에게 반드시 성공을 부여했다고 할 수는 없다. 그것은 또한 어려움을 이끌어오기도 했다. 그리고 이 어려움은 러셀에 의하여 발견되었으며, 부류론의 이율배반이라는 것으로 형식화되었다. 하나의 실례를 들어 이 문제를 밝혀 볼까 한다.

성질을 생각한다면, 우리는 이 성질 자체는 동일한 성질을 가질 수 있느냐 없느냐를 물을 수 있다. 일반적으로 이것은 일어나지 않을 것이다. 이리하여 '빨갛다'라는 성질은 빨갛지 않다. 이것은 다른 성질에 관해서는 사정이 다르다; 이를테면, '공상적인'이라는 성질은 공상적이고, '결정된다'라는 성질은 결정되어 있고, '늙은'이라는 성질은 늙었다. 왜냐하면, 이것은 선사시대에서조차 확실히 존재했기 때문이다. 이 둘째 종류의 성질에 관해서 '자기기술적'이라는 이름을 사용하자; 다른 쪽은 그러므로 '비자기기술적'이라고 한다. 우리는 여기에서 남김 없이 분류했다; 모든 성질은 자기기술적이 아니면 비자기기술적이다. 그러면 우리는 이 '비자기기술적'이라는 성질을 어느 쪽으로 분류해야 할까?

'비자기기술적'을 '자기기술적'이라고 가정하자; 그러면 그것은 '공상적인'이라는 말처럼 그것이 대표하는 성질을 가지게 되므로, '비자기기술적'은 비자기기술적이 된다. 이번에는 '비자기기술적'을 비자기기술적이라고 가정하자. 우리의 가정은 '비자기기술적'이 그것을 대표하는 성질을 가지고 있다고 진술하고 있다; 그러므로 '비자기기술적'은 자기기술적이 된다.

'비자기기술적'이라는 성질을 분류할 경우에는, 언제나 우리는 결론에 도달하고 있다.

이러한 종류의 이율배반은 중대한 문제를 구성한다. 논리학이 절대적으로 신뢰될 수 있는 것이라면, 우리는 그것이 결코 모순을 이끌어오지 않는다는 보증을 받아야 한다. 고대의 논리학자들조차 이율배반을 구성했음은 흥미 있는 사실이다. 그리고 이 이율배반 가운데서 제논(Zeno)의 역설이 유명하다. 그러나 이 역설들의 대부분은, '무한한'이라는 개념의 보다 주의깊은 취급에 의하여, 현대의 부류론에서는 제거된다. 러셀의 이율배반은 보다 근본적인 대책을 요구한다. 그것은, 말의 모든 조합이 유의미한 진술로써 허용될 수 없음을, 어떤 말의 조합은 문장형식을 갖추고 있기는 하지만, 무의미한 것이라고 생각되어야 함을 알리고 있다. 이를테면, '결정된'이라는 성질은 결정되어 있다"라는 문장은, 얼른 보기에는 합리적인 것이기는 하지만, 유의미한 문장영역에서 축출되어야 한다. 이러한 언어의 제한은 러셀에 의하여 그의 유형론에서 형식화되었다. 성질의 성질은 사물의 성질보다 유형이 높다. 이 구별은 이율배반의 형식화를 가능하게 하고, 이리하여 논리학을 모순에서부터 구출하고 있다.

논리학자는 결코 다른 종류의 이율배반이 일어나지 않으리라고 확신할 수 있을까? 우리는 논리학에 모순이 없다는 보증을 받을 수 있을까? 이 문제에 우리 시대의 가장 위대한 수학자의 한 사람인 독일의 수학자 힐버트(D. Hilbert)가 관심을 가지고 있다. 그는 논리학과 수학이 모순이 없다는 증거를 구성하는 것이 그것의 목적이었던, 일련의 연구를 시작했다. 그의 연구는 다른 사람들이 계승하였다; 그러나 이 증명은 지금까지는 다만 매우 단순한 논리적인 체계를 제공했을 뿐이었다. 이 체계를 현대의 수학자가 사용한 수학의 복잡한 체계에까지 확대하기 위해서는, 곤란한 일이 생겼다. 그리고 힐버트의 무모순성 증명이라는 계획이 관철될 수 있느냐 없느냐는 아직도 미해결의 문제이다. 이 해답이 어떻게 될 것인가는, 현대논리학의 해결할 수 없는 문제의 하나이다. 이러한 문제의 존재가, 현대의 논리학이 보다 많은 탐구를 요구한다는 사실을 증명하고 있다; 전통적인 논리학에는 결코 예측되지 않았던 종류의 수많은 분석이, 이루어지기를 기다리고 남아 있다.

이율배반과 유형론의 연구는, 무척 중대한 구별을 이끌어 왔다: 그것은 '언어'와 '메타언어'의 구별이다(메타란 그리스어의 '넘어서'를 뜻하는 '메타(Meta)'에서 왔음). 일상적인 언어가 사물에 관하여 말하는 것에 대하여, 메타언어는 언어에 관하여 말한다; 그러므로 우리가 언어론을 구성할 때에 지껄이는 것은, 메타언어이다. '말', '문장' 등과 같은 말은, 메타언어의 말이다. 메타언어가 되었음을 표시하는 흔한 방법은, 인용부호의 사용이다; '피터'라는 말에 관하여 말할 때에, 우리는 그것을 인용부호 속에 넣어, 사람에 관하여 말하는 것이 아님을 표시한다. 이를테면, 피터라는 사람은 야구를 하고 있는데, '피터'라는 말은 다섯 글자로 되어 있다. 이 두 말이 혼합된다면, 어떤 이율배반이 구성될 수 있다. 그러므로 언어계층의 구별은 논리학의 필수적인 예비조건이다. "내가 지금 옳다고 말하는 것은 허위이다"라는 문장은 모순을 도출한다. 왜냐하면, 그것이 참이면 그것은 허위일 것이고, 그것이 허위면 그것은 참일 것이기 때문이다. 이러한 문장은, 그 자신에 관하여 말하고, 언어계층의 구별을 유린하기 때문에, 무의미하다고 생각되어야 한다.

메타언어의 연구는 흔히 '세맨틱스(Semantics, 의미론)' 또는 '세미오틱스(Semiotics, 기호론)'라는, 일반적인 기호론을 이끌어 왔다. 그리고 이 의미론 또는 기호론은 언어적인 표현의 모든 형식의 성질을 연구한다. 이 술어는 다른 사람들에게 의미를 전달하는 도구로서의 명료한 말처럼 사용되는, 교통표시기호 또는 그림과 같은 기호를 포함한다. 시 또는 웅변가의 언어와 같은, 여러 가지 형식의 언어가 지닌 고도로 감정적인 함축은, 이 기호론에서 현대심리학의 도움을 빌려 연구된다. 논리학은 다만 언어의 인식적인 사용법을 설명할 따름이다; 언어의 도구적인 사용법 연구는 또하나의 과학을, 다시 말해 의미론이라는 과학을 요구한다. 이리하여 현대논리학의 발흥은 논리적인 분석에서 무시되고 있는, 그리고 무시되어야 하는, 언어의 성질들을 다루는, 또하나의 과학에 생명을 불어넣었다.

기호논리학은 수학에 사용될 뿐만 아니라, 다른 과학에서도 의의를 획득했다. 양자역학이 진리 또는 허위로서는 증명할 수 없는 어떤 진술의 도출을 물리학자들이 발견했을 때에(제11장), 삼가치적인 논리학의, 다시 말해 진리와 허위라는 두 개의 진리가치 사이에 '비결정'이라는 범주를 가정하는 논리학의 테두리 안으로 이 진술을 집어넣는 것이 가능했다. 이러한 논리학의 구조는 기호논리학의 방법에 의하여, 그것이 물리학에 응용될 수 있음이 생각되기도 전에 발견되어 왔다. 마찬가지로 '다가치적인 논리학'의 다른 형식들도 발전되어 왔다. 확률성진술의 해석에 사용되는 그 중 하나는 진리와 허위라는 두 개의 진리가치에, 0~1에 여러 가지로 있을 수 있는 연속적인 확률성의 척도를 대치했다.

뿐만 아니라, 기호논리학은 생물학의 분석에도 응용되어 왔다. 그리고 그것은 사회과학의 연구에 도움이 될 것이라고 기대된다. 논리학의 여러 문제를, 그것들이 전자관계산기에 '삽입될' 수 있는 방식으로 고쳐 기술하는 것도 가능할 것이다; 그리고 이런 종류의 현대 로봇은 그것이 이미 수학적인 문제를 해결하고 있는 것과 동일한 방식으로, 후일 인간의 뇌가 풀 수 없는 여러 문제를 곧잘 해결할 수 있을는지도 모른다. 라이프니츠는, 만약에 기호논리학이 충분히 발전된다면, 모든 과학적인 논쟁은 제거될 수 있을 것이라는 견해를 말한 적이 있다: 서로 논쟁하지 않고, 과학자들은 '칼쿨레무스(Calculemus)'라고 할 것이다. 칼쿨레무스란 "계산해 보자"라는 의미이다. 현대의 논리학자는 그렇게 낙천적이 아니다. 기계의 조작이 연역적인 논리학에 한정되고, 그러므로 그 성과는 인간이라는 조종자가 그것에 삽입하는 전제들의 성격에 의존할 것임을 알고 있기 때문에, 우리 시대의 논리학자는 만약에 적어도 '몇 개의' 언쟁이 이 방법으로 해결될 수 있다면 그것으로 만족할 것이다.

논리학은 철학의 기술적인 부문이다: 바로 이것 때문에 그것은 철학자에게 불가결한 것이다. 구식 철학자는 기술의 정밀성을 두려워하는 나머지, 기호논리학을 철학의 영역에서 축출하고, 그것을 수학자에게 맡기기를 원할 것이다. 그는 그다지 성공하지는 못할 것이다. 젊은 세대는, 기호적인 표기법을 초보적인 논리과정에서 배운 한, 이 새로운 논리학의 형식가치를 알고, 그것의 응용을 끊임없이 주장해 나갈 것이다. 모든 표기적인 기술과 마찬가지로, 기호논리학도 처음에는 학생에게 귀찮고 혼란을 일으킬 것같이 생각된다; 이 새로운 기술이 논리적인 이해를 쉽게 하고 관념을 명료하게 하는 도구가 될 수 있다고 인정됨은, 다만 약간의 훈련을 받은 후의 일이다. 기호논리학을 가르칠 때, 나는 처음에는 대부분 학생들이 이 표기법을 두려워하고, 그것을 증오한다는 경험을 얻었다; 그러나 약 2주일만 실습을 시키면, 사정이 달라지고 기호법에의 놀라운 열성이 온 학급을 휩쓸게 된다. 기호법을 충분히 이해하지 못하고 항상 싫어하는 학생은 몇 사람밖에 남지 않게 된다.

증오하거나 열심히 환영받는 것이, 기호논리학의 운명인 것처럼 생각된다. 둘째 단계에 도달할 수 없는 사람들은 과학철학에서보다도 다른 분야에서 많은 일을 해 내고, 인간의 사고력이 그렇게 추상적으로 응용되지 않는 분야에서 성공할는지도 모를 일이다.

# 제 14 장

# 예언적인 지식

앞장에서 언급한 기호논리학은 연역적인 논리학이다; 그것은 논리적인 필연성에 의하여 특징짓는 사고조작들만 취급하고 있을 뿐이다. 경험과학은 연역적인 조작에 널리 사용되고 있기는 하나, 한 걸음 나아가 제2의 형식논리학을 요구한다. 그리고 이 논리학은 귀납적인 조작에 사용되기 때문에 귀납적인 논리학이라고 한다.

귀납적인 추리를 연역적인 추리와 구별하는 것은 그것이 공허하다는, 그리고 전제들에 포함되지 않았던 결론을 이끌어 온다는 사실이다. 모든 까마귀가 검다는 결론은 논리적으로 지금까지 관찰된 모든 까마귀가 검었다는 전제들에 포함되어 있지는 않다; 이 결론은 전제들이 참일 경우에도 허위일 수 있다. 귀납법은 어떤 새로운 것을, 다시 말해 어떤 이전 관찰의 총계를 넘고 있음을 발견하려는 과학적인 방법의 도구이다—귀납적인 추리는 예언적인 지식의 도구이다.

귀납적인 추리가 과학적인 방법에 불가결함을 명료하게 알았던 이는 베이컨이었다. 그리고 그는 철학사에서 귀납법의 예언자적 위치를 차지하고 있다(제5장). 그러나 베이컨은 또한 귀납적인 추리의 약점도, 다시 말해 그 방법에서의 필연성 결여와 허위적인 결론의 가능성도 알고 있었다. 귀납법을 개선하기 위한 그의 노력은 그렇게 성공적이 아니었다; '가설－연역적인 방법'에서 사용되는 것과 같은, 더욱 복잡한 구조를 가진 귀납적인 추리는(제6장) 베이컨의 단순한 귀납법보다 훨씬 우월하다. 그러나 이 방법도 논리적인 필연성을 제공할 수는 없다; 그 결론은 허위일 수 있다. 그리하여 연역적인 논리학의 신뢰성은 예언적인 지식에서는 달성될 수 없다.

가설－연역적인 방법 또는 '설명적인 귀납법'은 철학자와 과학자에 의하여 많이 논의되어 있으나, 그 논리적인 성격은 흔히 오해되어 왔다. 이론에서부터 관찰적인 사실에 이르는 귀납법은 대개 수학적인 방법에 의하여 이루어지기 때문에, 어떤 철학자들은 이론의 확립은 연역적인 논리학에 의해서만 설명될 수 있다고 믿었다. 이러한 생각은 성립할 수 없다. 왜냐하면, 이 이론의 승인이 의거하는 것은, 이론에서부터 사실에 이르는 추리가 아니라, 반대로 사실에서부터 이론에 이르는 추리이기 때문이다; 그리고 이 추리는 연역법이 아니고 귀납법이다. 주어지는 것은 관찰적인 결과이며, 이 결과가 확실한 지식을 구성하고, 이 지식에 의하여 그 이론은 타당성을 얻게 된다.

뿐만 아니라, 귀납적인 추리가 실제적으로 이루어지는 방법은 약간의 철학자들을 제2형태의 오해로 이끌어 갔다. 과학자는 대개 추측에 의하여 한 이론을 발견하게 된다; 그는 그 이론을 발견한 방법을 무어라 말할 수 없고, 다만 그것이 그에게는 그럴 듯하게 여겨졌다고, 그는 옳은 제6감을 가졌다고, 또는 그는 어떠한 가정이 사실에 적합할 것인가를 즉각적으로 알았다고 할 수 있을 따름이다. 어떤 철학자들은 이 발견의 심리적인 기술을, 사실에서부터 이론으로 이끄는 논리적인 관계란 존재하지 않는다고 증명하는 것이라고, 오해했다; 그리고 그들은 가설－연역적인 방법의 논리적인 해석은 불가능한 것이라고 생각했다. 귀납적인 추리는 그들에게는, 논리적인 접근할 수 없는 추측이다. 이러한 철학자들은,

추측함으로써 이론을 발견한 동일한 과학자가, 그의 추측이 사실에 의하여 정당화됨을 안 후에 비로소 그것을 다른 사람들에게 제공함을, 알지 못하고 있다. 과학자가 귀납적인 추리를 하는 것은 이 정당화의 주장에서이다. 왜냐하면, 그는 다만 사실이 이론에서부터 도출된다고 말하기를 원할 뿐만 아니라, 또한 사실이 그의 이론을 확률성 있는 것으로 하고, 앞으로의 관찰적인 사실에 관한 예언을 위하여 그것을 권장한다고 말하기를 원하기 때문이다. 귀납적인 추리란, 이론을 발견하기 위하여 사용되는 것이 아니라, 관찰적인 결과에 의하여, 그것을 정당화하기 위하여 사용한다.

가설—연역적인 방법을 비합리적이라고 신비하게 해석함은 '발견의 맥락'과 '정당화의 맥락'을 혼동하는 데에서 유래한다. 발견의 행동은 논리적인 분석을 회피한다; 천재의 창조적인 기능에 대치할 만한 '발견기계'를 만들 수 있는 논리적인 규칙이라고는 없다. 그러나 과학적인 발견을 설명하는 것이 논리학자의 과제는 아니다; 그가 할 수 있는 모든 것은 주어진 사실과 그에게 이 사실들을 설명하는 요구와 함께 제공된 이론과의 관계를 분석하는 것이다. 바꾸어 말하면, 논리학은 오직 정당화의 맥락에만 관계가 있다. 그리고 관찰적인 결과에 의한 이론의 정당화란, 귀납법의 이론이 취급할 문제이다.

귀납적인 추리의 연구는 확률성의 이론에 속한다. 왜냐하면, 관찰적인 사실은 오직 확률성의 이론을 만들 수 있을 따름이기는 하나, 결코 그것을 절대적으로 확실한 것으로는 만들 수 없을 것이기 때문이다. 이처럼 귀납법을 확률성의 이론에 집어넣는 것이 인정되는 경우에도, 새로운 형태의 오해가 생긴다. 사실에 의한 정리의 확인에서 이루어지는 확률성추리가 가지는 논리적인 구조를 이해함은, 용이한 일이 아니다. 어떤 논리학자는 확인을 연역적인 추리의 역이라고 해야 한다고 믿었다; 이것은 만약 우리가 연역적으로 이론에서부터 사실을 도출한다면, 우리는 귀납적으로 사실에서부터 이론을 도출할 수 있음을 의미한다. 그러나 이러한 해석은 너무나 단순화한 것이다. 귀납적인 추리를 하기 위해서는, 이론에서부터 사실에 이르는 연역적인 관계 이상의 것이 알려져 있어야 한다.

조금 생각하면, 확인에 의한 귀납법은 더욱 구조가 복잡함이 명백하게 된다. 일련의 관찰적인 사실은 항상 하나 이상의 이론에 적합할 것이다; 바꾸어 말하면, 이 사실들이 도출될 수 있는 몇 개의 이론이 있다. 귀납적인 추리는 이 이론의 각각에 어느 정도의 확률성을 제공하는 데에 사용된다. 그리하여 가장 확률성이 높은 이론이 허용된다. 이 이론을 분류하기 위해서는, 명백히, 그것들의 각각을 성립시키는 사실과의 연역적인 관계 이상의 것이 알려져 있어야 한다. 확인에 의한 추리의 성격을 이해하기를 원한다면, 우리는 확률성의 이론을 연구해야 한다. 이 수학적인 부문은 '간접적인 증거'라는 일반적인 문제를 취급하는 방법을 발전시켰다. 과학적인 정리를 타당화시키는 추리는, 다만 이 일반적인 문제의 특수한 경우에 지나지 않는다. 이 일반적인 문제를 설명하기 위하여, 나는 탐정이 추리하는 바를 말하고자 한다. 피문은 손수건, 꿀, 부유한 과부의 실종과 같은, 약간의 자료가 주어져 있다. 그리고 무엇이 일어났는가에 관하여 몇 가지 설명이 제공되어 있다. 이 탐정은 가장 확률성이 높은 설명을 결정하려 한다. 그의 고려(顧慮)는 확립된 확률성의 규칙을 좇는다; 모든 실제적인 단서와 인간심리에 관한 그의 모든 지식을 동원해서, 그는 결론에 도달하려 한다. 그리고 이 결론은 이번에는 이 목적을 위하여 특별히 계획된 새로운 관찰에 의하여 시험된다. 새로운 재료에 의거한 모든 시험은, 이 설명의 확률성을 증가시키지 않으면, 감소시킨다; 그러나 이렇게 해서 구성된 설명은 결코 절대적으로 확실하다고 생각될 수는 없다. 이 탐정의 추리방법을 재구성하려는 논리학자는 필요한 모든 논리적인 도구가 확률성계산 안에 있음을 발견한다. 확률성의 정확한 계산값을 얻기 위한 통계적인 재료가 없을지라도, 그는 적어도 질적인 의미로 그 확률성의 계산식을 적용할 수 있다. 주어진 재료가 확률성의 조잡한 추정치만을 알리는 것이라면, 숫자적으로 엄밀한 결과는 물론 얻을 수 없다.

동일한 고찰은 과학적인 이론의 확률성문제에도 성립한다. 과학적인 이론도 관찰된 자료에 관한 몇 개의 가능한 설명 가운데 선택되어야 한다. 이 선택은 지식의 총체를 사용함으로써 달성된다. 지식의 총체에 직면하면, 약간의 설명이 다른 설명보다 확률성이 높은 것처럼 생각된다. 그러므로 최후의 확률성은 몇몇 확률성의 조합에서 얻어진다. 확률성의 계산은 '베이즈(Bayes)의 규칙'에서 이런 종류의 한 형식을, 다시 말해 탐정의 추리 또는 확인에 의한 추리에 적용되는 것과 마찬가지로 통계적인 문제에도 적용되는 하나의 공식을 제공하고 있다.

이러한 이유 때문에 귀납적인 논리학연구는, 확률성의 이론으로 통한다. 귀납적인 결론은, 그 전제들에 의하여 확실한 것이 될 수는 없고, 확률적인 것이 될 수 있다; 귀납적인 추리는, 확률성계산의 테두리 안에 속하는 하나의 조작이라고 생각되어야 한다. 인과율을 확률성법칙으로 이행시키는 발전과 아울러 생각하면, 이러한 고찰은, 왜 확률성의 분석이 현대과학을 이해하는 데에 그렇게도 제1차적인 중요성을 가지고 있는가를 명백히 할 것이다. 확률성이론은 자연법칙의 형식을 제공하는 것과 마찬가지로, 예언적인 지식의 도구를 제공한다; 그것의 주제는 바로 과학적인 방법의 중추라 하겠다.

사람들은 확률성이론이란, 항상 경험주의의 영역이었다고 믿으려 한다. 그러나 확률성의 역사는 이것이 사실이 아님을 증명하고 있다. 확률성개념이 불가결함을 안 현대의 합리주의자들은 합리주의적인 확률성이론의 확립을 기도했다. 라이프니츠가 양적 논리학의 형식으로 확률성논리학을 계획하였음은 확실히 확률성문제를 경험주의적으로 해결함을 의미함은 아니었다. 이 라이프니츠의 도전은, 기호논리학의 방법을 마음대로 구사한 논리학자들에 의하여 문제되었다. 불(Boole)의 확률성논리학은, 아마도 합리주의로 분류될 수 있을 것이다; 그리고 확실히 케인스 (Keynes)의 기호적인 확률성이론은, 그것이 확률성을 합리주의 신념의 척도라고 해석하기를 기도하고 있기 때문에 합리주의 쪽에 속한다. 이러한 생각들은, 합리주의자라고 분류되기를 싫어하는 몇몇 현대의 논리학자들에 의하여, 문제되어 왔다. 그러나 그들의 업적도, 실제적으로는 적어도 확률성의 해석에 관한 한, 합리주의자의 집단에 속한다.

합리주의자에게는, 확률도(確率度)라는 '이유'의 없음 속에 있는 '이유'의 산물이다. 내가 돈을 던지면, 겉이 나올 것인가, 안이 나올 것인가? 나는 이것에 관하여 아무것도 모른다. 그래서 나는 이 양쪽 가운데 한 쪽을 다른 쪽보다 더 믿어야 할 이유를 가지지 못한다; 그러므로 나는 두 개의 가능성을 동등하게 확률적인 것이라고 생각하고, 각자에게 1/2이라는 확률성을 부여한다. 이유가 없음은, 확률성의 동등성을 가정하는 이유라고 해석된다; 이러한 것이 확률성의 합리주의적인 해석의 원리이다. '무차별'의 원리 또는 '반대이유부재'의 원리로 알려진 이 원리는 합리주의자에게는 논리학의 자명한 원리라고 생각된다. 그것은 그에게는 논리적인 원리들처럼 자명한 것이라 여겨진다.

확률성을 이렇게 해석함의 곤란함은 그것이 논리학의 분석적인 성격을 포기하고 선천적·종합적인 지식을 도입한다는 것이다; 확률성진술은 공허하지 않다; 우리가 돈을 던져서 겉이 나오는 확률이 1/2이라고 할 때에, 우리는 미래의 사건에 관하여 어떤 것을 말하고 있다. 우리가 말하는 것은 아마도 쉽게 형식화될 수는 없을 것이다; 그러나 이 진술에는 틀림없이 미래에의 어떤 관계가 포함되어 있을 것이다. 왜냐하면, 우리는 그것을 행동의 지표로서 사용하고 있기 때문이다. 이를테면 우리는 겉이 나온다는 것에, 반반의 노름돈을 거는 것이 득책(得策)이라고 생각하나, 그렇게 해도 아무도 그것에 보다 많은 노름돈을 걸라고 충고하지는 않을 것이다. 사실 우리는 확률성진술을, 그것이 미래의 사건에 관계하기 때문에 채용하고 있다; 계획하는 모든 행동은 미래에 관한 얼마만큼의 지식을 요구한다. 그리고 완전히 확실한 지식이 없으면, 우리는 그 경우에 기꺼이 확률적인 지식을 사용하려 한다.

무차별원리는 합리주의에, 철학사에서 주지된 여러 곤란함을 초래했다. 왜 자연은 이성을 따라야 하는가? 왜 여러 사건은 우리가 그것들에 관해 마찬가지로 많이 또는 마찬가지로 적게 알고 있으면, 동등한 확률성을 가진 것이 아니면 안 되는가? 자연은 인간의 무지에 복종하는가? 이러한 유형의 물음은 긍정적으로 해답될 수 없다—그렇지 않으면, 철학자는 이성과 자연의 조화를, 다시 말해 선천적·종합적인 지식을 믿지 않아야 한다.

어떤 철학자들은 무차별원리의 분석적인 해석을 구성하려고 기도했다. 이 해석에 의하면, 확률성이 1/2이라는 진술은, 미래에 관한 것을 의미하지는 못하고, 단순히 우리가 그 사건의 발생에 관해 그 반대사건의 발생에 관하여 아는 것 이상의 지식이 없다는 사실을 표현한다. 이 해석에서는 물론, 확률성진술은 용이하게 정당화된다. 그러나 그것은 행동지표로서의 특징을 상실한다. 바꾸어 말하면 다음과 같다: 동등한 무지에서부터 동등한 확률성에 이르는 이행이 분석적임은 사실이다. 그러나 종합적인 이행이 설명되지 못한 것처럼 남아 있다. 동등한 확률성이 동등한 무지를 의미한다면, 왜 우리는 반만 거는 노름돈을 정당화하는 것으로서 동등하게 확률성을 생각해야 하는가? 이 물음에서 무차별원리의 분석적인 해석이 피하려 했던 바로 그 문제가 되살아난다.

확률성에 관한 합리주의적인 해석은 사변적인 철학의 잔재라고 해석되어야 하며, 과학적인 철학에서는 자리를 차지하지 못한다. 과학철학자는 확률성의 이론이 선천적·종합적인 지식에 호소할 필요가 없는 철학에 포함된다고 주장한다.

확률성에 관한 경험주의철학은, '빈도해석'에 의거하고 있다. 확률성진술은 되풀이되는 사건의 상대적인 빈도를, 다시 말해 천체의 백분비로써 계산된 빈도를 표현한다. 그것들은 과거에 관찰된 빈도에서부터 도출되고, 동일한 빈도가 대체로 미래에도 일어날 것이라는 가정을 포함한다. 그것들은 귀납적인 추리에 의하여 건설된다. 우리가 돈을 던져 겉이 나오는 확률이 1/2이라고 생각할 경우에, 그것은 돈을 자꾸만 던지면 겉이 나오는 확률이 총횟수의 50%임을 의미한다. 이러한 해석으로, 노름돈을 거는 규칙이 용이하게 설명된다; 돈을 던지는 데에는 반반의 노름돈을 거는 것이 상책임은, 이 규칙을 사용해서 오래 끌면 양쪽에서 동일한 벌이를 할 수 있음을 의미한다. 이러한 해석이 좋다는 것은 명백하다; 우리가 연구해야 하는 것은 그 난점이다. 사실 빈도해석과 관련되는 두 개의 난점이 있다.

첫째의 난점은 귀납적인 추리의 사용이다. 빈도해석에서는 확률이란, 이성의 문제가 아니고 경험의 문제임은 사실이다. 우리가 돈을 던져 양면이 나오는 빈도가 마침내 동일하게 됨을 관찰하지 못했다면, 우리는 동등한 확률성에 관하여 말할 수 없을 것이다; 무차별의 원리는 단순히 경험에서부터 획득된 지식을, 합리주의적으로 그릇 해석하는 것에 지나지 않는다. 이러한 그릇된 해석은 현대과학이 마찬가지로 경험의 산물임을 들추어 낸, 기하학의 법칙과 인과의 원리에 관한 선천주의적인 해석과 같은, 유사한 합리주의적인 오류를 회상시킨다. 그러나 유사한 사건을 자꾸만 되풀이하면 숫자적인 규칙성을 얻을 수 있다는 주장은, 귀납적인 추리의 사용에 의해서만 확립될 수 있고, 경험에서부터 도출될 수 없는 원리를 포함하는 것처럼 생각된다. 경험주의철학과 귀납법 문제의 해결 사이에는, 귀납적인 추리에 관한 흄의 비판이 가로놓여 있다. 그리고 이 비판은 귀납법이란 선천적인 것도 아니요, 후천적인 것도 아님을 밝히고 있다 (제5장).

빈도해석의 둘째 난점은 확률성진술을 단일 경우에 적용시키는 것과 관계가 있다. 내 가까운 친척 가운데 한 사람이 병들어 중태에 빠져 있고, 나는 의사에게 친척이 살 수 있는 확률성을 묻고 있다. 의사는 이 병에 걸렸던 환자의 75%가 생존하고 있다고 대답한다. 이 빈도진술이 어떻게 나를 도울 수 있을까? 그것은 많은 환자를 취급하는 의사에게는 유용할는지도 모른다; 그것은 환자의 몇 %가 이 병으로 죽지 않을 것인가를 그에게 알릴 것이다. 그러나 나는 오직 이 특수한 사람에게만 관심을 가지고 있고, '그'가 살 수 있는 확률성이 어느 정도인가를 알고 싶어한다. 단일사건의 확률성이 빈도에 의하여 진술된 경우에는 아무런 의미도 없는 것처럼 생각된다.

나는 둘째 난점부터 시작해서, 두 개의 반대에 차례로 대답할 것이다. 우리가 흔히 확률성을 단일사건에 부여하는 것은 사실이다. 그러나 일상적으로 우리의 말에 연결시키는 의미가 옳은 해석이 될 수는 없다. 함립관계의 의미에 관한 앞에서 말한 논의를 생각해 보자(제10장). "전류가 구리선을 통해서 흐르면, 자석의 바늘이 기울 것이다." 우리는 이 "만약에 무엇무엇이면 그 때는 무엇무엇이다"라는 관계가 개별적인 사건에 관해서도 의미를 가지고 있다고 믿는다; 다시 말해 전류가 필연적으로 자석의 바늘을 기울어지게 한다고 믿는다. 논리적인 분석은 우리에게, 이 해석이 오류임을, 함립관계의 필연성은 다만 그 일반성에서부터 도출되는 것에 지나지 않음을, 그리고 두 개의 사건을 필연적으로 연결함으로써 우리가 의미하는 모든 것은 한쪽 사건이 일어나면 다른 쪽 사건이 항상 일어나리라는 사실임을 알리고 있다. 개별적인 실례에서는, 우리는 이 분석에 관해 잊어버리고, 이 실례에만 관계하는 함립관계에 관하여 말할 수 있다고 믿는다. 이러한 해석에서부터 벗어나는 것은 용이한 일 아니다. "우리가 이 수도꼭지를 틀면, 물이 나올 것이다." 우리는 오직 개별적인 실례에 관해서만 말할 수 있음은, 다시 말해 이 수도꼭지를 틀면 물이 흘러나옴은, 무척 명백한 것이라 생각된다. 논리학자가 이 진술에는 일반성에의 관계가 포함되어 있다고, 다시 말해 우리는 세계의 모든 수도꼭지에 관해 말하고 있다고, 우리에게 설명할 경우에도 우리는 기꺼이 그를 믿으려 하지는 않을 것이다—그러나 우리의 말이 증명될 수 있는 의미를 가져야 한다면, 우리는 그의 해석을 허용해야 한다.

확률성진술의 해석도 같은 종류의 것이다. 우리는, X씨가 살 수 있는 확률성이 75% 있다는 것에 의미가 있다고 믿는다; 그러나 언급된 모든 것은, 같은 병에 걸린 일군의 사람들에 관계하고 있다. 우리는 개별적인 경우에 관하여 무엇을 알려고 무척이나 애를 쓸 것이다. 그러나 X씨는 살지 않으면 죽을 것이다—개별적인 사건에 확률도를 부여하는 것은 아무런 의미가 없다. 왜냐하면 하나의 사건은 정도에 의하여 측정될 수는 없기 때문이다. X씨가 그의 병에서 낫는다고 가정하자—이 사실이 75%의 확률성에 관계된 예언을 증명할까? 분명히 그렇지 않다. 왜냐하면, 하나의 확률성은, 사건이 일어나는 것에도, 사건이 일어나지 않는 것에도 성립할 수 있기 때문이다. 우리가 수많은 사건을 고려하면, 75%라는 표현에 의미가 있게 되고, 그러므로 관찰에 의하여 실험될 수 있게 된다. 그러나 개별적인 사건이란 어느 정도에서 일어날 수는 없다. 단일사건의 확률성에 관한 진술은 무의미하다.

그러나 이러한 진술은 논리적으로 분석한 후에 생각되는 것처럼 불합리한 것은 아니다. 일상적인 경험이 우리에게 수많은 같은 경우를 제공한다면, 단일사건에 관한 확률성진술에 의미를 부여하는 것은 좋은 습관일 것이다. 수도꼭지를 틀면 물이 '반드시' 나온다고 믿고 있는 사람은 그의 신념이 그에게 이러한 사건의 전체성에 관한 옳은 진술을 이끌어 오는 한에서, 좋은 습관을 나타내었다고 볼 수 있다. 마찬가지로 75%의 확률성이 단일한 경우에도 적용될 수 있다고 믿는 사람은, 좋은 습관을 나타내었다고 볼 수 있다. 왜냐하면, 그의 신념은, 그에게 수많은 같은 경우 가운데서 75%가 언급된 그 결과를 나타낼 것이라고 말할 기분이 나게 할 것이기 때문이다. 이러한 고찰은 일상적인 경험이 우리에게 같은 사건을 제공하지 않고, 많은 여러 가지 종류의 사건과 여러 가지 정도의 확률성을 제공할 경우에조차 적용된다.

우리는 오늘, 생존 확률성이 75%인 병의 경우에, 내일 90%의 확률성을 가진 좋은 날씨의 예언에, 모레 주식시장에 관하여 60%의 확률성을 가진 예언에 직면할는지도 모른다―이 모든 경우에, 우리가 일어날 확률성이 보다 높은 사건을 가정한다면, 이 가정은 수많은 경우에서 옳을 것이다. 일상생활의 많은 사건은 설혹 그것이 동질적이 아니라 할지라도, 확률성의 빈도해석을 허용하는, 하나의 계열을 구성한다. 단일사건에 관한 확률성의 의미를 말하는 것은 무해한, 또 유익하기조차 한 습관이라 하겠다. 왜냐하면, 그것은 이 언어가 일련의 사건에 관한 진술로 변형되면, 미래에 관한 옳은 평가를 이끌어 오기 때문이다.

이런 종류의 언어적인 습관은 논리학자를 불행하게 한다고 할 수는 없다. 그는 이러한 습관에 논리학에서의 하나의 위치를 배당할 방법을 가지고 있다. 이러한 유형의 표현을 허구적인 의미를 가진 것이라고, 말의 생략적인 방법을 표시하는 것이라고, 그는 생각한다. 그리고 이 말의 생략적인 방법이란 겉보기에는 그것 자신의 생명을 나타내는 것 같기도 하지만, 그것이 다른 종류의 진술로 변형될 수 있기 때문에 비로소 유의미한 것이다. 논리학자는 수학자가 두 개의 평행선이 교차하는 무한한 먼 거리에 있는 일점이 있다고 하는 것을, 허용한다. 왜냐하면, 그는 모든 진술이 의미하는 것은 두 개의 직선이 유한한 거리에서 교차하지 않음을, 알고 있기 때문이다. 논리학자는 또한 단일경우에서의 함립관계에 관하여, 또는 단일경우에서의 확률성에 관하여 말하는 것을 허용할 것이며, 이러한 어법을 허구적인 의미를 표시하는 것이라고 생각할 것이다. 전문적인 술어를 사용하면, 그는 일반적인 경우에서부터 특수적인 경우에 이르는 '의미의 전용'에 관하여 말하고 있다. 언어적인 습관이 유용한 경우에는 언제나 논리학자는 항상 그것을 설명할 수 있을 것이다.

차이가 나는 것은, 일상생활의 언어에서가 아니라, 우리가 이러한 진술의 의미에 관하여 말할 경우이다. 이 차이는 철학과 관계가 있다. 확률성진술이 빈도와 관계있음을 아는 논리학자는 다른 진술과 구별되는 확률성진술의 특수한 평가에 도달하고 있다. 나는 이 차이를 더욱 치밀하게 설명하기를 원한다.

어떤 사람이 골패를 던지는데, '여섯 눈'이 나올 것이냐 어떠냐를 당신에게 물었다고 가정하자. 당신은 '여섯 눈'이 나오지 않으리라는 예언을 택할 것이다. 왜 그런가? 당신은 그것을 확실히 모른다; 그러나 당신은 '여섯 눈'에보다는 '여섯 눈이 아닌 것'에 가장 높은 확률성을, 다시 말해 5/6라는 확률성을 생각할 수는 있다. 당신은 당신의 예언이 참이 아닐 수 없다고 주장할 수는 없다. 그러나 반대로 예언하기보다는 이렇게 예언하는 것이 당신에게 이롭다. 왜냐하면, 당신은 무척 많은 경우에 옳을 것이기 때문이다.

이러한 종류의 진술을 나는 '정립(posit)'이라고 했다. 정립은 우리가 그것이 정말 진리인가 아닌가는 모르지만, 참이라고 취급하는 하나의 진술이다. 우리는 될 수 있는 대로 자주 참이 될 수 있는 방식으로 정립을 선택하려 한다. 확률도는 정립의 '평가(rating)'를 제공한다; 그것은 그 정립이 얼마나 좋은 것인가를 우리에게 알린다. 이러한 것이 확률성의 유일한 기능이다. 우리가 평가 5/6인 정립과 평가 2/3인 정립 가운데서 선택해야 한다면, 우리는 앞의 것을 선택해야 할 것이다. 왜냐하면, 이 정립이 보다 자주 참일 것이기 때문이다. 우리는 확률도란 개별적인 진술의 진리를 다룰 수 있는 아무 것도 가지지 않음을, 그러나 그것은 어떻게 정립을 선택할 것인가에 관한 충고로써 기능발휘함을 알고 있다.

가정의 방법은 모든 종류의 확률성진술에 적용된다. 내일 비가 올 확률성이 80%라고 우리에게 알려지면, 우리는 비가 오리라고 가정하고,

그에 따라 행동한다; 이를테면, 우리는 원정에게 내일 정원에 물을 주러 올 필요가 없다고 말한다. 주식시장이 아마도 시세가 떨어지리라는 통보를 받으면, 우리는 가지고 있던 주권을 판다. 의사가 흡연은 아마도 수명을 단축시키리라고 우리에게 알리면, 우리는 담배를 끊는다. 어떤 지위를 지원하면 보다 많은 월급을 받을 수 있는 직업을 얻을 것이라고 알려지면, 우리는 그 지위를 지원한다. 어떻게 일어나리라는 것에 관한 이 모든 진술은 다만 확률적인 것이라고 주장되는 것에 지나지 않기는 하지만, 우리는 그것을 참이라 취급하고 그것에 따라 행동한다; 다시 말해, 우리는 정립의 의미에서 그것을 채용한다.

정립의 개념은 예언적인 지식을 이해하기 위한 열쇠이다. 미래에 관한 진술은 그것이 참이라는 요구를 가지고 말할 수는 없다; 우리는 항상 그 반대의 것이 일어나리라고 상상할 수 있다. 그리고 우리는 미래의 경험이 오늘날에는 상상에 지나지 않음을 현실적인 것으로서 우리에게 제공하지 않으리라는 보증을 가지지는 못한다. 바로 이 사실이, 지식에 관한 모든 합리주의적인 해석이 난파하여 왔던 암초이다. 미래의 경험에 관한 예언은 오직 시행의 의미에서만 말할 수 있을 따름이다; 우리는 그 가능한 허위를 계산에 넣어야 한다. 그리고 이 예언이 그릇된 것임이 드러나면, 우리는 다시 시행하게 마련이다. 시행착오의 방법은 예언의 오직 하나밖에 없는 도구라 하겠다. 예언적인 진술은 정립이다; 그 진리성을 아는 대신에, 우리는 그 확률성에 의하여 측정되는 평가만을 알 뿐이다.

예언적인 진술을 정립이라고 해석하면, 그것은 지식에 관한 경험주의적인 개념에 남아 있는 마지막 문제를 풀어 준다: 이 마지막 문제가 다름 아닌 귀납법의 문제이다. 경험주의는 귀납법에 관한 흄의 비판에 의하여 분쇄되었다. 왜냐하면, 경험주의는, 기초적인 합리주의의 원리에서부터, 다시 말해 모든 지식이 참으로서 증명되어야 하는 원리에서부터 해방되지 않았기 때문이다. 이러한 생각으로서는 귀납적인 방법은 정당화될 수 없다. 왜냐하면, 그것이 참다운 결론을 이끌어 오리라는 증거가 없기 때문이다. 예언적인 결론이 정립이라고 생각되는 경우에는, 사정이 다르다. 이 해석에서는, 예언이 참이라는 증명이 필요하지 않다; 요구할 수 있는 모든 것은 그것이 좋은 정립 또는 쓸모 있는 최선의 정립이라는 하나의 증명이다. 이러한 증명은 있을 수 있고, 그리하여 귀납적인 문제는 해결될 수 있다.

이 증명은 얼마만큼 더 연구되어야 한다; 그것은 단순히 귀납적인 결론이 높은 확률성을 가지고 있음을 알림으로써, 주어질 수는 없다. 그것은 확률성의 방법분석을 요구하고, 그 자신 이러한 방법과는 독립적인 관찰에 의거해야 한다. 귀납법의 정당화는 확률성의 이론 밖에서 주어져야 한다. 왜냐하면, 확률성의 이론은 귀납법의 사용을 전제하기 때문이다. 이 금언의 의미는 지금 명백하게 밝혀질 것이다.

이 증명을 위해서는 수학적인 연구가 선행되어야 한다. 확률성의 계산은 유클리드기하학과 비교할 수 있는, 공리적인 형식으로 구성되어 왔다; 이 구성은 확률성의 모든 공리란 설혹 확률성의 빈도해석이 허용된다 할지라도, 순수하게 수학적인 정리이고, 그러므로 분석적인 진술이라 함을 알리고 있다. 비분석적인 원리가 개입하는 유일한 점은, 귀납적인 추리에 의한 확률도의 주장이다. 우리는 일련의 관찰적인 사건에 관하여 어떤 상대적인 빈도를 발견하고, 동일한 빈도가 장래 이 계열의 연장에 관해서도 유사하게 성립하리라고 가정한다—이것이 확률성계산의 적용이 의거하는 유일한 종합적인 원리이다.

이 결론에는 커다란 의의가 있다. 가설—연역적인 방법을 포함하는 귀납법의 다양한 형식은, 열거의 귀납법만을 첨가한 연역적인 방법에 의하여 표현될 수 있다. 공리적인 방법은 귀납법의 모든 형식이 열거에 의한 귀납법에 환원될 수 있다는 증거를 제공한다: 우리 시대의 수학자는 흄이 당연하다고 생각했던 것을 증명하고 있다.

이 결론은 놀라운 것이라 생각될 수 있다. 왜냐하면, 설명적인 가설 또는 간접적인 증거를 구성하는 방법은, 열거에 의한 단순한 귀납법과는 매우 다르게 보이기 때문이다. 그러나 모든 형식의 간접적인 증거를, 확률성의 수학적인 계산에 의하여 포괄되는 귀납법이라고 해석하는 것이 가능한 이상, 이러한 추리는 공리적인 연구의 결과에 포함된다. 연역법의 힘에 의하여, 공리적인 체계는 마치 전파에 의하여 멀리 있는 탄환을 제어하는 기술자처럼, 확률성추리의 가장 먼 적용을 제어한다; 탐정에 의하여 또는 과학자에 의하여 채용되는 복잡한 추리구조조차, 이 공리에 의하여 설명될 수 있다. 이 구조는 그것이 무척이나 많은 연역적인 논리를 포함하고 있기 때문에, 열거에 의한 단순한 귀납법보다 우월하다—그러나 그 귀납적인 내용은 열거적인 유형의 그물처럼 짜인 귀납법으로 남김없이 기술된다.

나는 열거적인 귀납법이 어떻게 그물처럼 엉킬 수 있는가를 설명하기를 원한다. 수세기 동안 유럽 사람들은 하얀 백조만을 알고 있었다. 그리고 그들은 이 세상의 모든 백조가 하얗다고 추리했다. 어느 날 검은 백조가 오스트레일리아에서 발견되었다; 그래서 그 귀납적인 추리가 허위적인 결론을 이끌어 내었음이 밝혀졌다. 이 오류를 피하는 것이 가능했을까? 다른 종의 새들이 그 개체들 사이에서 무척이나 다른 빛깔들을 표시하고 있음은 사실이다; 그래서 논리학자는 빛깔이 다른 종의 개체들 사이에서 여러 가지로 다를 수 있다면, 그것은 백조들 사이에서도 여러 가지로 다를 수 있다는 논의에 의하여, 앞에서 말한 추리에 반대했어야만 할 것이었다. 이 실례는 하나의 귀납법이 다른 귀납법에 의하여 수정될 수 있음을 알리고 있다. 사실, 실제적으로 모든 귀납적인 추리는 고립해서는 이루어질 수 없고, 많은 귀납법의 조직망 속에서만 이루어질 수 있다. 어떤 생물학자가 내게 수세대를 통하여 인공적인 돌연변이의 유전성을 시험해서, 그것이 옳은 돌연변이임을 확신했다고, 이야기한 적이 있다. 내가 이 시험을 위해 몇 세대나 검토했느냐고 물었을 때에, 그는 파리의 50세대를 검토했다고 대답했다. 이 숫자는 보험통계가에게는 적다고 생각될 것이다. 보험통계가는 하나의 귀납적인 추리를 하기에 앞서, 보통 수백만의 경우를 취급한다. 많은 숫자란 어떠한가? 이 해답은 우리에게 관찰된 빈도를 주장할 수 있으려면, 얼마나 많은 숫자가 필요한가를 알리는, 다른 귀납법에 의거해서만 주어질 수 있다. 유전의 시험으로서는, 50세대는 많은 숫자이다. 의사가 매독을 검사함에 환자에게 바서만 (Wassermann)반응을 시험할 때에는, 단 한번의 관찰로써 충분하다; 그래서 여기에서는, 1이라는 숫자는 하나의 귀납적인 추리를 위해 충분히 많은 숫자이다. 사정이 이러함은, 하나의 시험이 양성 또는 음성이면 미래의 모든 시험도 그러하리라는 사실을 확립한, 다른 귀납적인 추리에 의하여 밝혀져 있다. 모든 귀납적인 추리란 열거에 의한 귀납법에 환원될 수 있다고 할 때에, 나는 그것들이 이러한 단순한 귀납법의 조직망을 통해 표현될 수 있음을 의미한다. 이러한 기초적인 추리가 결합되는 방법은 앞에서 말한 실례에서 채용된 것보다는 훨씬 더 구조가 복잡할 수 있다.

  모든 귀납적인 추리가 열거에 의한 귀납법에 환원될 수 있는 이상, 귀납적인 추리를 정당화하기 위하여 요구될 수 있는 모든 것은 열거에 의한 귀납법의 정당화이다. 귀납적인 결론이 참된 진술이라고 주장되지 않고 정립의 의미로만 설명되는 것이 인정된다면, 이러한 정당화는 가능하다.

  한 사건의 상대적인 빈도를 계산할 때에, 우리는 이 백분비가 관찰된 사실의 숫자에 따라 달라짐을, 그러나 이 변화는 숫자가 증가함에 따라 줄어듦을 발견한다. 이를테면, 출생통계는 1,000명의 출생 가운데 49%가 남아임을 알리고 있다; 이 경우의 숫자가 증가하면, 우리는 5,000명의 출생 가운데 52%가 남아임을, 1만 명의 출생 가운데 51%가 남아임을 발견한다. 잠시, 이 숫자를 증가시키면, 마침내 수학자가 빈도의 한계라는 어떤 일정한 백분비에 도달할 것임을, 우리가 알고 있다고, 가정하자—이 최후적인 백분비로써 우리는 어떠한 숫자를 가정해야만 할까? 우리가 할 수 있는 최선의 것은, 발견된 최후의 수치를 항구적인 것이라고 생각하고, 그것을 우리의 정립으로서 채용하는 것이다. 그 정립이 보다 많은 관찰에 의하여 헛된 것임이 드러나면, 우리는 그것을 수정할 것이다; 그러나 그 계열이 최후적인 백분비로 수렴한다면, 우리는 마침내 최후적인 것에 가까운 수치에 도달할 것이다. 이리하여, 귀납적인 추리는 적어도 이러한 한계적인 백분비가 있다면, 다시 말해 이 계열이 한계로 향하여 수렴한다면, 최후적인 백분비 또는 한 사건의 확률성을 발견하는 최선의 도구임이 밝혀진다.

빈도의 한계가 있음을 우리는 어떻게 알까? 물론 우리에게는 이 가정을 증명할 것이라고는 없다. 그러나 한계가 있으면, 귀납적인 방법에 의하여 그것에 도달할 수 있을 것임 우리는 알고 있다. 그래서 당신이 빈도의 한계를 알고 싶으면 귀납적인 방법을 사용하라—그것이 당신이 가지는 최선의 도구이다. 왜냐하면, 당신의 목적이 도달될 수 있는 것이라면 당신은 이 방법으로 그것에 도달할 것이기 때문이다. 그것이 도달될 수 없는 것이라면, 당신의 기도는 헛된 것이었다; 그러나 그 때에는 어떠한 기도도 마찬가지로 성립할 수 없다.

귀납적인 추리를 하려는 사람을, 우리는 대양의 알지 못하는 부분에 그물을 던지는 어부에 비교할 수 있다—그는 그가 물고기를 잡을 수 있을 것인가 어떤가를 모른다. 그러나 그는 물고기를 잡고 싶으면 그물을 던져야 함을 알고 있다. 모든 귀납적인 예언은, 자연의 사건이라는 대양에 그물을 던지는 것과 흡사하다; 우리는 물고기를 많이 잡을 수 있느냐 없느냐를 모른다. 그러나 우리는 시도한다. 적어도 유용한 최선의 방법을 써서 시도한다.

우리는 행동하기를 원하기 때문에 시도한다—그리고 행동하기를 원하는 사람은 미래가 관찰적인 지식이 되어 버릴 때까지 기다릴 수는 없다.

미래를 제어하는 것은—계획에 의하여 미래의 사건을 형성함은 어떤 조건이 실현되면 무엇이 일어날 것인가에 관한 예언적인 지식을 전제한다; 그리고 우리가 무엇이 일어날 것인가에 관한 진리를 알지 못하면, 우리는 진리 대신에 가장 좋은 정립을 사용할 것이다. 정립은 진리가 얻어지지 않을 경우의 행동도구이다; 귀납법을 정당화할 수 있음은, 그것이 우리에게 알려진 가장 좋은 행동의 도구라는 점이다.

이 귀납법의 정당화는 아주 단순한 것이다; 그것은 귀납법이 어떤 목적을 달성하기 위한 가장 좋은 수단임을 알리고 있다. 이 목적은 미래를 예언한다—이것을 빈도의 한계를 발견하는 것으로서 형식화함은 동일한 목적의 다른 표현에 지나지 않는다. 이 형식화는 예언적인 지식이 확률적인 지식이며, 확률성은 빈도의 한계이기 때문에 의미가 같다. 지식에 관한 확률성이론은, 우리가 귀납법의 정당화를 구성함을 허용한다; 그것은 귀납법이 오직 하나의 달성될 수 있는 종류의 지식을 발견하는 가장 좋은 방법이라는 증명을 제공한다. 모든 지식은 확률적인 지식이요, 정립의 의미로만 주장될 수 있다; 그리고 귀납법이란 가장 좋은 정립을 발견하는 도구이다.

『인간의 지식』(*Human Knowledge*, New York, 1948)이라는 저서에서 러셀 교수는 확률성과 귀납법에 관한 내 이론을 비판하셨다. 나는 항상 러셀 교수의 비판적인 판단을 찬양했다; 그러나 이 경우에는, 나는 그 반대를 오해의 결과라고만 생각해도 무방할 것이다. 이를테면, 그는 내 이론에 정립을 진리로서 취급하기 위하여 좋은 근거가 주어져 있음을, 그리고 귀납법에 관한 내 규칙이 귀납적인 결론이 허위가 되어 버리는 실례들을 구성함으로써 타당하지 않는 것임이 드러나게 될 수는 없는 것임을 모르고 있다(pp. 413 ~414). 그의 반대에 대한 해답은 내 『확률성이론』(The Theory of Probability, Berkeley, 1949)이라는 책에서, 비록 러셀의 책이 출판되기 전에 인쇄되었기 때문에, 그의 반대에 관하여 명료하게 언급하고 있지는 않지만, 모두 해결되어 있다. 그러나 이 영어로 된 내 이론의 표현은, 그 형식화에 있어 원서보다 더욱 명료하다. 원서는 1935년에 독일에서 출판되었고, 러셀의 비판은 이것에 관한 것이다. 수학에서부터 선천적 · 종합적인 판단을 제거하는 데에 그렇게도 많이 공헌했던 러셀이, 확률성과 귀납법에 관한 이론에 있어서는 선천적 · 종합적인 지식의 옹호자가 되어 버린 것 같아 보임은, 심히 유감스러운 일이라 하겠다. 그는 귀납법이란 '경험에 의거하지 않는 초논리적인 원리'를 전제한다고 믿고 있다(p. 412). 그러나 지식을 정립의 체계라고 해석하면, 이러한 원리는 불필요하다. 나는 러셀 교수가 위에 말한 내 책을 읽은 후에는, 그의 견해를 정정하리라는 희망을 표명하고 싶다.

귀납법 문제의 이러한 해석은 그것이 합리주의적인 확률론에 직면되면, 명료해질 것이다. 귀납법 원리의 논리적인 위치와 유사한 논리적인 위치를 차지하는, 무차별의 원리는 그것이 확률도의 확인에 사용되기 때문에, 합리주의자에 의하여 자명한 원리라고 생각된다; 그리하여 합리주의자는 '종합적인 자명성에', 다시 말해 선천적 · 종합적인 논리에 도달한다. 부수적인 말이지만, 열거에 의한 귀납법의 원리도 흔히 자명적인 원리라고 생각된다; 이러한 생각은 확률성에 관한 선천적 · 종합적인 논리의 둘째 표명을 대표한다. 귀납적인 논리에 관한 경험주의적인 개념은 본질적으로 다르다. 오직 종합적인 원리만을 구성하는 열거에 의한 귀납법의 원리는 자명성이라고, 또는 논리가 타당할 수 있을 법도 한 기초조건이라고 생각되지는 않는다. 논리가 증명할 수 있는 것은 이 원리의 사용이 어떤 목적이 직시되면 미래를 예언하는 목적에 도움이 된다는 것이다. 이 증명, 다시 말해 귀납법의 정당화는 분석적인 고찰에 의하여 구성된다. 경험주의자에게도 종합적인 원리의 사용이 허용된다. 왜냐하면, 그는 이 원리가 참이라든가, 참된 결론을, 또는 옳은 확률성을, 또는 틀림없이 어떤 종류의 성공을 이끌어 올 것이라든가, 주장하지는 않기 때문이다. 그가 주장할 수 있는 모든 것은, 이 원리를 사용하는 것이 그가 할 수 있는 최선의 것이라 함이다. 이처럼 어떤 진리를 포기하는 것이 그에게 종합적인 원리를 분석적인 논리에 편입시키게 하고, 그가 논리의 토대 위에서 '주장하는' 것이 분석적인 진리뿐이라는 조건을 만족시킨다. 귀납적인 추리의 결론이란, 그에 의하여 주장될 수는 없고, 오직 가정될 수만 있기 때문에, 그는 그렇게 할 수 있다; 그가 주장하는 것은 결론을 가정하는 것이 그의 목적을 위한 수단이라 함이다. 이성이 경험에의 분석적인 공헌 이외의 다른 것을 이룰 수 없다는, 다시 말해 종합적인 자명성이란 있을 수 없다는, 경험주의적인 원리는 이리하여 충분히 관철되어 있다.

흄의 회의주의에서 형식화된 경험주의 궁지는 지식에 관한 그릇된 해석의 산물이었고, 옳은 해석 앞에서는 없어진다―이러한 것은 현대과학의 토양에서 자라난 철학의 결과이다. 합리주의자는, 다만 세계에 일련의 도달될 수 없는 사변철학의 체계를 제공했을 뿐만 아니라, 또한 경험주의자를 달성될 수 없는 목적을 위하여 노력시킴으로써 지식에 관한 경험주의적인 해석에 해독을 끼치기도 했다. 참으로서 증명될 수 있는 진술체계로서의 지식개념은, 예언적인 지식문제를 해결하는 길이 발견되기에 앞서, 과학의 진화에 의하여 극복되어야 했다. 확실성의 탐구는 자연에 관한 모든 과학 가운데서 가장 정밀한 것의 테두리 안에서, 다시 말해 수학적인 물리학의 테두리 안에서, 철학자가 과학적인 방법을 설명하기에 앞서 붕괴되어야 했다.

현대철학에 의하여 그려진 과학적인 방법이라는 그림은, 전통적인 생각과는 대단히 다르다. 그 운행이 엄밀한 규칙성을 좇는다는 우주의 이상은, 다시 말해 시계태엽이 풀리는 것처럼 자동적으로 풀리는 예정적인 우주는 지나갔다. 절대적인 진리를 안다는 과학자의 이상은 지나갔다. 자연 사건은 공전하는 별 같은 것이라기보다는 도리어 굴러가는 골패 같은 것이다; 그것은 인과율에 의하여 제어되지 않고 확률성법칙에 의하여 제어된다. 그리고 과학자는 예언자를 닮기보다는 훨씬 도박자를 닮았다. 그는 그의 가장 좋은 정립만을 알릴 수 있다—그는 그것이 참일 수 있을 것인가 없을 것인가를, 결코 미리 알지는 못한다. 그래도 그는 푸른 탁자 옆에 앉은 사람보다는 나은 도박자이다. 왜냐하면, 그의 통계적인 방법이 우수하기 때문이다. 그리고 그의 목표에는 가장 많은 노름돈이 있다—우주라는 굴러가는 골패를 예언하는 목표이다. 그에게 왜 그의 방법을 좇느냐고, 또는 무슨 자격으로 그의 예언을 할 수 있느냐고, 물으면, 그는 미래에 관한 거부할 수 없는 지식을 알고 있다고 대답할 수는 없다; 그는 오직 최선의 노름돈을 걸 수 있을 뿐이다. 그러나 그는 그것이 최선의 노름돈'이다'라고, 그렇게 하는 것이 그의 최선이라고 증명할 수는 있다—그리고 사람이 그의 최선을 다 한다면, 그밖에 당신은 그에게서 또 무엇을 요구할까?

# 제 15 장

# 막간극 : 햄릿의 독백

이렇게 할 것이냐, 저렇게 할 것이냐—이것은 문제가 아니고 동의어반복이다. 나는 공허한 진술에 흥미는 없다. 나는 종합적인 진술의 진리를 알고 싶다: 나는 내가 살아야 할 것이냐, 어떠냐를 알고 싶다. 그것은 내게 아버지의 원수를 갚을 용기가 있을 것이냐, 없을 것이냐를 의미한다.

왜 내게는 용기가 필요한가? 내 어머니의 남편인 국왕은 강력한 사내이고 내가 생명을 걸어야 할 것임은 사실이다. 그러나 그가 내 아버지를 죽였다는 것을 모든 사람에게 밝힐 수 있다면, 모든 사람은 내 편을 들 것이다. 내가 그것을 모든 사람에게 밝힐 수 있다면 말이다. 그것은 내게는 몹시도 명백한 것이다.

왜 그것이 명백한가? 내게는 충분한 증거가 있다. 아버지의 유령은 자주 결정적으로 논의하셨다. 그러나 그것은 유령에 지나지 않는다. 유령이 존재할까? 나는 유령에게 잘 물을 수도 없었다. 아마도 나는 꿈을 꾸었는지도 모른다. 그러나 다른 증거도 있다. 그 사내에게는 내 아버지를 죽일 동기가 있었다. 덴마크의 왕이 될 기회란 얼마나 매혹적인가! 그리고 서둘러 어머니가 그와 결혼했다는 사실, 내 아버지는 항상 건강한 사내였다. 그것이 충분한 한 토막의 간접적인 증거이다.

그러나 그것은 오직 간접적인 증거에 지나지 않는다. 나는 확률적인 것만 믿어야 할까? 내가 용기를 내지 못하는 점은 바로 이것이다. 나는 현재의 국왕을 두려워하는 것은 아니다. 나는 확률성에만 의거해서 행동하기를 두려워한다. 논리학자는 확률성이 개별적인 경우에는 무의미하다고 내게 알린다. 그러면 나는 이 경우에 어떻게 행동할 수 있을까? 당신이 논리학자에게 물으면 얻을 수 있는 것이란 이것이다. 과단성이라는 소리를 외치며 태어난 내가, 창백한 사색의 경향 때문에 이렇게 해쓱해지고 있다. 그러나 일이 끝난 후에 생각하기 시작해야만 한다면, 그래서 내가 그렇게 하지 않았어야만 할 것임이 드러난다면, 어떻게 될까?

논리학자란 그렇게도 나쁜 사람인가? 어떤 것이 확률적이면, 정립을 만들어 마치 그것이 참인 것처럼 행동하기를 허용한다고, 그는 내게 알린다. 그렇게 함에 나는 많은 경우에 옳을 것이라고 한다. 그러나 나는 '이' 경우에 옳을까? 대답이란 있을 수 없다. 논리학자는 행동하라고 한다. 당신은 많은 경우에 옳을 것이라고 한다.

나는 이것에서 벗어나는 길을 알았다. 나는 증거를, 훨씬 결정적인 것으로 만들 것이다. 그것은 정말 좋은 생각이다: 그러기에 내게 가장을 시사(示唆)한다. 그것은 결정적인 실험이 될 것이다. 그들이 그를 죽였다면 그들은 감정을 감추지는 못할 것이다. 그것은 당연한 심리이다. 이 시험이 긍정적이면, 나는 전모를 확실히 알 것이다. 내가 의미하는 것을 아시겠는가? 내 친애하는 논리학자, 이 천지에는 당신의 철학에서 꿈꾸는 것보다 훨씬 많은 사물이 있음을.

나는 그것을 확실히 알까? 당신은 비웃 듯이 미소를 짓는다. 확실성이란 있을 수 없다. 확률성은 증가할 것이고, 나의 정립은 높은 백분비를 얻을 것이다. 나는 옳은 결과에 관한 커다란 백분비에 의뢰할 수 있다. 이것이 내가 이를 수 있는 모든 것이다. 나는 정립을 만드는 것에서 벗어날 수 없다. 나는 확실성을 원한다. 그러나 논리학자가 나를 위하여 할 수 있는 모든 것은 정립을 만들라는 충고이다.

그래서 나는 영원한 햄릿이다. 논리학자가 말하는 모든 것이 정립을 만들라는 것이라면, 논리학자에게 묻는 것이 내게 무슨 도움이 될까? 그의 충고는 행동에 필요한 용기를 내게 주기보다는, 도리어 내 회의를 확인한다. 논리학은 나를 위하여 만들어져 있지는 않다. 사람이 항상 논리학에 의하여 인도되기 위해서는, 햄릿보다도 많은 용기를 가져야 한다.

# 제 16 장

# 지식의 기능적인 개념

앞의 여러 장(章)에서는 과학적인 철학의 많은 성과가 표시되었다; 뿐만 아니라, 지식의 주요한 두 도구인 연역적인 논리와 귀납적인 논리가 그것들의 방법과 성과에서 전개되었다. 나는 이 장에서 과학적인 철학의 가장 일반적인 부분의 요약을 제공하려 한다. 이 부분에서, 지식에 관한 새로운 개념이 전개되었고, 물리적인 실재에 과학적인 해결이 제공되었다. 이 개념의 성격을 명료하게 하기 위하여, 나는 많건 적건 전통적인 철학체계에서 신봉된 지식개념과 이것을 비교하려 한다.

사변철학은 지식에 관한 '선험적인' 개념에 의하여 특징짓는다. 그리고 이 개념에 의하면, 지식이란 관찰될 수 있는 사물을 초월하고, 감각적인 지각 이외의 다른 근원의 사용에 의존한다. 과학적인 철학은 지식에 관한 '기능적인' 개념을 건설했다. 이 개념은 지식을 예언의 도구라고 생각한다. 그리고 이 개념에 있어서는 감각적인 관찰이 내용이 있는 진리의 허용될 수 있는 유일한 표준이 되어 있다. 나는 한쪽을 다른 쪽과 비교하기 위하여 이 두 견해를 더욱 충분히 설명하고자 한다.

지식에 관한 선험적인 개념은 그것의 고전적인 상징화를 플라톤의 동굴비유에서 발견했다. 플라톤은 그 곳에 태어나서 결코 그 곳을 떠난 적이 없는, 몇 사람이 살고 있는 동굴을 묘사하고 있다; 그들은 동굴의 뒷 벽을 향하고 있고 머리를 돌릴 수 없는 방식으로, 그 장소에 사슬에 매어 있다. 동굴의 입구에는 동굴과 뒷벽에 불빛을 던지는 불이 있다. 이 불과 입구 사이에 사람들이 걸어다니고, 그들의 그림자가 이 동굴의 뒷벽에 나타난다; 동굴의 주민들은 이 그림자들을 본다. 그러나 결코 밖에 있는 사람들을 보지는 못한다. 왜냐하면, 그들은 머리를 돌릴 수 없기 때문이다. 그들은 그들이 현실적인 사물이라고 생각할 것이고, 결코 밖의 세계가 있음을 알지는 못할 것이다. 그들은 이 밖에 있는 세계의 그늘을 볼 수 있을 따름이다. 플라톤은 이러한 종류의 지식을, 인간이 소유하는 물리적인 세계의 지식이라고 한다. 지각적인 세계란, 이 동굴의 벽에 나타난 그림자와 같다. 사고만이 보다 높은 실재의 세계를 우리에게 계시할 수 있다. 볼 수 있는 대상들은 다만 그 빈약한 영상에 지나지 않는다.

2000년 동안 이 동굴의 비유는 사변철학자의 태도를 상징했다. 그것은 감각적인 경험의 결과에 몹시도 만족하지 않는 사람의 견해를 표시한다. 이러한 사람은 관찰 될 수 있는 것과 그것에 의하여 귀납적으로 추리될 수 있는 것을 초월하기를 열망한다. 동굴의 비유는 경험적인 지식을, 정신적인 통찰만이 접근할 수 있고 수학자와 철학자에 예약되어 있는 보다 나은 지식의 빈약한 대표물로써 표시한다. 그것은 순수한 형식에서의 선험주의이다. 그것은, 마침내 가상과 물 자체의 구별에서 최절정에 달한, 일련의 철학적인 사고를 도출한다. 칸트의 대가다운 합리주의의 집대성 결과는, 이편에 있는 세계와 '저편에' 있는 세계라는 이분법을 되풀이한다. 이 이분법에 의하여 합리주의는 서양문명을 통하여 그것의 승리적인 행진을 시작한다—그리고 이 이분법은 심리학적으로 여기에 있는 지상적인 생활과 다가올 천국적인 생활이라는 종교적인 이분법에 대단히 밀접하게 관련되어 있다.

이러한 이분법을 포기할 수 없는 사람에 대해서는 과학철학은 그렇게 많이 말할 필요가 없다. 합리주의란 공상적인 세계로 향한 감정적인 편견이며, 논리적인 동기 이외의 다른 것에서부터 기원하는 물리적인 실재에 관한 불만이기 때문에, 논리적인 수단 이외의 다른 것에 의하여 치료되어야 한다. 그러나 도달될 수 없는 것에의 소원을 포기하려면, 감정적인 중점을 바꾸어야 한다. 합리주의적인 이상주의자의 상징은, 관찰될 수 있는 현상에서부터 관찰될 수 없는 이유를 발견하는 사람이 아니다—왜냐하면, 그것은 과학자가 하는 일이기 때문이다. 과학자는, 설혹 그가 플라톤의 동굴 안에 사슬로 매어 있다 할지라도, 간접적인 증거라는 방법에 의하여, 관찰된 그 그늘이 밖의 원인을 가지고 있음을 곧 발견할 것이다.

　　　　플라톤의 동굴 안에 사는 사람이 밖에 세계가 있음을 추리할 수도 있었을, 이러한 유형의 방법에 관한 연구는, 내 저서인 『경험과 예언』(Experience and Prediction, Chicago, 1938)에 표시되어 있다. 이 책은 현대인식론의 더욱 정밀한 전개와 관련되어 있다.

관찰적인 추리에 의하여 관찰 될 수 있는 것을 초월함은 경험주의자의 정당한 방법이다. 이상주의자의 상징은 그가 모든 도덕적인, 그리고 심미적인 불완전성에서 실재를 향락할 수는 없기 때문에, 백일몽에 호소하는 사람이다. 이상주의는 도피주의를 철학적으로 낙인찍은 것이다; 그것은 항상 인간사회의 토대를 흔들었던 사회적인 위기가 있는 시대에 번영했다. 꿈이 가지는 소원성취라는 마취약을 극복하기는 어려운 일이기는 하지만, 가상표면의 배후에서 관찰되지 않고 암약하는 물 자체에의 합리주의적인 신앙에서부터 벗어나는 길은 있다. 이러한 감정적인 재조정은, 때로는 적극적인 과학연구에 의하여 관찰될 수 있는 사물의 제어와 그 행동에 관한 성공적인 예언에서부터 기원하는 감정적인 만족의 경험에 의하여 성취된다. 그러나 때로는 그것은 정신분석학자의 개입을 요구한다.

합리주의적인 이분법에 반항하는 것은, 경험주의의 역사적인 사명이었다. 고대의 원자론자와 회의론자의 시대로부터 경험주의는 세계의 철학을 창조하기에 노력했고, '피안'의 인식을 거부했다. 과학 자체가 그것의 합리주의적인 가장을 벗어 던지기에 앞서서는 경험주의는 성공적일 수는 없었다. 기원적으로 합리주의의 표면적인 승리라 여겨졌던 자연의 수학적인 분석은 마침내 그것의 진리성요구가 감정적인 지각에 의거하고 있는 지식의 도구임이 진리의 근원이 아니라, 오직 하나의 도구임이 드러났다. 이 발전이 귀인하는 19세기와 20세기는 이리하여 합리주의를 다만 공격했을 뿐만 아니라, 또한 그것을 극복하는 방법을 가졌던, 새로운 경험주의의 요람기가 되었다. 지식의 분석을 위하여 기호논리학을 사용하고 있기 때문에, 그것은 '논리적인 경험주의'라고도 한다.

지식의 선험적인 개념에 대하여, 이 새로운 경험주의의 철학은, '지식의 기능적인 개념'이라고 할 수 있다. 이 해석에서는, 지식이란 또 하나의 세계에 관계하지는 않고, 하나의 목적에, 다시 말해 미래를 예언하는 목적에 봉사하는 기능을 발휘하는 한, 이 세계의 사물을 묘사한다. 나는 논리적인 경험주의의 원리가 된 이 개념을 논의하려 한다.

인간은 자연의 다른 사물 가운데서 존재하는 사물이다. 그리고 인간 감각기관의 매개를 통하여 다른 사물에 의하여 영향을 받는다. 이 영향은 인간신체에서부터 각종 반응을 산출한다. 이 반응 가운데서 언어적인 반응, 다시 말해 기호적인 체계의 산출이 가장 중요하다. 기호는 말하거나 기록된다; 기록된 형식은, 인생의 목적을 위해서는 말로 된 형식보다 중요하지는 않으나, 그것이 보다 치밀한 규칙의 체계를 따르고 있고, 보다 정밀하게 언어의 인식적인 내용을 전개하고 있다는 점에서 우월하다.

이 인식의 내용이란 무엇인가? 그것은 기호체계에 첨가되는 것이 아니다; 그것은 기호체계의 성질이다. 기호란, 다른 물리적인 사물의 통신관계에 사용되는, 종이 위의 잉크 부피 또는 음파와 같은, 물리적인 사물이다; 어떠한 유사성에도 의뢰하지 않는 이 통신은 인습에 의거하고 있다. 이를테면, '집'이라는 말은 집과 일치하고, '빨간'이라는 말은 붉음의 성질과 일치한다. 기호는 문장이라는 기호결합이 물리적인 세계에 있는 사물의 상태와 일치하는 방식으로 결합된다. 이러한 기호결합은 참이라고 한다. 이를테면 "이 집은 붉다"라는 문장이 실제적인 사물의 상태와 일치할 때에는 그것은 참이라고 한다. '아니다'라는 기호의 첨가에 의하여 참된 문장으로 변형될 수 있는 다른 기호결합은, 허위라고 한다. 참임이 표시될 수 있거나 허위임이 표시될 수 있는 기호결합은 유의미하다고 한다. 이 개념은 우리가 흔히 그 진리성 또는 허위성이 현재에는 결정될 수 없고, 후일에 결정될 수 있는 기호결합과 관계가 있기 때문에 중요하다. "내일 비가 올 것이다"와 같은 실증되지 않는 진술은 이러한 유형의 것이다.

실증성과의 관계는 의미론의 필수적인 구성요소이다. 진리성이 가능한 관찰에 의하여 결정될 수 없는 문장은 무의미하다. 합리주의자는 의미 자체라는 것이 있다고 믿었으나, 경험주의자는 모든 시대에서 있어 의미란 실증성에 의존하고 있다고 주장했다. 현대과학이란 다름 아닌 이러한 견해의 증명이라 하겠다. 앞에서 말한 공간, 시간, 인과, 양자역학에 관한 분석에서는 의미란 실증성에 의존하고 있음은 명백한 것이었다; 이 견해를 신봉하지 않고서는 현대의 물리학은 이해될 수 없게 된다. '의미에 관한 실증성이론'은 과학적인 철학의 불가피한 한 부분이다.

"이 문장이 의미를 가지고 있다"라고 하지 않고, "이 문장이 유의미하다"라고는 것이 좋을 것이다; 이 표현이 의미란 기호의 성질이고, 그것에 첨가되는 어떤 것이 아님을, 보다 명료하게 알린다. 유의미한 기호결합은 그것이 우리에게 알려져 있지 않는 사건에 관하여, 특히 미래의 사건에 관하여 우리가 말하는 것을 허용하기 때문에 중요하다. 참된 문장에서부터 유의미한 문장에 이르는 언어의 확장은, 언어의 이론적인 사용을 참작하고 있다. 다시 말해 이 확장은 기호사용자에게 각종의 가능한 사건을 기술하고 그가 형식화한 것 가운데서 참이라고 생각하기에 가장 적합한 것처럼 여겨지는 하나를 선택하게 한다.

문장은 여러 가지 방법으로 실증될 수 있다. 이 실증 가운데 가장 단순한 형식은 직접적인 관찰에 의한 것이다; 그러나 "비가 온다" 또는 "피터는 폴보다 크다"와 같은, 극소수의 문장만이 이렇게 해서 실증될 수 있다. 관찰문장이 과거에 언급할 경우에, 설혹 관찰자가 없다 할지라도, 우리는 실증이 가능하다고 생각한다; 이를테면, "4년 11월 28일에 맨해턴(Manhattan)섬에 눈이 왔다"라는 문장은 관찰자가 있었을는지도 모를 일이기 때문에 실증될 수 있고, 그러므로 유의미하다. 다른 문장은 직접적으로 실증될 수 없다. 공룡이 지구에 살고 있었고 인류는 존재하지 않았던 시대가 있었음은, 또는 물질은 원자로 구성되어 있음은, 직접적인 관찰에 의거한 귀납적인 추리의 힘을 빌려, 간접적으로 실증될 수 있을 뿐이다. 이러한 문장은 그것이 간접적인 실증을 허용하고 있기 때문에 유의미하다. 이런 종류의 실증에 관한 규칙은 확률성계산에 의하여 제공된다. 이리하여 이 문장은 정립(posit)이라는 의미로 표명된다. 미래에 관계하면, 그것은 행동의 지표로서 사용될 수 있다. 의미를 이렇게 정의하고 그것 위에 구성된 기호체계는 예언의 도구로서 사용될 수 있도록 고안되었다. 이것이 기호사용자를 위한 기호의 기능이다. 이 목적에 봉사하면 기호는 지식이라고 한다.

의미란 주관적인 성격을 가지고 있는 것이라고, 아무도 그가 의미하는 것을 다른 사람에게 알릴 수는 없는 것이라고, 모든 사람에게 가장 적합하다고 생각되는 의미로 말을 사용하는 것이 허용되어야만 할 것이라고 반대의견이 일어났다. 이 반대의견에 의하면, 과학적인 철학자가 실증될 수 없는 문장은 배제되어야 한다고, 또는 실증은 항상 귀납적인 내지는 연역적인 추리와 결합된 감각적인 관찰에 의거해야 한다고 주장한다면 그것은 언어의 사용에 관한 부당한 강제이다. 그러나 이 반대의견은 의미에 관한 실증성이론의 논리적인 성격을 오해하고 있다. 이 이론은 일종의 도덕적인 명령이 되려는 것은 아니다. 과학적인 철학자는 관용적이다; 그는 모든 사람에게 그가 원하는 의미로 말하게 한다. 그러나 과학적인 철학자는 그에게 당신이 실증될 수 없는 의미를 사용하면 당신의 말은 당신의 행동을 설명할 수 없다라고 한다. 당신이 하는 것은 항상 미래를 향한다; 그리고 미래에 관한 진술은 그것이 실증될 수 있는 한에서, 가능한 경험으로 변형될 수 있다. 경험주의적인 의미론은 개인의 주관적인 의미를 기술하지는 않는다. 그것은 언어의 형식에 관하여 제안된 규칙이요, 충분한 의미로 권장할 만한 것이다: 그것은 개인의 말에 관하여 생각되면 말을 행동과 양립할 수 있게 하는 종류의 의미를 정의한다. 이 뒤에 말한 성질은 의미론에 관하여 합리적으로 요구될 수 있는 모든 것이다. 의미의 실증성표준을 허용하는 사람들은, 행동과 일치한 말을 한다; 그들에게서는 언어란 활동성의 추구에 불가결한 기능을 발휘하는 것이다. 그리고 그것은 경험의 세계와 관련성이 없는 공허한 체계는 아니다.

기능적인 개념은, 2000년 동안 합리주의가 그 안으로 끌어넣은, 모든 신비성에서부터 지식을 탈환한다. 그것은 지식의 성격을 몹시도 단순하게 한다—그러나 단순한 해석이 흔히 발견하기에 가장 힘드는 것일 수도 있다. 인식론이 지식을 기능적인 것으로서 명료하게 진술할 수 있기 위해서는, 그것은 처음에 선천적·종합적인 지식이라는 무거운 짐에서부터 다시 말해 관찰될 수 있는 사물의 배후에 있는 실체세계에의 신비적인 경향의 유물에서부터 해방되어야 했다. 그리고 지식이 기능적이라는, 지식이 예언을 만드는 최선의 도구라는 증명은 확률성의 통계적인 해석이 발견되기에 앞서서는 제공될 수 없었다. 경험주의가 확률성의 귀납적인 추리를 설명할 수 없을 동안은 그것은 오직 계획에 지나지 않았고, 철학적인 이론이 아니었다. 경험주의의 계획은, 다시 말해 모든 종합적인 진리가 관찰에서부터 나오고 지식에 대한 이성의 모든 공헌이 분석적이라는 원리는, 19세기와 20세기의 과학이 필요한 준비를 하기에 앞서서는, 관철될 수 없었다. 현대는 견고한 경험주의를 볼 수 있는 최초의 시대이다. 의미에 관한 실증성이론은 경험주의가 가상적인 사물세계와 물 자체라는 이분법을 극복하는 논리적인 도구이다. 원칙적으로 알려질 수 없는 것에 관하여 말하는 것이 무의미하다고 생각하기 때문에, 그것은 물 자체를 배제한다. 알려질 수 없는 사물 대신에, 경험주의자는 관찰될 수 없는 사물에 관하여 이야기한다; 그러나 이러한 사물이란 지식이 접근할 수는 없는 것이며, 유의미하다는 방식으로만 이야기될 수 있다. 관찰될 수 없는 사물에 관한 진술은, 그것이 관찰에서부터 도출되는 한, 의미가 있다; 그것은 이행에 의하여, 다시 말해 관찰될 수 있는 사물과의 관계에 의하여, 의미를 획득한다. 이 관계는 양자물리학의 문제와 관련된 제11장에서 논의되었다. 그것은 지금보다 자세히 지식의 모든 형태와 관련되어 연구되어야 한다.

실재의 문제는, 다시 말해 이 세계가 정말 있느냐, 없느냐라는 문제는 잘 알려진 심리적인 경험에서부터 일어난다: 이 심리적인 경험이란 꿈꾸는 것과 깨어 있는 것의 구별이다. 물론, 이 구별은 유의미하다; 그러나 철학자가 그것에서부터 이끌어 낸 많은 허위적인 결론을 극복하기 위하여, 그 의미와 그 기원을 보다 정밀하게 진술할 필요가 있다.

꿈꾸고 있는 것과 깨어 있는 것을 의식하지 못하면서 관찰하는 모든 것을 보고형식으로 기록하는 사람이 있다고 상상하자. 그는 "개가 있다", "피터가 나를 만나러 왔다", "자동차가 출발하지 않는다", "마리온이라는 고양이가 토마토 수프 안에 섰다" 와 같은 문장을 기록할 것이다. 이 마지막 보고는 명백히 우리가 '꿈'이라는 것에 언급하고 있다; 그러나 이 사람의 일기에는 꿈이라는 명료한 표시가 없을 것이다. 꿈이라는 현상은 경험되는 동안에는 실제적인 관찰과 성질이 다를 것이 없기 때문에, 꿈이라고 명료하게 표시될 수는 없다; 바꾸어 말해 꿈꾸는 동안은 아무도 그가 꿈꾸고 있음을 모른다. 우리의 모든 관찰보고를 모으기는 하나, 비판하지 않고, 실제적으로 경험되는 것을 초월한 추리를 하지 않는, 이러한 종류의 완전한 일기는 인간지식의 논리적인 토대라고 생각될 수 있다. 지식의 구성을 연구하기 위하여, 철학자는, 이 토대에서부터 물리적인 대상, 꿈, 전기 또는 은하 또는 죄가 있다는 콤플랙스(complex) 같은, 모든 종류의 과학적인 구성물에 관한 진술로 이끄는 추리를 고찰해야 한다. 그러므로 그의 완전한 일기에서 발견하는 보고에서부터 하나의 지식체계를 구성하려는 사람을 상상하자.

그는 이 문장들을 분류하고 그것들을 성립시키는 일반적인 형식을 형성함으로써, 이 문장들에 질서를 구성하려 한다. 이를테면, 그는 다음과 같은 법칙을 발견할 것이다: 해가 빛난다고 보고하는 문장이 있을 때에는 언제나 따뜻해진다는 문장이 뒤에 온다. 그리고 이 뒤에 있는 문장의 결과를 그는 다음과 같은 사물 사이에 있는 관계로서 형식화한다. 해가 빛나는 때에는 언제나 따뜻해진다. 그러나 그는 토마토 수프 안에 있는 마리온에 관한 문장과 같은 일군의 문장은, 다른 문장에서부터 고립되어야 한다는 것을, 곧 발견할 것이다; 그는 그것들을 질서가 정연한 체계에 포함시킬 수는 없다. 왜냐하면, 그것들은 옳은 예언을 도출할 수 없고, 그러므로 일반적인 법칙을 도출할 수 없기 때문이다. 이를테면, 그는 손가락을 수프의 쟁반에 넣을 때는 언제나 젖는다는 보고를 발견할 것이다; 그러나 겉보기에 마리온의 다리는, 그가 토마토 수프에서 나온 후에도, 이러한 결과를 나타내지는 않는다. 논리적인 고도를 형성하는 이러한 일군의 보고를 그는 꿈이라고 할 것이다.

꿈꾸는 것과 깨어 있는 것의 구별은, 보고의 집합 테두리 안에서, 구조적인 차이에 의하여 실증된다: 그것은 이러한 분석의 논리적인 결과이다. 그것은 실증될 수 있는 관계로 변형될 수 있기 때문에, 유의미한 구별이다; 꿈은, 미래의 경험을 예언할 수 있게 하는 관찰을 우리에게 제공하지는 않는다. 이 결과는, '객관적으로 참인' 것과 다만 '주관적으로 참인' 것에 지나지 않는 것으로 보고문장을 분류하게 한다. 이렇게 구별되기 전에 적용되는 이름을 가지기 위하여, 나는 모든 보고문장을 '직접적으로 참인' 것이라고 한다. 다시 말해 그것들은 거짓말은 하지 않는다고 생각된다. 직접적인 진리는 내적인 질서형성이라는, 다시 말해 완전한 일기에 표처럼 기재된 문장을 초월하지 않는 질서형성이라는 절차의 결과로서, 객관적인 진리와 주관적인 진리로 갈라진다.

　문장에서부터 우리는 사물로 나아간다: 객관적으로 참인 보고는 '객관적인 사물'과 관계한다고 하며, 다만 주관적으로만 참인 보고는 '주관적인 사물'에 관계한다고 한다. 그래서 우리는 지금 두 종류의 사물을 가지게 된다; 그것들은 모두 '직접적인 사물'이다. 그러나 처음의 것만은 객관적인 또는 현실적인 사물이다. 다른 것은 무엇인가?

　그것들을 처리하기 위하여, 우리는 내 '신체'라는 개념을 발명한다. 우리는 물리적인 대상 사이에 '내 신체'라는 것이 있다고 한다. 그리고 이 내 신체는 다른 물리적인 상태에 놓인다. 일기에서 보고된 객관적인 사물이 있을 때는 언제나 내 신체는 어떤 상태에 있다; 그러나 그것은 객관적인 사물이 없을 때에도 그 상태에 있을 수 있다. 이러한 경우에는, 우리는 주관적인 사물에 관하여 말하고 있다. 이리하여 주관적인 사물은 비록 실재성은 없지만, 다른 종류의 현실적인 사물을 지시한다: 그것은 내 신체상태를 지시한다.

　마지막 진술은 논리적인 허위처럼 생각된다: 어떤 존재하지 않는 것이 어떤 존재하는 것을 지시한다면, 그것도 존재해야 한다. 이 역설을 극복하기 위하여, 우리는 추리의 용어에 더욱 조심해야 한다. 이것은 일기의 문장에 되돌아감으로써 달성된다. 우리는 이러한 문장의 모든 것이 반드시 객관적으로 참이라 할 수는 없는 것임을 발견했다. 우리가 지금 발견하는 것은, 하나의 보고문장이 객관적으로 참일 경우에는, 하나의 일치하는 물리적인 대상이 있다고 추리할 수는 없고, 하나의 일치하는 대상이 있으면 그것에 따라 일어나는 우리 신체의 어떤 상태가 있다고 추리할 수 있다는 것이다. 문장에 관하여 말함으로써 우리는 '주관적인 사물'과 같은 말을 피한다. 반대로, 문장에 관하여 말하는 언어로 이처럼 변형할 수 있기 때문에, 이러한 말을 사용해도 무방하다. 그러므로 우리는 이렇게 허구적인 문장을 사용하면 주관적인 사물이 주관적인 존재를 가진다고 할 수 있다. 이러한 표현은 바로 그것이 배제될 수 있다는 의미로 허용될 수 있다.

객관적인 사물과 주관적인 사물로 경험의 세계를 구별함은, 이리하여 타당한 추리에 의하여 달성되고, 정당한 어법으로 표현된다. 모든 보고문장이 객관적으로 참이다라고 가정할 때에, 우리는 그 가운데에 약간의 문장은 참이 아님을 발견한다; 이것이 논리학자가 '귀류법'이라는 유형의 타당한 추리이다. 귀류법이란, 모든 보고문장이 객관적으로 참이라는 가정은 "우매성에 환원된다"라는 것을 의미한다. 객관적으로 참이 아닌 보고문장들을 존재하는 물리적인 세계에 편입하기 위하여, 우리는 그의 신체가 관찰적인 사물이 없어도 관찰될 수 있는 상태에 있을 수 있는, 관찰하는 인간이 있다고 가정한다. 꿈의 진술은 이리하여 질서라는 관계에 의하여 깨어 있는 상태와 연결된다; 우리는 꿈을 설명하는 생리적인 법칙을 구성할 수 있다. 그리고 정신분석은 꿈의 경험을 깨어 있는 상태에서의 이전 경험과 인과적으로 연결하는 법칙을 발전시켰다. 일군의 꿈에 관한 진술은 이리하여 그것들의 고도적인 특징을 상실하고, 전체적인 체계에 편입된다; 그러나 그렇게 해서 그들에게 주어진 해석은, 다른 문장의 해석과는 판이하게 다르다.

관찰하는 사람과 그의 신체적인 상태는 이리하여 물리적인 가설에 의하여 도입된다. 이 가설을 이끌어 오는 추리는 보다 치밀하게 시험되어야 한다. 우리가 물리적인 사물에 관한 법칙의 존재하는 체계의 구성을 기도할 때에, 우리는 흔히 직접적으로 관찰될 수 없는 어떤 다른 물리적인 사물이 있다는 가정을 도출하게 강제된다. 이를테면, 전기현상을 설명하기 위하여, 우리는 구리선을 통해 흐르거나 빈 공간을 통해 파동으로서 이동하는, 전기라는, 어떤 물리적인 실체가 있다는 가정을 도출한다. 우리가 관찰하는 것은 자석 바늘의 기울어짐 또는 라디오 수신기에서 들려 오는 음악과 같은 현상이다; 전기는 결코 직접적으로 관찰되지는 않는다. 이러한 물리적인 실체에 대해, 나는 '추리된 사물'을 의미하는, '추리물'이라는 이름을 사용한다. 그것은 관찰될 수 있는 사물의 세계를 형성하는 '구체물'과는 구별된다. 그것은 또한 구체물의 결합이며 광범위한 전체성이기 때문에 직접적으로는 관찰될 수 없는 '추상물'과도 구별된다. 이를테면, '번영'이라는 말은 관찰될 수 있는 현상의, 다시 말해 구체물의 전체성에 언급하고, 그것의 상호작용에서 이 모든 관찰될 수 있는 것을 요약하는 약어로서 사용된다. 이 추리물은 구체물의 결합이 아니고, 그 존재가 구체물에 의하여 다만 확률적인 것이 될 수 있을 따름인, 구체물에서부터 추리된 실체이다.

인간신체의 내적인 상태는 추리물이다. 왜냐하면, 우리는 신체의 반응만은 관찰할 수 있으나, 뇌의 여러 가지 상태를 포함하는 그 내적인 조건은 관찰할 수 없기 때문이다. 이러한 상태들을 특징짓기 위하여, 우리는 간접적인 어법을 사용한다; 이를테면, 우리는 "만약에 어떤 사람이 개를 보면 일어날 상태"라고 한다; 이러한 어법은 '자극언어'라고 했다. 우리는 이러한 상태를 만드는 종류의 자극을 기술함으로써, 신체적인 상태를 특징짓는다.

이런 종류의 언어는 물리적인 실례에 의하여 설명될 수 있다. 속도계는 바늘의 기울어짐에 의하여 자동차의 속도를 측정한다. 이러한 목적으로, 자동차의 회전축은, 보다 큰 속도가 바늘의 보다 큰 각편 위에 일치하도록 톱니와 플렉시블 샤프트(flexible shaft)에 의하여 연결되어 있다. 바늘의 모든 위치에 대해서는 그것에 일치하는 속도가 문자판 위에 쓰여 있다. 바늘이 직접 지시하는 것은 속도계의 내적인 상태이다; 그러나 간접적으로 그것은 그렇게 해서 '자극'이 그 기계를 이 상태에 있는 것처럼 행동하는 속도를 지시한다. 문자판 위에 있는 수치를 자동차의 속도를 측정하는 데에 사용하지 않고, 우리는 그것을 속도계의 내적인 상태를 지시하는 데에 사용할 수도 있다. 어떤 사람이 그 기계를 자동차에서 떼내어서 그것의 샤프트를 움직인다고 가정하자; 그 때는 속도계는 어떤 내적인 상태에 있다. 문자판의 수치를 보고, 우리는 "속도계가 매시간 60마일의 상태에 있다"라고 할 수 있다. 이리하여 우리는 간접적으로 자극 언어에서 이 기계상태를 특징짓는다.

이 설명은 주관적인 사물의 성격을 명료하게 하는 데에 도움이 될 것이다. 꿈에 보인 사물은, 60마일의 속도가 자동차에서 분리된 속도계의 실례에서 가지는 존재성과 종류가 같다. 여기에서 존재에 관하여 말하는 것은 어법으로서는 정당화될 수 있다. 그러나 물리적인 존재는 이렇게 해서 간접적으로 기술된 속도계의 상태에 국한된다. 꿈의 상태와 깨어 있는 상태의 이중성은, 경험주의 철학에 아무런 곤란함도 제공하지 않는다. 그것은 물리적인 사물의 영역을 '초월한' 사물의 도입을 요구하지는 않는다; 그리고 그것은 선험주의에의 길을 열지는 않는다. 그것은 '이 세계의 철학'에서 완전히 설명될 수 있다. 꿈에 존재하는 사물에 관한 진술의 의미는, 객관적인 사물에 관한 진술의 의미로 변형될 수 있다.

이 분석은 우리에게 세계가 실재하느냐 않느냐라는 문제의 의미를 명료하게 하는 것을 허용한다. 이 문제는 다음의 것을 의미한다고 해석 될 수 있다: 우리가 지금 깨어 있는 상태에 있느냐, 또는 꿈의 상태에 있느냐라는 것이 이것이다. 이것은 확실히 유의미한 문제이다. 사실 우리는 정녕 이 문제를 묻는 꿈의 상태를 경험했다. 이 꿈의 상태란, 처음에는 우리가 깨어 있다는 결론으로 해답되고, 나중에 우리가 착각을 일으키고 있었다는 것이, 다시 말해 우리가 여전히 꿈꾸고 있었음이 발견되는, 그러한 상태를 말한다. 동일한 것이 지금 일어날 수 있을까? 우리는 조금 후에 우리가 지금 꿈꾸고 있었음을 발견하리라는 가능성을 배제할 수 없다. 우리는 이러한 일이 일어나지 않으리라고 어느 정도 확신할 수 있다; 그러나 우리는 이것이 일어나지 않으리라는 절대적인 보증을 가지지는 못한다.

완전한 일기라는 논리적인 고안으로 되돌아간다면, 우리는 다음과 같은 고찰을 형식화할 수 있다. 우리의 보고문장 가운데에 있는 꿈의 고도들은 다른 문장의 전체성이 인과법칙에 의한 질서를 허용하고 있었기 때문에, 다른 문장과 구별될 수 있었다. 그러나 우리는 이 질서형성이 항상 가능하리라고 확신을 가지고 주장할 수는 없다. 당신이 일기의 처음 500 문장을 연구해서, 그 가운데에 모두 30문장의 고도들이 있음을 발견하고, 나머지 470문장을 합리적으로 질서를 정하는 데에 성공했다고 상상하자. 당신은 지금 나는 깨어 있다고 할 것이다. 이윽고 일기의 연구는 계속되고, 당신은 이전의 470문장과 동렬에 놓을 수는 없으나 그것들끼리는 합리적으로 질서를 정할 수 있는 다음 1,000문장을 발견한다. 당신은 이 470문장이 고도였다고, 다시 말해 당신이 꿈꾸고 있었다고 결론을 내릴 것이다; 지금에야 당신은 정말로 깨어 있다. 당신은 지금 앞으로는 그러한 일이 일어나지는 않으리라고 확신하고 있는가? 당신의 지금 상태가 꿈이라고 생각하기를 강요하는 다른 2,000문장이 드러난다면 어떻게 될까? 그리고 동일한 파괴적인 경험이 항상 되풀이되면 어떻게 될까?

이러한 경험이 일어나지 않음을 다행한 일이라고 생각하자. 그러나 우리는 논리적인 논의에 의하여 이러한 경험을 배제할 수는 없다. 그러므로 우리는 이러한 경험이 불가능하다고 할 수는 없다. 이러한 경험이 정녕 일어난다면, 다시 말해 질서가 정해진 경험의 연쇄가 파괴되고, 새로운 연쇄가 일어날지라도, 항상 다시 파괴된다면, 우리는 객관적인 물리적 실재에 관하여 말할 수는 없을 것이다. 이리하여 객관적인 물리적 실재가 있다는 진술은 높은 확률성을 가진 것으로서, 그러나 절대적으로 확실한 것은 아닌 것으로서 주장될 수 있을 따름이다. 우리는 물리적인 세계가 존재한다는 충분한 귀납적인 증거를 가지고 있다―그러나 이것이 우리가 주장할 수 있는 모든 것이다. 그리하여 객관적인 물리적 실재에 관하여 말하는 것은 유의미하다. 왜냐하면, 이러한 세계에 관한 진술은 관찰에서부터 귀납적으로 도출될 수 있기 때문이다.

우리가 물리적인 세계에 관하여 말하는 언어는 관찰에 의하여 일률적으로 결정되지 않은 것은 주목할 만한 일이다. 그것은 제11장에서 가공적인 프로타고라스에 관련시켜 논의된 애매성의 주제이다. 수많은 동격적인 기술이 있을 수 있고, 우리가 물리적인 세계를 기술하는 대개의 실재론적인 언어는 이 기술 가운데에 있는 하나에 지나지 않는다. 그것은 내가 '규범체계'라고 했던 것이다. 귀납적인 추리는 관찰될 수 있는 것과 관찰될 수 없는 것에게 동일한 법칙이 있다는 규칙이 기술된 후에 비로소, 외적인 세계에 관한 진술의 일반적인 형식을 확립할 수 있다. 이 규칙은 언어의 형식을 결정하는 정의의 성격을 가지고 있다; 그것은 언어의 '확장규칙'이라고 할 수 있다. 왜냐하면, 그것은 언어를 관찰되지 않는 대상을 포함하는 대상의 보다 넓은 영역에까지 확장하는 수단을 제공하기 때문이다. 그러나 이 규칙이 관철될 수 있다는 것은 일상생활에 있는 물리적인 세계의 기술에는 규범체계가 있다는 것은 하나의 경험적인 사실이다; 더욱 정밀하게 말한다면 귀납적인 추리에 의하여 도출된 하나의 사실이다. 이러한 의미로 물리적인 실재가 있음은 귀납적으로 잘 확인된 가설(hypothesis)이다.

바꾸어 말한다면, "물리적인 세계가 있다"라는 진술을 "물리적인 세계가 없다"라는 진술과 아주 잘 구별될 수 있다. 왜냐하면, 우리는 하나의

진술을 비확률적으로 하는 경험을 묘사할 수 있기 때문이다. 이 두 진술
은 그 경험적인 내용에 관하여 다르다. 지식에 관한 기능적인 개념은, 물
리적인 세계라는 가설에 실증될 수 있는 의미를 부여한다.

나는 이 분석을 '독아론'의 전통적인 이론과 비교하고자 한다. 독아론
이라는 철학적 이론에 의하면, 우리가 주장할 수 있는 모든 것은 우리가
경험한다는 것이다; 그러나 우리는 결코 이 주장을 넘어 객관적인 실재
가 있음을 증명할 수는 없다. 이러한 생각은 실제적으로 주장된 일이라고
는 거의 없으나, 그것을 철학체계로서 전개한 약간의 철학자가 있었다;
그들 가운데서 버클리(G. Bekeley)와 슈티르너(M. Stimer)를 들 수
있을 것이다. 내가 이 사람들도 실제적으로는 이 이론을 신봉하지 않는다
고 말할 때에, 나는 그들의 이론을 설명하는 책을 그들이 썼다는 사실에
언급한다. 이 사실은 만약에 그들이 이 책들을 읽을 수 있는 다른 사람들
이 있다고 믿지 않는다면, 거의 설명될 수 없는 것이다. 독아론이라는 이
론은, 매우 불합리한 것이기는 하지만, 우리는 그것에 대하여 논리적인
논의를 할 필요가 없다. 왜냐하면, 우리의 경험이 증명할 수 있는 모든
것은, 우리가 경험한다는 것이고, 물리적인 세계가 있다는 것이 아니기
때문이라고 흔히들 논의되어 왔다.

나는 이 정황이 그렇게 절망적인 것이라고 생각하지는 않는다. 독아론
자는 근본적인 과오를 범하고 있다: 그는 그 자신 인격의 존재를 증명할
수 있다고 믿고 있다. 그러나 '나', 다시 말해 관찰자의 인격발견은 외적
인 세계의 발견과 동일한 종류의 추리에 의거하고 있다. 일기의 고도들
은, 나머지 문장들이 물리적인 세계의 증거라고 생각되는 것과 동일한 방
식으로, 관찰자의 신체적인 상태라고 해석된다: 사실 이 고도들은 이렇
게 해서 모든 것을 포괄하는 물리적인 해석 안으로 편입된다. 왜냐하면,
관찰자는 물리적인 세계의 일부이기 때문이다. 관찰자와 그의 신체적인
상태라는 가설에 의하여, 고도적인 문장들은 그것들의 특징을 상실하고,

관찰자를 기술한다고 생각되는 물리적인 세계의 기술이 됨은, 위에서 언급한 바이다. 이리하여 '나'의 존재를 증명할 수 있다면, 우리는 다른 개인의 존재들을 포함하는 물리적인 세계의 존재도 증명할 수 있다. 독아론자는 추리의 이 평행론을 간과하고 있다. 그는 '나'와 그것의 경험을 절대적인 지식으로서 도입하고, 그리하여 외적인 세계를 도출하는 데에 고민한다―그러나 그의 고민은 빈약한 논리에서부터 파생한 것이다.

이 정황의 옳은 분석은 위에서 설명되었다: 우리는 물리적인 세계가 있다는 절대적으로 결정적인 증거를 가질 수 없고, 우리가 존재한다는 절대적으로 결정적인 증거를 또한 가질 수 없다. 그러나 우리는 두 개의 가정에 충분한 귀납적인 증거를 가지고 있다. 귀납적인 추리분석의 결과를 사용하면, 우리는 다음과 같이 말할 수 있다: 우리는 우리 인격의 존재와 마찬가지로, 외적인 세계의 존재를 '정립(posit)'할 충분한 이유가 있다. 우리의 모든 지식은 정립이다; 그러므로 가장 일반적인 지식은, 다시 말해 물리적인 세계의 존재와 그 안에 있는 우리 인간의 지식은 하나의 정립이다.

관찰하는 인간을 물리적인 세계에 편입함은, 경험주의철학의 근본적인 특징의 하나이다. 지식에 관한 선험적인 개념은 물리적인 실재와 인간정신을 분단하고, 그리하여 어떻게 우리가 정신적인 결과에서부터 실재를 추리할 수 있느냐라는 문제와 같은 해결될 수 없는 문제에 도달한다. 정신적인 존재란, 보통 이상적인 존재라고 하며 꿈의 세계와 구별되나, 이상주의의 심리적인 기원은 우리가 깨어 있는 상태에서 마음대로 시각화할 수 있는 꿈과 심상의 경험에서 찾아야 할 것이다. 그것은 독립적인 실체로서, 다시 말해 물리적인 실체에 비교될 수 있으나, 그 자신의 실재성을 가지는 종류의 실체로서, 정신이라는 개념을 도출하는 이 심상의 그릇된 논리적 분석이다. 이상주의자라고 낙인이 찍힌 사변철학자에의 해답은, 현대의 논리학이라는 도구로 장비되어 지식을 직접적인 보고문장에

의거한 귀납적인 가설체계라고 해석하는 경험주의적인 철학에 의하여 제
공된다. 관념론 대 실재론 또는 유물론의 전통적인 논쟁을 종결시키는 것
은, 이리하여 지식에 관한 기능적인 개념, 다시 말해 의미를 실증성으로
환원시키는 것이다.

　매우 이상하게도, 물리적인 세계의 구성자로서의 관념론적인 나(ego)
라는 개념은 최근에 양자역학의 어떤 해석에 의하여 새로운 지지를 발견
했다. 그리고 이 해석은 관찰이라는 행동과 보어의 상보성원리에 의하여,
하이젠베르크의 교란원리를 부당하게 사용했다. 이 해석에 의하면, 하이
젠베르크의 불확정성원리는 관찰자와 물리적인 대상을 구별하는 선을 긋
는 것이 불가능하다는 결론을 도출한다; 관찰자는 관찰행동에 의하여 세
계를 변화시키기 때문에, 우리는 관찰하는 인간에게서 독립된 세계가 무
엇인가를 말할 수 없다. 위에 말한 분석(제11장)은 이것이 양자역학의
그릇된 해석임을 알리고 있다. 관찰될 수 없는 것의 불확정성은 거시세계
에서부터 미시세계에 이르는 이행에서만 존재한다; 그러나 이러한 불확
정성은 우리의 환경을 이루고 있는 관찰될 수 있는 대상에서부터 관찰될
수 없는 거시적인 대상에 이르는 이행이 고찰될 경우에는 일어나지 않는
다. 이 나중의 이행에서는, 일상적인 실재론적 언어로 외적인 세계를 말
하는 것을 우리에게 허용하는 하나의 규범체계가 존재한다. 양자역학적
이 불확정성은 관찰하는 인간과 그 환경의 관계를 취급하는 아무런 것도
가지지 않는다. 그것은 가장 조그만 대상의 세계가 보다 큰 대상의 세계
에서 추리되어야 하는, 진보된 단계에 있어서만, 하나의 역할을 하게 된
다.

　이 사실은 우리가 모든 관찰장치를 테이프종이에 찍히는 숫자의 형식
으로 측정된 결과를 표시하는 등록기계로서 구성되어 있다고 가정할 경
우에, 아주 명백하게 된다. 관찰자가 테이프종이를 볼 때에 그것을 교란
하지 않음은, 확실한 사실이다. 왜냐하면, 이 관찰은 거시적인 사건이기

때문이다. 그래서 그는 어떤 측정과정이 진행되고 있다고 일상적인 방법으로 추리할 수 있다. 불확정성은 그가 입자가 아니면 파동이라고 추리할수 있는, 어떤 미세한 사건이 일어나고 있는 장치의 움직임에서부터 추리하기 시작할 때에만, 그의 계산에 개입한다. 이 매우 단순한 고찰은 양자물리학의 모든 관념론적인 해석을 축출한다. 그것은 경험주의가 물리학자의 발견에서 두려워할 아무런 것도 가지지 않음을, 그리고 현대에서처럼 철학적인 관념론으로 후퇴하는 것은 현대물리학에서 지지를 발견하지 못함을 알리고 있다―물리학의 분석이 오직 막연한 언어에서 해방되고 현대논리학의 정밀성을 가지고 일관된다면 말이다.

직접적인 보고라는 기초에서 나(ego)의 구성을 도출하는 추리를 논의한 후에, 정신에 관한 진술에도 실증성의 기초조건이 적용된다는, 정신에 관한 기능적인 개념에서, 정신이라는 개념이 어떻게 취급되는가를 더욱 자세하게 논의함은 유용한 일일 것이다.

과학자가 완전한 로봇을 만드는 데에 성공했다고 상상하자. 그 기계는 말하고, 질문에 대답하고, 하라고 명령하는 것을 하고, 원하는 모든 종류의 통보를 제공할 것이다; 이를테면 사람은 그것을 채소가게로 보내어 채소가게 주인에게 오늘은 계란이 얼마 하느냐고 묻게 할 수도 있을 것이고, 그 대답을 가지고 돌아올 것이다. 그것은 완전한 기계이다. 그러나 정신이 없는 기계이다. 그것에 정신이 없음을 당신은 어떻게 아는가?

왜냐하면, 그것은 다른 점에서 인간처럼 반응을 표시하지 않기 때문이다라고 당신은 말한다. 그것은 오늘은 날씨가 좋다고 당신에게 말하지 않고 이〔齒〕가 아프다고 불평하지도 않는다. 만약 그것이 그렇게 한다면 어떻게 될까? 그 행위가 모든 점에서 인간의 행위와 같다고 가정하자― 그래도 당신은 그것에 정신이 없다고 주장할 수 있을까?

이 문제는 다음과 같은 방식으로 물을 수도 있다. 당신이 일시적으로 인간에게서 정신을 떼낼 수 있다고 생각하자; 얼마동안은 그것에 정신이 있고 평소처럼 행위하고, 얼마동안은 그것에 정신이 없으나 이전과 똑같이 행위한다. 나는 지킬(Jekyll) 박사와 하이드(Hyde) 씨를 말하는 것은 아니다. 왜냐하면, 하이드 씨는 지킬 박사와 너무도 다르게 행동하기 때문이다; 나는 일시적으로 정신이 없으나 항상 동일한 지킬 박사에 머무는 지킬 박사에 관해서, 말하는 것이다. 이런 사정이라면, 이 동안에 그에게 정신이 없음을 우리는 어떻게 알까?

문장의 의미에 관하여 진술되었던 것에 의하면, 이 문제는 명백히 무의미하다. 그것은 우리의 신체를 포함하는, 모든 사물이 어젯밤에 우리가 잤을 때의 10배가 되었느냐, 어떠냐라는 따위의 문제이다. 그 사람의 두 개의 상태 사이에는 실증될 수 있는 차이라고는 없다. 그리고 우리가 한 상태에서 그에게 정신이 있다고 가정하면, 우리는 다른 상태에도 그에게 정신이 있음을 허용해야 한다. 정신이란 신체조직의 어떤 상태에서 떼어 낼 수는 없다. 그러므로 정신과 어떤 종류의 신체상태는 동일한 사물이다라는 결론이 나오게 된다.

우리는 '정신'이라는 말이, 어떤 종류의 반응을 나타내는 신체적인 상태를 표시하는 약어라고 말할 수도 있다. 정신이 그 이상의 것이라고 믿는 것은, 130마력의 자동차를 가졌던 어떤 사내가, 엔진을 뜯어 내어서 130마력이 아님을 알았을 때, 몹시도 실망했다는 이야기를 회상시킨다. 정신이 독립적으로 존재한다고 믿는 것은 추상적인 말에 관한 그릇된 이해에서부터 나오는 오류이다. 추상적인 말은 몹시도 많은 구체적인 말로 고쳐 말할 수 있다. 그리고 추상적인 말에 의하여 표시된 대상은, 그것에 포함된 모든 구체적인 말의 집계에 지나지 않는다. 정신의 존재에 관한 문제는 말의 옳은 내용에 관한 문제요, 사실에 관한 문제가 아니다.

정신이 독립적으로 존재한다는 생각은, 선험주의의 척추이다. 그것은 정신적인 현상을 비물리적인 실례라고 생각한다. 그리고 이러한 해석에서 볼 수 있는 대상이 다만 그 그늘에 지나지 않는다는, 보다 높은 실재에의 신앙에 이르는 것은, 용이한 일이다. 그러나 심신의 문제는 그 일상적인 형식화가 철학자를 논리적인 혼란으로 이끌었던 언어적인 곤란을 겪는다는 바로 그것 때문에, 철학적인 문제가 될 수 있다. 우리가 정신적인 현상과 감정적인 현상을 기술하는 언어는 이 목적을 위하여 만들어진 언어가 아니라, 다만 매우 복잡한 논리적인 구성물의 사용에 의해서만 그것에 봉사하는 언어이다. 일상생활의 언어—이것이 우리가 심리적인 기술에 사용하는 언어이다—는 우리를 에워싼 구체적인 대상에의 언급에서 자라났고, 심리적인 현상에 관해서는 간접적인 기술의 여지가 있다. 그것은 위에서 설명된 의미로 자극언어이다. 우리는 우리의 정신에서 나무의 영상을 가진다고 말한다; 그러나 '영상'과 '나무'라는 말은, 모두 그것들의 기원적인 의미에서 구체적인 대상에 언급하고, 우리가 의미하는 것의 간접적인 표현에게만 주어진다. 보다 정밀하게 표현하면, 이러한 특수한 경우에는 나무와 광선이 없는 것이지만, 우리의 신체는, 광선이 나무에서 눈에 들어오면 끝날 것 같은 어떠한 상태에 있다고 말해야 될 것이다. 우리의 언어에는 직접적으로 신체상태에 언급하는 말이 없다. 그래서 우리는 외적인 대상에 의하여 간접적으로 기술해야 한다.

심리적인 보고의 언어구사는, 정신에 관한 철학적인 문제가 해답되기에 앞서, 주의깊게 변형되어야 한다. 이 규칙이 망각되면 허위적인 문제가 일어난다. 이를테면, 우리는 신체적인 상태를 볼 수는 없으나 나무는 없어도 꿈에 나무를 볼 수 있다고 논의된다. 그러나 어떠한 논리학자도 우리가 신체적인 상태를 본다고 주장하지는 않을 것이다. '본다'는 말은, 그것이 외적인 물리적 대상에 언급하도록 주조되어 있다. 그리고 논리학자가 주장하는 것은, "내가 나무를 본다"라는 전체 문장이 "내 신체가 어떤 상태에 있다"라는 문장과 동일하다는 것이다. 현대의 논리학은 이러한 유형의 동등성을 취급하는 방법을 가지고 있다.

또 하나의 허위적인 문제는 다음과 같은 의문으로 표시된다: 광선이 사람의 눈에 부딪혀 신경충동이 망막에서부터 뇌에 이르면, 어떻게, 그리고 어디에 '푸르다'는 감각으로 변형된 충동이 있을 것인가? 이 문제는 그릇된 전제에 의거하고 있다. 어떤 곳에도 감각으로 변형된 충동은 없다. 이 충동은 뇌의 생리적인 상태를 일으킨다; 뇌가 이러한 상태에 있는 사람은 '푸름'을 본다. 그러나 이 '푸름'은 뇌에도, 신체의 다른 어디에도 없다. "푸름을 보는 것"은, 신체의 상태를 기술하는 간접적인 방법이다; 이 상태는 광선과 그것에 의한 신경충동의 인과적인 산물이다. 그러나 '푸름'이라는 인과적인 산물은 없다.

이 논리적 관계를 예해(例解)하기 위하여, 어떤 사내가 2,000달러의 지폐를 은행으로 가지고 가서 당좌예금을 한다고 가정하자. 그는 지금 은행예금이라는 형식으로 2,000달러—를 소유하고 있다. 이 2,000달러는 어디에 있는가? 그것은 지폐로서 존속하고 있지는 않다. 최초의 지폐는 그러는 동안에 많은 손을 거쳐 돌아다녔고, 아마도 이제는 은행 안에는 없다. 그것의 인과적인 산물로서, 그 사람의 이름과 함께 은행장부에 기재된 숫자가 있다; 그러나 종이 위에 숫자는 달러가 아니다. 그리고 달러는 그 사람에게 속하지 않고, 사무용품을 소유하는 은행에 속한다. 그러면 그 사람이 소유하는 2,000달러는 어디에 있는가? 그것은 "실재의 또 하나의 영역에 있는 만질 수 없는 사물"이다. 그러나 그것은 구체적인 사물이었던 최초 달러지폐의 산물처럼 생각된다. 어떻게 만질 수 없는 어떤 것이 만질 수 있는 어떤 것에 의하여 인과적으로 산출되는가? 이 경우에 모든 사람은 이 문제가 무의미하고 어법의 혼란에서 나온다는 것을 안다. 은행장부에 기재된 수치로서 존속하는, 그리고 달러지폐가 그 사람의 손에서 출납원의 손으로 넘어가는 것에 의하여 인과적으로 산출되는 사건의 상태가 존재한다. 이 사건의 상태는 "그 사람의 2,000달러를 소유한다"라는 진술에 의하여, 간접적으로 특징짓는다. 이 추상적인 2,000달러는 다만 어법에서만 그 존재성을 가진다. 그러나 감각적인 지각의 경우에는, 많은 철학자들이 이런 종류의 문제를 묻고, 인간정신의 이해를 초월하는 불가해한 문제가 있다는 주장으로 나아간다. 이런 종류의 철학적인 고민은 한 번만 논리학을 수업하면 완화될 수 있다.

지식에 관한 기능적인 개념은 심리적인 현상에 관한 지식에 관계될 경우에, 포기될 필요는 없다. 신체의 조직이 그것 자신에 관하여 말할 수 있는 것은 사진기가 거울에 의하여 그것 자신을 촬영할 수 있다는 것보다 이상한 일은 아니다. 전통적인 논리학의 빈약한 진술은 이 문제가 전통적인 철학에서 취급되었던 경우의 지나친 혼란의 주요한 원인이다. 이것이 과학철학이, 명료성과 과학적인 분석을 위한 그것의 노력에서, 현대 논리학의 힘을 빌렸던 문제의 하나이다. 이러한 방법에 의하여, 사변철학의 체계가 탁마되었음을 가장했던, 같은 이름의 이론위치를 차지한, 하나의 인식론이 구성되었다.

나는 이 인식론을 다만 그 윤곽에서만 표시했다; 보다 많은 연구를 위하려면, 나는 현존하는 문헌에 언급해야 한다. 논리학자는 자세한 인식론의 건설이란, 결코 용이한 일이 아니고, 수많은 기술적인 노작을 요구함을 발견했다. 우리의 지식체계는 언어의, 다시 말해 물리적인 언어, 주관적인 언어, 직접적인 언어, 메타(Meta)언어의 기이한 혼합이다; 그리고 이 언어의 연결과 상호관계는 확률성관계에 관한 표현을 포함하는 기호 논리학 기술의 도움을 빌려, 탐구되어야만 했다. 인식론에 관한 현대의 교실에 출석한 철학도는, 사변적인 체계의 회화적인 언어의 위치를 차지한 논리적인 공식이 제공된 그 자신을 발견해서, 대개는 놀랐다. 그러나 공식이 나타난 것은 철학이 사변에서 과학으로 진보했음을 표시한다.

# 제 17 장

# 윤리학의 성격

이 책의 제2부는 지금까지 지식문제에 관계해 왔다; 특히 어떻게 선천적·종합적인 판단이 인식의 분야에서 제거되느냐가 밝혀졌다. 이 장은 윤리분야에서의 동종의 분석에 관계할 것이다. 선천적·종합적인 지식이라는 생각은, 지식에만이 아니라 윤리에도 적용되어 왔다; 사실 윤리－인식의 평행론이라는 계획은, 선천적·종합적인 지식이라는 개념이 나온 근원의 하나이다. 이 평행론에서 파생하는 허위적인 일련의 사고의 역사적인 연구는, 제4장에서 제공되었다. 윤리학의 인식적 선험주의적인 개념을, 과학철학의 결과와 양립할 수 있는 개념으로 대치하는 것이, 이 장의 과제이다.

현대과학을 분석하면, 곧 하나의 결론이 나올 수 있다. 만약 윤리학이 지식의 한 형식이라면, 그것은 도덕철학자가 그런 것이었으면 하는 따위는 아닐 것이다; 다시 말해 그것은 도덕적인 명령을 제공하지는 않을 것이다. 지식은 종합적인 진술과 분석적인 진술로 갈라진다; 종합적인 진술은 우리에게 사실의 문제에 관하여 통보하고, 분석적인 진술은 공허하다. 윤리학은 어떤 종류의 지식이어야 할까? 만약 그것이 종합적이라면, 그것은 우리에게 사실문제에 관하여 통보할 것이다. 이러한 종류의 윤리학은, 각종의 국민과 사회적인 계급의 습관을 우리에게 통보하는 기술적인 일부문이다. 그러나 그것은 규범적인 성격을 가지고 있지 않다. 그러나 만약 윤리학이 분석적인 지식이라면, 그것은 공허할 것이요, 우리에게 무엇을 해야 할 것인가를 알릴 수 없을 것이다. 이를테면, 우리가 덕있는 사람을 일반적인 입법의 원리를 이룰 수 있는 방식으로 항상 그 행동준칙을 선택할 수 있는 사람이라고 결정한다면, 우리는 '덕있는 사람'이라는 말로 우리가 무엇을 의미하는가를 안다. 그러나 우리는 덕있는 사람이기를 열망하여야 한다는 것을 증명할 수는 없다. '덕있는 사람'이라는 말은, 그렇게 정의되면, 행동준칙에 관한 긴 칸트의 형식화약어에 지나지 않고, 어떤 다른 이름으로, 이를테면 '칸트주의자'라는 말로, 대치될 수 있다; 그러나 왜 우리는 칸트주의자가 되려고 애를 써야만 하는가? 윤리적인 진술이 분석적이라면, 그것은 도덕적인 명령일 수 없다.

　지식의 현대적인 분석은, 윤리학을 불가능하게 했다: 지식은 어떤 규범적인 부분을 포함하지 않고, 그러므로 윤리학의 해석에게는 제공되지 않는다. 윤리—인식의 평행론은, 윤리학에 나쁘게 봉사했다: 만약 이 평행론이 관철될 수 있다면, 만약 덕이 지식이라면, 윤리적인 규칙은 그 명령적인 성격을 빼앗길 것이다. 윤리학을 인식적인 토대 위에 확립하려는 2000년 동안의 오랜 계획은, 지식을 잘못 해석하는 데에서, 다시 말해 지식이 규범적인 부분을 포함한다는 그릇된 생각에서 온 것이다. 이 과오의 책임은 주로 수학의 그릇된 해석에 있다. 우리는 플라톤의 시대에서부터 칸트의 시대에 이르기까지 수학이 물리적인 세계를 제어하는 이성의 법칙체계라고 생각되었음을 이해했다; 이러한 선천적·종합적인 지식에서부터, 이성이 우리에게 수학의 법칙에 관하여 생각되었던 것 같은, 객관적인 타당성을 가지는 도덕적인 명령을 지시할 수 있다는 생각은, 쉽게 나올 수 있었다. 수학이 이런 종류의 지식이 아님이, 그것은 물리적인 세계의 법칙을 제공하지 않고 다만 모든 가능한 세계에 관하여 성립하는 공허한 관계를 형식화하는 것에 지나지 않음이 드러난다면, 인식적인 윤리학이 차지할 자리는 벌써 없어지게 된다. 지식은 그것이 명령을 제공할 수 없기 때문에 윤리학의 형식을 제공할 수는 없다.

나는 위에서(제4장) 윤리학의 인식적인 해석의 근원은 아마도 윤리적인 함립관계(含立關係)를 도출하기 위한 논리와 지식에서 발견될 수 있을 것이라고—설명했다. 이 목적을 원한다면, 당신은 이것과 저것도 원해야 한다—이러한 종류의 함립관계는 인식적인 증명을 할 수 있다. 인식적인 증명이라는 말로, 나는 물리학, 사회학 또는 다른 과학의 법칙과 결합된 논리학의 법칙을 사용하는 증명을 의미한다. 이리하여 당신이 추수를 하려면 씨를 부려야 한다; 이 함립관계는 식물학 법칙의 힘을 빌려 증명된다. 수많은 윤리학적인 논쟁은 이러한 함립관계에 관련되어 있다; 이것이 모든 윤리적인 고찰이 인식적인 유형의 것이라는 그릇된 생각의 이유일지도 모른다. 플라톤과 칸트의 견해에서, 우리가 기하학적인 분석을 통하여 공간의 성격통찰을 날카롭게 하고 깊게 하는 것과 동일한 방식으로, 윤리적인 토론을 하는 동안에, 우리는 윤리적인 통찰을 날카롭게 하고 깊게 할 법도 한 일이다. 그러나 기하학의 발전은, 이제 말한 나중의 생각이 과오임을, 공간의 성격을 통찰하는 것이라고는 없음을, 여러 가지 형식의 공간이 가능함을, 그리고 기하학적인 증명이란 다만 "만약 무엇무엇이면 그 때는 무엇무엇이다"라는 진술 또는 공리와 정리관계를 도출하는 것에 지나지 않음을, 우리에게 밝혔다. 기하학적인 필연성이란 있을 수 없고, 오직 주어진 일련의 공리에서 나오는 결과에 관한 논리적인 필연성만이 있을 수 있다; 수학자는 공리가 참이라고 증명할 수는 없다.

스피노자가 현대 수리철학의 결과를 예견했다면, 그는 기하학의 사고방식을 좇아 윤리학의 확립을 기도하지는 않았을 것이다. 그는 그 자신의 체계가 가졌던 것과 동일한 종류의 설득력을 가졌을 비스피노자적인 윤리학이 확립될 수 있다는, 그리고 만약에 그의 공리가 기하학적인 성격을 가진다면 그것에는 명백한 증명이 제공될 수 없다는 생각 앞에서, 전율할 것이다. 윤리적인 공리를, 기하학의 공리처럼, 경험의 결과라고 하더라도, 그것은 그를 돕지 못할 것이다. 왜냐하면, 경험적인 진리란 그가 원했던 것이 아니기 때문이다. 그는 의심할 수 없는 윤리적인 공리의 확립을 원했다. 그는 '필연적인' 공리를 원했다.

그러나 '필연적'이라는 말이 논리적인 필연성에 비교될 수 있는 어떤 것을 의미한다면, 도덕적인 필연성은 있을 수 없다. 윤리적인 토론을 하는 동안에 우리의 통찰이 날카로워지고 깊어진다고, 우리가 느낄 때에, 이러한 성과는 윤리적인 통찰의 존재를 증명하는 것이라고 생각되어서는 안 된다. 우리가 윤리적인 문제를 분석한 후에 잘 이해할 수 있음은 목적과 수단의 관계이다; 어떤 근본적인 목적을 충족시키려면, 목적에 대한 수단이라는 의미로 처음의 목적에 종속적인 어떤 다른 목적을 기꺼이 추구해야 함을, 우리는 발견했다. 이러한 명료성은 논리적인 성격을 가지고 있다; 그것은 물리적인, 그리고 심리적인 법칙의 견지에서, 목적이 논리적으로 수단을 요구함을 알린다. 이 논리는 다만 논리적인 증명의 평행물에 그치는 것이 아니다—그것은 논리적인  증명'이다'. 윤리적인 통찰에 관하여 말하는 철학자는 목적과 수단의 함립관계의 논리적인 명징성을, 상상된 공리의 자명성과 혼동한다.

그럼에도 결정되어야 할 경우에, 목적과 수단의 함립관계는 우리의 선택을 결정하는 데에 충분하지 못하다. 우리는 처음에 목적을 결정해야 한다. 이를테면, 우리는 다음과 같은 함립관계를 증명할 수 있을는지도 모른다: 만약에 훔치는 것이 용서된다면, 번영하는 인간사회는 있을 수 없을 것이다. 훔치는 것은 금지되어야 한다는 결론을 이끌어 내기 위해서는, 우리는 처음에 번영하는 인간사회를 원한다고 결정해야 한다. 이 이유 때문에, 윤리학은 수단이 제2차적인 목표를 표시하는 데에 대하여, 제1차적인 목표를 진술하는, 도덕적인 전제 또는 도덕적인 공리를 필요로 한다. 도덕적인 전제를 공리하고 할 경우에, 우리는 윤리학을 이 공리에서 도출될 수 있는 질서가 정해진 체계라고 생각한다. 한편 공리 자신은 이 체계에서 도출될 수는 없다. 고찰을 어느 특수한 논의에 국한할 때에, 우리는 '전제'라는 보다 겸손한 말을 사용한다. 어떤 윤리적인 논의에게는 적어도 하나의 도덕적인 전제가, 다시 말해 이 논의에 의하여 도출되지 않는 하나의 규칙이 있어야 한다. 이 전제는 다른 논의의 결론이 될 수 있다; 그러나 이런 방식으로 나가면, 우리는 모든 단계에 어떤 일련의 도덕적인 전제를 남기게 된다. 우리가 윤리적인 규칙의 전체성을 하나의 견고한 체계 안에서 질서를 정하는 데에 성공한다면, 우리는 이렇게 해서 우리 윤리학의 공리에 도달한다. 이 분석은 다음과 같은 주장으로 요약될 수 있다: 논리적인 필연성은 다만 도덕적인 공리와 제2차적인 도덕적인 규칙의 함립관계만을 제어할 수 있다; 그러나 그것은 도덕적 공리를 타당화시킬 수는 없다.

그러나 윤리학의 공리가 필연적 또는 자명적인 권리가 아니라면 그러면 그것은 무엇인것인가?

윤리적인 공리는 필연적인 진리가 아니다. 왜냐하면, 그것은 어느 종류의 진리도 아니기 때문이다. 진리란 많은 진술 중 하나의 술어이다; 그러나 윤리학의 언어적인 표현은 진술이 아니다. 그것은 명령이다. 명령은 참 또는 허위로서 분류될 수는 없다; 명령적인 문장은 직접적인 문장 또는 진술과는 다른 하나의 논리적인 성격을 가지고 있기 때문에 이러한 술어는 적용될 수 없다.

가장 중요한 종류의 명령은, 우리가 우리 자신 이외에 다른 사람들에게 지시하기 위하여 사용하는 명령이다. "문을 닫아라"라는 명령을 생각하자. 이 명령은 참인가 허위인가? 이것이 무의미함을 알기 위해서는, 이것을 뇌어 보면 그만이다. "문을 닫아라"라는 말은, 사실의 문제에 관하여 우리에게 통보하지는 않는다; 그리고 그것은 동의어반복, 다시 말해 논리학의 진술을 표시하지도 않는다. 우리는 만약에 "문을 닫아라"라는 말이 참이면, 사정이 어떻게 될 것인가를 말할 수 없다. 명령은 진위관계가 적용되지 않는 언어적인 발성이다.

그러면 명령이란 무엇인가? 명령은 우리가 다른 사람에게 영향을 끼치려는, 다시 말해 다른 사람에게 우리가 그렇게 하기를 원함을 하게 하고 우리가 그렇게 하지 않기를 원함을 하지 않게 하려는 의도로 우리가 사용하는 언어적인 발성이다. 이 목적은 말의 사용에 의하여 도달될 수 있음은, 비록 그것만이 이 목적에 이르는 길은 아닐지라도 사실이다. "문을 닫아라"라고 말하지 않고, 우리는 그 사람의 손을 잡아서 문이 닫게 할 방식으로 이끌어갈 수도 있을 것이다. 그러나 그것은 무례할 뿐만 아니라 우리에게는 불편하기도 할 것이다. 왜냐하면, 우리 자신이 그렇게 하는 것이 더욱 쉽기 때문이다. 그러므로 우리는 동료들의 의지의 도구처럼 말에 반응을 표시하게 조건이 정해져 있다는 사실의 이용을 택한다. 지령의 명령적인 방법은, 그 지령을 문법적으로 말하는 것조차 진술이 아니라는 것을, 명료하게 하고 있다. "문이 닫혔으면 좋겠습니다"라는 명령화법의 진술은, 내가 지령의 의미로 할 수 있는 것이며, 사실 명령화법의 문장을 사용하기보다도 내 목적을 달성하는 데에 더욱 좋은 도구임을 표시할 수 있다; 공손함은, 외교관의 정책일 뿐만 아니라, 일상생활의 조그만 사교성에도 권장된다. 우리의 발성은 진술을 가장하는 지령이다.

그러나 "문이 닫혔으면 좋겠습니다"라는 발성은 내 소원에 관한 진술은 아닌 것인가? 정녕 그것이다; 이 경우에만 그것은 지령으로서 사용된다. 그러나 명령을 말할 때는 언제나, 개인의 의지에 관하여 우리에게 통보하는 하나의 '상관적인 진술'이 존재함은 사실이다. 이리하여 "문을 닫아라"라는 명령은 "X씨가 문이 닫히기를 원한다"라는 지시적인 진술에 일치한다. 이 진술은, 참이 아니면 허위이며, 다른 심리학적인 진술처럼 실증될 수 있다. 때로는 상관적인 진술이 지령 대신에 사용된다. 논리적인 분석이라는 목적을 위해서는, 명령을 명령적으로 표현하고 그것을 문법과 구별하는 것이 항상 편리할 것이다.

명령은 참도 허위도 아니나, 다른 사람에 의하여 이해되고, 그러므로 '도구적인 의미'라고 할 수 있는 의미를 가진다. 그것은 의미에 관한 실증성이론 제16장에서 정의된, 진술의 '인식적인 의미'와 구별되어야 한다. 뿐만 아니라, 모든 명령은 '상관적'인 진술에 의하여 주어지는 '인식적인 상관'을 가진다.

명령과 마찬가지로, 우리 자신의 행동에 관한 지시는 그런 것으로서는 참도 허위도 아닌, 그러므로 의지적인 발성에 속하는 의지의 표현이다. 의지행동은 여러 가지 대상에 관계할 수 있다; 우리는 음식, 거처, 친구, 쾌락 등을 원한다. 우리가 우리 자신에서 의지행동을 발견함은 사실이다. 의지행동은 지각 또는 논리적인 법칙과 구별된다. 지각 또는 논리적인 법칙에서는 의지행동은 우리에게 선택을 맡기는 정황에서 우리 자신의 산물처럼 여겨진다. 나는 극장에 가도 좋고 가지 않아도 좋다; 가는 것은 내 의지이다. 나는 다른 사람을 도와도 좋고 돕지 않아도 좋다. 그를 돕는 것은 내 의지이다. 우리가 선택의 자유를 가짐이 참이냐 아니냐는, 다른 문제이다; 의지행동의 정의에서는, 적어도 우리가 선택의 가능성을 가진다고 믿는 것으로써 충분하다. 그러므로 의지가 어디에서 오느냐는 이 정의와 무관계하다. 그래서 잠시 우리가 자라는 환경에 의하여 의지를 가지도록 조건이 정해져 있느냐 어떠냐를, 또는 성적인 충동 내지는 자기보존의 충동과 같은 어떤 근본적인 충동에서부터 의지가 나오느냐, 어떠냐를 우리는 묻지 않는다. 행위를 지시하는 의지적인 결정을 한다는 심리적인 사실을, 우리는 단순히 승인함에 그치기로 하자.

의지적인 결정이 다른 사람이 하는 행동에 관계할 경우에만, 그것은 명령의 형식을 가진다. 명령이 힘에 의한 강제라는 위협을 가지고 말할 때가 있다; 이를테면 정부당국의 힘 또는 관리의 권위라는 힘이다; 그런 때는 그것은 지령이라고 한다. 다른 명령은 역시 명령화법으로 표현되는 소원이다. 이리하여 우리는 "담배 한 개비를 주십시오"라고 말한다.

우리에게 지령이 명령되거나 소원을 들으면, 바꾸어 말해 우리가 명령을 받는 쪽이 되면, 우리는 긍정적으로 또는 부정적으로 반응을 표시할 수 있다. 긍정적인 반응은, 명령을 실행하는 방향으로 향한, 우리 쪽에 있는 의지행동 속에 있고, 다른 사람에 대하여 그것에 일치하는 명령을 할 준비까지도 포함할 수 있다. 부정적인 반응은, 명령을 실행하는 것에 반대되는 방향으로 향한 의지행동 속에 있다. 이 양자택일은, '좋다'와 '안 된다'라는 말로 표현된다. 이리하여 "당신은 가서 폴을 만나야 한다"라고 내게 말하면, 나는 '좋다'라고 대답할 수 있고, 다음에 폴을 방문할 준비를 시작한다. 이리하여, 명령에 의하여 표현된 의지행동에의 긍정적인 반응은 이 명령을 받는 이에게 일어난 동일한 종류의 제2차적인 의지행동 속에 있다. 그 반응이 부정적이면, 제2차적인 의지행동은 앞에서 말한 것과 반대의 것이 된다. 언어적인 습관은 그렇다―아니다와 옳다―그르다라는 양자택일을, 항상 명료하게 구별한다고 할 수는 없고, 그것을 서로 바꿀 수 있는 방식으로 사용한다. 그러나 앞에서 설명된 구별을 그 말의 적당한 해석이라고 생각하는 것은, 정당한 것처럼 생각될 수 있다.

다른 사람에게 관계하는 명령에 있어서는 우리는 문법적인 명령형을 가지나, 우리 자신에 말하는 명령에서는 우리는 이러한 언어적인 형식을 가지지 못한다. 이 때문에 우리는 "나는 극장으로 가겠다"라는 문장에서처럼, 명령을 설정함에 관하여 보고하는 직접적인 문장형식으로, 이러한 명령을 표현한다. 가끔, 우리는 명령화법을 사용해서, 마치 다른 사람과 이야기하고 있는 것처럼 우리 자신에게 말한다; 이리하여 우리는 "늙은 녀석, 저 편지를 써야 하지 않나"라고 말한다. 이 어쩌면 분열증적인 방법에 의하여, 명령을 받는이 쪽에 적용되는 표현을 우리 자신으로 옮기는 것이, 그리하여 우리 자신에 주어지는 명령에 의하여 우리에게 일어난 제

2차적인 의지행동에 관하여 말함이 가능하다.

이러한 고찰은 인식적인 문장과 지시의 구별을 명료하게 한 것이다. 인식적인 문장 또는 진술이 주어지면, 나는 그것에 동의하고, 내가 그 진술이 참이라고 생각함을 의미하는 '그렇다'라는 말을 한다. 이를테면, 당신이 나에게 티페라리(Tipperary)까지는 멀다고 알리면, 나는 나도 티페라리까지는 멀다는 것을 참이라고 생각함을 의미하는 '그렇다'라는 말을 한다. 그러나 당신이 나에게 인색함을 나쁘다고 말하면, 나는 '그렇다'라고 말하고 동의를 표시한다. 당신이 의미하는 것은 명령이고, 그러므로 당신의 의지, 즉 나는 인색하지 않기를 원한다고 당신이 말하는 것의 표현이다. 내 대답은 그것에 일치하는 지시이다; 그것은 나도 인색하지 않기를 원함을 의미한다. 지시에 대한 긍정적인 대답은, 인식적인 유형의 긍정이 아니다; 그것은 듣는이가 말하는이의 의지를 공유함을 표시하는 발성에서 표현된, 제2차적인 의지행동 속에 있는 것이다.

지금까지의 고찰은 모든 종류의 지시에 관한 것이다. 그러면 '도덕적인 지식' 또는 도덕적인 명령이라는 지시를 연구하기로 하자.

우리가 그것을 명령이라고 생각하고 우리 자신을 듣는 쪽에 있다고 느끼는 것이, 도덕적인 지시의 특징적인 표지이다. 이리하여 우리는 의지행동을 제2차적인 것이라고, 어떤 보다 높은 권위에 의하여 주어진 명령에의 반응이라고 생각한다. 보다 높은 권위란, 반드시 명료하게 알려져 있다고 할 수는 없다. 어떤 사람들은 그것이 신이라고 주장하고, 다른 사람들은 그것이 그들의 양심 또는 그들의 귀신 또는 그들의 마음 안에 있는 도덕률이라고 생각한다. 이것들은 명백히 회화적인 언어에 의한 해석이다. 심리적으로 말해, 도덕적인 명령은, 우리가 다른 사람에게 적용되는 것과 마찬가지로 우리 자신에게도 적용된다고 생각하는 의무감에 의하여 수반되는 의지행동으로서 특징짓는다. 이리하여 우리는 가능한 곳에서 가난한 사람을 원조함을 우리의 의무라고, 그리고 모든 사람의 의무라고 생각한다. 도덕적인 목적이 아닌 의지적인 목적에는 의무감이 수반하지 않는다. 어떤 사람이 기술자가 되기를 원한다면, 그는 대개는 이 목적을 결정할 의무가 있다고 생각하지는 않을 것이고, 정녕 모든 다른 사람이 그와 동일한 목적을 가지기를 원하지도 않는다.

도덕적인 의지가 우리에게 제2차적인 의지처럼, 다시 말해 의무의 표현처럼 생각된다는 사실을, 우리는 어떻게 설명할 수 있을 것인가? 나는, 이 도덕적인 의지란 우리가 속하는 사회적인 집단에 의하여 강제되는 것이라고, 바꾸어 말하면 그것은 기원적으로 집단의지라고 말함으로써 이것을 설명할 수 있다고 생각한다. 이러한 기원은, 그것의 초개인적인 위엄과, 우리가 도덕적인 결정을 하는 데에 필요한 복종감을 설명하고 있다. 심리적으로 이러한 기원은 이해 될 수 있다. 훔치지 말아라, 죽이지 말아라 등과 같은 규칙, 그것을 강요하는 것이 집단보호를 위하여 필요했던 규칙이었다. 세대가 지남에 따라 개인은 이러한 적칙에 제약되었다; 그리고 우리 자신의 교육에서도 우리는 동일한 종류의 제약하는 절차에 따라야 했다. 그렇다면 우리가 우리 자신을 도덕적인 명령을 받는 쪽에 있다고 느끼는 것은, 이상한 일이 아니다. 의무감이 도덕적인 목적을 위한 특징이라고 생각된다 할지라도, 이러한 생각은 도덕적인 목적이란, 그것이 아버지의 또는 교사의 권위에 의한 것이건, 우리가 살고 있는 집단의 억압에 의한 것이건, 우리에게 강제적으로 주입된 것이라는 사실을 반영하고 있다.

윤리학이 그 기원에서 사회적인 것이라면, 어떻게 반사회적인 윤리학이 있을 수 있을 것인가?

우리가 반사회적이라고 생각하는 윤리학도 의연히 집단윤리학일 수 있다. 이리하여 죄인들도 그들의 고유한 무리의 윤리를 가지고 있다; 그들의 무리 안에서는 그들도 훔치고 죽이지 않는다. 그러나 그들은 그들의 무리를 이른바 문명사회와 대결시키고, 이보다 넓은 사회에 대해서는 모든 도덕적인 의무를 무시한다. 고등학교의 어느 학생들은, 그들의 학급을 교사에게 반대하는 집단이라고 생각하고, 교사를 속이고 괴롭히는 데에서 그들의 도덕적인 권리를 발견할는지도 모른다. 반대로 학생들에 의하여 높이 평가되고 좀처럼 기만되지 않는 교사들도 있다; 이러한 교사는 학생들에게 그를 그들의 집단에 편입시키는 데에 성공한 것이다. 노동계급에는 그 자신의 윤리가 있다; 대자본가의 계급에서도, 또는 아직도 봉건주의의 잔재가 제거되지 못한 나라의 귀족계급에서도 그러하다. 나치의 윤리조차, 이른바 지배적인 민족의 필요에 맞추어진 집단윤리였다. 니체(Nietscle)의 초인이라는, 또는 마키아벨리(Machiavelli)의 '군주'라는 완전히 개인주의적인 윤리는 모든 도덕적인 권리가 한 사람에게 확보되는 극단한 경우이다. 이러한 윤리적인 체계는 종이 위에서가 아니면 결코 관철된 일이 없다. 그것들은, 심리적으로 집단의지에서부터 도출된 권위가, 그의 의지가 존경되어야 하는 오직 하나의 개인이라고 생각되는 한 사람에게 이행되는 기이한 혼성물이다.

우리의 사회적인, 그리고 정치적인 생활의 윤리는 각종 층계의 집단윤리의 혼합물이다. 여러 국면은 주(洲)의 융합과 사회적인 집단의 합병에 의하여 성장했다; 그들은 구시대의 윤리적인 규칙을, 특히 로마의, 봉건주의의, 교회의 도덕적인 체계를 영속화시키는 성문법에 의하여 물려받았다. 이 결과가 견고한 체계가 못된다는 것은 이상한 일이 아니다. 전국적인 사회의 모든 도덕적인 규칙을 만족시키려고 기도하는 유순한 시민은, 곧 윤리적인 모순에 직면된 그 자신을 발견한다. 그는 가난한 사람을 원조해야 할 것인가, 또는 좋은 상업의 방법으로 페니(penny)를 벌어야 할까? 그는 스트라이크의 탄압에 공헌해서 국민의 복지를 위하여 일해야 할 것인가, 또는 보다 나은 경제적인 조건을 전취하려는 노동자를 지지해서 국민복지를 위하여 일해야 할 것인가? 그는 언론의 자유를 위하여 일어서야 할 것인가, 또는 대학에서 다윈의 진화론을 가르치는 것을 허용하지 않는 주정부를 지지해야 할 것인가? 그는 성서의 가르침을 존경해야 할 것이냐, 또는 성서를 쓴 사람들의 후예가 공직에서 추방을 원해야 할까? 그는 모든 민족의 동등권을 옹호해야 할 것인가, 또는 피부에 많은 색소가 있는 전차승객의 격리를 규정하는 법규를 지지해야 할 것인가? 현대사회의 이 혼란된 도덕적인 규칙 가운데서 하나의 길을 뚫는 것은 용이한 일이 아니다.

그러면 우리의 모든 문제에 대답하는 윤리란 어디에 있는가? 철학이 이러한 체계를 제공할 수 있을 것인가?

할 수 없다. 이것이 솔직하게 말하는 대답이다. 지식체계로서의 윤리학을 형성하려는 철학자의 기도는 붕괴되었다. 이리하여, 도덕적인 체계는, 어떤 사회적인 집단윤리의 재생산에 지나지 않았다; 그리스 부르주아사회의, 카톨릭교회의, 전공업시대 중산계급의, 공업과 프롤레타리아시대의 사회적인 집단윤리의 재생산에 지나지 않았다. 우리는 왜 이러한 체계들이 실패해야 했는가를 알고 있다: 왜냐하면, 지식은 지시를 제공할 수 없기 때문이다. 윤리적인 규칙을 찾는 사람은, 과학적인 방법을 모방해서는 안 된다. 과학은 우리에게 무엇이냐를 알리고, 무엇이어야 하느냐를 알리지 않는다.

이것은 체념을 의미하는가? 이것은 도덕적인 지시가 없음을, 모든 사람은 그가 원하는 것을 해도 괜찮다는 것을 의미하는가?

나는 그렇게 생각하지 않는다. 나는, 윤리가 객관적으로 증명될 수 없으면 모든 사람이 그가 원하는 것을 해도 괜찮다고 결론짓는 것은, 도덕적인 지시의 성격을 오해하는 것이라고 생각한다.

이 문제를 탐구하기 위하여, 도덕적인 지시의 문법적인 형식이라고 생각될 수 있는, "그는 해야만 한다"라는 말의 문법적인 분석에 의하여 도덕적인 지시의 의지적인 성격을 상세하게 연구하자(우리의 목적을 위해서는, 이 말은 "그에게 하게 한다"와 "그가 하는 것이 당연하다"와 동의어라고 생각되어도 무방하다). 우리는 이 말이 그것에서부터 명령이 도출될 수 있는, 객관적인 도덕률이 있음을 의미할 수는 없음을 알고 있다. 그렇다면 그것은 무엇을 의미하는가? 이 말에는 두 개의 다른 가능한 의미가 남아 있다.

처음의 것은 '함립적인 의미'이다: 우리는 관계된 사람이 어떤 목적을 채용함을 알고 있다. 그리고 우리는 이 목적이 어떤 고려 밑에 있는 행동을 포함한다고 말하기를 원한다. 이를테면, 우리는 "피터는 담배를 피워서는 안 된다"라고 말한다. 이것은 피터의 생리적인 체질 때문에, 그리고 생리학의 법칙으로 미루어 보아, 건강하게 되려는 목적에서부터 이 말이 도출될 수 있음을, 다시 말해 그가 담배를 피워서는 안 됨을 의미한다. 바꾸어 말하면 담배를 피우지 않겠다는 이 결단에는 건강하게 살겠다는 결단이 결과적으로 수반한다; 그러므로 이것은 '결과적인 결단'이라고 한다. 결과적인 결단이라는 의무는, 함립적인 성격을 가지고 있고, 도덕적인 의무를 표시하지 않고 논리적 의무를 표시한다.

다음은 말하는 이 쪽에 있는 '주관적인 명령'이라는 의미이다: 말하는 이인 나는 그가 이렇게 또는 저렇게 하기를 원한다. 이 해석에 의하면, 도덕적인 지시는 말하는이에의 불가피한 관련을 포함한다; 그것은 말하는이에 의한 의지적인 결단의 표현이다. 이렇게 생각한다면, 도덕적인 지시의 의미에서 말하는 이를 제거할 수는 없다; "그는 해야만 한다"라는 말은 숨은 형식으로 "나는 하겠다"라는 말을 포함한다. 이리하여 우리는 '의지적인 윤리학'에 도달한다.

이러한 생각의 논리적인 성격은 다음과 같이 분석될 수 있다. "그는 거짓말해서는 안 된다" 또는 "거짓말하는 것은 나쁘다"와 같은 표현을 사용함은, 허위-객관적인 어법을 표시한다; 표현된 것은 실제적으로는 말하는이의 태도이다. "그는 해야만 한다"라는 말은, 말하는이 또는 말이라는 행동에 관계하는, 그리고 다른 사람의 입으로 말하면 다른 의미를 전달하

는, '나'와 '지금'과 같은 말에 비교될 수 있다. 이러한 말은 표지—반영적
이라고 한다. '표지'라는 말은 기호의 개별적인 실례를 가리킨다; 두 사람
이 동일한 말을 발성할지라도, 그들의 각자는 다른 표지 또는 말의 실례
를 발성하고 있다. 대개는 다른 표지에도 동일한 의미가 있다. 그러나 말
이 표지—반영적인 것이라면, 표지의 각자에는 다른 의미가 있다. 두 사
람이 각각 '루스벨트 대통령'이라고 하면, 이 두 사람은 동일한 사람을 가
리킨다. 그러나 그들이 각각 '나'라고 하면, 이 표지는 다른 사람을 가리
킨다. '반영적인'이라는 말은 이처럼 의미를 표지에 관련시킴을 말한다.

> 표지—반영적인 말의 보다 자세한 검토에 관해서는, 저자의 『기호논리학
> 요강』(Elements of Simbolic Logic, NewYork, 1947, p. 284) 참조. 명령은 표지
> —반영적이기 때문에, 그 인식적인 상관물과 동일하지 않다; 동의적인 두 명
> 령도, 다른 사람에 의하여 발성되면, 다른 인식적인 상관물을 가진다.

함립적인 의미와 표지—반영적인 의미는 모두 실제적으로 사용된다.
그러나 "그는 해야만 한다"라는 말의 함립적인 의미는, 도덕적인 전제 또
는 도덕적인 공리로 사용될 수는 없다. 왜냐하면, 이 전제는 함립관계가
아니고 지시이기 때문이다. 이리하여 그것은 표지—반영적인 의미로 "그
는 해야만 한다"라는 말을 포함한다. 이 말의 이러한 의미는 전제에서 도
출을 통해 모든 윤리적인 규칙에 전달된다. 이 전달을 이해하기 위하여,
우리는 전제의 진리성을 결론으로 전달하는, 인식적인 분야에서의 도출
을 생각할 수 있다. 만약에 전제가 주장될 수 없으면, 결론도 주장될 수
없을 것이다. 마찬가지로, 만약에 전제가 지시로서, 다시 말해 비함립적
인, 그러므로 표지—반영적인 "그는 해야만 한다"의 의미로, 나오게 되지
않으면 윤리적인 결론도 지시의 성격을 가질 수 없을 것이다.

"그는 해야만 한다"라는 말의 두 의미가 결합될 수도 있다; 그 때는 표

지-반영적인 "해야만 한다"를 가지고 나아가는 전제에 관계하는, 함립적인 "해야만 한다"가 주장될 수 있다. 이 이중적인 의미는 명료하게 인정되어야 한다. 함립적인 "해야만 한다"는 그 경우에 도덕적인 함축을 가지게 된다; 그러나 관계된 사람의 전제라고 생각된 지시가, 말하는이에 의하여 지지된 도덕적인 명령이기 때문에, 비로소 그러하다. 이리하여 우리는 "대통령은 이 나라를 피난민에게 개방해야만 한다"라고 한다. 그리고 이것은 대통령이 고집한다는 것을 우리가 알고 있고, 동시에 우리가 지지하는, 피난민을 도우려는 목적에서, 이 나라에의 이민이 이 목적을 달성하는 오직 하나의 유익한 수단이라는 것이, 도출될 수 있음을 의미한다. 그러므로 함립적인 의미에서의 "해야만 한다"의 도덕적인 함축은 의지적인 의미에서의 "해야만 한다"의 사용으로 환원될 수 있다. 지시가 말하는이에 의하여 공유되지 않으면, "그는 해야만 한다"는 그것의 도덕적인 성격을 상실한다. 이리하여, 우리는 "파리를 정복하는 대신에, 히틀러는 영국을 침략해야만 했을 것이다"라고 한다. 우리는 영국을 침략하는 것이 히틀러에게는 유리했으리라는 것을 의미하고, 그러므로 함립적인 의무를 의미한다; 그러나 우리는 히틀러의 목적을 공유하지 않기 때문에, "해야만 한다"라는 말은 도덕적인 명령으로서 사용되지는 않는다. 이 설명은 말하는이에의 관련이 "그는 해야만 한다"라는 말의 도덕적인 의미에 불가결하다는 것을, 명료하게 하고 있다. 도덕적인 의미에서의 "그는 해야만 한다"라는 말이 표지-반영적인 것이라고 인정함은, 윤리학의 과학적인 분석에 불가결한 토대이다.

윤리적인 말의 주관적인 관계를 피하려는 의도로, 때로는 "그는 해야만 한다"라는 말의 셋째 해석이 기도된다. 이 해석에 의하면 이 말은 "집단이 그가 이것 또는 저것을 하기를 원한다"라는 정도의 의미이다. 이 의미는 주관성을 도덕적인 의무에서 제거하는 것인 것처럼 생각된다. 그러나 이러한 해석은 지지될 수 없다. 집단의지에 관계되면, 우리는 그것의 의미가 처음에 말한 두 해석의 하나로 환원될 수 있을 경우에만, "그는 해야만 한다"라는 말을 사용한다. 첫째, 집단의지를 존경하는 것이 그에게 유리한 관계된 사람의 의지에서 그 말이 나올 때에, 우리는 그것을 사용한다; 그 때는 이 말이 처음 해석의 함립적인 의미를 가지게 된다. 둘째, 우리는 집단의지를 공유할 때에 이 말을 사용한다; 그리고 이 경우에만 이 말이 도덕적인 의무를 표현하는 의미를 가지게 된다. 이를테면, 죄인이 그의 공범을 밝히면, 그의 집단이 이러한 행위를 책망함을, 우리는 알고 있다; 그러므로 이 집단의 한 사람은, "그가 말하지 않아야만 했을 것이다"라고 말할 것이다. '우리가' 이 문장을 발성할 때에, 우리는 함립적인 "해야만 한다"를 사용할 것이고, 침묵하는 것이, 아마도 집단에 의한 복수의 행동을 받게 되어 있을, 그 죄인에게 유리했으리라는 의견을 표시할 것이다. 그러나 만약에 우리가 도덕적인 판단의 의미로 이 문장을 발성하면, 우리는 그의 집단을 보호하는 것이 그 사람의 도덕적인 의무라고 생각한다고, 말하기를 원한다; 그 때는 이 말은 표지―반영적이며 말하는이의 의지의 표현을 포함한다.

우리는 도덕적인 지시가 의지적인 성격을 가지고 있다는, 그것이 말하는이 쪽에 있는 의지적인 결단을 표현한다는 결론에 도달한다. 이 결론은 얼른 보기에 실망적인 것처럼 생각된다: 그것은 마치 우리가 이미 의지를 확립하는 튼튼한 근거를 가지고 있지 않는 것처럼 여겨지게 한다. 그러나 명령을 따를만 하다고 느끼기 위하여, 그리고 다른 사람도 같은 명령에 따르기를 요구하기 위하여, 우리가 명령을 받는 쪽에 있을 필요가 있을 것인가? 철학자에 의하여 인식적인 필연성의 유사물이라고, 이성의 법칙을, 또는 이데아세계의 통찰을 강제하는 것이라고, 그릇 해석되는 것은 집단의지의 명령을 받는 쪽에 결과하는 의무감이었다. 이 유추가 붕괴됨을, 의무감이 윤리학의 타당성 근원으로 변형될 수는 없음을, 우리는 발견했기 때문에, 의무감에의 호소에 관해서는 잊기로 하자. 보행에 필요했던 지팡이를 버리자. 우리 자신의 발로 서서 우리의 의지를 신뢰하자. 우리의 의지는 제2차적인 것이 아니고 우리 자신의 의지이기 때문이다. 왜곡된 도덕론만이, 우리의 의지가 다른 근원에서 오는 지령에의 반응이 아니면 나쁜 것이라고 논의할 수 있다. 당신은 다음과 같이 대답한다: "만약에 도덕적인 지시가 의지적인 결단이라면, 모든 사람이 그 자신의 도덕적인 지시를 만들 수 있다는 것도 정당화될 수 있는 것처럼 여겨진다. 그러나 다른 사람이 그의 지시에 따르기를 어떻게 요구할 수 있을 것인가? 당신은, 우리 자신의 의지를 신뢰하기를 우리 자신이 명령을 받는 쪽에 있다고 생각하지 않기를 우리에게 호소한다. 동시에 당신은 모든 사람에게 다른 사람에의 명령을 만들 권리를 요구한다. 이것은 모순이 아닌가? 명령의 의지적인 해석은, 모든 사람이 그가 원하는 것을 해도 좋다는 결론을, 다시 말해 무정부주의를, 이끌어오는 것인 것처럼 여겨진다."

처음에 당신의 마지막 진술에서 표현된 추리를 연구하자. 내가 어떤 사람이 어떤 방식으로 행위 해야 한다는 명령을 정했다고 가정하자. 당신은 "아니 그는 그가 원하는 것을 해도 괜찮다"라고 대답한다. 명백히 당신의 대답 속에 있는 "해도 괜찮다"라는 말은 내 명령에 반대하는 것이다; 당신은, 나는 내 자신의 명령을 정할 자격은 있으나 보편적인 의무, 다시 말해 다른 사람에의 명령을 정할 자격은 없다고, 말하려 한다. "X씨는 자격이 없다"라는 한 구절은 인식적인 문장이 아니다. 그것은 "X씨가 이것 또는 저것을 해야만 한다"라는 것을 의미하는 명령이다. 그러므로 당신은 명령에 의하여 내게 대답했다. 당신은 내가 다른 사람에의 명령을 정해야만 한다고 지시한다. 당신이 당신의 명령에 의거하게 하는 자격은 무엇인가? 당신은 내 의지에 반대하여 당신의 의지를 정한다; 그리고 나는 왜 내가 당신의 의지를 인정하고 다른 사람에의 지시정하기를 포기해야만 하는가를 모른다.

당신의 추리에 의하여 표시된 문제는 보다 세밀한 검토가 제공되어야

할 만큼 중요하다. 처음에 "모든 사람에게 권리가 있다"라는 구절을 고찰
하자. 그것은 첫째, 사법당국이 어떤 사람의 활동을 제한하지 않음을 의
미할 수 있다. 그것은 인식적인 진술이며, 당신이 당신의 고찰로 의미하
는 것은 아니다. 내 논점을 명료하게 하기 위하여, 이 구절의 가정된 의
미를 전체적인 진술에 삽입하자. "도덕적인 지시가 의지적인 결단이라면
사법당국은 어떤 사람의 활동을 제한하지 않을 것이다"라는 진술은 의심
스러운 진리이며, 당신이 말하려는 것이 아니다. 둘째, "모든 사람에게
권리가 있다"라는 구절은 어떠한 사람의 활동도 제한되어서는 안 된다라
는 것을 의미할 수 있다. "해야만 한다"라는 말은 명령을 가리킨다; 앞에
서 말한 분석에 의하면, 그것에는 두 개의 의미가 있을 수 있다. 처음의
것은 말하는이인 당신에 의하여 주어진 명령이라는 의미이다; 그 때는
당신의 문장은 다음을 의미한다: "도덕적인 지시가 의지적인 결단이라
면, 나는 어떤 사람의 활동에 제한이라고는 없다고 주장한다." 이것이 당
신이 말하려는 것이라면, 당신은 논리적인 관계를 확립하지는 못하고, 오
직 당신 자신의 의지를 표현할 뿐이다. 그러므로 당신은 어떤 추리에 도
달하지는 못한다. "해야만 한다"의 둘째 의미는, 관계된 사람에게서 도출
될 수 있는 명령을 이끌어내는 논리적인 함립관계라는 의미이다. 그러므
로 당신이 의미하는 것은 다음과 같은 것이 된다: "어떤 사람이 도덕적인
지시가 의지적인 결정이라는 원리를 고집한다면, 그 사람은 어떤 사람의
활동에 제한이라고는 없다는 명령을 고집한다는 결과가 된다." 그러나 이
것이 타당한 추리인가? 나는 어떻게 이러한 결론이 논리적으로 도출될
수 있는 것인지 모른다. 왜냐하면, 어떤 목적을 원하고 또한 다른 사람이
이 목적에 반대할 활동에서 제한받기를 원하는 것은, 사람에게서 완전히
양립할 수 있기 때문이다.

　　마지막 진술을 조금 다르게 말하기로 한다. 당신은 내가 논리적으로
다음과 같은 결과적인 결단을 했음을 알리려 한다: "어떠한 사람도 활동

에 제한받지 않아야만 한다"라는 결단이 이것이다. 이것이 도출될 수 있는 명령이어야 한다면, 이것은 다른 명령에서 도출되어야 한다. 그러나 지금까지는 나는 어떠한 명령도 발성하지는 않았다. 나는 도덕적인 지시가 의지적인 결단이라는 진술을 했을 뿐이다. 이 인식적인 진술에서 당신은 어떠한 명령도 도출할 수 없다. 당신은 다른 명령에서 또는 인식적인 문장과 결합된 명령에서 명령을 도출할 수는 있으나, 결코 인식적인 문장만으로는 명령을 도출할 수 없다. 그러므로 당신의 추리는 옳은 것이 아니다.

도덕적인 지시에 관한 의지적인 해석이, 말하는 이가 모든 사람에게 그 자신의 결단에 따를 권리를 허용해야만 한다는 결과를 이끌어 내지 않음을, 당신은 알고 있다; 다시 말해 그것은 무정부주의를 이끌어 내지는 않는다. 내가 어떤 의지적인 목적을 정하고 모든 사람이 이 목적에 따르기를 요구한다면, 당신은 다른 명령을, 이를테면 "모든 사람은 그가 원하는 것을 할 권리가 있다"라는 무정부주의적인 명령을 정함으로써만 내 논의에 반대할 수 있다. 그러나 당신은 의지적인 윤리학에 관한 내 체계에 모순이 있다고, 다시 말해 논리학은 모든 사람에게 그가 원하는 것을 할 권리를 허용하도록 내게 강요한다고 증명할 수는 없다. 논리학은 내게 어떤 것을 하도록 강요하지는 않는다. 내가 정하는 지시는 윤리학에 관한 내 생각의 결과도 아니다; 그리고, 정녕 논리학은 어떠한 명령을 내가 모든 사람의 의무라고 생각해야만 하는가를 내게 알리지도 않는다. 나는 내 명령을 내 의지로서 정한다. 그리고 개인적인 지시와 도덕적인 지시의 구별도 내 의지가 하는 일이다. 나중 종류의 지시는 내가 집단에 필요하다고 생각하고 모든 사람에게 따르기를 요구하는 지시임을 당신은 기억하고 있다.

지금 당신은 완전히 실망하고 있다. 당신은 다음과 같이 반문할 것이다: 논리적으로 말해, 아마도 당신이 말하는 것은 참일 것이다; 그러나 당신은-과학철학에 관한 책을 썼던 이인 당신은, 당신이 정말 전세계에 대하여 도덕적인 지시를 할 수 있는 사람이라고 생각하는가? 왜 우리는 당신을 따라야만 하는가?

나는 당신에게 미안하게 생각한다. 나는 이러한 인상을 주려는 의향은 아니었다. 나는 진리의 길을 찾고 있었다; 그러나 바로 이 이유 때문에, 나는 당신에게, 그 성질상 참일 수 없는, 도덕적인 지시를 하려고 하지는 않는다. 나에게는 내 지시가 있음은 참이다. 그러나 나는 그것을 여기에 쓰지는 않을 것이다. 나는 도덕적인 문제를 검토하려 하지는 않고, 도덕의 성격을 검토하려 한다. 내게도, 내가 당신의 것과는 몹시도 다르다고 생각하는, 약간의 근본적인 도덕적 지시가 있다. 당신과 나인 우리는 같은 사회에 태어났다. 그래서 우리는 나면서부터 민주주의의 본질에 배어 있다. 우리는 아마도 주(洲)가 생산수단을 가져야만 하느냐, 어떠냐라는 문제에 관하여, 또는 이혼법이 보다 간편해져야만 하느냐, 어떠냐라는 문제에 관하여, 또는 원자폭탄을 관리하는 세계정부가 세워져야만 하느냐, 어떠냐라는 문제에 관하여, 많은 점에서 다른 견해를 가질 수 있다. 그러나 우리 두 사람이, 모두 내가 당신의 무정부주의적인 원리를 반대하는 민주주의적인 원리에 관하여 동의한다면, 우리는 이러한 문제를 검토할 수 있다: 그 민주주의적인 원리란 다음과 같은 것이다:

"모든 사람은 그 자신의 도덕적인 명령을 정하고 모든 사람이 이 명령에 따르기를 요구할 자격이 있다."

이 민주주의적인 원리는, 내가 모든 사람에게 그 자신의 의지를 신뢰하라고 호소함을 세밀하게 형식화하고 있다. 그리고 이 내 호소는, 모든 사람이 다른 사람의 명령을 정할 수 있다는 내 주장에 모순되는 것이라고 당신이 생각했다. 나는 지금 이 원리가 자기모순적인 것이 아님을 밝히고자 한다. 이를테면, 내가 한 집에서 모든 사람에게 하나 이상의 방이 있으면, 남는 방은 그 자신의 방이 없는 사람들에게 개방되어야만 한다는 명령을 정했다고 가정하자. 당신에게는 집에 남는 방이 있고, 나는 그것이 주택난의 희생자에게 개방되기를 요구한다; 내가 정부당국을 통하여, 말하자면 내 규칙을 국민투표에 의하여 입법화함으로써, 내 요구를 강제할 힘을 가지고 있다면, 나는 그렇게도 할 수 있을 것이다. 그러나 나는 이러한 법이 폐지되기를 요구하는 권리를 당신에게 남기고 있다. 그러므로 내 원리를 모순에서부터 구출하는 것은, 행동하는 권리와 행동을 요구하는 권리를 구별하는 것이라 하겠다. 나는 당신이 어떤 방식으로 행동하기를 요구한다. 그러나 나는 당신이 반대의 것을 요구함을 포기하라고 요구하지는 않는다. 이것은 좋은 민주주의이다; 그리고 사실 이것은 의지의 차이가 민주주의 안에서 싸울 수 있는 실제적인 절차와 일치한다.

나는 순수한 이성에서 내 원리를 도출하지는 않는다. 나는 그것을 철학의 결과로써 표시하지는 않는다. 나는 민주주의적인 나라의 모든 정치생활의 토대에 있는 하나의 원리를 형식화할 뿐이다. 그리고 이 원리를 신봉함에 나는 내 자신을 내 시대의 산물로써 드러낸다. 그러나 나는 이 원리가 보급되어 많은 사람들이 내 의지에 따를 기회를 내게 제공함을 발견했다; 그러므로 나는 그것을 내 도덕적인 명령으로 한다. 나는 그것이 모든 형태의 사회에 적용된다고 주장하지는 않는다; 민주주의적인 사회에 태어난 내가 다른 사회에 있다면, 나는 기꺼이 내 원리를 고칠는지도 모른다. 그러나 우리 사회에서는 가장 적합한 형식처럼 여기는 이 원리를 검토하자.

이 원리는 우리가 무엇을 해야만 하는가에 관한 모든 문제에 대답하는 윤리적인 학설은 아니다. 그것은 여러 의견의 싸움에 적극적으로 참가하라는 초대장에 지나지 않는다. 의지적인 차이는 어떤 학식이 있는 사람에 의하여 건설된 윤리학체계에 호소하는 것으로써 해결될 수는 없다; 그것은 의견의 충돌에 의해서만, 개인과 그 환경의 마찰에 의해서만, 논쟁과 정황의 강제에 의해서만, 극복될 수 있다. 도덕적인 가치평가는 활동의 추구에서 형성된다; 우리는 행동하고 우리는 한 일에 관하여 반성하고, 우리는 그것에 관하여 다른 사람과 이야기하고, 우리는 다시 이번에는 보다 나은 길이라고 생각하는 방식으로 행동한다. 우리의 행동은 우리가 원하는 것을 발견하려는 시행이다; 우리는 착오를 통하여 배우고, 가끔 행동이 끝난 후에 비로소 그것을 하려 했던가, 어떤가를 안다. 의지적인 목적은 대개 통찰이라는 명료성을 가지고 우리에게 오지 않고, 흔히 우리 태도의 잠재의식적인, 또는 반의식적인 배경을 구성한다; 그리고 우리의 길을 밝히는 별처럼 명료하고 빛나 보이는 의지적인 목적은 흔히 그것이 도달되자마자, 그 모든 매력을 상실한다.

그러므로 윤리학을 연구하려는 사람은 누구나 철학자에게로 가서는 안된다; 그는 도덕적인 문제가 서로 싸우는 곳에 가야만 한다. 그는 그것이 정당이라는 집단이건, 또는 노동조합이라는 집단이건, 직업동맹이라는 집단이건, 또는 스키클럽이라는 집단이건, 또는 한 교실에서의 공통적인 연구에 의하여 형성된 집단이건, 서로 다투는 의지에 의하여 생활이 생생하게 되는 집단사회에 살아야만 한다. 거기에서, 그는 다른 사람의 의지에 반대해 그의 의지를 정하는 것이 무엇을 의미하는가를, 그리고 그 자신을 집단의지에 적응시키는 것이 무엇을 의미하는가를 경험할 것이다. 윤리학이 의지의 추구라면, 그것은 또한 집단환경에 의한 의지의 제약이기도 하다. 개인주의의 제창자가 집단에 속하는 데에서 오는 의지인적 만족을 간과한다면, 그것은 근시안적이다. 집단에 의한 의지의 제약을 유용한 과정 또는 위험한 과정이라고 생각하느냐 않느냐는, 우리가 그 집단을 지지 또는 반대하느냐 않느냐에 의거하고 있다; 그러나 우리는 이러한 집단영향이 존재함을 허용해야 한다.

그러면 의지가 집단에서 수정·조화됨이 어떻게 가능할까? 의지를 제약하는 과정은 무엇인가?

이러한 과정의 대부분이 인식적인 과정을 배우는 것이라 함은, 의심할

나위없는 일이다. 나는 위에서 여러 명령들 사이에 있는 함립관계가 논리
적으로 증명될 수 있는 것이라고 말했다. 이러한 함립관계의 역할은 보통
생각되는 것보다 훨씬 크다. 우리는 흔히 우리의 목적들 사이에 있는 여
러 관계에 관하여 오류를 범하게 된다. 약간의 근본적인 목적이 동일한
것이면, 적지 않은 도덕적인 문제가 논리적인 문제로 변형된다. 이를테
면, 사유재산이 신성한가 어떤가라는 문제는, 우리가 한 번 적절한 생활
조건의 최저는 모든 시민에게 보장되어야만 한다는 목적을 인정하면, 벌
써 도덕적인 문제가 아니다. 그 때는, 이 목적이 개인적인 기업에 의하여
또는 생산수단의 국유화에 의하여 더 잘 도달될 수 있는가, 없는가는 사
회학적인 분석의 문제이다. 이 경우에서의 곤란함은 물리학에 의하여 제
공되는 해답에 비교될 수 있는, 명료한 해답을 우리에게 제공할 수 없는,
사회학이라는 과학의 불완전한 상태에서 생긴다. 민주주의의 신봉자들
사이에서는, 많은 정치적인 문제가 인식적인 문제로 환원될 수 있다. 그
러므로 이러한 문제들이 공개적인 토론과 전쟁에 호소하기보다는 도리어
평화적인 실험에 의하여 해결되는 것은 우리의 희망이다.

우리가 직면하는 많은 의지적인 결단은 결과적인 결단, 다시 말해 우
리가 우리 자신을 위하여 정하는 보다 근본적인 목적에 결정적으로 수반
하는 결단이다. 인식적인 명료화가 도덕적인 문제에서 그렇게도 커다란
중요성이 큼은 이 이유 때문이다. 정치적인 문제를 떠나서도, 우리는 교
육, 보건, 성생활, 민법, 형법, 죄수의 처벌이라는 문제를 말할 수 있다.
이리하여 선고를 받은 죄수가 교도소에 수용되어야만 하느냐 어떠냐라는
문제는, 국가의 사법권이 될 수 있는 대로 많은 사회부류로 적합한 시민
을 만들어 내어야만 함에 동의하는 모든 사람들에게는, 도덕적인 문제가
아니고 심리적인 문제이다. 교도소에서 석방된 사람들이 대개는 이 목적
의 반대로 조건이 정해져 있음은 너무나 많은 경험에 의하여 증명되고
있다.

그러나 인식적인 명료화가 달성되는 경우에도 의지적인 태도를 바꾸기는 어렵다는 것은 심리적인 사실이다. 우리는 어떤 근본적인 목적을 원하기 때문에 또한 어떤 다른 결단을 허용해야 함을 알고 있으면서도, 그렇게 하기를 주저하는 수가 있다. 이리하여 우리는 죄수가 처벌되어서는 안되고, 그에게 재적응의 가능성이 제공되는 환경에 있어야만 한다고, 확신하게 될 수도 있다. 그럼에도 죄수에 관한 그렇게도 많은 법규를 지시했던, 처벌에의 요구와 복수에의 욕망을 극복하는 것은, 우리에게는 어려운 일이다. 그리고 성관계의 윤리는 너무나 많은 금기에 가득 차 있기 때문에, 설혹 심리적인 고찰이 우리가 보다 행복하고 보다 건강한 남녀를 원한다면 약간의 전통적인 가치평가를 변화시켜야 됨을 명료하게 했을 경우에도, 습관적인 편견을 극복하기 어렵다. 이러한 모든 경우에 인식적인 결과는 우리의 의지적인 태도의 재적응에 의하여 지지되어야 한다. 집단에 의한 교육이 불가결한 역할을 함은 이 점에 있어서이다. 새로운 가치평가가 통용되는 환경에 사는 것으로써만, 정녕 우리는 그 가치평가를 받아들일 수 있음을 배운다; 정녕 우리는 논리적인 도출이 우리의 근본적인 목적의 결과라고 표시한 것을 의지하는 힘을 획득한다. 의지적인 태도의 심리는 논리적인 논의에 의하여 해결되지는 않는다; 우리의 의지적인 기구를 조직화함에 우리를 돕는 것은 집단영향과 결합된 논리이다.

모든 도덕적인 문제가 공통적인 근본적 목적으로 환원에 의하여 해결될 수 있는가? 우리가 모두 인간이라는 사실이 이러한 가정을 증명한다. 왜냐하면, 여러 사람 사이에 있는 생리적인 유사성이 의지적인 목적의 유사성을 포함함직도 한 일이기 때문이다. 다른 사실은 이 가정에 반대한다. 왜냐하면, 봉건국가의 귀족 또는 자본주의국가의 자본가 또는 일당독재적인 전체주의국가를 견제하는 정당의 구성원과 같은 일정한 집단은, 그 계급의 특권을 유지하는 데에서 결정적인 이익을 향유하기 때문이다.

나는 이 문제의 해답은 그렇게 중요한 일이 아니라고 생각한다. 우리는 여러 목적 사이에 있는 함립관계에 관한 지식이 '그것 자체로는' 의지적인 태도를 변화시키지 않음을 알고 있다; 다시 말해 이러한 지식이 결단의 변경을 이끌어 와야 한다면, 그것에는 의지의 제약이 수반되어야 한다. 이러한 제약이 필요하고 가능하다면, 그것이 근본적인 결단에 관계하느냐 또는 결과적인 결단에 관계하느냐는, 그리 중요한 문제가 아니다. 근본적인 의지도 집단영향을 받을 수 있고, 다른 의지와 그 결과를 예시하는 환경의 암시적인 힘 밑에서는 변화할 것이다.

집단의 필요성에 이렇게 적응함은 흔히 절대적인 윤리에의 신봉에 의하여 어려워지게 된다. 어떤 사람에게 도덕적인 규칙이 절대적인 진리를 구성한다는 이론을 가르쳤다면, 그는 이러한 규칙의 포기를 몹시도 꺼릴 것이고, 집단에 의한 제약에 복종하지 않게 되는지도 모른다. 반대로, 어떤 사람이 도덕적인 규칙이 의지적인 성격을 가지고 있음을 알면, 그는 그렇게 하지 않으면 그가 다른 사람과 협조할 수 없음을 알 경우에는, 서슴지 않고 어느 정도 그 목표를 변경시킬 것이다. 목표를 다른 사람의 목표에 적응시킴은 사회적인 교육의 본질이다. 소박한 이기주의는 다른 사람의 이기주의와 반대방향으로 결정되면, 저항에 부딪힐 것이며, 이기주의자도 곧 그가 집단에 협동할 경우에 보다 잘 되어 감을 발견할 것이다. 사회적인 협동의 주고받음[授受]은, 목표 버리기를 완강하게 거절하기보다는 훨씬 깊은 만족을 준다. 이리하여 윤리학에 대하여 경험주의적인 태도를 가지도록 교육받은 사람은 절대주의자보다도 사회에 적응할 구성원이 될 준비가 보다 잘 되어 있다 하겠다.

이것은 경험주의자가 쉽게 타협하는 사람임을 의미하지는 않는다. 그는 기꺼이 집단에서 많은 것을 배우려 하지만, 또한 그 자신의 의지방향으로 집단을 이끌 준비도 되어 있다. 그는 사회의 진보가 흔히 집단보다 강했던 개인의 강인성에 힘입었음을 알고 있다; 그리고 그는 될 수 있는 대로 집단을 개선하려고 시도하고 다시 시도할 것이다. 집단과 개인의 상호작용은 개인과 집단의 양쪽에 영향을 미친다.

이리하여 인간사회의 윤리적인 방향은 상호적응의 산물이다. 여러 가지 목표 사이에 있는 관계를 앎은, 이 과정에서는 한정된 역할을 할 뿐이다. 보다 큰 역할은 개인에서 다른 개인에게, 개인에서 집단에게, 그리고 집단에서 개인에게 이르는 비인식적인 종류의 심리적인 영향에 의하여 이루어진다.

그러므로 도덕적인 의지의 변화에서는 힘의 주도적인 역할이 허용될는지도 모른다—힘이 다른 사람의 의지를 반대하는 의지를 주장함에 성공적인 형태로 측정된다면 말이다. 힘이라는 말의 가장 넓은 의미는 완력에 국한되지는 않는다. 다른 형태의 힘이 동등하게 또는 유효하게조차 있을 수 있다: 사회조직의 힘, 공통적인 이익을 발견한 사회계급의 힘, 협동적인 집단의 힘, 언론과 저술의 힘, 탁월한 행위를 표시함으로써 집단의 유형을 형성하는 개인의 힘 등이 이것이다. 정녕 사회적인 관계를 제어하는 것은 힘이다.

우리는 힘의 투쟁이 그것을 마침내 좋은 목적으로 이끄는 어떤 초인간의 권위에 의하여 제어된다고 믿는 오류를 범해서는 안 된다; 그리고 선이 가장 강력한 것이라고 정의되어야 한다고 믿는 보충적인 오류를 범해도 안 된다. 우리는 우리가 부도덕하다고 생각하는 것이 승리하는 경우를 너무 많이 보았고, 범용과 계급이기주의가 성공하는 경우를 너무 많이 보았다. 우리는 절대적인 진리의 예언자가 가지는 공상주의가 아니라, 그 자신의 의지를 신뢰하는 사람의 착실함을 가지고 우리 자신의 의지적인 목적추구를 시도한다. 우리는 우리 자신의 목적에 도달할 것인가, 어떤가를 모른다. 미래의 예언에 관한 문제처럼, 도덕적인 행동에 관한 문제는 성공을 보증하는 규칙의 구성에 의해 해결될 수는 없다.

그리고 우주의 목적과 의미를 발견할 수 있는 규칙이라고는 없다. 그러나 인류역사가 진보해서, 비록 그 반대에의 강한 경향성은 있을지라도,

보다 적합한 인간사회를 이끌어 오리라는 약간의 희망은 있다. 물리적인 우주가 인간적인 의미로 진보한다고 믿는 것은 어리석다. 우주는 물리적인 법칙을 따르고, 도덕적인 명령을 따르지 않는다. 우리는 물리적인 법칙을 우리 자신의 이익을 위하여 어느 정도로는 사용할 수 있었다. 후일에 우리가 우주의 보다 많은 부분을 제어하리라는 것은, 그렇게 확률성이 높지는 않으나, 불가능한 일은 아니다. 최후에 인류는 그 위에서 생활을 시작한 유성과 함께 절멸하리라는 것은 있음직한 일이다.

당신에게 궁극적인 진리를 발견했다고 말하는 철학자가 올 때는, 언제나 그를 신뢰하지 않아야 한다. 그가 당신에게 궁극적인 선을 알고 있다고, 또는 선이 현실성이 되어야 한다는 증명을 가지고 있다고 말하면, 또한 그를 신뢰하지 않아야 한다. 그 사람은 그의 선행자가 2000년 동안 범한 과오를 되풀이하고 있을 뿐이다. 이러한 낙인이 찍힌 철학에 종지부를 찍을 시대이다. 그 철학자에게 과학자처럼 겸허하기를 요구하라; 그러면 그도 과학하는 사람처럼 성공할 것이다. 그러나 그에게 당신이 해야 하는 것을 묻지 마라. 당신 자신의 의지에 귀기울이고, 당신의 의지를 다른 사람의 의지에 결합시키기를 시도하라. 이 세계에는 당신이 그것에 부여하는 것 이상의 목적 또는 의미라고는 없다.

# 제 18 장

# 낡은 철학과 새로운 철학 : 하나의 비교

나는 여기에서, 과학의 분석에서 성장한 철학적인 결과를 요약하고, 그것을 사변철학에 의하여 전개된 개념과 비교할까 한다.

사변철학은, 일반성의, 다시 말해 우주를 지배하는 가장 일반적인 원리의 지식획득을 요구한다. 이리하여 그것은 우리가 오늘날 포괄적인 물리학에서의, 다시 말해 과학적인 설명기능이 일상생활 경험에서부터의 단순한 유추에 의하여 생각되었던 물리학에서의, 단순한 기도라고 생각해야 하는, 여러 장(章)을 포함하는 철학체계의 건설을 이끌어 오게 되었다. 그것은 비슷한 유추의 사용에 의하여 지식방법의 설명하기를 기도했다; 인식론의 문제는 논리적인 분석에 의해서보다는 도리어 회화적인 언어에 의해 해답되었다. 이와 반대로, 과학적인 철학은 우주의 설명을 전적으로 과학자에게 맡긴다; 그것은 인식론을 과학의 결과분석에 의하여 구성하고, 우주의 물리학도 원자의 물리학도 일상생활에서 도출된 개념에 의해서는 이해될 수 없음을 자각한다.

사변적인 철학은 절대적인 확실성을 원했다. 개별적인 사건의 예언은 불가능할지라도, 적어도 모든 사건의 제어하는 일반적인 규칙은 지식이 될 수 있다고 생각되었다; 이러한 법칙은 이성의 힘에 의하여 도출될 수

있다. 우주의 입법자인 이성은, 인간정신에 대하여 모든 사물의 내재적인
성격을 현시(現示)했다—이러한 종류의 주장은 모든 형식의 사변적인 체
계의 토대에 있었다. 이와 반대로, 과학철학은 절대적으로 확실한 것으로
서 물리적인 세계에 관한 어떠한 지식도 허용하기를 거부한다. 개별적인
사건도, 그것을 제어하는 법칙도, 확실성을 가지고 진술될 수는 없다. 논
리학과 수학의 원리는, 확실성이 도달될 수 있는 오직 하나의 영역이다;
그러나 이 원리는 분석적이며 공허하다. 확실성은 공허성에서부터 분리
될 수 없다: 선천적·종합적인 지식이란 없다.

사변적인 철학은, 그것이 절대적인 지식을 구성함과 동일한 방식으로,
도덕적인 지시를 확립하려고 노력했다. 이성은 인식적인 법칙은 물론 도
덕적인 법칙을 제공하는 것이라고 생각되었다; 윤리적인 규칙은 우주의
궁극적인 규칙을 현시하는 통찰과 비슷한 통찰이라는 행동에 의하여 발
견되어야 했다. 과학철학은 도덕적인 규칙을 제시하려는 계획을 완전히
포기했다. 그것은 도덕적인 목적을 통찰이라는 행동의 산물이라고 생각
하고, 인식이라는 행동의 산물이라고 생각하지는 않는다; 여러 목적 사
이에 있는, 또는 목적과 수단 사이에 있는 관계만이 인식적인 지식이 될
수 있다. 근본적인 윤리적 규칙은 지식에 의하여 정당화될 수 없고, 인간
이 이 규칙을 원하고 다른 사람이 이 동일한 규칙에 따르기를 원하기 때
문에 비로소 신봉된다. 의지는 인식에서부터 도출될 수는 없다. 인간의
의지는 그것 자신의 제창자요, 그것 자신의 심판관이다.

이러한 것이 낡은 철학과 새로운 철학의 대조적인 비교이다. 현대의
철학자는 무척이나 많은 것을 포기했다; 그러나 그는 또한 무척이나 많
은 것을 획득했다. 실험이라는 토대 위에 건설된 과학과 오직 이성에서부
터만 도출된 과학 사이에는 이 얼마나 커다란 차이가 있는 것인가! 불확
실한 것임에도 불구하고, 과학자의 예언이란, 우주에 관한 궁극적인 법칙
을 직접적으로 통찰한다고 주장하는 철학자의 예언보다도, 이 얼마나 많

은 신뢰성을 가진 것인가! 낡은 윤리적인 체계에서는 예견될 수 없는, 새로운 사회적인 조건이 출현할 때에, 이른바 보다 고차적인 권위에 의하여 지시된 규칙에 속박되지 않는 윤리란, 이 얼마나 훌륭한 것인가!

그러나 과학적인 철학을 철학으로 인정하기를 거부하는 철학자들이 있다. 이러한 철학자들은 과학철학의 결과를 과학의 서론적인 1장에 편입하고, 과학적인 탐구와 관련이 없이 직접적으로 진리를 받아들이는 독립적인 철학이 존재한다고 주장한다. 이러한 주장은 비판적인 판단의 결여를 드러내고 있다고 나는 생각한다. 전통적인 철학의 과오를 알지 못하는 사람들은 그 방법과 결과의 포기를 원하지 않고, 과학철학이 포기한 길을 좇아 계속하여 나아가기를 택한다. 그들은 철학이라는 이름을 초과학적인 지식에서의 그들의 그릇된 기도를 위하여 보류하고, 과학적인 탐구방식을 좇아 기도된 분석적인 방법을 철학적인 것으로 허용하기를 거부한다.

과학적인 철학에 요구되는 것은 철학적인 욕구의 재결정이다. 사변적인 철학목적이 도달될 수 없는 것이라고 인정되지 않는 한 과학적인 철학의 업적은 이해될 수 없다. 회화적인 언어는 시인에게는 자연스러운 표현방법이다; 그러나 철학자는 그가 과학적인 철학을 이해하기를 원한다면, 설명에 암시적인 회화의 사용을 단념해야 한다. 절대적인 확실성에의 욕구는, 우리에게는 찬양될 만한 장엄함이라는 목적처럼 여겨진다. 그러나 과학적인 철학자는, 제약된 습관을 이성의 요청이라고 생각하는 오류를 피해야 하고, 확률적인 지식을 합리적으로 질문할 수 있는 모든 문제에 해답하기에 충분히 견고한 토대를 배워야 한다. 도덕적인 인식이라는 행동에 의하여 도덕적인 지시를 확립하려는 욕망은 이해될 수 있는 것처럼 생각된다; 그러나 과학적인 철학자는 도덕적인 인도에의 요구를 단념하지 않으면 안 된다. 이러한 요구는 도덕을 보다 고차적인 세계의 통찰에 의하여 획득된 지식형태라고 생각하도록 다른 사람을 잘못 이끈다. 진리는 밖에서부터 온다: 물리적인 대상의 관찰은 우리에게 참임을 알린다. 그러나 윤리는 안에서부터 온다: 그것은 "내가 하겠다"를 표현하고 "거기에 있다"를 표현하지 않는다. 이러한 것이 과학철학자에 의하여 요구된 철학적인 욕구의 재결정이다. 욕구를 제어할 수 있는 사람들은 그들이 상실하는 것보다는 훨씬 많은 것을 획득함을 발견할 것이다.

이 획득은 사실 전통적인 철학체계의 결과와 비교되면 인상적이다. 내가 이러한 체계들의 역사적인 공적을 부인하려는 것이 아님을 나는 다시 강조하고 싶다. 하나의 문제에 관한 최초의 통찰에서부터 그 명료한 형식화에 이른 길은 멀다. 그리고 거기에서부터 그 해결에 이르는 길 또한 멀다. 현대 해결된 것의 대부분, 약간의 고대 철학자의 유추와 회화적인 말에서 그 기원을 더듬어 볼 수 있다. 그럼에도 철학의 비판적인 이해에서, 이러한 회화와 유추를 현대적인 발견의 예언적인 예측이라고 생각하는 것보다도 위험한 것이라고는 없다. 하나의 문제에 관한 최초의 통찰은 그 원대한 함축에서부터 나오기보다는, 도리어 흔히 소박한 경이에서부터 나온다. 현대적인 해결을 이끌어 온 발전에 투입된 노력과 재능은, 이 발전을 출발시킨 사람들의 공헌과 마찬가지로 위대할 수 있고, 훨씬 더 위대하다고 할 수도 있다. 고대인에의 정당한 경의란, 우리를 우리 자신 시대의 업적에 대하여 맹목적이게 하는 것이어서는 안 된다. 전통적인 철학에 의하여 우리에게 남겨진 막연한 개념과 독단적인 용어의 집합물 가운데서, 약간 옳은 문제의 발견은, 판단의 독립성과 비판의 예리함이 있어야 비로소 가능한 일이다. 현대적인 과학적 방법의 이해에 의해서만, 철학자는 이러한 문제를 해결하는 데에 필요한 도구로 장비될 수 있다.

이 책은, 그리스사상에서 발단한 이래로 전통적인 철학에서 하나의 역할을 한 여러 문제에 대하여 현대의 과학철학이 제공한 해답에 관한 설명을 제공하려 한다. 경험적인 물리적 기하학과 분석적인 수학적 기하학의 구별에서 해답된, 기하학적인 지식의 기원에 관한 문제가 있다. 부정적으로 해답된, 모든 물리적인 사건의 인과와 일반적인 결정론에 관한 문제가 있다: 인과는 거시적인 대상에 관해서만 성립하고, 원자적인 영역에서는 붕괴된다. 실체와 물질의 성격에 관한 문제가 있다. 그리고 이 문제는 파동과 입자의 이중성에 의하여, 다시 말해 철학체계에서 지금까지 전개된 어떠한 종류의 허구보다도 더욱 놀라운 개념에 의하여 해답되었다. 진화를 제어하는 원리에 관한 문제가 있다. 그리고 이 원리는 인과율과 결합된 통계적인 선택에서 발견되었다. 논리의 성격에 관한 문제가 있다. 그리고 이 학문은 어떠한 가능한 경험도 제한하지 않고, 그러므로 물리적인 세계의 어떠한 성질도 표시하지 않는, 언어법칙의 체계임이 밝혀졌다. 확률성과 귀납법의 이론에 의하여 해답된 예언적인 지식에 관한 문제가 있다. 그리고 이제 말한 이론에 의하면, 예언이란 정립(posit)이요, 이러한 예언이 가능하다면 미래를 예언하는 데에 도움이 될 수 있는 최선의 도구이다. 외적인 세계의 존재와 인간정신의 존재에 관한 문제가 있다. 그리고 이것은 '선험적인 실재'에 관한 문제라기보다는 도리어 언어의 올바른 사용에 관한 문제임이 발견된다. 그리고 윤리학의 성격에 관한 문제가 있다. 이것은 여러 목표와 여러 목표 사이에 있는 함립관계와의 구별에 의하여, 다시 말해 이 함립관계만이 인식적인 판단을 할 수 있게 하고, 기본적인 목표에 대하여 의지적인 결단을 남겨 두는 해답에 의하여 해답되었다.

이것이 과학의 방법과 같은 정도로 정밀하고 신뢰할 수 있는 철학적인 방법에 의하여 확립된 철학적인 결과의 집계이다. 현대의 경험주의자는 그에게 과학적인 철학이 철학적인 사변보다도 우월하다는 증명을 제공하도록 요구되면, 이러한 결과를 인용할 것이다. 철학적인 지식의 실질적인 내용은 있다. 철학은 이미 허위논리적인 형식의 회화 또는 요설적(饒舌的)인 구성에서 헛되이 "말할 수 없음을 말하려고" 기도하는 사람들의 설화는 아니다; 철학이 말해야 하는 것은, 이해할 수 있는 술어로 진술될 수 있다. 그리하여 철학이 그것에 항복해야 하는 "말할 수 없는 것"이라고는 없다. 철학은 그 방법에서 과학적이다; 철학은 증명될 수 있고 논리와 과학에서 충분히 훈련된 사람들에 의하여 동의된, 여러 결과를 수집한다. 철학이 아직도 논의될 미해결의 문제들을 포함하고 있을지라도, 이러한 문제들은 다른 문제들에 관해 오늘날 공통적으로 허용된 해결을 이끌어 온 방법과 동일한 방법으로 해결되리라는 희망이 있다.

낡은 철학과 새로운 철학을 비교할 때에, 이 새로운 철학적인 방법과 결과에 대하여 아직도 무척 많은 반대가 있다는 사실에 놀라게 된다. 나는 이러한 반대의 가능한 심리적 원인을 검토하려 한다.

첫째, 이 새로운 철학을 이해하기 위해서는 많은 기술적인 노작(勞作)이 필요하다. 낡은 학파에 속하는 철학자는 대개는 문학과 역사에서 훈련된 사람이고, 이러한 사람은 결코 수학적인 과학의 정밀한 방법을 배우지 못했거나, 자연법칙을 그 모든 결과가 실증하는 것에 의하여 증명한다는 행복함을 경험하지 못했다. 우리의 고등학교교육은, 수학과 과학의 복도안 보다도 더 나은 위치로 우리를 이끌지는 못한다. 사람이 가장 성공적인 형식의 지식을 결코 보지 못했다면, 어떻게 그가 인식론에 관하여 판단할 수 있을 것인가?

흔히 있는 항변의 논의는, 과학적인 철학이 수학적인 방향으로 너무나 치우쳐 있고, 사회과학과 역사과학에 대해서는 옳지 못하다. 이러한 논의는 과학적인 철학의 계획을 오해하고 있다는 증명에 지나지 않는다. 과학적인 철학자는 자연과학에서 그렇게도 성공적으로 관철된 방법과 비슷한 방법에 의하여 사회과학을 처리하는 것이라면, 어떠한 기도도 환영할 것이다. 과학철학자가 허용을 거부함은, 사회과학과 자연과학 사이에 한계선을 그은, 그리고 설명 또는 과학적인 법칙 또는 시간과 같은 근본적인 개념이 이 두 분야에서 다른 의미를 가진다고 주장하는 철학이다. 이러한 주장은 흔히 수학적인 과학의 오해에서부터 기원한다. 사실, 물리학에서 관찰된 인과분석은, 과학을 이전보다도 사회학에 훨씬 더 접근시키는 결과를 초래했다; 물리적인 법칙이 확률성 함립관계이며, 이성의 지시가 아님을 인정함은, 사회학자에게 그의 법칙이 주요한 실례에 관해서만 성립할 경우에도 그 법칙을 형식화하도록 용기를 북돋우어 준다. 이상적인 경우에 현실화된 사회적인 법칙의 이해를 불가능하게 하는, 사회적인 조건의 격심한 혼란은 기상학이라는 물리적인 과학의 유사한 조건을 환기시킨다. 엄밀한 기상학적인 예언이 불가능함은 사실이나, 어떠한 물리학자도 날씨가 열역학과 유동역학의 법칙에 의하여 제어됨을 의심하지는 않는다. 정치적인 기상을 예견하는 것은 무척 어렵다 할지라도, 왜 사회학자는 사회적인 법칙의 존재가 있음을 믿기를 거부해야 하는가?

사회학적인 사건은 독특하고 되풀이되지는 않는다는 논의는, 동일한 것이 물리적인 사건에 관해 참이기 때문에 붕괴한다. 어떤 날의 날씨는 결코 다른 날의 날씨와 같지는 않다. 한 조각의 나무조건은 결코 다른 한 조각의 나무조건과 같지는 않다. 과학자는 개별적인 경우를 부류에 편입함으로써, 그리고 각종의 개별적인 조건을 적어도 주요한 경우로 제어하는 법칙을 찾음으로써, 이러한 곤란함을 극복한다. 왜 사회학자는 이렇게 할 수 없을까?

사회과학과 역사과학 사이에 건널 수 없는 간격이 있다는 주장은, 사회과학의 철학에, 그것 없이는 이미 인식론이 구축될 수 없는, 논리적·수학적인 기술을 두려워하는 철학자를 위한, 예약석을 만들려는 기도와 흡사하다. 다행히도 과학의 방법을 이해하기 위한 투쟁에서 과학적인 철학에 원조를 구하는, 그리고 사회과학의 철학이 구성되기 위해서는 대규모적인 청소가 필요함을 인정하는, 일군의 사회과학자도 있기는 하다. 나는 미래의 과학철학이 특수한 분야의 탐구에서부터 과학적인 탐구로 전향한 사람들을, 지식의 모든 분야에서부터 견인하리하는 희망을 표시하고 싶다.

비수학적인 분야에서의 편견이 없는 협력자의 조력은, 또한 다른 이유로 환영된다. 수학적·논리적인 탐구는 새로운 철학을 구축함에 크게 공헌은 했으나, 이러한 노작은 그 자체로는 비판적인 철학적 태도와 협동하고 있지 않다. 그들의 방법의 정밀성을 경험적인 지식의 논리적인 분석에까지 확장할 필요를 결코 느껴 보지 못한, 또는 이러한 확장이 초경험적인 통찰에, 다시 말해 비분석적인 절대적 지식의 통찰에 호소함으로써 보충되어야 한다고 믿는 수학자가 있는가 하면, 수학적인 논리학자도 있다. 그들은 철학을 결코 중대한 결과를 도출할 수 없는 일종의 억측이라고 생각한다; 또는, 그들은 상식의 확신을 철학의 불가피한 전제라고 생각하고, 이러한 확신을 비판하는 가능성을 부인한다; 또는 그들은 사변적인 철학의 막연하고 공상적인 언어가 철학적인 문제를 취급하는 유일한 수단이라고 믿는다. 수학적인 훈련은 현대 인식론의 문제와 방법을 이해하기 위한 보증은 아니다. 그리고 설혹 이 문제가 이해된다 할지라도, 그 해결은 오랜 세월의 전통이 영광스럽게 한, 그리고 우리 나라 대학생이 과학적인 훈련의 형성기에서 대개는 비판을 배우지 못한 길을 좇아 계속 탐구되어야 할 것이다.

낡은 철학과 새로운 철학 사이에 있는 한계선은, 수학을 사변적인 철학과 구별하지 않는다. 그것은 그가 말하는 모든 말에 관하여 책임을 느끼는 사람과 직관적인 추량과 비분석적인 추측의 전달에 관한 말을 사용하는 사람을 분리한다; 지식에 관한 그의 개념을 앎의 달성될 수 있는 형식에 기꺼이 적응시키려는 사람과 초경험적인 경험에의 신앙을 포기할 수 없는 사람을 분리한다; 지식의 분석이 논리적인 정밀한 방법에 의하여 이루어질 수 있다고 생각하는 사람과 철학을 논리적인 제어에 의한 제한이 없는, 그리고 회화적인 이야기와 그 감정적인 함축의 사용에서 나오는 만족을 향하여 개방된 초논리적인 영역이라고 생각하는 사람을 분리한다. 마음을 이러한 두 유형으로 구별함은 새로운 철학의 불가피한 결과이다.

과학철학에 반대하는 다음의 가능한 이유는 과학적인 철학이 인생의 감정적인 측면을 이해하지 못한다는, 논리적인 분석은 철학에서 그 감정적인 중요성을 박탈한다는 견해이다. 많은 철학도들이 교화를 찾기 위하여 철학강의에 들어간다; 그는 성서나 셰익스피어를 읽는 것처럼 플라톤을 읽는다. 그리고 철학에서 기호논리학이나 상대성원리의 해설을 들어야 하는 강의실에서는 실망한다. 이러한 태도에 관하여 내가 말할 수 있는 모든 것은 교화를 원하는 사람들은 성서에 관한 또는 셰익스피어에 관한 강의에 들어가야만 하고, 그러한 강의가 없는 곳에서 그 발견을 기대해서는 안 된다. 과학적인 철학자는 감정의 가치를 경시하려 하지는 않는다. 그리고 그는 감정 없이 살기를 원하지도 않을 것이다. 그의 인생은 문학적인 사람의 인생과 마찬가지로 정열과 정서에 가득 차 있을 것이다 ─그러나 그는 감정과 인식의 혼동을 거부한다. 그리고 논리적인 통찰과 투철한 맑은 공기의 호흡을 원한다. 내게 더욱 지상적인 비유가 허용된다면: 논리적인 분석의 맛은 사람이 그것을 좋아하기를 배워야 하는 한에, 굴의 맛을 닮았다. 그러나 굴을 먹는 사람이 기꺼이 한 잔의 포도주를 마시는 것처럼, 논리학도는 보다 논리적이 아닌 추구에 의하여 제공된 감정적인 경험이라는 포도주를 포기할 필요는 없다.

수학적·논리적인 정신이 예술의 가치를 감상할 수 없음은 신화이다. 어떤 유명한 수학자는 어느 서정시인의 저술을 편집했다; 많은 유명한 물리학자들이 한가한 시간에 바이올린을 켠다; 그리고 어떤 생물학자는 예술적인 재능을 그의 미시적인 관찰의 그림에서 볼 수 있는 화가였다. 예술과 과학은 서로 배제하지는 않는다; 그러나 그것들이 동일화되어서는 안 된다. "진리는 美(미)요, 미는 진리이다"─이것은 아름다운 진술이기는 하나, 참된 진술은 아니고, 그러므로 그 자신의 주장이 그릇된 것임을 증명한다.

내 논법은 아마도 요점을 찌르지 못하고 있다고 판단될 것이다. 이렇게 반대될는지도 모르는, 과학적인 철학자의 개인적인 태도는 문제되지 않는다. 어떠한 사람도 과학적인 철학자가 좋은 취미를 가지고 있고 정서로 향하여 개방되어 있음을 부인하지는 않을 것이다. 그를 반대하는 것은, 그가 그의 철학체계에서 예술과 감정에 대하여 차지할 자리를 주지 않는다는 점이다. 사변적인 철학자는 예술을 과학과 도덕의 평면에 놓음으로써, 예술에 대하여 위엄 있는 위치를 배당한다; 진·선·미는 그들에게는 인간의 탐구와 동경세계의 왕관이었다. 과학적인 철학자는 하나의 왕관만 가지고 있는 것처럼 여겨진다. 왜 그는 두 개의 다른 왕관을 떼내어 버렸을까?

왜냐하면, 진리와 미의 관계는 왕관 또는 위엄의 문제는 아니기 때문이다라고 나는 대답할 것이다. 예술분류방법이라는 문제는 논리적인 문제이며, 그러므로 진리에 관한 문제이다. 그것은 가치평가라는 논리적인 성격에 관한 문제이며, 그 해답은 가치평가에 의하여 주어져야 한다. 그 해답이 우리의 감정적인 욕망을 만족시키느냐, 않느냐는 무관한 일이다.

예술은 감정적인 표현이다. 다시 말해 심미적인 대상은 감정적인 상태를 표현하는 기호로써 봉사한다. 예술작품을 보거나 듣는 사람과 마찬가지로, 예술가는, 갠버스에 펼쳐진 그림 또는 악기에 의하여 만들어지는 음향에 있는, 물리적인 대상 안으로 감정의 의미를 삽입한다. 감정적인 의미의 기호적인 표현은 자연스러운 목표이다. 다시 말해 그것은 우리가 향락을 열망하는 가치를 표시한다. 가치평가는 인간의 목표활동의 일반적인 특징이다. 그리고 예술에 대한 분석에만 국한되지 않는, 충분히 일반성을 가지고 있는 그 논리적인 성격을 연구함은 요망될 수 있는 일이다.

어느 의미로, 모든 인간활동은 목표추구에 봉사하고 있다. 그 활동이 사람의 생계를 영위하기에 필요한 직업적인 행위에 있건, 또는 사람이 어떤 정치적인 결정에 공헌하기를 원하는 정치적인 회합에 참석하는 것에 있건, 또는 사람이 예술가의 눈으로 풍경, 초상화 또는 추상형식을 보려는 미술관을 방문하는 것에 있건, 댄스를 추어 율동적인 동작과 음악의 색정적인 자극을 향락하는 것에 있건, 모두 그러하다. 그러나 이러한 모든 활동 가운데에는, 선택이 있어야 하는 순간이 있다; 행위가 가치평가를 표시하는 것은 바로 여기에 있어서이다. 가치평가는 명료하게 진술될 필요는 없고, 반성과 비교에 의하여 달성될 필요도 없다; 그것은 우리에게 책을 읽게 하거나, 친구를 만나게 하거나, 연주회에 가게 하거나 하는, 자발적인 충동에서 가능하다. 그러나 우리는 여러 방식으로 이루어진 결정에서, 우리의 성미를 표현하고, 그러므로 행위를 통하여 우리의 행동 배경을 구성하는 가치평가적인 질서를 지지한다.

이 가치평가적인 질서의 명료한 정교성은, 심리학자에 의하여 연구된다. 그는 이 질서가 반드시 동일하지는 않음을, 성미란 그 때마다의 조건과 환경과 연령에 따라 변화함을 알고 있다. 그는 목표—행위의 통계에서 추리되는 인종의 평균적인 질서의 구성을 시도할 수 있다. 음식, 색, 휴식에의 생리적인 충동이라는 것이 있다. 사회적인 인정과 사회적인 영향에의 충동이 있는가 하면, 사회적인 권력에의 충동도 있다. 사람을 몰아 책을 쓰게 하거나 정원을 위한 그 자신의 울타리를 만들게 하는 창조적인 충동이 있다. 놀려는 욕망 또는 다른 사람이 축구시합하는 것을 보려는 욕망이 있다. 현악사중주에 귀 기울이거나 일몰의 불타는 빛깔을 보는 데에서 발견되는 감정적인 표현에의 충동이 있다. 과학적인 서적을 연구하거나 과학적인 실험을 하는 것으로 만족시킬 수 있는, 알려는 충동이 있다. 이런 종류의 어느 부류도 불완전하다. 그리고 적절한 논리적인 질서를 구성하려는 기도는, 모든 행동에서의 각종 목표의 중첩으로 인해 좌절될 것이다.

그러나 하나의 공통적인 특징이 모든 목표활동에 관하여 진술될 수 있다. 목표의 결정은 진리의 인정과 비교될 수 있는 행동이 아니다. 복잡한 인식적인 함립관계라는 것이 있다; 이를테면, 생계를 영위하려는 목표는 직업적인 고역을 치르는 인내를 요구한다. 그러나 목표의 선택은 논리적인 행동이 아니다. 그것은 불가피한 충동의 강제 또는 기대되는 만족의 생기 또는 의심할 수 없는 습관의 원활한 자연성과 함께 우리에게 오는 욕망 또는 의지의 자발적인 확인이다.

철학자에게 가치평가의 정당화를 의뢰해도 쓸데없다. 그리고 철학자는 보다 높은 가치와 보다 낮은 가치를 구별하는 가치평가의 척도를 제공할 수 없다. 이러한 척도는 그 자체에 인식적이 아니고, 가치평가적이다. 교육받고 경험 있는 사람처럼, 철학자는 가치평가에 관한 좋은 조언을 제공할 수 있을는지도 모른다. 다시 말해 철학자는 다른 사람에게 많건 적건 가치평가적인 척도를 받아들이도록 영향을 줄는지도 모른다. 그러나 다른 직업을 가진 사람들도, 이러한 교육적인 기능에서, 철학자와 똑같은 정도로 선량할는지도 모른다. 교육자와 심리학자로서 훈련되면, 그들은 도리어 보다 나은 자격을 가질 것이다.

과학적인 철학자는 가치평가의 문제를 그들이 하는 것과 무관한 것이라고 생각하지는 않는다; 이러한 문제는 다른 사람에서와 같은 정도로, 과학적인 철학자에게도 관련이 있다. 그러나 과학적인 철학자는 이러한 문제가 철학적인 수단에 의해서는 해결될 수 없다고 믿는다. 이러한 문제는 심리학에 속하고, 그 논리적인 분석은 일반적인 심리학적 개념의 논리적인 분석을 좇아 제공되어야만 한다.

과학적인 철학을 반대하는 셋째의 가능한 이유는, 이 철학의 결론에서는 어떠한 도덕적인 인도도 도출될 수 없다는 사실이다. 윤리와 지식을, 의지와 인식을 명백하게 구별함은, 많은 학생들을 과학적인 철학의 수업에서 놀라 달아나게 했다. 구식의 철학자는 학생에게 어떻게 살 것인가를 조언하는 준칙을 제공했고, 과학적인 서적을 충분히 연구하면 그가 선이 무엇인가를, 그리고 악이 무엇인가를 알 것이라고 약속했다. 과학적인 철학자는 학생이 어떻게 하면 착한 생활을 할 것인가를 알려면 그의 수업에서는 아무것도 기대할 것이 없음을, 매우 솔직히 알리고 있다.

과학적인 철학이 도덕적인 조언을 거부함은, 각종의 도덕적인 목적 사이에 있는 여러 관계의 연구에서 인식적인 사고를 사용하도록 격려하는 것에 의하여 완화된다. 목적과 수단의 제1차적인 목적과 제2차적인 목적의 함립관계는 인식적인 성격을 가지고 있다; 그리고 우리는 이 사실이 수많은 인식적인 논쟁을 해결하고 있음을 잊어서는 안 된다. 우리가 직면하는 도덕적인 결단의 대부분은 제1차적인 목적에 관계하지 않고, 제2차적인 목적에 관계한다; 그리고 도덕적인 결단이 요구할 수 있는 모든 것은 일정한 고려 밑에서 이루어진 결단이 어떤 근본적인 목적의 실현에 대하여 이룩할 공헌을 분석하는 것이다. 정치적인 결단이란, 사실상 모두 이러한 유형이다. 이를테면, 정부가 가격을 통제해야만 하느냐 않느냐는, 경제적인 분석에 의하여 해답될 문제이다. 가능한 한 싼 가격으로 필요한 만큼 많은 물건을 생산하려는 윤리적인 목적은 검토되지 않는다. 그러나 도덕적인 함립관계를 인식적인 것으로서 분류함에, 과학적인 철학자는 이러한 여러 관계의 검토를 철학적인 영역에서 제거하고, 사회과학의 테두리 안에서 이러한 여러 관계에 하나의 위치를 배당하고 있다. 윤리학의 논리적인 분석은 물리학에서와 마찬가지로, 철학적이라고 생각된 많은 문제가 경험적인 과학에 의하여 해답될 수 있음을 알리고 있다. 철학사는 철학자가 질문한 문제가 과학자에게로 이행하였음을, 몇 번이고 되풀이하여 증명하고 있다. 이리하여 이 해답은 더욱 깊어지고 더욱 신뢰할 수 있는 것이 된다. 철학자에게 인생의 인도를 의뢰하는 사람들은, 철학자가 그것을 심리학자나 사회과학자에게 이양할 경우에, 고맙게 생각해야 한다; 이러한 경험적인 과학에서 축적된 지식은 철학자의 저술에 집적(集積)된 것보다도 훨씬 좋은 해답을 약속한다. 사변적인 철학의 윤리적인 체계는 흔히 지난날의 심리학적인 조건과 사회적인 구조 위에 구축되고 그 이론적인 체계처럼, 지식의 일시적인 단계에 지나지 않음을 철학적인 결론으로 제공한다. 과학적인 철학자는 윤리학에 대한 그의 공헌을 그 논리적인 구조의 명료화에까지 환원함에 이러한 과오를 명료하게 하고 있다.

과학적인 철학자는 윤리적인 조언을 거부하지만, 그는 그의 계획에 따라, 즐겨 윤리적인 조언의 성격을 검토하려고, 그리하여 그의 명료성이라는 방법을 이러한 인간활동의 논리적인 측면의 연구에까지 확장하려 한다. 윤리적인 조언은 세 가지 형식으로 제공될 수 있다. 첫째, 조언자는 조언자인 그가 선이라고 생각하는 도덕적인 목적을 받아들이도록 사람의 설득을 기도한다. 둘째, 조언자는 그의 목적이 무엇인가를 묻고, 다음에 그가 그의 목적에 도달함을 돕기에 적합한 함립관계를 그에게 알린다. 셋째, 조언자는 그 사람에게 묻지 않고 그의 행위를 관찰하고 그 행위에서 그 사람이 어떠한 목표를 추구하고 있는가를 추리함으로써, 그 사람의 목표에 관한 통보를 획득한다. 그는 다음에 이 목표를 말로 표현하고 앞에서 말한 것에서처럼, 이러한 목표를 달성하기 위한 견고한 함립관계를 그 사람에게 알린다.

첫째 형식 가운데에는 정치가에 의하여, 종교의 대표자에 의하여, 그리고 다른 권위적인 윤리학의 제창자에 의하여 제공된 조언이 있다. 둘째 형식에서는, 조언자는 각종의 직업을 위한 준비방법에 관한 문제에 해답하는 직업소개인과 같은, 심리학적인 기술자의 기능을 가지게 된다. 셋째 형식에서는, 조언자는 어떤 사람의 행위를 해석하는 과제를 일삼는다. 사람들은 흔히 그들의 목표를 그렇게 명료하게 알지는 못하고 그들 자신의 의향을 반성하지 않은 양 많은 짓을 하기 때문에, 이 조언자는 때때로 어떤 사람에게 "그가 정말로 원하는" 것을 알릴 수도 있다. 이것은 그가 그 사람의 행위에 관한 견고한 해석을 할 수 있고, 지금까지는 명료한 방식으로 원하지 못한 것을 공공연히 원하도록 그 사람을 유도할 수 있음을 의미한다. 이리하여 이 조언자는 그 사람의 심리적인 메커니즘에 대하여 커다란 영향력을 행사할 수 있게 되고, 그 사람이 그의 의지를, 다시 말해 어느 견지에서 논리적인 분석에 의하여 성취된 의미의 명료화와 유사한 기능을, 명료하게 함을 돕는다. 이러한 형식의 조언은, 가장 효과적인 것이고, 그 조언자 쪽에 사회학적인 조건에 관한 광범위한 지식과 마찬가지로 심리학적인 이해를 필요로 하는, 보다 높은 자격을 요구한다.

첫째 형식에서만 조언의 주관적인 요소가 확실히 눈에 뜨인다; 그러나 둘째 형식과 셋째 형식에서도 역시 주관적인 요소가 대개는 있다. 조언자는 그가 이러한 목적을, 적어도 어느 정도로 시인할 경우에만, 어떤 사람에게 그 사람의 목적에 도달하는 수단에 관하여 통보할 용의가 있을 것이다. 이를테면, 민주주의적인 원리의 신봉자는 전체주의적인 정부에게 "영혼을 판다"는 일이 없는 한, 그 목표를 성취하기 위한 수단에 관하여 기꺼이 조언하려 들지는 않을 것이다—영혼을 팖은, 많은 사람들이 부도덕하다고 생각하는 종류의 일이다. 그러므로 양심적인 조언은 결코 순수하게 객관적인 것은 아니다; 조언자는 목표형성에서의 적극적인 참여자가 되도록, 도덕의 대행자가 되도록, 스스로 속박되어 있다. 그리고 그는 그의 노작의 인식적인 부분에 첨가해 운영적인 기능마저 맡게 된다.

때로는, 조언이 조언을 받는이가 한 번 그 조언을 받아들여 그의 개인적인 생활에서 그것을 실현하면 흔히 그 사람은 그가 지금 무엇을 할 것이냐를 알고 이전보다 행복함을 허용한다고 변명되기 때문에 객관적이라고들 논의된다.

그러나 이러한 결론은 객관성의 증명이 아니다. 사람의 인격에는 융통성이 있고, 설혹 그 사람이 그를 무척 다른 목표로 인도하는 조언자들의 영향 밑에 있었다 할지라도, 그는 마찬가지로 행복하고 밝게 느낌으로서 그들의 조언을 입증했을 것이다. 전체주의적인 사회의 추종자들은 흔히 민주주의적인 사회의 추종자들과 마찬가지로 행복하고 자기신뢰적이다.

그러나 그들 가운데서 어떤 사람이 반대환경에서 자라났다면 반대목표를 받아들였으리라는 것은, 매우 확률성이 높은 일이라 하겠다. 윤리적인 조언은 그 심리적인 성공에 의하여 정당화될 수는 없다. 조언자는 조언자인 그가 옳다고 생각하는 것을 다른 사람이 하도록 유도함을, 그 책임이 조언자에게 있음을, 그리고 사람 자신의 의지 수행에서 인간행위의 심리학적인 연구에 의하여 드러나게 되는 객관적인 도덕으로의 도피란 있을 수 없음을 알아야만 한다. 심리학은 우리에게 사람이 무엇을 원하는 가를 알릴 수는 있으나, "해야만 한다"라는 말이 비합리적인 의미로 사용된다면, 사람들이 무엇을 "해야만 하는"가를 알릴 수는 없다—그리고 함립적인 "해야만 한다"는, 그것이 기본적인 목표를 타당화시킬 수 없기 때문에, 객관적인 도덕을 확립할 수 없다.

과학적인 철학이 윤리학문제에 관하여 제공하는 해결은, 여러 모로, 기하학문제에 관하여 발견된 해결과 유사하다. 이 해결은 제8장에서 설명되었다: 낡은 수학자들이 기하학의 전체성을 수학적인 필연성이라고 생각하였음에 반하여, 오늘날의 수학자들은, 필연적인 성격을 공리와 정리의 함립관계에만 국한시키고, 공리 자체는 수학적인 주장의 영역에서부터 배제한다. 마찬가지로 과학적인 철학자는 윤리적인 공리 또는 전제와 윤리적인 함립관계를 구별한다. 그리고 그는 이 함립관계만이 논리적인 증명이 가능한 것이라고 생각한다. 그러나 근본적인 차이는 있다. 기하학의 공리는, 그것이 동격적인 정의에 의거된, 그리고 관찰에 의하여 증명된 물리적인 진술이라고 생각될 경우에, 참된 진술이 될 수 있다; 그때는 그것은 경험적인 진리성을 가지게 된다. 이와 반대로, 윤리학의 공리는 조금도 인식적인 진술이 될 수 없다; 그것이 참이라고 할 수 있는 해석이라고는 없다. 그것은 의지적인 결단이다. 과학적인 철학자가 과학적인 윤리학의 가능성을 부인할 때에, 그는 이 사실에 언급하고 있다. 그는 사회과학이 윤리적인 결단의 모든 적용에서 중요 역할을 함을, 결코 부인하지는 않을 것이다. 그리고 그는 이른바 공리가 모든 시대와 모든 조건에서 성립하는 불변의 전제라고 말하려 하지는 않는다. 일반적인 윤리적 전제도 사회적인 환경과 함께 변화할 수 있다. 그리고 그것이 공리라고 할 때, 이 술어는 지금 고찰된 맥락에서 의심될 수 없다는 것만을 의미한다.

윤리학은 인식적인 요소와 의지적인 요소의 양쪽을 포함하고 있다. 그리고 인식적인 함립관계란 그것이 이러한 결단의 수를 기본적인 결단의 조그만 수로 감소시킬 수는 있으나, 결코 의지적인 결단을 완전히 배제할 수는 없다. 결단과 함립관계의 논리적인 관계는 다음과 같은 분석에 의하여, 명료하게 될 것이다. 어떤 사람이 A라는 목표와 B라는 두 목표를 원한다고 가정하자. 사회과학자는 그에게 A는 비(非) B와 함립관계에 있음을 증명한다. 그는 지금 B를 버려야만 할 것인가? 확실히 그렇지 않다. 그는 마찬가지로 A를 버리고 B를 결단할는지도 모른다. B가 그의 비위에 맞는 목표처럼 생각된다면 그는 그렇게 할 것이다. 윤리적인 함립관계는 어떤 사람에게 그가 무엇을 해야만 할 것인가를 알리지는 못한다; 그것은 다만 그를 선택에 직면시킬 뿐이다. 이 선택은 그의 의지문제이다; 그리고 어떠한 인식적인 함립관계도 이 개인적인 선택에서부터 그를 구출할 수 없다.

이를테면, 어떤 사람이 여러 국민들 사이의 평화를 원한다; 그러나 그는 독재에서의 자유도 원한다. 그는 또한 어떤 조건 밑에서는 독재란 무력에 의해서만 전복(顚覆)될 수 있음을 발견해 낸다. 이러한 조건이 횡행하면, 그는 독재자에 항거하는 전쟁을 제창해야만 한다라는 결론이 나올 수 있을까? 이러한 결론은 잘못일 것이다. 나올 수 있는 결론이란, 그가 평화와 자유의 양자를 가질 수는 없다는 것이다. 이 목표들 가운데서 그가 어느 것을 택하는가는 그에게 맡겨져 있다. "자유는 전쟁과 함립관계에 있다"라는 인식적인 함립관계는, 다만 그에게 선택을 하도록 강제할 뿐이다. 그러나 그에게 어느 것을 선택해야만 하는가를 알리지는 못한다.

이러한 분석은 절대적인 목표란, 다시 말해 모든 환경 밑에서 추구되는 목표란, 있을 수 없음을 명료하게 할 수도 있을 것이다. 모든 목표는 그 결과에 의해서만 판단될 수 있다. 하나의 목표가 어떤 다른 목표에 대하여 유해하다고 우리가 생각하는 수단의 사용을 요구한다면, 그리고 이 다른 목표가 처음의 목표보다 우리에게 보다 고차적인 것이라면, 우리는 처음의 목표를 버릴 것이다. 목적이 수단을 정당화한다―그렇다, 그러나 반대로 수단은 목적의 거부를 요구할 수 있다. 목적―수단의 함립관계는 수단이 채택되어야 한다는 증명을 요구하지는 않는다; 그것은 다만 양자 택일만을 증명할 뿐이다; 그것은 우리가 수단을 취해야 한다거나, 목적을 버려야 한다거나 함을 증명한다. 이 선택은 모든 사람이 혼자 해야만 하는 것이다.

때로는 보다 많은 함립관계를 아는 것이 도움이 될 것이다. A와 B 사이에서 하나를 선택해야 한다면, A가 C라는 목표에 요구되고, B가 D라는 목표에 요구됨을 앎이 유익할 것이다. 이를테면, 어떤 사람에게 월급은 많으나 지금까지 강력하게 반대한 정치적인 견해를 옹호하게 할 하나의 지위가 제공된다. 지금 그에게는 자녀에게 대학교육을 시키기 위하여 돈이 필요하다; 그러나 그가 정치적인 배신자가 되면, 그는 자존심과 친구의 존경을 상실할 것이다. 월급이 많은 지위와 정치적인 견해의 신봉 사이에 있었던 최초의 선택은, 이리하여 자녀에게 대학교육을 시키는 수단을 택하는 것과 그의 개인적인 성실을 유지하는 것 사이에 있는 선택으로 환원된다. 이 설명은 결단의 환원이 선택의 곤란함을 거의 감소시키고 있지 않는 실례이다. 다른 실례에서는, A라는 목표와 B라는 목표 가운데서 선택하기보다는, C라는 목표와 D라는 목표 가운데서 선택하는 것이 용이할는지도 모른다. 그러나 이러한 환원이 인식적인 수단에 의하여 해결될 수 있는 선택을 우리에게 남기지 않으리라는 것은 명백하다.

우리의 의지는 우리 결단의 궁극적인 도구이다.

나는 내 형식화가 과학적인 윤리학의 존재를 주장하는 실제주의 철학자와의 이해의 길을 열 것이라는 희망을 표명하고 싶다. 그들의 형식화와 내 형식화의 구별은, '과학적인 윤리학'이라는 말이 목적과 수단 사이에 있는 함립관계의 확립을 위한 과학적인 방법을 사용하는 윤리학의 지시를 의미한다면, 다만 용어의 차이에 지나지 않는다. 이것이 실제주의자가 말하려는 모든 것일 것이다; 그러나 실제주의자의 저술에서, 일시적인 수단에 의하여 제1차적인 목표를 타당화하려는 모든 기도가 비과학적이라고 공공연히 비난되는 명료한 진술을 발견할 수 있다면, 나는 몹시도 즐거울 것이다. 실제주의자는 인간의 욕구에 관하여 말한다; 그러나 사람들이 욕구를 가짐은, 욕구가 선임을 증명하지는 않는다. 욕구 또는 목표가 사람의 행위에서 추리될 수 있다면, 이러한 목표를 명료하게 진술함은 무척이나 도움이 될 것이다; 그러나 욕구를 명료화하고 만족시키려는 의도로 조언하는 사람은 '그의' 행위를 통하여, 그가 이러한 욕구를 존재할 뿐만 아니라 선이라고 생각함을 지시한다. 여기에서 사용된 '선'이라는 말이 조언자가 그 자신이 들추어 낸 목표를 시인함을 의미함이 명료하게 이해되면, 실제주의자는 윤리적인 기능에서 환영받을 것이다.

이러한 해석을 명료하게 시인하면서, 어떤 조언자는, 이를테면, 의사는 환자들이 그들의 개인적인 내력이 비밀에 부쳐지리라는 것을 확신할 수 없으면 환자를 고치려는 의사의 목표가 손상될 것이기 때문에, 직업적인 비밀을 고집한다라고 주장할는지도 모른다. 또는 그는 과학적인 탐구란, 그 방법에서 순수하게 인식적인 것이기는 하나, 사회적인 함립관계를 지니고 있는 목표추구를 구성한다라고 논의할는지도 모른다. 진리탐구는 자유와 정직의 환경 속에서만 성공을 약속한다. 그리고 이러한 윤리적인 요청을 위하여 기꺼이 일어서지 않는 과학자는 그 자신의 노작의 이익에 반대하고 있다. 이러한 논의는 과학적인 정리가 도덕적인 명령을 포함함

을 의미하지는 않고, 과학자의 활동에 의하여 표시된 윤리적인 목표가 이
러한 명령을 포함함을 의미한다.

이런 종류의 사회적인 윤리학의 확립은, 사회적인 조직의 기능을 위한
의의 있는 공헌이다. 그것은 인간사회에서의 한 사람의 위치에 적합한 행
위규칙을 탁마하기 위한 사회학이라는 과학을 사용한다. 나는 이러한 윤
리적인 체계를 그것이 과학이 아니라는 동의만 있다면, 과학적인 윤리학
이라고 하는 것에 반대하지는 않을 것이다. 그것은 의학과 기계공업이 과
학적임과 동일한 의미로 과학적이다; 그것은 사회공학의 한 형식이다.
다시 말해 그것은 인식적인 과학이 인간목표의 추구를 위하여 그것에 의
하여 공리화되는 한 활동이다. 이 목표 자신은 인식에 의하여 타당화될
수 없고, 과학에 의하여 타당화된다. 그것은 의지적인 결단을 표현한다.
그리고 어떠한 과학자도 어떤 사람을 그 자신의 의지를 경청하는 것에서
해방할 수는 없다. 과학자는 '그' 자신의 의지에 귀기울이지 않고서는 도
덕적인 조언조차 할 수 없다. 윤리적인 조언기능을 가질 때에, 과학자는
과학의 경계선을 넘어, 그들이 옳다고 판단하는 유형을 좇아 인간사회를
형성하는 사람들의 노작에 참가한다.

과학철학은 도덕적인 인도를 제공할 수는 없다; 이것은 그 결론의 하
나며, 이것에 반대할 수는 없다. 당신은 진리를 원하고 진리 이외의 아무
것도 원하지 않을 것인가? 그렇다면 철학자에게 도덕적인 지시를 요구하
지 마라. 철학에서 기꺼이 도덕적인 지시를 도출하려는 철학자들은 당신
에게 허위적인 증명을 제공할 뿐이다. 불가능한 것을 요구해도 무익할 것
이다.

그러므로 도덕적인 지시의 요구에 대한 해답은 확실성의 요구에 대한
해답과 동일하다. 이 양자는 모두 달성될 수 없는 목적을 요구한다. 이러
한 목적이 논리적인 이유로 달성될 수 없음을 지적함에서, 현대의 과학적
인 철학은, 전통적인 철학적 목표의 면전에서, 인간의 방향에 관한 위대

한 의의를 가지는 인식적인 결과에 도달했다. 그것은 이러한 목표의 포기를 요구한다. 그러나 불가능함을 포기함은 단념을 의미하지 않는다. 이 부정적인 진리는 다음과 같은 적극적인 지시를 요구한다: 당신의 목표를 달성될 수 있는 것에 적응시켜라. 이러한 지시는 목적에 도달하려는 의지에서 나온다. 그것은 다음과 같은 조그만 함립관계를 표현한다: 당신이 목적에 도달하려면 도달될 수 없는 목적을 위하여 노력하지 마라.

고대 그리스의 델로스(Delos)라는 사원(寺院)에는 무척 엄밀하게 육면체 모양을 한 황금제단이 있었다. 한 번은 질병에 걸려 델로스 사람들이 신탁(神託)을 얻었을 때에, 신을 만족시키기 위하여 그들은 그 황금제단의 부피를 정확히 2배로 하되 그것을 다시 육면체의 모양으로 해야 함을 알았다. 사제들은 수학자들에게 부피가 주어진 육면체의 2배가 되는 육면체의 1변의 길이를 어떻게 계산해 낼 것인가를 물었다; 그러나 수학자는 이 문제의 정확한 해답을 발견할 수 없었다. 나는 항상 이 신이 근사적(近似的)으로 2배의 부피를 가진 육면체로 만족하였으리라고 생각해 왔다; 그리스의 금세공인은 아주 가까운 근사값에 도달할 수 있었을 것이다. 그러나 그리스의 수학자들은 이러한 미봉적인 해답을 허용하지는 않았을 것이다; 그들은 진리를 원했고, 진리 이외에는 아무 것도 원하지 않았다. 이것의 옳은 해답을 발견하는 데에 2000년이 걸렸다; 그러면서도 그 해답은 부정적이다―보통의 의미로, 기하학적인 방법에 의해서는, 육면체의 부피를 정확히 2배로 하는 것은 불가능하다. 그리스의 수학자들은 부정적이기 때문에 이 해답의 허용을 거부해야만 하였을까? 진리를 원하는 사람은 그 진리가 부정적일 때에 실망해서는 안 된다. 달성될 수 없을 요구하기보다는 부정적인 진리를 아는 것이 더욱 좋다.

수학적인 진리의 확실성을 가지는 세계의 진리를 얻으려는 것은 불가능하다; 수학적인 또는 경험적인 지식의 강제적인 객관성을 가지는 도덕적인 지시를 확립하려는 것은 불가능하다. 이것은 과학적인 철학이 들추어 낸 진리의 하나이다. 절대적인 확실성이라는 문제해결은, 지식에의 유추에 의한 윤리학을 건설하려는 문제의 해결과 마찬가지로 부정적이다; 이것은 오랜 세월 탐구의 현대적인 해답이다. 어떤 사람이, 과학적인 철학이 확실성을 제공하지 않기 때문에, 또는 도덕적인 지시를 제공하지 않기 때문에, 과학적인 철학에 실망한다고 논의한다면, 그에게 델로스인의 육면체 이야기를 하라.

•           •           •

낡은 철학과 새로운 철학의 비교는 역사가의 문제이며, 낡은 철학의 테두리 안에서 자라 새로운 철학을 이해하려는 모든 사람들에게 흥미 있는 일일 것이다. 새로운 철학의 영역에서 노작하는 사람들은 과거를 돌아보지 않는다; 그들의 노작은 역사적인 고찰에서 이득을 얻지는 못한다. 그들은 플라톤이 그러했던 것처럼, 또는 칸트가 그러했던 것처럼, 비역사적이다. 왜냐하면, 철학의 지나간 시기의 대가들과 마찬가지로, 그들은 그들이 노작하고 있는 대상에만 흥미가 있을 뿐이고, 이전 시대와의 관계에 흥미는 없다. 나는 철학사를 경시하려는 것이 아니다; 그러나 우리는 항상 그것이 역사요, 철학이 아님을 기억해야만 하겠다. 모든 역사적인 탐구처럼, 그것은 과학적인 방법과 심리적인 내지는 사회학적인 설명을 가지고 이루어져야만 한다. 그러나 철학사는 진리의 집합물로서 제공되어서는 안 된다. 전통적인 철학에는 진리보다도 오류가 많다; 그러므로 오직 비판적인 정신을 가진 사람만이 유능한 역사가가 될 수 있다. 과거 철학의 찬양 및 제각기 그것 자신에 있어서는 옳은 지혜의 몹시도 많은 표현으로서의 각종 체계의 제시는, 현세대의 철학적인 잠재력을 음해했다. 그것은 학생에게 철학적인 상대주의를 채택하게 하고, 철학적인 견해만이 있고, 철학적인 진리는 없다고 믿게 했다.

　과학적인 철학은, 역사에서 벗어나기를 기도하고, 논리적인 분석에 의하여 현대과학의 성과와 같은 정도로 엄밀하고 정교하고 신뢰할 수 있는 결론에 도달하기를 기도한다. 그것은 진리의 문제가 과학에서와 동일한 의미로 철학에서도 일어나야 한다고 주장한다. 그것은 절대적인 진리를 소유한다고 주장하지 않고, 절대적인 진리의 존재를 경험적인 지식에 관해서도 부인한다. 새로운 철학이 지식의 존재하는 상태에 언급하고 이러한 인식론을 전개시키는 한, 그것은 그 자신의 경험적이며, 경험적인 진리로 만족한다. 과학자와 마찬가지로 과학적인 철학자는 최선의 정립(posit)을 찾는 것 이외에 아무 것도 할 수 없다. 그러나 이것만은 그가 할 수 있다; 그리고 그는 과학적인 노작에 불가결한, 인내와 자기 비판과 새로운 기도를 위한 준비를 가지고, 기꺼이 그것을 하려 한다. 오류가 오류로서 인정될 때는 언제나 고쳐진다면, 오류의 길은 진리의 길이다.

## | 역자 후기 |

이 책은 Hans Reichenbach : *The Rise of Scientific Philosophy* (1951)의 전역(全譯)이다. 과학철학에 관한 전문적인 소양(素養)이 없는 일반적인 지식인에게 알기 쉽게 설명하려는 의도에서 난해(難解)한 문제를 풀어 말함이, 얼른 보기에 통속적(通俗的)인 인상(印象)을 주기도 하나, 전개되는 평이(平易)한 말 뒤에 숨은 내용자체(內容自體)는, 현대 과학(現代科學)의 진수(眞髓)에 파고든 아카데믹한 것이다. 앞으로도 계속적으로 있을 수 많은 과학철학자들의 저서(著書)와 논문을 통하여 이 땅에 있어서의 과학철학의 발전을 위한 하나의 초석(礎石)이 될 줄 안다.

위기에 선 현대의 지성(知性)은 실존철학(實存哲學)·과학철학(科學哲學)·자연변증법(自然辨證法)이라는 세 개의 커다란 철학 앞에 전율(戰慄)하고 있는 그 자신을 본다. 역자의 견해로는, 실존철학은 실존적(實存的)인 체험(體驗)만을 문제삼기에 과학적인 경험(經驗)을 상실(喪失)한다. 반대로, 과학철학이나 자연변증법은 과학적인 경험만을 문제삼아 실존적인 체험을 상실한다. 광의(廣義)의 "경험"은 "경험 내지(乃至)는 체험"이다. 이 "경험 내지는 체험"은 주체(主體)와 객체(客體)의 교섭(交涉) 내지는 관계로서 나타난다. 그리고 이것이 다름아닌 현실이다. 현실이란, 과학적인 경험 또는 실존적인 체험 또는 종교적인 신앙(信仰) 등등 가운데서 어느 하나에만 치중(置中)함이 아니라, 이 모든 것을 꿰뚫어 포괄(包括)하는 총체성(總體性) 내지는 무진장성(無盡藏性)이다.

그러므로 실존철학·과학철학·자연변증법은, 각각 현실의 하나의 계기에만 머물러 있다. 철학은 현실을 문제삼는다. 현실을 문제삼는 철학이 어찌 현실의 한 쪽만을 봄에 그치랴! 하물며, 원자폭탄·수소폭탄·미사일 등등이 인간의 운명을 결정하고, 우주선이 수없이 지구 둘레를 회전하고, 바야흐로 월세계를 정복하려는 이 긴장된 정황(情況)에 있어서랴!

한스 라이헨바하는 1891년에 독일에서 태어났다. 공학·수학·물리학·철학을 연구한 그는, 백림대학 원외교수(員外敎授)로서, 1928년에 백림학단(伯林學團)을 조직했고, 중구(中歐) 비-ㄴ에 비-ㄴ학단이 형성되자, 그 기관지 "에아켄트니스(Erkenntnis)"의 편집자(編輯者)의 한 사람으로서, R. 카루낲(Rudolf Carnap)과 함께 비경험적인 명제(命題)를 배격(排擊)하는 반형이상학적(反形而上學的)인 철학을 내세웠다. 힛트라-정권(政權)의 압박(壓迫)을 피하여 한 때 터-키공화국의 이스탄부-ㄹ대학 철학교수로 취임하였다가, 제이차대전 직전에 미국으로 건너가서 서부 캐리포-니어대학에 취직하여, 카루낲과 함께 논리적실증주의(論理的實證主義) 내지는 논리적경험주의(論理的經驗主義)의 기치(旗幟)를 내걸었다. 이것은 전통적인 아메리카니즘인 실제주의(實際主義)에 커다란 파문(波紋)을 던졌고, 드디어 이 양자는 제휴(提携)하여 과학의 통일화 계획(The Unity of Science Program)에 참여(參與)하게 이르렀다. 그러나 그는 1953년에 작고(作故)했다. 저서에는 *Philosophie der Raum-Zeit-Lehre*(Berlin, 1928), *Philosophical Foundations of Quantum Mechanics*(1945), *Elements of Symbolic Logic*(1947), *The Theory of Probability*(1949[1935]) 등등이 있으나, 아마도 마지막 저서인 *The Rise of Scientific Philosophy*(1951)가 그의 주저(主著)일 것이다.

이 책의 내용은 논문집이 아니다. 각 장은 그것만으로도 독립된 논문이면서, 동시에 뗄 수 없는 긴밀(緊密)한 연관성을 지니고 있다. 그러면 이 책의 기저(基底)에 흐르는 방법 내지는 논리는 무엇인가?

역자의 견해로는, 그것이 가설-언어적인 방법(hypothetico-deduc-tive method) 또는 설명적인 귀납법(explanatory induction)이다. 그러므로 그에 의하면, 지식이란 언제나 절대적으로 확실한 것이 아니라 확률적(probable)인 정립(posit)이다. 이런 종류의 지식 앞에서는 이를테면, 진리가 아니면 허위라는, 혹은 선(善)이 아니면 악(惡)이라는, 종래의 철학의 이가치적(二價値的)인 태도는 붕괴(崩壞)하고 만다. 그러나 이러한 단편적(斷片的)인 말로 이 책의 내용을 집약(集約)하려 함은 도리어 속단(速斷)과 오해(誤解)를 초래(招來)하기 쉽다는 마음에서, 나는 독자가 백지(白紙)의 상태로 이 책을 탐독(耽讀)하기를 권하고 싶다.

역자의 번역이, 이 탁월(卓越)한 철학자의 사상(思想)을 전달함에 있어서, 행여나 미진(未盡)한 데가 없을까 두려워하는 바가 크나, 졸렬(拙劣)한 의역(意譯)을 삼가고 되도록 원문에 충실하였음은 속임없는 사실(事實)이다. 외국어는 모두 이를테면 영어는 영어의, 미어는 미어의, 독일어는 독일어의, 불어는 불어의 발음대로 표기했고, 이해의 관건(關鍵)인 구독점(句讀點)을 숙고(熟考)한 후 있어야 할 위치에 빠짐없이 표시했고, 문장의 주제(主題)를 상실(喪失)할 만큼 분해하지 않으려고 노력했다. 의미를 살리려면 문장이 죽고, 문장을 살리려면 의미가 죽는다는 어려움은, 비단 나만이 체험한 것은 아니리라.

마지막에 이 조그만 역서를 냄에 처음부터 끝까지 엄한 격려(激勵)와 따뜻한 지도를 아끼지 않으셨던 은사 박종홍 선생님의 애정에 감사의 마음을 드린다. 아울러, 멀리 로스앤젤레스에서 친절한 편지와 서문과 사진을 보내주신 저자(著者)의 미망인(未亡人) 마리아·라이헨바하 교수(敎授)의 호의에 깊은 감사의 마음을 드린다.

1994년 6월 23일
역자

**역자 |** 백계(白溪) 전두하 교수는 1927년 경북 영주에서 태어났다.
일제하인 1943년 경북중학교 5학년 때는 사상범 혐의로 대구
헌병분대 특고실에 의하여 체포되어 이듬해 3월에 가석방된
사실이 동기생들에게 알려진 바 있는 선구적인 지사형으로
교육자였다. 서울대학교 예과학부를 거쳐 동대학원 철학과를
졸업한 후, 일본 광도대학원에서 박사학위를 받았다.
전두하 교수의 학구적 생애의 진면목은 서양본격철학의
진수와 한국전통철학의 정수를 각각 연찬하여 이 양자의
대비연구, 즉 구조주의적 비교철학에까지 이르렀음을 알 수
있다. 또한 선생의 학문적, 인간적 주제는 세속적인
영욕보다는 인간의 순수성, 성실(진실)의 극치, 인간애의
절정을 향해서 치달은 것이라고 할 수 있다.
지금까지 10여 권의 저서와 역서를 펴냈고, 학술지, 연구기관,
국제학술 등에서 발표한 50여 편의 논문이 있다. 1987년에
집필한 『이퇴계철학—그 심층 연구 및 이해』로 퇴계학
국제학술상을 수상한 바 있다.

## 과학철학의 형성
The Rise of Scientific Philosophy

1판 1쇄 인쇄  2002년 6월 23일
1판 1쇄 발행  2002년 6월 29일

저    자  한스 라이헨바하
역    자  전두하
펴 낸 이  이찬규
펴 낸 곳  선학사
등록번호  제10-1519호
주    소  140-011 서울시 용산구 한강로1가 141-3
전    화  (02) 795-0350
팩    스  (02) 795-0210
e-mail  sunhaksa@korea.com

값  13,000원

ISBN 89-8072-108-8   03100